Ehrverletzungen in der elektronischen Presse

Schriften zum Medien-, Urheber- und Wirtschaftsrecht

Herausgegeben von Prof. Dr. Georgios Gounalakis

Band 28

PETER LANG

Gianandrea Schmidt

Ehrverletzungen in der elektronischen Presse

Eine kollisionsrechtliche Untersuchung de lege lata und de lege ferenda – unter besonderer Berücksichtigung der Rechtsprechung von EuGH und BGH zur Internationalen Zuständigkeit bei Internetdelikten

PETER LANG

Bibliografische Information der Deutschen Nationalbibliothek
Die Deutsche Nationalbibliothek verzeichnet diese Publikation in der Deutschen Nationalbibliografie; detaillierte bibliografische Daten sind im Internet über http://dnb.d-nb.de abrufbar.
Zugl.: Marburg, Univ., Diss., 2020.

Gedruckt auf alterungsbeständigem, säurefreiem Papier.

D 4
ISSN 1867-1012
ISBN 978-3-631-81992-0 (Print)
E-ISBN 978-3-631-82326-2 (E-Book)
E-ISBN 978-3-631-82327-9 (E-Pub)
E-ISBN 978-3-631-82328-6 (E-Mobi)
DOI 10.3726/b16898

PL Academic Research ist ein Imprint der Peter Lang GmbH.
Peter Lang – Berlin · Bern · Bruxelles · New York · Oxford · Warszawa · Wien

Diese Publikation wurde begutachtet.

www.peterlang.com

Meinen Eltern

Vorwort und Danksagung

Die vorliegende Arbeit wurde im Wintersemester 2019/20 vom Fachbereich Rechtswissenschaften der Philipps-Universität Marburg als Dissertation angenommen. Im Februar 2020 fand die Disputation statt.

An erster Stelle möchte ich mich herzlich bei meinem Doktorvater, Herrn Professor Dr. Georgios Gounalakis, für seine stetige Unterstützung, Disponibilität und menschliche Güte bedanken. Seinem Engagement ist es zu verdanken, dass die Arbeit so zeitnah fertiggestellt werden und erscheinen konnte. Besonders bedanken möchte ich mich weiterhin bei Frau Professorin Dr. Christine Budzikiewicz für die Erstellung des wohlwollenden und inspirierenden Zweitvotums.

Entstanden ist diese Arbeit zu einem Großteil während meiner anwaltlichen Tätigkeit. Dem fortwährende Verständnis und der Unterstützung meiner Kollegen, in erster Linie meinem Partner Herrn Dr. Sebstian Kühl, schulde ich meinen Dank. Meinem Kollegen Herrn Dr. Johannes Justus Brinkschmidt gebührt Anerkennung und Dank für seine profunde Auseinandersetzung mit dem Problembereich und seine Hilfe bei der Erstellung des druckfertigen Entwurfs.

Ganz besonders danke ich meinen Eltern, meinem Onkel und meiner Tante, meiner Schwester sowie meiner Ehefrau Frederike für ihre immerwährende Unterstützung und Liebe, auch während meiner Promotionszeit.

Inhaltsübersicht

Inhaltsverzeichnis

Einleitung

A. Ausgangsbefund

Das Internet hat unser Kommunikations- und Informationsverhalten verändert und eine neue Wirklichkeit geschaffen, mit der sich die juristische Disziplin – insbesondere das traditionelle, an räumliche Bezüge anknüpfende Kollisionsrecht – noch sehr schwer tut. Die aus der wachsenden Bedeutung des Mediums resultierenden Anforderungen an das geltende Recht haben Rechtsprechung und Literatur zwar in weiten Teilen erkannt und auch gelöst. Insbesondere die Ermittlung des anwendbaren Rechts bei Persönlichkeitsverletzungen über das Internet bleibt unterdessen weiterhin eine ungeklärte Streitfrage des IPR.

Hintergrund ist, dass ein vereinheitlichtes europäisches Kollisionsrecht für Persönlichkeitsverletzungen durch die Medien nicht existiert. Mit der in Art. 1 Abs. 2 lit. g) Rom II-VO[1] enthaltenen Sonderbereichsausnahme hat der Europäische Gesetzgeber Pressedelikte bewusst von dem Anwendungsbereich der Rom II-VO ausgenommen. Zudem verzichtete der nationale Gesetzgeber im Rahmen der IPR-Reform von 1999[2] ausdrücklich auf eine Sondernorm für Persönlichkeitsverletzungen. Deshalb wird auch bei der Veröffentlichung ehrverletzender Inhalte im Internet zur Bestimmung des anwendbaren Rechts (weiterhin) auf den Tatort abgestellt, der sich nach den allgemeinen Anknüpfungen des Art. 40 Abs. 1 EGBGB sowohl am Handlungs- als auch am Erfolgsort des Delikts befindet (sog. Ubiquitätsprinzip).

Die für die Lokalisierung des Tatortes von traditionellen Mediendelikten (Print, Rundfunk etc.) zum nationalen Kollisionsrecht entwickelten Grundsätze führen bei Ehrverletzungen in der elektronischen Presse zu keinen eindeutigen Ergebnissen: Tritt die Rechtsgutsverletzung bei international verbreiteten Print-Presseerzeugnissen in mehreren Rechtsordnungen ein (sog. Multistate- oder Streudelikte), führt eine uneingeschränkte Anwendung des Ubiquitätsprinzips zu einer Kumulierung der Erfolgsorte. Gestritten wird dann um den richtigen Weg, die vielfachen Wahlmöglichkeiten des Geschädigten zwischen den zur Verfügung stehenden Rechtsordnungen auf ein angemessenes Maß zu reduzieren.

---

1 Verordnung (EG) Nr. 864/2007 des Europäischen Parlaments und des Rates vom 11.07.2007 über das auf außervertragliche Schuldverhältnisse anzuwendende Recht („Rom II“), ABl. EU 2007 Nr. L 199/40 vom 31.07.2007.

2 Gesetz zum internationalen Privatrecht für außervertragliche Schuldverhältnisse und für Sachen vom 21.05.1999, BGBl. I S. 1026 vom 01.06.1999.

Diese Problematik potenziert sich im Fall von Internetdelikten, bei denen das räumlich unbegrenzte Schutzgut „Persönlichkeit“ auf das von geografischen Bezügen losgelöste „World Wide Web“ trifft.

Jenseits aller tatsächlichen Kalamitäten zeichnen sich zudem rechtsdogmatische Schwierigkeiten in bemerkenswertem Umfang ab, weil sich der Erfolgsort von Persönlichkeitsverletzungen im Internet nicht nur vervielfältigt, sondern auch verselbstständigt bzw. „verflüchtigt“[3]. Drahtlose Technologien stehen jetzt fast überall zur Verfügung. Begünstigt durch den technischen Fortschritt hat die gesteigerte Mobilität bei dem Bezug von Informationen zu einer Dezentralisierung des Leseverhaltens geführt. Menschen nehmen deshalb längst nicht mehr ortsgebunden eine bestimmte Meldung zur Kenntnis. Anders als im Fall von Print-Presseveröffentlichungen entscheidet allein der Nutzer darüber, ob eine Meldung aufgrund eines Abrufes ihren Weg in eine bestimmte Rechtsordnung findet. Das Problem der Tatortbestimmung von Internetdelikten besteht deshalb nicht nur in der (quantitativen) Reduzierung der ausufernden Zahl von Erfolgsorten. Die daneben tretende (qualitative) Herausforderung liegt in der Herstellung der für das Kollisionsrecht erforderlichen Selektionswirkung zwischen bedeutenden und unbedeutenden Auslandsberührungen. Das klassische IPR gerät hier schnell an seine Grenzen, weil ein digitales, vom Urheber festgelegtes und damit „steuerbares“ Verbreitungsgebiet nicht existiert. Im Kern geht es deshalb auch um die Frage, ob bei der Bestimmung des anwendbaren Rechts jede Beziehung zwischen dem Sachverhalt und der berufenen Rechtsordnung ausreicht oder sich der Bezug in einer wie auch immer gearteten Weise konkretisiert haben muss.

Hinzu kommt das vom IPR entkoppelte, sachrechtliche Phänomen, dass ehrverletzende Internet-Veröffentlichungen aufgrund ihres globalen Wirkungsfeldes eine ganz andere Durchschlagungskraft entwickeln können,als im gegenständlichen Lebensbereich. Verglichen mit einer Meldung in einem Print-Presseprodukt ist ihnen die Gefahr eines höheren Verletzungsrisikos immanent. In Zeiten von „Fake News“, „Cyber Mobbing“ und „Hate Speech“ stellt sich die Frage nach einem effektiven Rechtsschutz des Betroffenen auch auf der internationalprivatrechtlichen Ebene dringender denn je. Daneben stellt das Internet auch den Täterschutz vor Herausforderungen, weil sich der Urheber eines inkriminierten Online-Inhalts einem globalen Haftungsrisiko ausgesetzt sieht. Der Verletzer muss sich auf eine Verfolgung nach nahezu allen denkbaren Rechtsordnungen der Welt einstellen[4] – und damit theoretisch mit der Anwendung des strengsten

---

3 *V. Hinden*, ZEuP 2012, 940, 948.

4 *Gounalakis/Rhode*, Persönlichkeitsschutz im Internet, Rn. 15.

Haftungsregimes rechnen. Eine weitere Schwierigkeit bei der Lokalisierung des kollisionsrechtlichen Erfolgsortes im Rahmen von Art. 40 Abs. 1 EBGB liegt deshalb in einer sachgerechten Beschränkung der weltweit in Betracht kommenden Erfolgsorte unter Wahrung des für die klassischen Medien geltenden Gleichgewichts zwischen Persönlichkeitsschutz einerseits und Meinungs- bzw. Medienfreiheit andererseits.

Die Bestimmung des Erfolgsortes im Fall von Internetdelikten ist nicht nur ein Problem des Kollisionsrechts. Vielmehr erweisen sich auch die Zuständigkeitsregelungen des autonomen und europäischen Internationalen Verfahrensrechts in § 32 ZPO (analog) bzw. Art. 7 Nr. 2 EuGVVO[5] bei Klagen gegen Internet-Veröffentlichungen als auslegungsbedürftig. Die Debatte um eine sachgerechte Anknüpfung wird hier aufgrund der gemeinsamen Tatortanknüpfung parallel geführt und hat durch die viel beachteten, kurz aufeinander folgenden Entscheidungen des BGH in den Rechtssachen „New York Times“[6] und „7 Tage Moskau“[7], sowie die Entscheidungen „eDate Advertising/Martinez“[8] und „Bolagsupplysningen“[9] des EuGH, wieder erheblich an Fahrt aufgenommen. Insoweit wird das IPR von der im Zuständigkeitsrecht geführten Diskussion teilweise überlagert. Dieser Umstand leistet der gewünschten Rechtsklarheit nicht unbedingt Vorschub.

B. Ziel der Arbeit und Gang der Untersuchung

I. *De lege lata* existieren zur Bestimmung des auf Ehrverletzungen im Internet anwendbaren Rechts verschiedene diskussionswürdige Ansätze.[10] Diese

---

5 Verordnung (EU) Nr. 1215/2012 des Europäischen Parlaments und des Rates vom 12.12.2012 über die gerichtliche Zuständigkeit und die Anerkennung und Vollstreckung von Entscheidungen in Zivil- und Handelssachen, ABl. EU Nr. L 351 vom 20.12.2012, auch „Brüssel Ia-VO“.

6 BGH, Urt. v. 02.03.2010, Az.: VI ZR 23/09 = GRUR 2010, 461 ff. – *„New York Times“*.

7 BGH, Urt. v. 29.03.2011, Az.: VI ZR 111/10 = NJW 2011, 2059 ff. – *„7 Tage Moskau“*.

8 EuGH, Urt. v. 25.10.2011, Az.: C-509/09 = EuZW 2011, 962 ff. – *„eDate Advertising“*.

9 EuGH, Urt. v. 17.10.2017, Az.: C-194/16 = EuZW 2018, 91 ff. – *„Bolagsupplysningen“* oder auch *„Svensk Handel“*.

10 Mit den kollisionsrechtlichen Aspekten des Internets und der Frage nach dem auf die Verbreitung ehrverletzender Inhalte anwendbaren Recht eingehend auseinandergesetzt haben sich insbesondere: *V. Hinden*, Persönlichkeitsverletzungen im Internet, S. 1 ff.; *Kristin*, Das Deliktsstatut, S. 1 ff.; *Neu*, Die kollisionsrechtliche Behandlung, S. 1 ff.; *Wüllrich*, Das Persönlichkeitsrecht des Einzelnen im Internet, S. 1 ff.; *Gounalakis/Rhode*, Persönlichkeitsschutz im Internet, S. 5 ff.; *Spindler*, ZUM 1996, 533, 555 ff.; *ders.*, NJW 1999, 3193, 3198; *Mankowski*, RabelsZ 63 (1999), 256 ff.

sind in ihren vielfältigen Varianten nur noch schwer überschaubar und unterscheiden sich teilweise lediglich in Nuancen. Der weit überwiegende Teil der einzelnen Lösungsansätze wurde um die Jahrtausendwende herum entwickelt. Deshalb wird der Frage nachzugehen sein, ob die einzelnen Vorschläge noch zeitgemäß sind oder einer konzeptionellen Anpassung bedürfen. Diese Arbeit macht es sich zur Aufgabe, die einzelnen Meinungsströmungen in eine Systematik zu bringen und um die folgenden weiteren Aspekte zu ergänzen:

1. Obwohl die Tatortbestimmung von Persönlichkeitsverletzungen im IPR und im Zuständigkeitsrecht aufgrund ihrer gemeinsamen Anknüpfungsmomente Hand in Hand gehen sollte, ist die bisherige Diskussion im Deliktskollisionsrecht auf die für Print-Presseprodukte entwickelten Muster fixiert. Angesichts der neuen Entscheidungen des EuGH und BGH zum verfahrensrechtlichen Erfolgsort von Internetdelikten soll die Arbeit nicht auf das IPR beschränkt bleiben. Was vor einigen Jahren bzw. Jahrzehnten im Kollisionsrecht möglicherweise noch Geltungsanspruch erhob, könnte angesichts neuer Erkenntnisse aus dem Kompetenzrecht eine abweichende Beurteilung rechtfertigen. Gesamtbetrachtet ist die von der Rechtsprechung zum Verfahrensrecht entwickelte Kasuistik im kollisionsrechtlichen Schrifttum bis dato weitgehend unbeachtet geblieben. Teilweise wird zudem zwischen dem Zuständigkeits- und dem Kollisionsrecht nicht trennscharf unterschieden. Die vorliegende Arbeit wird diese Lücke schließen und die Bestimmung des Tatortes von Internetdelikten nach Art. 40 ff. EGBGB einer interdisziplinären Untersuchung zur *lex lata* des deutschen und europäischen Internationalen Zuständigkeitsrechts unterwerfen.
2. Neben der Ausgrenzung all jener Felder des Kompetenzrechts vernachlässigt die bisherige Diskussion ebenso die von dem in Art. 3 ECRL[11] („E-Commerce-Richtlinie") geregelten und in § 3 TMG[12] umgesetzten

11 Richtlinie 2000/31/EG des Europäischen Parlaments und des Rates vom 08.06.2000 über bestimmte rechtliche Aspekte der Dienste der Informationsgesellschaft, insbesondere des elektronischen Geschäftsverkehrs, im Binnenmarkt („Richtlinie über den elektronischen Geschäftsverkehr"), ABl. EU Nr. L 178 vom 17.07.2000.

12 Telemediengesetz vom 26.02.2007, BGBl. I S. 179 vom 28.02.2007. Verkündet als Art. 1 des Gesetzes zur Vereinheitlichung von Vorschriften über bestimmte elektronische Informations- und Kommunikationsdienste („Elektronischer-Geschäftsverkehr-Vereinheitlichungsgesetz" – „ELGVG"). Inkraftgetreten gem. Art. 5 Satz 1 des ELGVG am 01.03.2007.

EU-sekundärrechtlichen Herkunftslandprinzip auf die Tatortbestimmung ausgehenden Wirkungen. Die richtige dogmatische Einordnung des Herkunftslandprinzips zählte bis zur Entscheidung des EuGH in der Rechtssache „eDate Advertising/Martinez“ zu den umstrittensten Fragen des deutschen IPR.

3. Ungeachtet der Diskussion zum nationalen Deliktskollisionsrecht besteht aufgrund der in der Rom II-VO für Persönlichkeitsverletzungen enthaltenen Bereichsausnahme zudem aus rechtspolitischer Sicht Handlungsbedarf. Das Europäische Parlament hat der Europäischen Kommission am 12.05.2012 einen Entschließungsentwurf[13] zur Schließung der Bereichsausnahme des Art. 1 Abs. 2 lit. g) Rom II-VO durch Einfügung eines neuen Art. 5a Rom II-VO vorgelegt. Trotz der vorangeschrittenen Rechtsprechung des EuGH aus „eDate Advertising“ und „Bolagsupplysningen“ sind die Reformbestrebungen ins Stocken geraten. Der Entschließungsentwurf wirft Fragen auf und bietet Anlass für eine kritische Betrachtung.
4. Ziel der Arbeit ist, auf der Grundlage der gewonnenen Untersuchungsergebnisse rechtspolitische Empfehlungen für eine europäische Anknüpfungsregel für Verletzungen der Persönlichkeitsrechte und der Privatsphäre zu formulieren.

II. Die Arbeit ist in zwei Teile gegliedert:

1. Im ersten Teil wird der Bezug zum geltenden Kollisionsrecht hergestellt. Untersucht und beantwortet wird die Frage, welches Recht auf die Veröffentlichung ehrverletzender Inhalte in der elektronischen Presse anwendbar ist. Am Anfang der Betrachtung steht eine Definition der elektronischen Presse (unter Kapitel 1). Im Vorgriff zur kollisionsrechtlichen Untersuchung werden sodann die Reichweite des sachrechtlichen Persönlichkeitsschutzes im Internet und dessen online-spezifische Gefährdungen beleuchtet (unter Kapitel 2). Den Schwerpunkt der Arbeit bildet die Auslegung des Deliktsstatuts im Fall von Ehrverletzungen in der elektronischen Presse. Zunächst werden die Grundlagen der

13 Entwurf einer Entschließung des Europäischen Parlaments mit Empfehlungen an die Kommission zur Änderung der Verordnung (EG) Nr. 864/2007 über das auf außervertragliche Schuldverhältnisse anzuwendende Recht („Rom II“), (2009/2170(INI)), abrufbar unter: http://www.europarl.europa.eu/sides/getDoc.do?pubRef=-//EP//TEXT+REPORT+A7-2012-0152+0+DOC+XML+V0//DE#title2, abgerufen am 22.04.2019.

deliktischen Anknüpfung erarbeitet (unter Kapitel 3). Hieran knüpft die Lokalisierung des kollisionsrechtlichen Handlungsortes an (unter Kapitel 4). Dies leitet über zur Kernfrage, nämlich nach welchen Maßgaben die Bestimmung des kollisionsrechtlichen Erfolgsortes zu erfolgen hat (unter Kapitel 5). Sodann werden die Rechtsprechungslinien von EuGH und BGH dargestellt und zunächst im verfahrensrechtlichen, danach im kollisionsrechtlichen Kontext gewürdigt (unter Kapitel 6). Im Anschluss hieran soll hinterfragt werden, welche Konsequenzen sich aus dem Herkunftslandprinzip aus Art. 3 ECRL bzw. § 3 TMG für die Tatortbestimmung ergeben (unter Kapitel 7).

2. Im zweiten Teil der Arbeit wird die Ebene des geltenden Rechts verlassen, um die Perspektiven internationaler Harmonisierung im Mediendeliktsrecht in den Blick zu nehmen. Den Ausgangspunkt bildet eine Darstellung der bisherigen Vorschläge für eine Kollisionsnorm für Pressedelikte bis zum Inkrafttreten der Rom II-VO am 20.08.2007 (unter Kapitel 1). Hieran schließt sich eine Würdigung der Entwicklungen nach ihrem Inkrafttreten an (unter Kapitel 2). Im Rahmen der Darstellung der Reformbestrebungen gilt besonderes Augenmerk dem von dem Europäischen Parlament entwickelten Vorschlag für einen neuen Art. 5a Rom II-VO. Abschließend werden die zur *lex ferenda* gewonnenen Erkenntnisse zu einzelnen Thesen zusammengefasst. Auf dieser Grundlage wird ein eigener Vorschlag für eine neue europäische Kollisionsnorm für Verletzungen der Privatsphäre und der Persönlichkeitsrechte formuliert (unter Kapitel 3).

Teil 1: Anwendbares Recht bei Ehrverletzungen in der elektronischen Presse

Kap. 1: Begriff der elektronischen Presse

Eine (Legal-)Definition des Begriffs der „elektronischen Presse“ existiert nicht. In der rechtswissenschaftlichen Literatur wird der Begriff uneinheitlich verwendet; teilweise wird auch von „Onlinepresse“[14], „elektronischen Zeitungen“[15] oder „electronic publishing“[16] gesprochen. Überwiegend wird unter „elektronischer Presse“ eher undifferenziert jedes Online-Pendant einer als Printprodukt existierenden Zeitung oder Zeitschrift verstanden.[17] Nur wenige Stimmen[18] haben einen konkreten Definitionsversuch gewagt. Deshalb und um den Untersuchungsgegenstand dieser Arbeit festlegen zu können, soll im Folgenden der Meinungsstand zum Begriff der elektronischen Presse dargestellt und gewürdigt werden. Hieran schließt sich ein eigener Definitionsvorschlag an, der sodann die Grundlage für die nachfolgende Untersuchung bilden soll.

I. Meinungsstand

Uschner[19] hat ihre Untersuchung umfassend der elektronischen Presse gewidmet und begreift diese als Gegenstand aller

> „[...] Angebote, die sich an die Allgemeinheit wenden und regelmäßig redaktionell bearbeitete Inhalte in Wort und Bild verbreiten“.

---

14 *Gerhardt*, AfP 2010, 16.

15 *Brunst*, MMR 2004, 8, 9.

16 *Mecklenburg*, ZUM 1997, 525, 530; *Ricker/Weberling*, Handbuch des Presserechts, 1. Abschn. Rn. 5a.

17 Siehe etwa Holznagel/Dörr/Hildebrand/*Hildebrand*, Elektronische Medien, S. 60; *Brunst*, MMR 2004, 8, 9.

18 Etwa *Gounalakis*, ZUM 2003, 180, 190; Gounalakis/*Gounalakis/Rhode*, Rechtshandbuch Electronic Business, § 55 Rn. 1; Spindler/Schuster/*Mann/Smid*, Recht der elektronischen Medien, 7. Teil, Rn. 1 ff.; *Uschner*, Der Rechtsrahmen der elektronischen Presse, S. 7; *Beater*, Medienrecht, Rn. 292; *Waldenberger/Hoß*, AfP 2000, 237.

19 *Uschner*, Der Rechtsrahmen der elektronischen Presse, S. 7.

Angesichts der strukturellen und inhaltlichen Ähnlichkeiten von Online-Ausgaben existierender Zeitschriften und Zeitungen mit herkömmlichen Presseprodukten zählen nach *Mann* und *Smid*[20] sämtliche Telemedien i.S.v. § 1 Abs. 1 TMG zur elektronischen Presse, die dem Presserecht unterfielen, wenn sie Druckwerke im Sinne der Landespressegesetze wären. Einen vergleichbaren Weg gehen auch *Waldenberger* und *Hoß*[21]. *Gounalakis* und *Rhode*[22] legen den Begriff der elektronischen Presse enger aus. Sie begreifen hierunter

> „Webveröffentlichungen mit journalistisch-redaktionellem Inhalt",

bei denen es sich meist um flankierende Angebote der herkömmlichen Tageszeitungen und Magazine handelt, die besondere Nachrichtenprotale unterhalten. Daneben zählen nach *Gounalakis* und *Rhode* zur elektronischen Presse spezifische Netzzeitungen, die ausschließlich auf Online-Basis arbeiten, also nicht Ableger eines Printprodukts sind.[23]

Bullinger[24] beschreibt die elektronischen Presse (etwas umständlich) als

> *„neue Form überindividueller elektronischer Kommunikation"*,

die in Gestalt über das Internet verbreiteter und

> „auf dem Bildschirm abrufbarer Informationen"

in Erscheinung trete. Nach *Fechner*[25] zählen zur elektronischen Presse

> „Presseerzeugnisse, die der Allgemeinheit unkörperlich zum Abruf angeboten werden."

II. Stellungnahme

Der Einsatz mobiler Endgeräte[26] und der stetig zunehmende Konsum online verfügbarer Inhalte[27] haben die einzelnen Erscheinungsformen elektronischer

20 Spindler/Schuster/*Mann/Smid*, Recht der elektronischen Medien, 7. Teil Rn. 2 f.

21 *Waldenberger/Hoß*, AfP 2000, 237.

22 Gounalakis/*Gounalakis/Rhode*, Rechtshandbuch Electronic Business, § 55 Rn. 1; etwas weiter noch *Gounalakis*, ZUM 2003, 180, 190. Dort heißt es: *„[…] Online-Angebote, die funktionell und strukturell der herkömmlichen Presse entsprechen oder ihr nahe stehen"*.

23 Gounalakis/*Gounalakis/Rhode*, Rechtshandbuch Electronic Business, § 55 Rn. 1.

24 Löffler/*Bullinger*, Presserechts, Einl. Rn. 4.

25 *Fechner*, Medienrecht, 8. Kap. Rn. 5.

26 Mobile Endgeräte werden durchschnittlich über 2 Stunden länger pro Tag genutzt als der stationäre Internet-Zugang mit durchschnittlich ca. 37 Minuten pro Tag (vgl. Nielsen Digital Content Measurement, Daten und Fakten zur Internetnutzung – 1. Halbjahr 2018, abrufbar unter https://www.die-medienanstalten.de/themen/forschung/internetnutzung/, abgerufen am 22.04.2019).

27 Statista, Dossier E-Paper 2018, S. 40 f.

Publikationen stark verändert. Während Online-Veröffentlichungen über lange Zeit hinweg eng an traditionellen Presseprodukten orientiert waren, haben sie zwischenzeitlich einen eigenständigen publizistischen Charakter angenommen.[28] Die Angebote sind vielfältig und erstrecken sich von originären „Onlinezeitschriften", sog. E-Zines (auch „Webzines"), und Korrelaten bestehender Druckerzeugnisse wie Spiegel-Online oder Faz.net, über E-Mail-Newsletter, Wikis, Weblogs, Pinnwandeinträgen in den sozialen Medien wie Facebook, Instagram und Twitter, Retrievals und sonstige Datenbanken. Aus der Angebotsvielfalt resultieren Abgrenzungsschwierigkeiten, denen nicht alle Definitionsversuche gerecht werden:

(i) Die Orientierung am Druckwerksbegriff der Landespressegesetze von *Mann* und *Smid* sowie *Waldenberger* und *Hoß* ist zwar pragmatisch. Im Ergebnis stellt die Definition aufgrund des „extensiven Druckwerksbegriffs"[29] der Landespressegesetze aber keine sinnvolle Lösung dar. „Druckwerke" im Sinne der Landespressegesetze sind „alle Druckerzeugnisse sowie alle anderen zur Verbreitung bestimmten Vervielfältigungen von Schriften, besprochenen Tonträgern und bildlichen Darstellungen mit oder ohne Schrift und von Musikalien mit oder ohne Text oder Erläuterungen."[30] Wesentlich für die Qualifizierung als Druckwerk ist allein die Verkörperung eines geistigen Sinngehalts.[31] An den Sinngehalt selbst werden keine hohen Anforderungen gestellt. Auf das Vorliegen einer Meinungsäußerung oder eines geistigen Ausdrucks eines Gedankens kommt es nicht an.[32] Hieraus ergeben sich für den Ansatz von *Mann* und *Smid* sowie *Waldenberger* und *Hoß* weitreichende Konsequenzen. Zur elektronischen Presse zählen danach nicht nur E-Zines und Online-Pendants existierender Printprodukte, sondern annähernd sämtliche Angebote des WWW auch ohne publizistischen Charakter, wie etwa elektronische (Werbe-)Anzeigen, Homepages, Auktionsseiten, Einkaufsportale, Chat-Rooms, Foren,

---

28 *Lent*, ZUM 2013, 914.

29 Löffler/*Löhner*, Presserecht, § 7 LPG Rn. 15.

30 Z.B. § 4 Abs. 1 HPressG (Hessisches Gesetz über Freiheit und Recht der Presse – Hessisches Pressegesetz, i.d.F. v. 12.12.2003 (GVBl. I 2004 S. 2), zul. geändert durch Artikel 14 des Gesetzes vom 03.05.2018 (GVBl. S. 82)).

31 Löffler/*Löhner*, Presserecht, § 7 LPG Rn. 15; früher stand hingegen allein die Form der Herstellung im Vordergrund (Buchdruckpresse, Massenvervielfältigung), vgl. RGSt 6, 85.

32 Löffler/*Löhner*, Presserecht, § 7 LPG Rn. 17.

Weblogs oder Pinnwandeinträge. Ein solches Ergebnis führt nicht nur zu einem kaum eingrenzbaren Anwendungsbereich der elektronischen Presse. Es entspricht auch nicht dem allgemeinen Verständnis des Begriffs „Presse", der zumindest ein – wie auch immer geartetes – an traditionelle Publikationsformen angelehntes Produkt voraussetzt. Auch führt das Kriterium der Vervielfältigung aus den Landespressegesetzen nicht weiter. Vervielfältigung bedeutet Reproduktion und Bestimmung zur Verbreitung durch den Urheber oder Verleger der Nachricht.[33] Die traditionelle Verlagsleistung der „Verfügbarmachung von Werken"[34] existiert bei Internet-Veröffentlichungen nicht. Vielmehr erschöpft sich hier die verlegerische Tätigkeit in der Bereitstellung des Inhalts auf einem Server. Es ist dann Sache des potenziellen Adressaten, die „Verbreitung" der Nachricht durch den Abruf des Inhalts zu bewirken (sog. Abrufprinzip[35]). Ob ein Inhalt vervielfältigt oder verbreitet wird, bestimmt bei Online-Veröffentlichungen mithin nicht der Urheber, sondern der Leser selbst. Das landespressegesetzliche Kriterium der Vervielfältigung läuft bei Internet-Veröffentlichungen mithin ins Leere.

(ii) Dem Vorstoß *Uschners*, die elektronische Presse als Gegenstand sämtlicher „Angebote" zu verstehen, die „regelmäßig redaktionell bearbeitete Inhalte in Wort und Bild verbreiten", gebührt grundsätzlich Zustimmung. Abgesehen von dem offensichtlich redaktionellen Fehler (gemeint ist wohl „Online"-Angebote und nicht lediglich „Angebote"), lassen sich durch das Abstellen auf die redaktionelle Arbeitsform solche Inhalte von dem Begriff der elektronischen Presse ausnehmen, die keinem bestimmten Veröffentlichungsrhythmus unterliegen und von Nutzern beliebig ins Internet eingestellt werden. Allerdings weist *Uschners* Definitionsansatz zwei Schwächen auf. Nach *Uschner* fallen zunächst nur solche Angebote unter den Begriff der elektronischen Presse, die „regelmäßig"[36] redaktionell bearbeitet werden. Es erschließt sich indes nicht, wann eine Ausnahme von dieser Regelvermutung angezeigt ist. Die Definition ist deshalb mit Rechtsunsicherheiten verbunden. Sodann bedeutet „redaktionelle Bearbeitung" Organisation und Aufbereitung der Auswahl sowie Strukturierung von Meldungen.[37] Das Merkmal der redaktionellen Bearbeitung betrifft

33 Ulmer-Eilfort/Obergfell/*Ulmer*, Verlagsrecht, Kapitel F Rn. 9.

34 Ulmer-Eilfort/Obergfell/*Ulmer*, Verlagsrecht, Kapitel F Rn. 9.

35 Hoeren/Sieber/Holznagel/*Raue/Hegemann*, Handbuch Multimedia-Recht, Teil 7.3 Rn. 62; *Schaar*, CR 1996, 170, 176.

36 *Uschner*, Der Rechtsrahmen der elektronischen Presse, S. 7.

37 Binder/Vesting/*Held*, Rundfunkrecht, § 54 RStV Rn. 49.

mithin allein die Arbeitsweise des Urhebers einer Nachricht und damit die Frage, „wie“ Inhalte veröffentlicht werden. „Was“ veröffentlicht wird und ob die Erklärung einen gewissen Sinngehalt verkörpern muss, ergibt sich aus *Uschners* Definition nicht. *Unschners* Ansatz ist deshalb zu weit gefasst.

(iii) Der Einwand der Undifferenziertheit trifft besonders auf den Vorschlag von *Bullinger* zu, wonach es allein auf die digitale Abrufbarkeit und visuelle Verkörperung einer Information auf dem Bildschirm ankommt. Danach dürfte jeder Inhalt im WWW unter den Begriff der elektronischen Presse fallen. Auch der Definitionsversuch von *Fechner* ist zu undifferenziert, weil er mit seiner Eingrenzung auf online zur Verfügung gestellter „Presseerzeugnisse“ offensichtlich lediglich Online-Pendants bestehender Zeitungen und Zeitschriften in den Blick nimmt.

III. Eigener Lösungsvorschlag

Um den vielfältigen Erscheinungsformen von Onlinepublikationen angemessen begegnen zu können, ist eine restriktive Definition erforderlich. Zielführend ist ein funktionales, auf den Inhalt des Angebots abstellendes Begriffsverständnis, wie es auch von *Gounalakis* und *Rhode* vertreten wird. Zur „elektronische Presse“ sollten nach hiesigem Verständnis alle „journalistisch-redaktionell gestalteten Angebote“ i.S.v. §§ 54 Abs. 2, 55 Abs. 2 RStV zählen,[38] deren Veröffentlichung auf dem Hypertext Transfer Protocol (HTTP) beruht[39].

1. Rundfunkstaatsvertrag

Der Rundfunkstaatsvertrag trat im Jahr 1987 zur Neuordnung des Rundfunkwesens in Kraft. Es erfolgten mehrere Änderungsverträge, bis der Rundfunkstaatsvertrag mit Inkrafttreten des 9. RÄStV im Jahr 2007 in „Staatsvertrag für

38 So im Ergebnis auch Gounalakis/*Gounalakis/Rhode*, Rechtshandbuch Electronic Business, § 55 Rn. 1; *Gounalakis*, ZUM 2003, 180, 190; *Lent*, ZUM 2013, 914 ff.; auch *Beater*, Medienrecht, Rn. 292, allerdings (noch) in Bezug auf § 10 Abs. 3 S. 1 MDStV. Vgl. auch die Begründung zu § 54 Abs. 2 im 9. RÄStV, wonach „alle Telemedien mit journalistisch-redaktionell gestalteten Angeboten, die als elektronische Presse in Erscheinung treten“, von der Norm erfasst sind, abrufbar unter http://www.urheberrecht.org/law/normen/rstv/RStV-09/materialien/, abgerufen am 22.04.2019.

39 Zum Begriff des „WWW“ und zu den weiteren Internetdiensten eingehend Hoeren/Sieber/Holznagel/*Sieber*, Handbuch Multimedia-Recht, Teil 1 Rn. 80 ff. Zu Abgrenzungsfragen, insbesondere im Hinblick auf das Verhältnis von Rundfunk und elektronischen Diensten vgl. auch *Gounalakis*, ZUM 2003, 180, 183 ff.

Rundfunk und Telemedien" umbenannt wurde. Damit wurde der sachliche Geltungsbereich auf Internetangebote erweitert, für die nach § 1 Abs. 1 RStV die Abschnitte 4 bis 6 einschlägig sind. Die hier relevante Regelung in § 54 Abs. 2 RStV übernahm die Regelung aus § 11 Abs. 2 S. 1 und 2 des MDStV. § 55 Abs. 2 RStV geht auf die § 10 Abs. 2 MDStV zurück.[40] Abschnitt VI.: „Telemedien" des RStV regelt den Rechtsrahmen sowie insbesondere Informationsansprüche und Informationspflichten von Nutzern und Anbietern von Telemedien[41] mit „journalistisch-redaktionell" gestalteten Angeboten. § 54 Abs. 2 S. 1 2. Hs. RStV zählt exemplarisch solche Telemedien zu den journalistisch-redaktionell gestalteten Angeboten, „in denen insbesondere vollständig oder teilweise Inhalte periodischer Druckerzeugnisse in Text oder Bild wiedergegeben werden". Wann ein Inhalt „journalistisch-redaktionell" gestaltet ist, legt der RStV indes nicht fest. Es liegt ein unbestimmter Rechtsbegriff vor, der für die Praxis zu Abgrenzungsschwierigkeiten führt. Die „Bindestrichverknüpfung" bedeutet jedenfalls, dass das betreffende Angebot kumulativ sowohl journalistisch als auch redaktionell ausgestaltet sein muss:[42]

2. Kriterium der „journalistischen" Gestaltung

Allgemein gesprochen zeichnen sich „journalistische" Angebote i.S.v. §§ 54 Abs. 2, 55 Abs. 2 RStV dadurch aus, dass sie Informationen nach ihrer angenommenen gesellschaftlichen Relevanz auswählen und zusammenstellen.[43] Eine konzise Auslegung des „Journalismus"-Begriffs gelingt unter Heranziehung der für Angebote des klassischen Printjournalismus geltenden Publizistikkriterien: (i) Universalität, (ii) Aktualität, (iii) Periodizität und (iv) Publizität, jeweils in abgewandelter, onlinespezifischer Form.[44]

---

40 Vgl. jeweils die Begründung zu § 54 Abs. 2 im 9. RÄStV, abrufbar unter http://www.urheberrecht.org/law/normen/rstv/RStV-09/materialien/, abgerufen am 22.04.2019. Die Normen der §§ 54 ff. RStV wurden größtenteils aus dem alten Mediendienstaatsvertrag übernommen, teilweise aber novelliert (siehe den Überblick bei *Schmitz*, K&R 2007, 135 ff.). Zu den Regelungsinhalten des Mediendienstaatsvertrages eingehend *Gounalakis*, NJW 1997, 2993 ff.

41 Eine Legaldefinition der Telemedien enthält § 2 Abs. 1 RStV.

42 BeckOK-Gersdorf/Paal/*Lent*, Informations- und Medienrecht, § 54 RStV Rn. 5.

43 LG Mannheim, NJW 2014, 2667, 2668.

44 *Lent*, ZUM 2013, 914, 915; BeckOK-Gersdorf/Paal/*Lent*, Informations- und Medienrecht, § 54 RStV Rn. 5; OVG Bln-Bbg, LKV 2015, 180 ff.; VG München, BeckRS 2016, 47886.

(i) Universalität bedeutet inhaltliche Vielfalt. Demgemäß ist eine Online-Veröffentlichung nur dann „journalistisch" und damit der elektronischen Presse zuzuordnen, wenn das jeweilige Angebot faktenorientiert berichtet und publizistisch ausgerichtet ist.[45] Das Angebot selbst muss nicht themenübergreifend sein; es kann sich auch an einen eingeschränkten Adressatenkreis richten. Selbst auf enge Zielgruppen zugeschnittene Veröffentlichungen können journalistisch sein, wenn sie eine erkennbar publizistische Zielsetzung haben.[46] Das Angebot muss den Eindruck vermitteln, dass Tatsachen umfassend aufbereitet worden sind.[47] Universalität setzt deshalb voraus, dass der Inhalt – jedenfalls innerhalb einer Zielgruppe – auf Teilhabe am Prozess der öffentlichen Meinungsbildung i.S.d. Art. 5 Abs. 1 S. 2 GG angelegt ist.[48]

(ii) Aktualität bedeutet Neuigkeitscharakter der Inhalte bei der Themenbehandlung. Ein Gegenwartsbezug ist nicht erforderlich. Damit ist das Kriterium der Aktualität auch dann erfüllt, wenn mit neuen Beiträgen über historische oder „zeitlose" Ereignisse berichtet wird.[49]

(iii) Periodizität bedeutet wiederholtes, regelmäßiges Erscheinen.[50] Voraussetzung dafür ist ein gewisser Grad an organisatorischer Verfestigung des Angebots, der Kontinuität gewährleistet.[51] Das Merkmal der Periodizität ist regelmäßig erfüllt, wenn der schriftlich fixierte Inhalt eines periodischen Printerzeugnisses wiedergegeben wird. Der Onlinedienst braucht dann sogar keinen periodischen Charakter zu haben.[52] Weil das Online-Angebot existierender Printerzeugnisse meist über den Umfang der Druckausgabe

---

45 BeckOK-Gersdorf/Paal/*Lent*, Informations- und Medienrecht, § 54 RStV Rn. 5; *Lent*, ZUM 2013, 914, 915.

46 LG Mannheim, NJW 2014, 2667, 2668.

47 Binder/Vesting/*Held*, Rundfunkrecht, § 54 RStV Rn. 58a.

48 LG Mannheim, NJW 2014, 2667, 2668 mit Verweis auf *Lent*, ZUM 2013, 914, 915 f.; VGH Mannheim, BeckRS 2017, 112670 Rn. 77; OVG Bautzen, MMR 2017, 716, 718; OVG Bln-Bbg, LKV 2015, 180, 181; VGH München, ZUM-RD 2017, 349; VG München, BeckRS 2016, 47886.

49 BeckOK-Gersdorf/Paal/*Lent*, Informations- und Medienrecht, § 54 RStV Rn. 5; *Lent*, ZUM 2013, 914, 915.

50 BeckOK-Gersdorf/Paal/*Lent*, Informations- und Medienrecht, § 54 RStV Rn. 5; OVG Greifswald, BeckRS 2013, 49418; VG Stuttgart, BeckRS 2010, 50336.

51 Binder/Vesting/*Held*, Rundfunkrecht, § 54 RStV Rn. 55; LG Bremen, Urt. v. 14.01.2011, Az.: 2 U 115/10; OVG Berlin-Brandenburg, Beschl. v. 13.08.2014, OVG 11 S 15.14; VGH Mannheim, ZUM-RD 2014, 396 399.

52 *Helle*, CR 1998, 672, 673.

hinausgeht, ist das Erfordernis der Periodizität selbst dann gegeben, wenn das Angebot des Onlinedienstes selbst periodischen Charakter hat.[53] In Anlehnung an die landespresserechtlichen Vorschriften[54] ist das der Fall, wenn das Onlineangebot in ständiger – wenn auch unregelmäßiger – Folge, also nicht nur sporadisch, und im Abstand von nicht mehr als sechs Monaten neue Inhalte aufweist.[55]

(iv) Publizität bedeutet allgemeine Zugänglichkeit. Für den Onlinebereich hat das Publizitätserfordernis eine nachrangige Bedeutung. Sie wird hier regelmäßig vorliegen, da Angebote für die Allgemeinheit sowohl auf öffentlich zugängliche Seiten als auch in registrierungspflichtigen Bereichen zugänglich sind.

3. Kriterium der „redaktionellen" Gestaltung

„Redaktionelle Gestaltung" liegt vor, wenn Inhaltsauswahl und -bearbeitung von Einzelbeiträgen durch natürliche Personen erfolgt.[56] Die bloße Abbildung von Originalquellen oder -beiträgen ist nicht redaktionell.[57] Dies gilt auch für die automatische Auflistung von Inhalten durch den Einsatz einer entsprechenden Software: erst wenn die meinungsbildende Wirkung für die Allgemeinheit prägender Bestandteil des Angebots und nicht nur „schmückendes Beiwerk"[58] ist, kann von einer redaktionellen Gestaltung gesprochen werden. Das Vorliegen einer gewerbsmäßigen Tätigkeit ist nicht erforderlich.[59] Auch Laienangebote können deshalb zur elektronischen Presse zählen, wenn sie die Kriterien der journalistischen und redaktionellen Gestaltung erfüllen.[60] Abzustellen ist hierbei auf die Perspektive eines potenziellen Adressaten. Es muss erkennbar

---

53 *Beater*, Medienrecht, Rn. 294.

54 Etwa § 7 Abs. 4 BbgPG; § 7 Abs. 4 PresseG Bremen; § 7 Abs. 4 HambPresseG, § 7 Abs. 4 TPG; § 7 Abs. 4 SächsPresseG; § 7 Abs. 4 BayPrG.

55 BeckOK-Gersdorf/Paal/*Lent*, Informations- und Medienrecht, § 56 RStV Rn. 4; *Ory*, AfP 1998, 465; *Beater*, Medienrecht, Rn. 294. Das Landgericht Düsseldorf etwa hat eine private Homepage nicht als journalistisch-redaktionell gestaltetes Angebot qualifiziert und hierbei insbesondere auf die fehlende Periodizität abgestellt, MMR 1998, 376 f.

56 BeckOK-Gersdorf/Paal/*Lent*, Informations- und Medienrecht, § 54 RStV Rn. 5; *Lent*, ZUM 2013, 914, 916; OVG Greifswald, BeckRS 2013, 49418; VG Stuttgart, BeckRS 2010, 50336.

57 *Lent*, ZUM 2013, 914, 916.

58 BGH, NJW 2009, 2888, 2890 Rn. 21.

59 *Gounalakis/Rhode*, CR 1998, 487, 490.

60 BeckOK-Gersdorf/Paal/*Lent*, Informations- und Medienrecht, § 54 RStV Rn. 5.

werden, dass der Anbieter durch die Medienberichterstattung Teilhabe am Prozess der öffentlichen Meinungsbildung gesucht hat.[61] Zudem muss der Eindruck vermittelt werden, dass Tatsachen umfassend aufbereitet worden sind.[62] Insgesamt ist aber ein restriktives Begriffsverständnis angezeigt, so dass der Kreis derjenigen Angebote, die der elektronischen Presse zuzuordnen sind, eher eng zu ziehen ist.[63]

4. *Abgrenzung zwischen Telemedien „mit" und „ohne" journalistisch-redaktionell gestalteten Angeboten*

Der RStV spricht von Telemedien „mit" journalistisch-redaktionell gestalteten Angeboten. Insofern kann die Zuordnung von Onlineinhalten Schwierigkeiten bereiten, wenn sich ein Angebot aus mehreren Elementen zusammensetzt und der publizistische Inhalt einer Veröffentlichung von Seitenbestandteilen überlagert wird, die für sich genommen die vorgenannten Kriterien nicht erfüllen (etwa Werbebanner, Videos, Anzeigen, Fotos, Spiele etc.). Angebote, bei denen der publizistische Charakter der Meldung nicht „im Vordergrund" steht, unterfallen nicht der elektronischen Presse.[64] Wann der meinungsbildende Charakter eines Angebots überwiegt, ist in der Literatur umstritten:

a) Meinungsstand

Eine Ansicht[65] geht davon aus, dass sich ein Dienst aus unterschiedlichen Angeboten zusammensetzen kann. Im Wege einer wertenden Gesamtschau sei der

---

61 LG Mannheim, NJW 2014, 2667, 2668; BeckOK-Gersdorf/Paal/*Lent*, Informations- und Medienrecht, § 54 RStV Rn. 5.

62 Binder/Vesting/*Held*, Rundfunkrecht, § 54 RStV Rn. 58a.

63 Für ein enges Verständnis auch *Lent*, ZUM 2013, 914 ff.; OLG Bremen, NJW 2011, 1611, 1612: *„Welche Angebote als „journalistisch-redaktionell" gestaltet i. S. des § 56 RStV anzusehen sind, ist im RStV nicht definiert. Kennzeichnende Merkmale solcher Angebote sind eine gewisse Selektivität und Strukturierung, das Treffen einer Auswahl nach ihrer angenommenen gesellschaftlichen Relevanz mit dem Ziel des Anbieters, zur öffentlichen Kommunikation beizutragen, die Ausrichtung an Tatsachen (so genannte Faktizität), ein hohes Maß an Aktualität, nicht notwendig Periodizität, ein hoher Grad an Professionalisierung der Arbeitsweise und ein gewisser Grad an organisierter Verfestigung, der eine gewisse Kontinuität gewährleistet".* Ein weites Begriffsverständnis haben demgegenüber *Zoebisch*, ZUM 2011, 390, 393 und *Ernst*, MDR 2011, 1332 f.

64 Spindler/Schuster/*Mann/Smid*, Recht der elektronischen Medien, 7. Teil Rn. 12.

65 *Brunst*, MMR 2004, 8, 9; *Waldenberger*, MMR 1998, 124, 125; *ders./Hoß*, AfP 2000, 237, 238; *Hoppmann/Moos*, ZfV 1999, 194, 196; *Lent*, ZUM 2013, 914, 918.

vollständig abrufbare Dienst einschließlich seiner untergeordneten Seiten zu betrachten. Untersucht wird dazu, was insgesamt unter einer bestimmten Domain angeboten wird. Überlagert der publizistische Inhalt die so betrachtete Webseite, steht also die Berichterstattung im Vordergrund und haben die weiteren Rubriken lediglich „Annexcharakter“[66], liegt ein journalistisch-redaktionelles Angebot vor.[67]

Die Gegenansicht[68] qualifiziert hingegen jedes Angebot einzelfallbezogen und prüft die Seite auf ihre Einzelbestandteile. Ausschlaggebend sei nicht die Angebotsgesamtheit, sondern jedes Einzelangebot für sich.[69] Ein journalistisch-redaktionelles Angebot liegt danach vor, wenn der publizistische Charakter der Meldung den Inhalt des betreffenden *Teil*angebots überwiegt.

b) Stellungnahme

Die einzelfallbezogene Ansicht ist nicht geeignet, eine praxisgerechte Abgrenzung zu gewährleisten. Einerseits besteht das Risiko, dass bei isolierter Betrachtung ein Angebot, das seinem Charakter nach offenkundig nicht der elektronischen Presse zugeordnet werden kann, durch die bloße Einfügung oder Kopie eines publizistischen Inhalts zur „elektronischen Presse“ würde und damit auch den (strengen) Regelungen des RStV unterfiele. Das liefe auf eine unsachgerechte Anwendung des § 54 Abs. 2 RStV hinaus, der die Einhaltung inhaltlicher Standards für den Schutz der Meinungsbildungsfreiheit bezweckt und deshalb nur für Anbieter publizistischer Telemedien gelten soll[70]. Andererseits ist zu berücksichtigen, dass sich (frei zugängliche) Onlinemedien im Wesentlichen durch Werbeeinnahmen finanzieren. Häufig werden deshalb mit dem Abruf einer bestimmten Nachricht oder mit dem „Klick“ auf einen bestimmten Link Werbemechanismen in Gang gesetzt. Der aufgerufene Inhalt wird dann schnell von „Pop-Ups“ und Werbebannern überlagert, die für den Aussagegehalt der Meldung irrelevant sind, auf der konkreten Seite jedoch so viel „Platz“ beanspruchen können, dass bei strenger Betrachtung des so abgebildeten Teilangebots der journalistische Charakter der Meldung in den Hintergrund rücken würde – und deshalb vom Anwendungsbereich der elektronischen Presse ausgenommen

---

66 *Lent*, ZUM 2013, 914, 918.

67 *Brunst*, MMR 2004, 8, 9.

68 *Pichler*, MMR 1998, 79, 80; *Engel-Flechsig*, ZUM 1997, 231, 234; *v. Heyl*, ZUM 1998, 115, 118 f.

69 *Pichler*, MMR 1998, 79, 80.

70 Spindler/Schuster/*Smid*, Recht der elektronischen Medien, 8. Teil, § 54 RStV Rn. 6.

werden müsste.[71] Im Ergebnis gebührt der Vorzug deshalb der Sichtweise, die jedes Angebot einer wertenden Gesamtbetrachtung unterwirft.

IV. Zusammenfassung und Fazit

Für die Untersuchung folgt aus dem Vorstehenden: Digitalausgaben bzw. Onlinekorrelate existierender Printerzeugnisse i.S.v. § 54 Abs. 2 S. 1 2. Hs. RStV[72] sind urtypische Angebote der elektronischen Presse. Von den Regelbeispielen im RStV nicht erfasst, aber dennoch zur elektronischen Presse im engeren Sinne zählen darüber hinaus originäre Internet-Angebote (E-Zines), wie etwa die „Huffington Post", „BuzzFeed.com" oder „Vox.com". Daneben treten journalistische, periodisch erscheinende Laienangebote, die dem Bereich der elektronischen Presse im weiteren Sinne zugeordnet werden können, wenn sie die Kriterien der journalistischen und redaktionellen Gestaltung erfüllen. Gemessen an den vorgenannten Grundsätzen können so etwa auch Weblogs als journalistisch-redaktionell gestaltete Angebote zu werten sein, wenn sie kontinuierlich aktualisiert werden, eine lange Dauer (Indiz für das Vorliegen von Kontinuität) und eine Vielzahl von Blogeinträgen (Indiz für weite Beachtung in der Öffentlichkeit) aufweisen und sich die publizistische Intention aufgrund einer an den vorgenannten Indizien orientierenden Gesamtschau ermitteln lässt.[73] Auch Einträge in sog. Mikroblogs wie „Twitter" können als „Kleinform des Bloggings"[74] journalistisch-redaktionell gestaltet sein, etwa wenn in regelmäßigen Abständen Kurznachrichten veröffentlicht werden, die über eine private Meinungsäußerung hinausgehen.[75] Zudem können auch Audio- und Videoangebote die Voraussetzungen von § 54 Abs. 2 RStV erfüllen – und damit der elektronischen

---

71 Auf diesen Umstand hat *Waldenberger*, MMR 1998, 124, 125, bereits im Jahr 1998 hingewiesen.

72 *„[...] in denen insbesondere vollständig oder teilweise Inhalte periodischer Druckerzeugnisse in Text oder Bild wiedergegeben werden [...]."* Vgl. auch §§ 55 Abs. 2 S. 1 und 56 Abs. 1 S. 1 RStV.

73 BeckOK-Gersdorf/Paal/*Lent*, Informations- und Medienrecht, § 54 RStV Rn. 5.1; *Lent*, ZUM 2013, 914, 918 f.; Binder/Vesting/*Held*, Rundfunkrecht, § 54 RStV Rn. 58a; siehe auch VG München, BeckRS 2016, 47886. Wie etwa der „Tagesschau-Blog", abrufbar unter http://blog.tagesschau.de/, oder die „Freie Welt", abrufbar unter https://www.freiewelt.net/, jeweils abgerufen am 22.04.2019.

74 *Lent*, ZUM 2013, 914, 919.

75 Binder/Vesting/*Held*, Rundfunkrecht, § 54 RStV Rn. 58a; BeckOK-Gersdorf/Paal/*Lent*, Informations- und Medienrecht, § 54 RStV Rn. 5.1; *Lent*, ZUM 2013, 914, 919.

Presse nach hiesigem Begriffsverständnis unterfallen – soweit die vorgenannten Kriterien erfüllt sind.[76]

Demgegenüber sind Onlineinhalte, die nicht dauerhaft an der öffentlichen Meinungsbildung ausgerichtet sind, vom Begriff der elektronischen Presse ausgenommen. Dies ist der Fall bei gelegentlich in Onlineforen oder Chat-Rooms veröffentlichten Beiträgen. Auch der Chat-Room oder das Forum selbst sind in der Regel nicht redaktionell organisiert, da der jeweilige Betreiber weder die Beiträge noch die Verfasser der Beiträge auswählt.[77] E-Books und sonstige Buch-Apps erfüllen die Tatbestandsvoraussetzungen der journalistisch-redaktionellen Gestaltung ebenfalls nicht, da ihnen die erforderliche Kontinuität fehlt.[78] Suchmaschinen sind zwar geeignet, den Zugang zu bestimmten Angeboten der elektronischen Presse zu ermöglichen. Diese bloße sog. Content-Aggregation allein reicht aber nicht aus, um die Kriterien des § 54 Abs. 2 RStV zu erfüllen.[79] Bei Pinnwandeinträgen und Darstellungen in Privatprofilen der sozialen Netzwerke (Facebook, Xing, Instagram, LinkedIn etc.) handelt es sich um Eigendarstellungen, die in der Regel weder journalistisch noch redaktionell sind. Private Homepages oder Unternehmenswebseiten können in der Regel nicht als journalistisch-redaktionell gestaltet angesehen werden, da kein Pressebezug besteht und die erforderliche Periodizität fehlt.[80] Grenzfälle bilden „Wikipedia"-Einträge. Hierbei handelt es sich in der weit überwiegenden Zahl der Fälle um von mehreren Nutzern bearbeitete Einträge. Da sie aber nur bei Bedarf aktualisiert werden, dürfte ihnen der für eine Qualifizierung als „journalistisch-redaktionell" erforderliche regelmäßige Berichterstattungscharakter fehlen.[81]

---

76 BeckOK-Gersdorf/Paal/*Lent*, Informations- und Medienrecht, § 54 RStV Rn. 5.1.; *Lent*, ZUM 2013, 914, 919. Wie etwa www.tagesschau.de" oder www.n24.de, abgerufen am 04.12.2018.

77 Zutreffend Binder/Vesting/*Held*, Rundfunkrecht, § 54 RStV Rn. 55; siehe auch LG Hamburg, MMR 2007, 450, 452.

78 *Lent*, ZUM 2013, 914, 918.

79 BeckOK-Gersdorf/Paal/*Lent*, Informations- und Medienrecht, § 54 RStV Rn. 5.1; *Lent*, ZUM 2013, 914, 919.

80 Auf die fehlende Publizität und Periodizität abstellend etwa auch LG Düsseldorf, MMR 1995, 376: *„Durch das Einstellen des Textes in die Internet-Homepage der Ag. wurde der Text zwar einem größeren Publikum dadurch zugänglich gemacht, daß die Internet-Homepage weltweit abgerufen werden kann. Trotzdem ergibt sich allein daraus kein Publizitätsgrad, der einer von einem Massenpublikum regelmäßig genutzten Informationsquelle, die ebenso regelmäßig neue Informationen liefert, vergleichbar wäre."*

81 BeckOK-Gersdorf/Paal/*Lent*, Informations- und Medienrecht, § 54 RStV Rn. 5.1; *Lent*, ZUM 2013, 914, 919.

Kap. 2: Sachrechtlicher Persönlichkeitsschutz im Internet

I. Grundlagen

Bei der Anwendung der Tatortregel des Art. 40 Abs. 1 EGBGB auf Ehrverletzungen im Internet spielen materiell-rechtliche Aspekte eine gewichtige Rolle. Im Vorgriff zur kollisionsrechtlichen Untersuchung stellt sich die Frage, welche spezifischen Risiken von einer Online-Veröffentlichung für den Persönlichkeitsschutz ausgehen. Im Gegensatz zu den traditionellen Medien (Print, Rundfunk etc.) drohen die dezentralisierten, ubiquitären und anonymen Strukturen des Internets das herkömmliche Gleichgewicht zwischen dem Persönlichkeitsschutz des Betroffenen einerseits und der Meinungs- bzw. Pressefreiheit des Verletzers andererseits[82] zu stören. *In concreto* geht es darum, ob die genannten Online-Spezifika eine Modifikation der tradierten Regeln für die Güter- und Interessenabwägung[83] zwischen den kollidierenden Rechtsgütern rechtfertigen. Die Beantwortung dieser Frage stellt zwar eine vom IPR losgelöste, sachrechtliche Einschätzung dar. Die Einbeziehung materiell-rechtlicher Erkenntnisse als Vorstufe der kollisionsrechtlichen Überlegungen ist aber geboten, da sich erst auf ihrer Grundlage ein überzeugendes Ergebnis für die Entwicklung von Anknüpfungsmodellen erzielen lässt.

II. Wertungszusammenhang zwischen Sachrecht und IPR

Die Tatortbestimmung des Art. 40 Abs. 1 EGBGB im Hinblick auf ihre Kongruenz mit den spezifischen Bedürfnissen und Kriterien des deliktischen Persönlichkeitsschutzes abzugleichen, versteht sich nicht von selbst. Nach welchen Kriterien die Anknüpfungsmomente im IPR gewählt werden sollen, ist in der Lehre nämlich heftig umstritten. Insofern ist von dem Primat der funktionellen Trennung von Kollisions- und Sachrecht auszugehen, demzufolge sich Kollisions- und Sachnormen gegenseitig ausschließen.[84] Die Berücksichtigung

---

82 Zur Kollision des Allgemeinen Persönlichkeitsrechts mit der Meinungs- und Pressefreiheit vgl. BVerfGE 99, 185, 196; BVerfG, NJW 2012, 1500, 1501; Maunz/Dürig/*Grabenwarter*, Art. 5 GG Rn. 416 ff.

83 Bei dem Allgemeinen Persönlichkeitsrecht handelt es sich um ein sog. Rahmenrecht. Die Tatbestandsmäßigkeit einer Handlung indiziert hier nicht auch gleichzeitig ihre Rechtswidrigkeit. Es müssen vielmehr alle Umstände des Einzelfalls in einer umfassenden Güter- und Interessenabwägung gewürdigt werden. Rechtswidrigkeit ist nur dann gegeben, wenn das Schutzinteresse des Betroffenen die schutzbedürftigen Belange des Verletzers überwiegt (vgl. BGH, NJW 2012, 3645 Rn. 15; NJW 2017, 1550, 1551 Rn. 15; Palandt/*Sprau*, § 823 BGB Rn. 95).

84 *Kegel/Schurig*, IPR, § 1 Teil IX. 3.; vgl. auch *Kegel/Schurig*, IPR, § 8 Teil III. 3.

sachrechtlicher Wertungen im IPR fußt auf einem modernen, materiellrechtlich-orientierten Kollisionsrechtsverständnis. Dieser heutigen unter der Überschrift „Deliktskollisionsrecht und sachrechtliche Gerechtigkeit"[85] in der international-privatrechtlichen Lehre geführten Diskussion liegt die Vorstellung zu Grunde, das Kollisionsrecht nicht mehr als ein nur technische Funktionen erfüllendes Anknüpfungsrecht zu begreifen, welches nach rein räumlichen Kriterien auszurichten, sondern den materiellen Wertungsgrundlagen zu öffnen ist.[86]

Dem modernen Ansatz steht die von *Kegel*[87] vertretene traditionelle Methode gegenüber, wonach das Kollisionsrecht vom Sachrecht unabhängige Rechtsideale verfolgt. Materiell-privatrechtliche Gerechtigkeit und international-privatrechtliche Gerechtigkeit sind danach zwei isoliert voneinander zu betrachtende Größen. Nach *Kegel* gebietet die Gerechtigkeit im IPR nicht, dass *in abstracto* das sachlich beste Recht anwendbar ist, sondern das für den zu regelnden Sachverhalt *räumlich* gerechteste Recht.[88] Dieses Rechtsverständnis geht auf *Savigny's* Theorie vom Sitz des Rechtsverhältnisses[89] zurück und richtet die Anknüpfungsmomente ohne besondere Berücksichtigung auf die dem jeweiligen Sachrecht immanenten Gerechtigkeitsvorstellungen nach rein räumlichen Kriterien aus.[90]

Es steht außer Frage, dass sachrechtliche Präferenzen im IPR keinen generellen Geltungsanspruch genießen dürfen. Auf der anderen Seite ist aber auch der Umstand zu beachten, dass das Kollisionsrecht auf determiniertes Sachrecht verweist. *Flessner*[91] hat der Diskussion deshalb überzeugend entgegengehalten, dass rein abstrakte kollisionsrechtliche Interessen für die Normbildung nicht

85 Vgl. *v. Bar*, JZ 1985, 961, 964 ff.

86 Für ein solches Verständnis hat sich insbesondere *Flessner* ausgesprochen, vgl. *Flessner*, Interessenjurisprudenz im internationalen Privatrecht, S. 140 ff.; *Hohloch*, Das Deliktsstatut, S. 237 ff.; *Siehr*, RabelsZ 37 (1973), 466, 471; *Hohloch*, Das Deliktsstatut, S. 250; *v. Bar*, JZ 1985, 961, 965. Nicht zu verwechseln mit der unter dem Stichwort „Anpassung" oder „Angleichung" betriebenen Methode, die dann zum Tragen kommt, wenn Sachverhalte nicht länger anhand des Kollisionsrechts gelöst werden können (vgl. eingehend *Kegel/Schurig*, IPR, § 1 Teil VII. 2., § 8 Teil III.; *Kropholler*, IPR, § 34 IV; *Lüderitz*, IPR, Rn. 198; *Hay/Rösler*, IPR/IZVR, S. 133; vgl. *v. Bar/Mankowski*, IPR I, § 7 Rn. 249 ff.; Staudinger/*Sturm/Sturm*, Einl. IPR, Rn. 258; *Clausnitzer/Schotten*, MittRhNotK 1987, 15, 20).

87 *Kegel/Schurig*, IPR, § 2 Teil I., Teil III. 3.

88 *Kegel/Schurig*, IPR, § 2 Teil I.

89 *Savigny*, System des heutigen römischen Rechts, BAND 8, S. 269; vgl. auch *Posch*, Internationales Privatrecht, S. 14.

90 *V. Bar*, JZ 1985, 961, 965.

91 *Flessner*, Interessenjurisprudenz im internationalen Privatrecht, S. 140 ff.

den Ausschlag geben dürften.[92] Bei der Bildung von Anknüpfungsmomenten müssten auch die auf die Anwendung eines bestimmten Rechts hinauslaufenden sachrechtlichen Interessen beachtet werden. Diese Sichtweise überzeugt und trifft besonders für die in dieser Arbeit behandelte Frage nach der Bestimmung des Deliktsstatuts zu. Denn die alternative Anknüpfung an den Handlungs- und Erfolgsort ist maßgeblich ein Produkt sachrechtlicher Erwägungen[93]. Zudem gebühren sachrechtlichen Erwägungen im Bereich des Internationalen Deliktsrechts deshalb besondere Beachtung, weil Normen des materiellen Rechts seinen Gegenstand bilden.[94] Indem das außervertragliche Haftungsrecht die grenzüberschreitenden Rechtsverhältnisse erst festlegt,[95] greifen die Rechtsbereiche ineinander und bedingen damit einander. Die strukturellen Verknüpfungen zwischen den Rechtsbereichen können so weit reichen, dass Veränderungen der materiellen Rechtslage eine Anpassung der kollisionsrechtlichen Bewertung erfordern.[96] Das Kollisionsrecht ist deshalb angehalten, Fragen des materiellen Persönlichkeitsschutzes im Spannungsfeld mit den Kommunikationsfreiheiten[97] zu berücksichtigen und Veränderungen des außervertraglichen Haftungsrechts in die Entwicklung von Anknüpfungsmomenten einzubeziehen. Erst die Einbeziehung materiell-rechtlicher Interessen und Wertungen vermag die Anwendung des „kollisionsrechtlich besten Rechts“[98] zu gewährleisten.[99]

Diese Sichtweise liegt im Übrigen auch auf einer Linie mit der Lehre *Savigny's*: denn speziell für das Deliktskollisionsrecht wollte der Begründer der

92 So auch und zur Sachrechtsbezogenheit des Deliktskollisionsrecht im Allgemeinen *Hohloch*, Das Deliktsstatut, S. 237 ff.

93 *Siehr*, RabelsZ 37 (1973), 466, 471.

94 *Hohloch*, Das Deliktsstatut, S. 250.

95 *V. Fricke*, Der Unterlassungsanspruch im IPR, S. 20.

96 *Hohloch*, Das Deliktsstatut, S. 250 ff. Sobald in den Sachrechten „deutliche Entwicklungsschübe“ sichtbar werden, formuliert *v. Bar*, müsse das Kollisionsrecht *„[...] nicht nur von Ihnen Notiz nehmen, sondern sich auch selber an sie anpassen.“* *V. Bar*, JZ 1985, 961, 969.

97 Die Persönlichkeit ist nicht absolut geschützt, sondern tritt zu der mit gleichem Rang nach Art. 5 Abs. 1 GG gewährleisteten Äußerungs- und Pressefreiheit in ein Spannungsverhältnis, das im Wege einer praktischen Konkordanz zwischen den geschützten Rechtspositionen aufzulösen ist (vgl. etwa Maunz/Dürig/*Di Fabio*, Art. 2 GG Rn. 231 ff.).

98 *Wandt*, Internationale Produkthaftung, Rn. 556.

99 *V. Hinden*, Persönlichkeitsverletzungen im Internet, S. 15.

historischen Rechtsschule die Theorie vom Sitz des Rechtsverhältnisses nicht angewandt wissen.[100]

Auch allgemein gesprochen sind Kollisionsnormen nicht statisch zu begreifen, sondern beruhen – wie Sachnormen – auf einer Wertung und Abwägung verschiedener Interessen[101]. Deshalb ist es geboten, die Impulse, die vom sachrechtlichen Persönlichkeitsschutz ausgehen, in die kollisionsrechtliche Arbeit einfließen zu lassen.[102]

In methodischer Hinsicht ist im Folgenden die Reichweite des Persönlichkeitsschutzes im Internet zu untersuchen. Die gewonnen Erkenntnisse sollen sodann die normative Grundlage für die Anwendung der allgemein gehaltenen Anknüpfungen des Art. 40 Abs. 1 EGBGB auf Internetdelikte bilden.

III. Online-Spezifika für den Persönlichkeitsschutz

1. Ausgangslage

Zu den gefährdeten Gütern im Bereich des WWW zählen insbesondere die Ehre und der gute Ruf des Betroffenen,[103] beide Kernbestand des Allgemeinen Persönlichkeitsrechts[104]. Das Allgemeine Persönlichkeitsrecht hat sich von der sog. „Schachtbrief"- oder „Leserbrief"-Entscheidung[105] des BGH aus dem Jahr 1954, in der das Allgemeine Persönlichkeitsrecht als „sonstiges Recht" i.S.v. § 823 Abs. 1 BGB aus Art. 2 Abs. 1 i.V.m. Art. 1 Abs. 1 GG erstmals von der

---

100 *„Die oben aufgestellte Regel, nach welcher die Gültigkeit einer Obligation beurtheilt werden soll nach dem Rechte des Ortes, welchem die Obligation überhaupt unterworfen ist […], muß durch eine wichtige Ausnahme eingeschränkt werden. […] Die erwähnte Ausnahme kommt vor sowohl bei Verträgen, als bei Delicten."* (vgl. *Savigny*, System des heutigen römischen Rechts, BAND, 8 S. 275 f.). Die Ausnahme begründet *Savigny* mit der streng positiven Natur der Deliktsnormen (vgl. *Savigny*, System des heutigen römischen Rechts, BAND 8, S. 278; vgl. hierzu auch *Hohloch*, das Deliktsstatut, S. 42).

101 *Hohloch*, Das Deliktsstatut, S. 250.

102 *V. Bar*, JZ 1985, 961, 965.

103 Gounalakis/*Gounalakis/Rhode,* Rechtshandbuch Electronic Business, § 22 Rn. 29.

104 *G. Schulze*, Die Naturalobligation, S. 593; *Siebrecht*, JuS 2001, 337.

105 BGH, NJW 1954, 1404 f. Der BGH stellte klar, dass keine Verletzung der persönlichen Ehre des Klägers i.S.d. strafrechtlichen Schutzvorschriften der §§ 185 ff. StGB vorliegt. Allerdings habe der Kläger ein schutzwürdiges Interesse am Widerruf der Erklärung, weil *„[…] das Grundgesetz das Recht des Menschen auf Achtung seiner Würde und das Recht auf Entfaltung seiner Persönlichkeit auch als privates, von jedermann zu achtendes Recht anerkennt […]."* Vgl. BGH, NJW 1954, 1404, 1405.

höchstrichterlichen Rechtsprechung abgeleitet worden ist,[106] bis heute in einer Reihe von Grundsatzurteilen des BGH vom bloßen Abwehrrecht zu einem facettenreichen Institut entwickelt. Den Schutzumfang dieses Rechts musste die Judikatur stets anhand der sich ändernden Wertevorstellungen der Gesellschaft korrigieren und fortentwickeln.[107] Ein erhöhtes Bedürfnis nach Rechtsfortbildung besteht im Bereich des digitalen Äußerungsrechts. Hier ist eine neue Gefährdungslage entstanden, die das Recht vor große Herausforderungen stellt.[108] Die Gefährdungen lassen sich im Wesentlichen auf drei Effekte des Internets zurückführen: die Aufhebung des Raumes („Ubiquität"), die Unvergänglichkeit („Zeitfaktor") und das aus Ubiquität und Zeitfaktor abgeleitete Risiko von Prangerwirkung.[109] Im Fall von Internetdelikten ist das Bedürfnis eines leistungsfähigen Persönlichkeitsschutzes deshalb hoch. Fraglich ist nur, ob die geltenden Rechtsgrundsätze diesem Bedürfnis (noch) gerecht werden oder angepasst werden müssen. Aufgrund der genannten Gefahren liegt es nahe, das Interesse des Opfers an einem Schutz seiner persönlichen Ehre bei der Kollision mit der Meinungs- und Pressefreiheit aus Art. 5 Abs. 1 GG grundsätzlich überwiegen zu lassen. Um zu klären, ob ein solcher Schluss voreilig wäre, sollen im Folgenden die allgemeinen Risiken des Internets und der elektronischen Presse für den Persönlichkeitsschutz näher untersucht werden.

---

106 Betraf die „Leserbrief"-Entscheidung lediglich einen Anspruch auf Widerruf, konnte der BGH in der bald darauf folgenden „Herrenreiter"-Entscheidung (BGHZ 26, 349 ff.) im Jahr 1958 seine Rechtsprechung bestätigen und den Schutz des Allgemeinen Persönlichkeitsrechts durch eine analoge Anwendung von § 847 BGB a.F. auf Schadensersatzansprüche ausweiten. Spätestens seit der „Burschenschaft"-Entscheidung (BGH, NJW 1960, 476 ff.) hat sich das Allgemeine Persönlichkeitsrecht in der Rechtsprechung des BGH als „sonstiges Recht" i.S.v. § 823 Abs. 1 BGB etabliert, BeckOK-Gersdorf/Paal/*Söder*, Informations- und Medienrecht, § 823 BGB Rn. 124.

107 Einen Überblick über die Entwicklung des Allgemeinen Persönlichkeitsrechts durch die Rechtsprechung liefert *Seifert*, NJW 1999, 1889 ff.

108 Spätestens seit der Einführung des Netzwerkdurchsetzungsgesetzes (Gesetz zur Verbesserung der Rechtsdurchsetzung in sozialen Netzwerken vom 01.09.2017, BGBl. I S. 3352) und der im Zusammenhang damit geführten Diskussion (vgl. etwa *Koreng*, GRUR-Prax 2017, 203 ff.; *Nolte*, ZUM 2017, 552 ff.; *Richter*, ZD-Aktuell 2017, 05623) ist eine besondere Schutzbedürftigkeit des Einzelnen von den spezifischen Onlinegefahren im Fall von Äußerungsdelikten nicht mehr von der Hand zu weisen.

109 Ähnlich Ulmer-Eilfort/Obergfell/*Ulmer*, Verlagsrecht, Kap. F Rn. 5 ff.; eingehend zu ausgewählten Aspekten des Persönlichkeitsschutzes im Internet und onlinespezifischen Haftungsfragen Gounalakis/*Gounalakis/Rhode*, Rechtshandbuch Electronic Business, § 22; *Gounalakis/Rhode*, Persönlichkeitsschutz im Internet, Teil 4 bis 9.

2. *Allgemeine Gefahrenpotenziale*

a) *Ubiquität*

Im Gegensatz zu Printprodukten sind Online-Veröffentlichungen durch ihre weltweite Breitenwirkung gekennzeichnet.[110] Zeitungen und Zeitschriftenverlage versuchen seit dem letzten Jahrzehnt verstärkt, Angebote auch im Internet zu etablieren. Dem Wachstum der Medienbranche im Onlinebereich steht eine rückläufige Entwicklung der traditionellen Presseerzeugnisse entgegen.[111] Die Verschiebung von Werbeinvestitionen ins Onlineumfeld[112] trägt dazu bei, dass Printerzeugnisse immer mehr von Onlinemedien verdrängt werden. Für viele Verlage hat die schnelle Veröffentlichung im Internet inzwischen Priorität vor der Veröffentlichung in gedruckten Ausgaben; es gilt der Grundsatz „online" oder „web first", der in der Änderung der Prioritätenreihenfolge vom Printprodukt zur Webveröffentlichung offenkundig wird.[113] Zudem haben die Weiterentwicklung des Mobiltelefons zum Smartphone sowie der Übergang zum Tabletreader den Markt für Verlage entschieden verändert[114] und den Zugang

110 *Dix*, DuD 2006, 330, 331; *Gounalakis/Klein*, NJW 2010, 566, 567.

111 Die Anzahl der verkauften Onlineausgaben bestehender Zeitungen und Zeitschriften („E-Papers) steigt fortwährend an. Während im Jahr 2005 noch 21.121 E-Paper-Auflagen verkauft wurden, waren es im Jahr 2015 bereits 780.134 und im Jahr 2018 rund 1,4 Millionen (vgl. Statista, Dossier E-Paper 2018, S. 7). Zu den Zeitungen mit den höchsten verkauften E-Paper-Auflagen zählen im 3. Quartal 2018: Der Spiegel (74.297 Auflagen), der Focus (38.238 Auflagen) und die Wirtschaftswoche (32.233 Auflagen (vgl. Statista, Dossier E-Paper 2018, S. 12 m.w.N.). Demgegenüber sinken die Auflagen im Printbereich seit fast drei Jahrzehnten kontinuierlich: Im Jahr 1991 hatten die in Deutschland verkauften Tageszeitungen eine tägliche Auflage von rund 27,3 Millionen Exemplaren (vgl. https://de.statista.com/statistik/daten/studie/72084/umfrage/verkaufte-auflage-von-tageszeitungen-in-deutschland/, abgerufen am 22.04.2019). 27 Jahre später lag die verkaufte Auflage für das Jahr 2018 bei rund 13,8 Millionen Exemplaren (vgl. ZMG-Auflagenstatistik der deutschen Zeitungen 4. Quartal 2018. Basis: IVW-Quartalsauflagenliste 4/2018. Veröffentlicht bei https://www.die-zeitungen.de/argumente/auflagen.html#c379, abgerufen am 22.04.2019).

112 Im Jahr 2015 hatten die weltweiten Ausgaben für Internetwerbung mit rund 132,4 Milliarden US-Dollar erstmals diejenigen im Printbereich mit 131,7 Milliarden US-Dollar überholt (vgl. https://de.statista.com/infografik/747/prognose-ausgaben-fuer-werbung-internet-und-print/, abgerufen am 22.04.2019).

113 Während sich die digitalen Vertriebserlöse der Publikumszeitschriften in Deutschland im Jahr 2010 noch auf 2 Mio. Euro beliefen, betrugen die Erlöse für das Jahr 2018 bereits 16 Mio. Euro. Für das Jahr 2022 werden Erlöse i.H.v. 226 Mio. Euro prognostiziert (vgl. Statista, Dossier E-Paper 2018, S. 50 m.w.N.).

114 Ulmer-Eilfort/Obergfell/*Ulmer*, Verlagsrecht, Kap. F. Rn. 38.

zu Informationen erheblich erleichtert und auch intensiviert[115]. Im Gegensatz zur Printauflage überregionaler Zeitungen und Zeitschriften haben die Abrufzahlen von Veröffentlichungen in der elektronischen Presse mittlerweile beeindruckende Dimensionen angenommen. So belief sich etwa die Anzahl der Visits[116] der Nachrichtenportale in Deutschland im Dezember 2018 (Online und Mobil) bei der Nachrichten-App upday auf rund 561,44 Millionen. Auf dem zweiten Platz folgt mit rund 382 Millionen Visits das Nachrichtenportal „Bild.de". Rang drei nimmt „Spiegel-Online" mit 236,1 Millionen Visits ein.[117] Begünstigt wird die steigende Bedeutung der elektronischen Presse durch einen geringeren Arbeitsaufwand für Onlineredaktionen. Im Rahmen der redaktionellen Planung muss aufgrund der begrenzten Seitenzahl eines Printerzeugnisses eine klare Vorauswahl der zu bearbeitenden Themen getroffen werden. Dieser Einschränkung unterliegt das unbegrenzte Seitenangebot der elektronischen Presse nicht. Publiziert werden kann jede noch so fernliegende Meldung, auch wenn ihr Informationsgehalt nur gering ist. Zudem fallen die Kosten einer Online-Veröffentlichung verglichen mit den Druck- und Vertriebskosten einer Zeitschrift um ein Vielfaches geringer aus.[118] Daneben ist das Angebot im Internet schlicht weiter gestreut als im Printbereich. Die „globale Umlauffähigkeit"[119] online gestellter Inhalte führt dazu, dass das bereits im Bereich der traditionellen Medien vorhandene latente Risiko einer Persönlichkeitsverletzung gesteigert wird,[120] weil Informationen an eine unbestimmte und grundsätzlich unbegrenzte Öffentlichkeit adressiert werden – und ein weltweites Publikum

---

115 Während die Internetnutzungsdauer pro Person und Tag in Deutschland im ersten Halbjahr 2018 bei stationären Endgeräten rund 43 Minuten betrug, belief sich die Dauer der Internetnutzung bei mobilen Endgeräten auf rund 2 Stunden und 40 Minuten (vgl. Nielsen Digital Content Measurement, Daten und Fakten zur Internetnutzung – 1. Halbjahr 2018, abrufbar unter https://www.die-medienanstalten.de/themen/forschung/internetnutzung/, abgerufen am 22.04.2019).

116 Der Begriff „Visit" bezeichnet den Zugriff eines Online-Nutzers, der innerhalb eines bestimmten Zeitraums eine Website besucht. Ein Unique Visitor ist im Gegensatz dazu ein Nutzer, der innerhalb eines bestimmten Zeitraums eine Website mehrmals besucht, aber nur einmalig gezählt wird.

117 https://de.statista.com/statistik/daten/studie/154154/umfrage/anzahl-der-visits-von-nachrichtenportalen/, abgerufen am 22.04.2019.

118 Zu Kosten- und Erlösstrukturen bei Onlinemedien eingehend *Eble*, Medienmarken im Social Web, S. 53 ff.

119 *Gounalakis/Rhode*, Persönlichkeitsschutz im Internet, Rn. 1.

120 *Legler*, CR 1998, 439.

haben. Die elektronischen Presse ist deshalb anfälliger für Ehrverletzungen als traditionelle Presseprodukte.

b) Zeitfaktor

Zweiter Effekt der Digitalisierung ist bei Online-Veröffentlichungen der Zeitfaktor. Die Gefahr einer Persönlichkeitsverletzung in einem herkömmlichen Presseerzeugnis besteht nur so lange, wie das Produkt am Markt verfügbar ist. Eine Zeitung wird gedruckt und in einer beschränkten Anzahl an die Leser herausgegeben. Eine Printveröffentlichung findet damit – zumindest was ihre Zugänglichmachung anbelangt – ein zeitliches Ende. Anders verhält es sich hingegen bei Online-Veröffentlichungen, die aufgrund von Speicherung, Vernetzung und Verlinkung für einen unbegrenzten Zeitraum abrufbar sind und sich durch ihre Dauerhaftigkeit auszeichnen.[121] Meldungen in der elektronischen Presse unterliegen im Gegensatz zu den klassischen Presseerzeugnissen keinen „physischen“ Einschränkungen: die von der Ursprungsveröffentlichung ausgehende Störung des Persönlichkeitsrechts kann sich „ewig“ fortsetzen. Zwar bedarf es für die Löschung eines elektronischen Dokuments nur eines „Klicks“. Tatsächlich sind Internetinhalte aber nur schwer aus der Welt zu bekommen. Das Internet „vergisst“ nicht.[122]

c) Prangerwirkung

Die Risiken von Online-Veröffentlichungen manifestieren sich nicht nur in der Angebotsvielfalt, weiten Breitenwirkung und Dauerhaftigkeit. Vielmehr führen die technischen Besonderheiten des Internets auch zu einem erhöhten Risiko von Anprangerung oder Stigmatisierung,[123] die eine besonders schwerwiegende Verletzung des Persönlichkeitsrechts nahe legen können.[124] Die Gründe für die Entstehung von Prangerwirkung sind vielschichtig und im Wesentlichen auf die „enthemmende Anonymität“[125] und „Spontaneität“[126] im Internet zurückzuführen, die das Phänomen einer verminderten Hemmschwelle bei der Meinungskundgabe befördern.[127]

---

121 *Gounalakis/Klein*, NJW 2010, 566, 567.

122 Hoeren/Sieber/Holznagel/*Ortner*, Handbuch Multimedia-Recht, Teil 13.2 Rn. 4.

123 Auch „Online-Pranger“ oder „Internet-Pranger“ bezeichnet, vgl. auch OLG Jena, MMR 2001, 52 f.; OLG München, NJW-RR 2016, 871 ff.

124 MüKo-BGB/*Rixecker*, Anh. § 12 Allg. PersönlR, Rn. 196.

125 *Engel*, AfP 1996, 220; vgl. auch *Gounalakis/Rhode*, Persönlichkeitsschutz im Internet, Rn. 1; Ulmer-Eilfort/Obergfell/*Ulmer*, Verlagsrecht, Kap. F Rn. 5.

126 *Ohly*, AfP 2011, 428.

127 *Ohly*, AfP 2011, 428, 434 f.

Prangerwirkung kann daneben durch „Kumulation“[128] einzelner Aussagen entstehen. Der Urheber einer Veröffentlichung hat nach erfolgtem Upload keinen Einfluss mehr darauf, welchen Weg seine Meldung nehmen und für wieviel Aufsehen ihr Inhalt sorgen wird. Durch die Duplizierung und Verlinkung kann es zu sog. Summeneffekten kommen. Der digitale Pranger resultiert dann daraus, dass Inhalte aufgrund der Ubiquität des Mediums Internet „übermäßig“[129] und zeitlich unbegrenzt verbreitet werden können.[130]

Eine wesentliche Rolle bei der Entstehung von Prangerwirkung spielen zudem Suchmaschinen. Als „Zugangs-Vermittler“[131] ermöglichen sie die Kenntnisahme ehrverletzender Inhalte durch Personen, die an dem Beitrag als solchem zunächst kein Informationsinteresse hatten. Durch die Ausrichtung von Such- und Auswahlalgorithmen an (Mehrheits-)Präferenzen können selbstverstärkende Effekte entstehen,[132] indem Äußerungen auf zunächst nachgeordneten Seiten mit einem kleinen Adressatenkreis plötzlich von einem breiten Publikum wahrgenommen werden.

Das Risiko von Prangerwirkung aufgrund erleichterter Auffindbarkeit durch Suchmaschinen hat die Gerichte in der Vergangenheit besonders im Zusammenhang mit der Frage nach der Zulässigkeit von Online-Bewertungsportalen beschäftigt[133]

---

128 *Ohly*, AfP 2011, 428, 435.

129 *Gomille*, ZUM 2009, 815, 816 f.

130 *Ohly*, AfP 2011, 428, 435; *Härting*, CR 2009, 21, 23; *Gounalakis/Klein*, NJW 2010, 566, 567. Die Voraussetzungen für die Annahme einer persönlichkeitsverletzenden Prangerwirkung bei Online-Veröffentlichungen hat das BVerfG in seiner „Schuldnerspiegel“-Entscheidung (vgl. BVerfG, NJW 2002, 741 ff.) vom 09.10.2001 herausgearbeitet und in seiner Entscheidung vom 18.02.2010 (vgl. BVerfG, GRUR 2010, 544 ff.) konkretisiert. Der Bundesgerichtshof nimmt diese Rechtsprechung zum Anlass, regelmäßig Äußerungen über die Privatsphäre des Betroffenen als unzulässig zu untersagen, wenn das beanstandungswürdige Verhalten einer breiteren Öffentlichkeit bekannt gemacht wird und sich dies schwerwiegend auf Ansehen und Persönlichkeitsentfaltung des Einzelnen auswirkt (vgl. BGH, GRUR 2015, 293, 294 f.; vgl. auch BGH, ZUM-RD 2012-253, 254 Rn. 12; GRUR 2010, 458, 461 Rn. 21). Diese Rechtsprechung hat das BVerfG verfassungsrechtlich nicht beanstandet (vgl. BVerfG, NJW 2002, 741 ff.).

131 *Paal/Hennemann*, ZRP 2017, 76.

132 *Paal/Hennemann*, ZRP 2017, 76.

133 Siehe etwa die „meinprof.de“-Entscheidungen des LG Berlin, MMR 2007, 668, sowie des LG Regensburg, MMR 2009, 363.

und die in der Entscheidung des VI. Zivilsenats[134] des BGH vom 23.06.2009 in der Rechtssache „spickmich.de" geklärt wurde[135].[136]

3. *Verletzungsgewicht von Online-Veröffentlichungen*

Unklar ist, ob mit Blick auf die eingangs aufgeworfene Fragestellung die beschriebenen (abstrakten) Risiken für sich genommen geeignet sind, im Fall einer schuldhaften Verletzung des Allgemeinen Persönlichkeitsrechts durch Online-Veröffentlichungen die Schutzbedürftigkeit des Betroffenen gegenüber derjenigen des Verletzers im Rahmen der Abwägungsentscheidung überwiegen zu lassen. Der BGH[137] hat dies ausdrücklich verneint. Zwar erkennt der VI. Zivilsenat an, dass durch die Veröffentlichung eines Beitrags auf einem Internet-Portal eine „internettypische besondere Gefahr" geschaffen würde, dass an einer umfassenden Kommunikation und Diskussion im Internet interessierte Nutzer den Beitrag verlinken oder kopieren und auf anderen Webseiten zum Abruf bereithalten.[138] Sowohl die Frage, ob die Verletzung aufgrund ihrer Intensität die Unterlassung, die Beseitigung oder die Zahlung einer Geldentschädigung rechtfertigt (Tatbestandsseite), als auch deren Höhe (Rechtsfolgenseite), könne aber nur aufgrund der gesamten Umstände des Einzelfalls beantwortet werden.[139] Zur Begründung führt der BGH aus, dass ein Artikel in einer weit

---

134 BGH, MMR 2009, 608 ff. Eingehend zur Entscheidung und der rechtlichen Einordnung von Online-Bewertungsportalen im Spannungsfeld zwischen Persönlichkeitsschutz und Kommunikationsfreiheiten *Gounalakis/Klein*, NJW 2010, 566 ff.; *Kaiser*, NvWZ 2009, 1474 ff.

135 Das im Jahr 2007 gegründete Lehrerbewertungsportal „www.spickmich.de" hatte damals eine Million Nutzer. Parallel existiert das Professorenbewertungsportal „meinprof.de".

136 Der erkennende Senat hielt die Lehrerbewertung für zulässig. Wichtigstes und verallgemeinerbares Kriterium für die Zulässigkeit sei die fehlende Auffindbarkeit der Bewertungen in Suchmaschinen. *„Maßgebend für die Abwägung zwischen den Grundrechtspositionen sind technische Verfahrensgestaltungen wie Zugangsbeschränkungen, Registrierungserfordernisse, Löschungszyklen und die Nichtauffindbarkeit der Bewertungen durch Suchmaschinen."* (vgl. BGH, MMR 2009, 608 2. Ls). Wegen des Erfordernisses einer vorherigen Registrierung seien die Eintragungen „substanzarm". Deshalb würde ein berechtigtes Informationsinteresse über das berufliche Auftreten der Lehrkraft bestehen, das Vorrang vor dem Ehrschutz des Betroffenen genieße (vgl. BGH, MMR 2009, 608, 612); dazu *Gounalakis*, LMK 2010, 300818.

137 BGH, GRUR 2014, 693 ff. – *„Sächsische Korruptionsaffäre"*; siehe auch die jeweiligen Anmerkungen zum Urteil von *Paal*, LMK 2014, 356424; *Stender-Vorwachs*, GRUR-Prax 2014, 134; *Gounalakis*, NJW 2014, 2000 ff.

138 BGH, GRUR 2014, 693, 700 Rn. 56.

139 A.A. wohl Maunz/Dürig/*Grabenwarter*, Art. 5 GG Rn. 419, der offensichtlich ein grundsätzliches höheres Verletzungsgewicht von Internet-Veröffentlichungen konstatiert.

verbreiteten Tageszeitung (etwa auf der Titelseite) mit hoher Auflage im Einzelfall geeignet sein könne, das Ansehen des Betroffenen nachhaltiger zu schädigen, als eine Veröffentlichung im Internet auf einer weniger bekannten Seite oder einem eher unbekannten Portal mit kleinem Nutzerkreis.[140] Auch der Umstand, dass die üblicherweise erfolgende Verlinkung der Meldung in Suchmaschinen die Einholung von Informationen über den Betroffenen ermöglicht, rechtfertige kein generelles erhöhtes Schutzbedürfnis des Geschädigten. Denn eine solche Informationsbeschaffung setze die aktive Suche des bereits an dem Betroffenen interessierten Nutzers voraus.[141] Aus diesem Grund müssten auch bei Internetdelikten die Anzahl der Personen, die die beanstandeten Äußerungen zur Kenntnis genommen haben, sowohl im Rahmen der Güter- und Interessenabwägung als auch bei der Bemessung der Geldentschädigung beachtet werden.[142]

4. *Konsequenzen für die Güter- und Interessenabwägung*

Betrachtet man das Problem ungetrübt von der Opfersympathie, verdient die einzelfallbezogene Sichtweise des BGH Zustimmung.[143] Insofern ist von dem allgemeingültigen Grundsatz auszugehen, dass das Ergebnis der im Rahmen des deliktischen Persönlichkeitsschutzes gebotenen Güter- und Interessenabwägung bei der Kollision von Grundrechten wegen ihres Fallbezugs verfassungsrechtlich nicht vorgegeben ist.[144] *In summa* hat das Medium „Internet" keinen generellen Einfluss auf die Intensität der Persönlichkeitsverletzung und zwar sowohl auf Tatbestands-, als auch auf Rechtsfolgenseite. Daher geht von Internet-Veröffentlichungen *per se* kein höheres Verletzungsgewicht aus, als von Veröffentlichungen in traditionellen Presseerzeugnissen.[145] Eine formal nach Kommunikationsmedium differenzierende Betrachtung ist daher nicht angezeigt.[146] Die Beurteilung der sowohl auf Tatbestands- als auch auf Rechtsfolgenseite relevanten Fragen bleibt damit einer einzelfallbezogenen Betrachtung vorbehalten. Es ist aber nicht von der Hand zu weisen, dass die Effekte des Internets zu einer gesteigerten (abstrakten) Gefahr für die Persönlichkeitsinteressen des von der Berichterstattung

---

140 BGH, GRUR 2014, 693, 700 Rn. 53.
141 BGH, GRUR 2014, 693, 700 Rn. 53.
142 BGH, GRUR 2014, 693, 702 Rn. 71.
143 Zustimmend auch *Gounalakis*, NJW 2014, 2000, 2002.
144 BVerfG, NJW-RR 2010, 470, 471.
145 BGH, GRUR 2014, 693, 700 Rn. 53.
146 *Gounalakis*, NJW 2014, 2000, 2002.

Betroffenen führen und im Einzelfall Modifikationen bei der Abwägung zwischen Persönlichkeitsrecht und Meinungsfreiheit rechtfertigen *können*.[147]

In der Rechtsprechung des BVerfG sind verschiedene Kriterien entwickelt worden, die für den Abwägungsvorgang zwischen der Schwere der Beeinträchtigung des Persönlichkeitsrechts einerseits und der Einbuße an Meinungsfreiheit durch die Untersagung andererseits herangezogen werden können.[148] Für den Bereich der elektronischen Presse ist zusätzlich ein Rückgriff auf die zum traditionellen Presserecht entwickelten Falltypen[149] möglich. Neben den individuellen Schutzpositionen sind im Rahmen der Abwägungsentscheidung aber auch zwingend die schädlichen Neben- und Fernwirkungen der internettypischen Ubiquität und die Dauerhaftigkeit von Internetinhalten zu berücksichtigen. Eine entscheidende Rolle spielt hierbei die Reichweite des Internetangebots sowie die Nachhaltigkeit und Fortdauer der Interessen- oder Rufschädigung, die anhand der Abrufzahlen,[150] regelmäßigen Zugriffszahlen oder der registrierten Nutzer der betreffenden Seite zu ermitteln sind.[151]

IV. Fazit

In der sich anschließenden kollisionsrechtlichen Untersuchung wird der besonders „verletzlichen" Lage des Adressaten einer ehrrührigen Online-Veröffentlichung Rechnung zu tragen sein. Ein auf kollisionsrechtliche Interessen verkürzter Umgang wird den Anforderungen an den Persönlichkeitsschutz im Internet nicht gerecht. Bei der Wahl zwischen unterschiedlichen Anknüpfungsmodellen darf die in der Tendenz schutzwürdiger erscheinende Position des (potenziellen) Opfers nicht dahingehend missverstanden werden, den Opferschutz überwiegen zu lassen. Insbesondere bei der Konkretisierung des Erfolgsortes im Rahmen von Art. 40 Abs. 1 S. 2 EGBGB macht es das aus den Effekten des Internets resultierende besondere Spannungsverhältnis zwischen den kollidierenden Schutzpositionen erforderlich, eine Anknüpfungsregel zu suchen, mit der die in Rede stehenden Rechte sowohl des Betroffenen als auch des Mediums überzeugend zum Ausgleich gebracht werden können.

---

147 So auch *Gounalakis/Klein*, NJW 2010, 566, 567.

148 Etwa BVerfG, NJW 1995, 3303, 3304; NJW 1998, 2889, 2890 ff.; NJW 2009, 3357 Rn. 17.

149 Vgl. Palandt/*Sprau*, § 823 BGB, Rn. 101 ff.

150 Hoeren/Sieber/Holznagel/*Seitz*, Handbuch Multimedia-Recht, Teil 8 Rn. 68.

151 BGH, GRUR 2014, 693, 699 Rn. 48, 702 Rn. 71.

Kap. 3: Grundlagen der deliktischen Anknüpfung

I. Maßgeblichkeit des Deliktsstatuts

Die Frage des anwendbaren Rechts bei Verletzungen von Persönlichkeitsrechten im „World Wide Web" bestimmt sich aufgrund der fehlenden Anwendbarkeit der Rom II-VO auch bei Rechtsverletzungen innerhalb des europäischen Hoheitsgebiets vor deutschen Gerichten nach Maßgabe des Deliktsstatuts der Artt. 40–42 EGBGB. Art. 40 EGBGB findet Anwendung auf Ansprüche aus unerlaubter Handlung. Ob ein Sachverhalt als „unerlaubte Handlung" zu qualifizieren ist, richtet sich nach der *lex fori*[152]. Dem Deliktsstatut unterliegen alle Fragen des haftungsbegründenden Tatbestands.[153] Die Auslegung *lege fori* führt jedoch nicht zu einem Gleichlauf mit dem Begriff der unerlaubten Handlung im materiellen Privatrecht der §§ 823 ff. BGB. Vielmehr umfasst der Anwendungsbereich des Deliktsstatuts die gesamte außervertragliche Schadenshaftung,[154] insbesondere auch den Schutz der Ehre[155] sowie des eigenen Bildes[156]. Neben den Haftungsgründen bestimmt das Deliktsstatut die Rechtsfolgen, die sich an die Verwirklichung einer unerlaubten Handlung knüpfen. Erfasst werden sowohl Schadensersatz- und Unterlassungs-, als auch Beseitigungsansprüche.[157] Durch

---

152 BGH, NJW 1996, 1411, 1413; Palandt/*Thorn*, Art. 40 EGBGB Rn. 4; JurisPK-BGB/*Wurmnest*, Art. 40 EGBGB Rn. 8.

153 Nach dem Deliktsstatut beurteilen sich mithin Verletzungserfolg, Verletzungshandlung, Kausalität und objektive Zurechnung, Rechtswidrigkeit und Rechtfertigungsgründe, Verschulden und sonstige Fragen der objektiven Zurechenbarkeit sowie die Verschuldensfähigkeit, BeckOK-Bamberger/Roth/Hau/Poseck/*Spickhoff*, 40 EGBGB Rn. 10.

154 Begr. RegE, BR-Drucks. 759/98, S. 24; JurisPK-BGB/*Wurmnest*, Art. 40 EGBGB Rn. 8; *Kreuzer*, RabelsZ 65 (2001), 383, 412 f. Unter Art. 40 EGBGB fallen sämtliche Haftungstatbestände, die funktional dem Deliktsrecht zuzuordnen sind. Dazu zählen auch die Haftung von Dritten einschließlich juristischer Personen (§§ 31, 831, 832 BGB), die Billigkeitshaftung (§ 829 BGB), Haftung wegen Selbsthilfe (§ 231 BGB) und vorläufigen Rechtsschutzes (etwa § 945 ZPO) sowie Ansprüche aus Notstand (§§ 228 S. 2, 904 S. 2 BGB) und Wettbewerbsverstößen, MüKo-BGB/*Junker*, Art. 40 EGBGB Rn. 10.

155 OLG Hamburg, UFITA 60 (1971), 322, 327; BeckOK-Bamberger/Roth/Hau/Poseck/*Spickhoff*, Art. 40 EGBGB Rn. 36.

156 BGH, NJW 1996, 1128; BeckOK-Bamberger/Roth/Hau/Poseck/*Spickhoff*, Art. 40 EGBGB Rn. 36.

157 Palandt/*Thorn*, Art. 40 EGBGB Rn. 4; *v. Hoffmann/Thorn*, IPR, § 11 Rn. 57; Staudinger/*v. Hoffmann*, Art. 40 EGBGB Rn. 56.

die Einbeziehung der Rechtsfolgenseite wird eine einheitliche Behandlung systematisch zusammenhängender Rechtsfragen gewährleistet.[158]

Bei der Beurteilung des Umfangs des Deliktsstatuts nimmt der presserechtliche Gegendarstellungsanspruch eine Sonderstellung ein. Über seine dogmatische Einordnung und der sich daraus ergebenden kollisionsrechtlichen Konsequenzen besteht seit jeher Streit: Teile des Schrifttums[159] stufen den Anspruch als deliktisch oder deliktsähnlich ein. Danach wird der Gegendarstellungsanspruch als medienprivatrechtlicher Anspruch eigener Art angesehen, der dem Interessenausgleich zwischen den Beteiligten dient und vom Deliktsstatut erfasst wird.[160] Die h.M.[161] qualifiziert den Gegendarstellungsanspruch hingegen als spezielles Institut des Presserechts zur Sicherung der Pressefreiheit. Welches Recht auf Gegendarstellungsansprüche anwendbar ist, wird unabhängig von den Artt. 40 ff. EGBGB anhand einer Sonderanknüpfung entschieden, die am Sitz des Medienunternehmens fixiert wird.[162] Die besseren Argumente sprechen für die h.M. Als dogmatisch „eigenständiges Institut des Presserechts"[163] ist der Gegendarstellungsanspruch vom Spannungsverhältnis zwischen Persönlichkeitsschutz einerseits und Medien- und Kommunikationsfreiheit andererseits geprägt und basiert auf dem Grundsatz der Waffengleichheit[164]: „*audiatur et altera pars*"[165].

---

158 Staudinger/*v. Hoffmann*, Art. 40 EGBGB Rn. 56.

159 BeckOK-Bamberger/Roth/Hau/Poseck/*Spickhoff*, Art. 40 EGBGB Rn. 37; HK-BGB/*Dörner*, Art. 40 EGBGB Rn. 6; *Heldrich*, Persönlichkeitsverletzungen im IPR, S. 361, 373; *Looschelders*, ZVglRWiss 95 (1996), 48, 80; *Hohloch*, ZUM 1986, 165, 176; *Stadler*, JZ 1994, 642, 644 ff.

160 *Stadler* JZ 1994, 642, 645.

161 BGH, NJW 1965, 1230; Palandt/*Thorn*, Art. 40 EGBGB Rn. 10; MüKo-BGB/*Junker*, Art. 40 EGBGB Rn. 89 ff.; Staudinger/*v. Hoffmann*, Art. 40 EGBGB Rn. 75; *Gounalakis/Rhode*, Persönlichkeitsschutz im Internet, Rn. 10; *v. Hinden*, Persönlichkeitsverletzungen im Internet, S. 50 ff.; JurisPK-BGB/*Wurmnest*, Art. 40 EGBGB Rn. 70.

162 MüKo-BGB/*Junker*, Art. 40 EGBGB Rn. 91; Staudinger/*v. Hoffmann*, Art. 40 EGBGB Rn. 75; *v. Hinden*, Persönlichkeitsverletzungen im Internet, S. 50.

163 BGH, NJW 1968, 792, 793. Seine Rechtsgrundlage findet der Gegendarstellungsanspruch für den Bereich der Druckerzeugnisse in den Regelungen der Landespressegesetze, so z.B. in § 9 HPressG (Hessisches Gesetz über Freiheit und Recht der Presse – Hessisches Pressegesetz, i.d.F. v. 12.12.2003 (GVBl. I 2004 S. 2), zul. geändert durch Artikel 14 des Gesetzes vom 03.05.2018 (GVBl. S. 82)). Eine umfassende Übersicht über die landesrechtlichen Rechtsgrundlagen liefern *Prinz/Peters*, Medienrecht, Rn. 948 ff.

164 *Prinz/Peters*, Medienrecht, Rn. 442; *Gounalakis*, FS Georgiades, 187, 190; *Gounalakis/Rhode*, Persönlichkeitsschutz im Internet, Rn. 311.

165 BGH, NJW 1964, 1132, 1134.

Deshalb und insbesondere aufgrund seines Charakters als „Korrelat der Pressefreiheit“[166] ist bei der kollisionsrechtlichen Beurteilung von Gegendarstellungsansprüchen - mit der h.M. - unter Außerachtlassung der Artt. 40 ff. EGBGB auf das Sitzortrecht des Medienunternehmens abzustellen.

Aus denselben Gründen ist eine Sonderanknüpfung für den spezialgesetzlichen Gegendarstellungsanspruch für Internetäußerungen nach § 56 RStV zu bejahen. Auf den Erfolgsort kann hier nicht abgestellt werden.[167]

Daneben ist das Deliktsstatut für Verletzungen des Namensrechts maßgeblich.[168] Vorfragen über die Existenz oder den Inhalt des Namensrechts richten sich im deutschen autonomen Kollisionsrecht hingegen nach dem Personalstatut in Art. 10 EGBGB.[169] Verletzungen des Urheberpersönlichkeitsrechts[170] folgen dem Recht des Staates, für dessen Gebiet der Schutz begehrt wird (*lex loci protectionis*).[171]

II. Tatortprinzip

Bei der Bestimmung des anwendbaren Rechts stehen im Internationalen Deliktsrecht zwei Anknüpfungsmomente zur Verfügung: das Recht des Handlungsortes (*lex loci delicti commissi*) und das Recht des Ortes, an dem der Verletzungserfolg der unerlaubten Handlung eingetreten ist (*lex loci damni*), im deutschen Rechtsraum auch als der „Erfolgsort“ bezeichnet. Das in Art. 40 Abs. 1 EGBGB normierte Tatortprinzip[172] knüpft an den Handlungsort

---

166 Staudinger/*v. Hoffmann*, Art. 40 EGBGB Rn. 75.

167 Hoeren/Sieber/Holznagel/*Seitz*, Handbuch Multimedia-Recht, Teil 8 Rn. 80 m.w.N.

168 Begr. RegE, BT-Drucks. 14/343, S. 10 („Erwerb des Namens“); Palandt/*Thorn*, Art. 10 EGBGB Rn. 11; BeckOK-Bamberger/Roth/Hau/Poseck/*Spickhoff*, Art. 40 EGBGB Rn. 36; *Sonnenberger*, FS Henrich, S. 575, 580 f.; Staudinger/*v. Hoffmann*, Art. 40 EGBGB Rn. 55.

169 Begr. RegE, BT-Drucks. 10/504, S. 46; Palandt/*Thorn*, Art. 10 EGBGB Rn. 11.

170 Das Urheberpersönlichkeitsrecht ist eine rechtlich selbstständige Erscheinungsform des Persönlichkeitsrechts und schützt das „geistige Band“ zwischen dem Urheber und dem von ihm geschaffenen Werk, in welchem sich sein Persönlichkeitsrecht widerspiegelt, Loewenheim/*Dietz*, Urheberrecht, Vor §§ 12 ff. UrhG Rn. 14; Götting/Schertz/Seitz/*Götting*, Handbuch des Persönlichkeitsrechts, § 15 Rn. 8. Der Kern des Persönlichkeitsschutzes ist in den §§ 12–14 UrhG geregelt. Weitere Regelungen finden sich in den §§ 25, 62, 63 UrhG.

171 Hoeren/Sieber/Holznagel/*Hoeren*, Handbuch Multimedia-Recht, Teil 7.8 Rn. 9 f.

172 Auch „Tatortregel“ genannt, so etwa Staudinger/*v. Hoffmann*, Art. 40 EGBGB Rn. 1 ff.; MüKo-BGB/*Junker*, Art. 40 EGBGB Rn. 22; *Spickhoff*, IPRax 2000, 1, 3; *G. Wagner*, IPRax 2006, 372, 375. Das Tatortprinzip zählt zum gesicherten Bestand der Deliktskollisionsrechte Europas (vgl. *G. Wagner*, IPRax 2006, 372, 375). In der überwiegenden

an, Art. 40 Abs. 1 S. 1 EGBGB. Alternativ kommt nach Art. 40 Abs. 1 S. 2 EGBGB das Recht am Erfolgsort in Betracht. Sind Handlungs- und Erfolgsort bei Distanzdelikten in unterschiedlichen Staaten belegen, werden dem Opfer – in den Grenzen des Art. 40 Abs. 1 S. 3 EGBGB – beide Rechtsordnungen als gleichwertig zur Wahl gestellt (sog. Ubiquitätsprinzip).[173]

Art. 40 Abs. 1 wird von den Regelungen in Abs 2, in Art. 41 und in Art. 42 EGBGB flankiert. Systematisch sieht das deutsche Deliktskollisionsrecht eine „Anknüpfungsleiter"[174] vor, an deren Ende erst die Grundanknüpfung an den Tatort steht.[175] Vorrangig gegenüber der Tatortanknüpfung ist der gemeinsame gewöhnliche Aufenthalt der Beteiligten bzw. der gemeinsame Sitz von Hauptverwaltung oder Niederlassung eines Unternehmens nach der Domizilregel des Art. 40 Abs. 2 EGBGB (*lex domicilii communis*). Danach hat ein gemeinsamer, gewöhnlicher Aufenthalt des Ersatzpflichtigen und des Verletzten in demselben Staat Vorrang vor dem Tatortprinzip.[176] Daneben eröffnet die Ausweichklausel in Art. 41 EGBGB die Möglichkeit einer Korrektur für besonders gelagerte Fälle oder Fallgruppen, in denen eine wesentlich engere Verbindung des Sachverhalts bzw. der beteiligten Personen zum Recht eines anderen Staates vorliegt. Die Ausweichklausel des Art. 41 Abs. 1 EGBGB sieht vor, dass von Art. 40 Abs. 1 EGBGB

Zahl sehen die Kollisionsrechte der EU-Mitgliedstaaten allerdings allein eine Anknüpfung an den Handlungsort vor (vgl. Spindler/Schuster/*Weller/Nordmeier*, Recht der elektronischen Medien, 4. Teil, Art. 4 Rom II-VO Rn. 4).

173 Das aus dem Ubiquitätsprinzip abgeleitete „Wahl-" oder „Bestimmungsrecht" ist komplex ausgestaltet. Hinsichtlich der konkreten Ausübung bestehen diverse Rechtsunsicherheiten, eingehend Gounalakis/*Pfeiffer*, Rechtshandbuch Electronic Business, § 12 Rn. 138 m.w.N.

174 *Spickhoff*, Das IPR der Internetdelikte, S. 92.

175 Staudinger/*v. Hoffmann*, Art. 41 EGBGB Rn. 2; *Spickhoff*, Das IPR der Internetdelikte, S. 92. Die beschriebene Systematik einer stufenweisen Anknüpfung der Artt. 40 ff. EGBGB ist Konsequenz der Entscheidung des deutschen Gesetzgebers zugunsten einer Generalklausel in Art. 40 Abs. 1 EGBGB und gegen die Bildung spezieller Deliktsgruppen etwa für Produkthaftung oder Immissionen, aber auch für Persönlichkeitsverletzungen (Begr. RegE, BT-Drucks. 14/343, S. 10.). Das Fehlen eines Katalogs aufgesplitterter Kollisionsnormen für einzelne Deliktstypen musste durch das gewählte Modell aufgewogen bzw. „aufgelockert" werden, da das kollisionsrechtliche Ziel der Anknüpfung an den „Schwerpunkt der Rechtsbeziehungen" (Begr. RegE, BT-Drucks. 14/343, S. 14.) ansonsten verfehlt worden wäre (vgl. Staudinger/*v. Hoffmann*, Art. 41 EGBGB Rn. 2 f.; MüKo-BGB/*Junker*, Art. 40 EGBGB Rn. 2).

176 BeckOK-Bamberger/Roth/Hau/Poseck/*Spickhoff*, Art. 40 EGBGB Rn. 33; MüKo-BGB/*Junker*, Art. 40 EGBGB Rn. 51; Staudinger/*v. Hoffmann*, Art. 40 EGBGB Rn. 393.

abgewichen werden kann, wenn mit dem Recht eines Staats ausnahmsweise eine wesentlich engere Verbindung besteht als mit der von der Grundanknüpfung berufenen Jurisdiktion.[177] Art. 41 Abs. 1 EGBGB wird insbesondere dann relevant, wenn zwischen den Beteiligten im Zusammenhang mit dem außervertraglichen Schuldverhältnis eine besondere rechtliche oder tatsächliche Beziehung besteht (Art. 41 Abs. 2 Nr. 1 EGBGB). Eine solche Verbindung liegt etwa vor, wenn zwischen den Parteien im Zeitpunkt der Entstehung des gesetzlichen Schuldverhältnisses ein schuldrechtliches Vertragsverhältnis existierte oder sachenrechtliche oder familienrechtliche Beziehungen bestanden (Ehe oder die elterliche Sorge).[178]

Stets zu beachten ist die Möglichkeit zur Rechtswahl der Parteien nach Art. 42 EGBGB, welche – vorbehaltlich der Verkehrsvorschriften des Tatortrechts[179] und des Ordre-Public-Vorbehalts des Art. 40 Abs. 3 EGBGB[180] – die Grundanknüpfung des Art. 40 Abs. 1 EGBGB, die Domizilregel des Art. 40 Abs. 2 EGBGB sowie die Ausweichklausel des Art. 41 Abs. 1 EGBGB verdrängt[181]. Wie sich aus dem Wortlaut von Art. 42 S. 1 EGBGB ergibt, setzt die Vorschrift zwingend eine nachträgliche Rechtswahl voraus. Eine vorherige

177 JurisPK-BGB/*Wurmnest*, Art. 40 EGBGB Rn. 40. Durch die Ausweichklausel in Art. 41 EGBGB können unbillige Ergebnisse vermieden werden, wenn eine engere gemeinsame Verbindung der Beteiligten zu einer anderen Rechtsordnung als dem Tatortrecht besteht und die Beurteilung des Rechtsverhältnisses ansonsten „zufällig, gezwungen oder unangemessen" erscheinen würde (vgl. BGH, NJW 1974, 495, 496).

178 MüKo-BGB/*Junker*, Art. 41 EGBGB Rn. 16 f.; HK-BGB/*Dörner*, Art. 41 EGBGB Rn. 3.

179 Näheres hierzu MüKo-BGB/*Junker*, Art. 40 EGBGB Rn. 105.

180 Art. 40 Abs. 3 EGBGB konkretisiert den allgemeinen Ordre-Public-Tatbestand des Art. 6 EGBGB (vgl. JurisPK-BGB/*Wurmnest*, Art. 40 EGBGB Rn. 40; *v. Hoffmann/Thorn*, IPR, § 11 Rn. 5). Die Regelung setzt voraus, dass ein Anspruch aus deliktischer Handlung dem Recht eines anderen Staates unterliegt. Genannt werden drei Fallgruppen, bei deren Vorliegen der Schädiger sich vor einem deutschen Gericht bei Anwendung eines fremden Sachrechts auf eine Korrektur des Anspruchs berufen kann. Ein Vorliegen der Regelbeispiele eröffnet aber nicht automatisch den Anwendungsbereich der Vorschrift. Vielmehr soll die Ausnahmeregelung erst bei „gravierenden Widersprüchen zu den Grundvorstellungen unseres Rechts" Anwendung finden (vgl. Begr. RegE, BT-Drucks. 14/343, S. 12). Darüber hinaus muss der Sachverhalt einen hinreichenden Inlandsbezug aufweisen, der nur dann gegeben ist, wenn der Ersatzpflichtige oder der Verletzte die deutsche Staatsangehörigkeit oder einen gewöhnlichen Aufenthalt in Deutschland haben (vgl. MüKo-BGB/*Junker*, Art. 40 EGBGB Rn. 112).

181 JurisPK-BGB/*Wurmnest*, Art. 42 EGBGB Rn. 2; *Spickhoff*, Das IPR der Internetdelikte, S. 93 f.

(antizipierte) Rechtswahl ist unwirksam.[182] Insofern unterscheidet sich die Situation bei Persönlichkeitsverletzungen von derjenigen der Verletzung von Immaterialgüterrechten wie dem Urheberpersönlichkeitsrecht oder dem Geistigen Eigentum, bei dem der Möglichkeit zur nachträglichen Rechtswahl das Territorialitätsprinzip entgegensteht. Danach ist das Schicksal eines Immaterialgüterrechts ausschließlich in der Rechtsordnung desjenigen Staates verankert, dem das Immaterialgüterrecht seine Existenz verdankt.[183] Deshalb ist es auch nicht möglich, das rechtliche Schicksal von Immaterialgüterrechten (nachträglich) je nach Sachverhalt mit verschiedenen Rechtsordnungen zu verknüpfen. Im Verhältnis zum Begriff der Immaterialgüterrechte, insbesondere zu dem des geistigen Eigentums, ergeben sich für den Persönlichkeitsschutz zwar im Einzelfall Abgrenzungsschwierigkeiten. Es ist aber unbestritten, dass das Allgemeine Persönlichkeitsrecht in seiner hier relevanten speziellen Ausprägung des Ehrschutzes bzw. des Schutzes der „sozialen Identität" kein Immaterialgüterrecht ist.[184]

Kap. 4: Handlungsort bei Veröffentlichungen in der elektronischen Presse

I. Problemstellung

Handlungsort i.S.v. Art. 40 Abs. 1 S. 1 EGBGB ist der Ort, an dem jemand eine unerlaubte Handlung selbst oder durch andere ganz oder teilweise ausgeführt hat.[185] Die Anwendung dieser Definition ist unproblematisch, wenn sich das deliktische Geschehen in einer Handlung erschöpft. Schwierigkeiten können sich dann ergeben, wenn sich der tatbestandliche Ablauf in ein über mehrere Rechtsordnungen verteiltes, mehraktiges Geschehen aufteilt. Dies ist bei

---

182 MüKo-BGB/*Junker*, Art. 42 EGBGB Rn. 21; HK-BGB/*Dörner*, Art. 42 EGBGB Rn. 2. Das OLG München hat sich hingegen *contra legem obiter* für die Möglichkeit zur vorherigen Rechtswahl ausgesprochen (vgl. OLG München IPRspr. 1995 Nr. 38 (S. 68) = IPRax 1997, 38 (40)).

183 Zur Parallelvorschrift in Art. 14 Rom-II VO: *Buchner*, GRUR-Int. 2005, 1004, 1008.

184 MüKo-BGB/*Drexl*, IntImmGR, Rn. 164. Anders hingegen beim Urheberpersönlichkeitsrecht, das als Immaterialgüterrecht anerkannt ist, MüKo-BGB/*Drexl*, IntImmGR, Rn. 164 m.w.N. in Fn. 540. Zum Begriff des Immaterialgüterrechts *Götting*, GRUR 2006, 353, 355 m.w.N.

185 BGHZ 29, 237, 239; MüKo-BGB/*Junker*, Art. 40 EGBGB Rn. 25; BeckOK-Bamberger/Roth/Hau/Poseck/*Spickhoff*, Art. 40 EGBGB Rn. 20; HK-BGB/*Dörner*, Art. 40 EGBGB Rn. 7; Erman/*Hohloch*, Art. 40 EGBGB Rn. 12; JurisPK-BGB/*Wurmnest*, Art. 40 EGBGB Rn. 20.

Mediendelikten regelmäßig der Fall. Ihnen liegen räumlich-zeitlich gestreckte Handlungsabläufe zu Grunde, die sich vom Recherchieren und Verfassen der Meldung über die redaktionelle Umsetzung und den Druck bis hin zum Vertrieb erstrecken. Zudem ist redaktionelle Arbeit – insbesondere bei umfassenderen Beiträgen – oftmals durch arbeitsteiliges Vorgehen gekennzeichnet. Die Rechtsgutsverletzung wird dann erst durch die Summe diverser Einzelhandlungen ausgelöst. Wie im Printbereich setzt sich bei der Internetberichterstattung die zur Veröffentlichung der Meldung führende Handlung aus mehreren Teilbeiträgen zusammen, beginnend bei der inhaltlichen Konzeption über die tatsächliche Umsetzung, gefolgt von der Entscheidung über die Veröffentlichung und endend in der Einspeisung der Information in das WWW und ihrer Speicherung auf einem Server. Ein Großteil der Onlineinhalte wird von den Berichterstattern nicht mehr (erst) am Redaktionssitz bearbeitet, sondern per Notebook oder Tablet-PC direkt „live vor Ort" inhaltlich konzipiert und von dort aus entweder direkt auf einen Server geladen oder an die verantwortliche Redaktion zur Finalisierung und Freigabe versendet. Im Vergleich mit den traditionellen Presseprodukten treten dadurch zum einen weitere mögliche Anknüpfungspunkte hinzu. Zum anderen verliert die Allokationsfunktion der auf einen Raum konzentrierten redaktionellen Leistung am Verlags- oder Erscheinungsort bei Onlineinhalten an Bedeutung und stellt die für Printmedien entwickelten Grundsätze erneut auf den Prüfstand, wie anhand des nachfolgenden Beispiels erläutert werden soll:

Beispiel 1

Der für die überregionale Zeitschrift Z mit dem Verlagssitz in Deutschland tätige Auslandskorrespondent B wird von der Online-Redaktion der Z beauftragt, über den Abschluss der Jahrestagung des internationalen Ski-Verbandes in Italien zu berichten. B verfasst eine entsprechende Meldung noch vor Ort auf seinem Laptop in Turin. Die in der Meldung enthaltenen Informationen sind geeignet, den Hauptredner der Tagung, Herrn K, in seiner persönlichen Ehre zu verletzen. Zurück an seinem Wohnort in Frankreich lädt der B den Beitrag über mehrere Durchleitungs- oder Vermittlungsrechner in verschiedenen Staaten auf einen in Shanghai belegenen Server eines chinesischen Webdienstleisters hoch. Die Redaktion der Zeitschrift in Deutschland prüft den Inhalt und schaltet diesen zum Abruf im Internet frei.

Das Beispiel zeigt, dass die bereits für Printerzeugnisse kennzeichnenden, zeitlich aufeinander folgenden einzelnen Entwicklungsstufen einer Veröffentlichung (Konzeption und redaktionelle Entscheidung sowie Druck) aufgrund der technischen Eigenheiten des Internets mit dem Ort der Einspeisung sowie dem Standort des Servers erweitert bzw. ersetzt werden. Demgemäß können bei der

Lokalisierung des Handlungsortes im Internet die folgenden Orte maßgeblich sein, deren Eignung als Anknüpfungspunkte nachstehend zu prüfen ist:

- Standort des Servers;
- Ort der Angebotskonzeption;
- Ort der Entscheidung über das Einstellen in das Internet;
- Durchleitungsorte; und
- Ort des Einspeisens.

II. Lokalisierung des Handlungsortes

1. Standort des Servers

a) Meinungsstand

Teilweise[186] werden die für Printerzeugnisse entwickelten Grundsätze zur Anknüpfung an den Erscheinungsort des Presseerzeugnisses[187] zum Anlass

186 Zum Kollisionsrecht: Loewenheim/Koch/*Pichler/Hoeren*, Praxis des Online-Rechts, S. 461; zum Zuständigkeitsrecht: *Pichler*, Internationale Gerichtszuständigkeit im Online-Bereich, S. 229, 247; LG Düsseldorf, GRUR 1998, 159, 160; Hoeren/Sieber/Holznagel/*Pichler*, Handbuch Multimedia-Recht, 15. EL, Teil 25 Rn. 189 ff., 193, der den Serverstandort als Handlungsort nur bei vom Täter wissentlich und willentlich verwendeten Geräten (neben dem Ort des Einspeisens) für maßbeglich hält.

187 Der BGH und weitere Teile der Literatur lokalisieren den Handlungsort am Erscheinungsort des Druckwerkes (vgl. zum Kollisionsrecht: BGHZ 131, 332, 335; Erman/*Hohloch*, Art. 40 EGBGB Rn. 18a; BeckOK-Bamberger/Roth/Hau/Poseck/*Spickhoff*, Art. 40 EGBGB Rn. 38; Spindler/Schuster/*Pfeiffer/Weller/Nordmeier*, Recht der elektronischen Medien, 4. Teil, Art. 40 EGBGB Rn. 6; zum Zuständigkeitsrecht: BGH, GRUR 1978, 194, 195; so auch OLG Hamburg, AfP 1998, 643; MüKo-ZPO/*Patzina*, § 32 ZPO Rn. 29). Erscheinungsort ist danach der Ort, an dem die Druckschrift ausgegeben wird, also mit Willen des Verfügungsberechtigten die Stätte ihrer Herstellung zum Zwecke der Verbreitung verlässt (auch „Ausgabeort" genannt). Die Gegenansicht knüpft an die „Verhaltenszentrale" an und hält den Sitz des verantwortlichen Medienunternehmens für maßgeblich (vgl. Staudinger/*v. Hoffmann*, Art. 40 EGBGB Rn. 58; Palandt/*Thorn*, Art. 40 EGBGB Rn. 10; MüKo-BGB/*Junker*, Art. 40 EGBGB Rn. 74; *Kropholler*, IPR, S. 541; *Ehmann/Thorn*, AfP 1996, 20, 23; *Nixdorf*, GRUR 1996, 842, 843; *Bonn*, Die Europäisierung des Persönlichkeitsrechts, S. 330 f., 340). Dieser Ansatz entspricht der Rechtsprechung des EuGH zur verfahrensrechtlichen Handlungsortbestimmung. Der EuGH stellt im Fall einer Ehrverletzung durch einen im Gebiet mehrerer Vertragsstaaten verbreiteten Presseartikel auf den Niederlassungsort des Herausgebers ab, weil das schädigende Ereignis nach der Ansicht des EuGH hier

genommen, den Handlungsort bei Internetdelikten am Belegenheitsort des Servers anzusiedeln. Die Verbreitung des verletzenden Inhalts, so diese Stimmen, beginne erst mit der Zugänglichmachung für die Nutzer unter der Serveradresse. Auf den Ort, an dem die Meldung tatsächlich verfasst wurde, komme es nicht an.[188]

b) Stellungnahme

Diese Argumentation hält einer näheren Betrachtung nicht stand.[189] Der Standort des Servers ist für die Bestimmung des Handlungsortes ungeeignet, weil die Zugänglichmachung des Inhalts unter der Serveradresse ein nachgelagertes und damit im Rahmen von Art. 40 Abs. 1 S. 1 EGBGB unbeachtliches Geschehen darstellt.[190] Zudem muss sich die Maßgeblichkeit des Serverstandortes dem Vorwurf des Risikos der Anknüpfungsmanipulation stellen.[191] Die Anknüpfung an den Serverstandort lässt sich auch nicht mit der verhaltenssteuernden Funktion der Handlungsortanknüpfung vereinbaren:

(1) Nachgelagertes unbeachtliches Geschehen

Bei der Beurteilung mehraktiger Verletzungstatbestände liegt die (rechtsdogmatische) Herausforderung in der Abgrenzung tatbestandsloser Vorbereitungshandlungen und tatbestandlicher Ausführungshandlungen. Etwaige Lösungen des Problems werden vielfach[192] anhand des sog. Briefdelikts diskutiert, bei dem ein ehrverletzender Brief in einem Staat verfasst wird, in einem zweiten Staat zur Post aufgegeben wird und dem Verletzten schließlich in einem dritten Staat zugeht. Dann stellt sich die Frage, in welchem Handlungsabschnitt

---

„seinen Ausgang" nimmt und die Meldung von hier aus „in Umlauf gebracht wurde" (vgl. EuGH, NJW 1995, 1881, 1882 Rn. 24).

188 Loewenheim/Koch/*Pichler/Hoeren*, Praxis des Online-Rechts, S. 461; *Rosenthal*, AJP/PJA 1997, 1340, 1342.

189 Ablehnend auch BGH, NJW 1994, 2888, 2890; *Rosenthal*, AJP/PJA 1997, 1340, 1342; *Roth*, Die internationale Zuständigkeit, S. 196 f.; *v. Hinden*, Persönlichkeitsverletzungen im Internet, S. 64; Gounalakis/*Gounalakis/Rhode*, Rechtshandbuch Electronic Business, § 22 Rn. 11; *Gounalakis/Rhode*, Persönlichkeitsschutz im Internet, Rn. 13, mit abweichender Beurteilung für Service-Provider.

190 BGH, NJW 1994, 2888, 2890.

191 Gounalakis/*Gounalakis/Rhode*, Rechtshandbuch Electronic Business, § 22 Rn. 11.

192 Etwa *Kegel/Schurig*, IPR, § 18 Teil IV. 1.; Staudinger/*v. Hoffmann*, Art. 40 EGBGB Rn. 18; MüKo-BGB/*Junker*, Art. 40 EGBGB Rn. 76; BeckOK-Bamberger/Roth/Hau/Poseck/*Spickhoff*, Art. 40 EGBGB Rn. 38; *Mankowski*, RabelsZ 63 (1999), 203, 262.

der haftungsbegründende Tatbestand nach der allgemeingültigen Handlungsortdefinition verwirklicht worden ist. Im ersten Staat finden der maßgebliche Entschluss über die Abgabe einer ehrverletzenden Erklärung und auch deren konkrete Umsetzung ihren Niederschlag. Allerdings wird der Brief – und damit der inkriminierte Inhalt – erst mit der Aufgabe zur Post im zweiten Staat unwiderruflich aus der Herrschaftssphäre des Täters entlassen. In diesem Zeitpunkt verliert der Täter erstmals jede Einflussmöglichkeit auf den weiteren Geschehensablauf.

Das Gesetz selbst hält sich zur Abgrenzung von Vorbereitungs- und Ausführungshandlung bedeckt und unterstellt Ansprüche aus unerlaubter Handlung lediglich dem Recht des (einen) Staates, „in dem der Ersatzpflichtige gehandelt hat", Art. 40 Abs. 1 S. 1 EGBGB. Unbeantwortet bleibt hingegen die Frage nach geeigneten Abgrenzungskriterien für die Bestimmung des Ortes der kollisionsrechtlich relevanten Ausführungshandlung. Im Internationalen Deliktsrecht herrscht weitgehend Einigkeit darüber, dass Orte, an denen bloße Vorbereitungshandlungen vorgenommen wurden, kollisionsrechtlich unbeachtlich sind.[193] Die wohl h.M.[194] greift zur Abgrenzung auf ein einheitliches, autonom-kollisionsrechtliches Kriterium zurück und fragt nach demjenigen Ort, an dem die tatbestandsmäßige Handlung mit Außenwirkung vorgenommen worden ist, aus der die konkrete Gefährdung des verletzten Rechtsgutes resultiert.[195]

---

193 BGHZ 35, 329, 333 f.; BGH, MDR 1957, 31, 33; *Junker*, JZ 2000, 477, 482; *Bachmann*, IPRax 1998, 179, 182; MüKo-BGB/*Junker*, Art. 40 EGBGB Rn. 25; HK-BGB/*Dörner*, Art. 40 EGBGB Rn. 7; BeckOK-Bamberger/Roth/Hau/Poseck/*Spickhoff*, Art. 40 EGBGB Rn. 20; JurisPK-BGB/*Wurmnest*, Art. 40 EGBGB Rn. 20; Erman/*Hohloch*, Art. 40 EGBGB Rn. 12; *Kegel/Schurig*, IPR, § 18 Teil IV. 1.; *v. Hoffmann/Thorn*, IPR, S. 489.

194 Staudinger/*v. Hoffmann*, Art. 40 EGBGB Rn. 18; Palandt/*Thorn*, Art. 40 EGBGB Rn. 4; *Stoll*, IPRax 1989, 89, 90; *v. Hein*, Das Günstigkeitsprinzip im Internationalen Deliktsrecht, S. 277; *v. Hinden*, Persönlichkeitsverletzungen im Internet, S. 56 ff. Die Gegenmeinung stellt auf das Recht des jeweiligen Vornahmeortes der in Betracht kommenden Handlung ab (vgl. MüKo-BGB/*Junker*, Art. 40 EGBGB Rn. 25; BeckOK-Bamberger/Roth/Hau/Poseck/*Spickhoff*, Art. 40 EGBGB Rn. 20; *Kegel/Schurig*, IPR, § 18 Teil IV. 1.). Jeder Teil der deliktischen Handlung wäre dann nach den Kriterien des dortigen Deliktsrechts auf seine Relevanz für das Gesamtgeschehen zu untersuchen. Kann so eine beachtliche Ausführungshandlung ermittelt werden, wäre das Recht des Vornahmeortes Deliktsstatut, andernfalls nicht (vgl. MüKo-BGB/*Junker*, Art. 40 EGBGB Rn. 25).

195 Staudinger/*v. Hoffmann*, Art. 40 EGBGB Rn. 18.

Der Rückgriff auf den Gedanken der Rechtsgutsgefährdung mutet strafrechtlich an und ähnelt dem vom BGH[196] bei der Bestimmung des versuchsüberschreitenden Zeitpunkts i.S.v. § 22 StGB vertretenen Ansatz (sog. Zwischenakts- bzw. Teilaktslehre). Die im Strafrecht geltende Grenzziehung zwischen Verhaltenssteuerung und Kontrollverlust überzeugt und muss auch im Deliktskollisionsrecht für die Qualifikation der Ausführungshandlung entscheidend sein. Handlungsort i.S.v. Art. 40 Abs. 1 S. 1 EGBGB ist deshalb in Präzisierung der eingangs genannten Definition bei Ehrverletzungen derjenige Ort, an dem die von der Äußerung ausgehende Gefährdung in die Außenwelt tritt und bei ungestörtem Fortgang in eine Rechtsgutsverletzung münden kann.

Für das zuvor zitierte Beispiel des Briefdelikts folgt hieraus: ungeachtet der einzelnen nationalen Deliktsrechte an den Vornahmeorten bestimmt sich der Handlungsort nach dem IPR der *lex fori* und liegt in derjenigen Rechtsordnung, in der der Schädiger die „Kontrolle“ über die von ihm beherrschte Gefahr verloren hat. Der „Kontrollverlust“ tritt mit der Aufgabe des Briefes zur Post im dritten Staat ein. Dadurch gibt der Verletzer den Geschehensablauf dergestalt aus der Hand, dass die Verletzung der persönlichen Ehre des Betroffenen ohne wesentliche Zwischenschritte im Fall eines ungestörten Fortgangs unmittelbar bevorsteht.

Diese Voraussetzungen erfüllt die Anknüpfung an den Standort des Servers nicht. Denn mit der Zugänglichmachung der Meldung unter der Serveradresse wird weder die maßgebliche (letzte) Ursache für die Rechtsgutsverletzung gesetzt noch tritt hier die (erstmalige) hinreichend konkrete Gefährdung des geschützten Rechtsguts ein. Erst der potenzielle Adressat entscheidet durch seinen Abruf darüber, ob der Inhalt tatsächlich zur Kenntnis genommen wird. Zudem wird die Übermittlung der Information automatisch von einem technischen System vollzogen. Am Serverstandort realisiert sich deshalb keine Handlung des Täters, sondern lediglich die Folgen seines Tätigwerdens.[197] Die von dem ehrverletzenden Inhalt ausgehende Gefahr gerät hier nicht erstmalig „außer Kontrolle“[198]. Deshalb tritt am Serverstandort lediglich ein im Rahmen von Art. 40 Abs. 1 S. 1 EGBGB unbeachtliches nachgelagertes Geschehen in Erscheinung.[199]

196 BGHSt 32, 177, 181; BGH, NJW 2002, 1057; NStZ 2006, 331, 331 f.; NStZ 2008, 465, 466.

197 *Roth*, Die internationale Zuständigkeit, S. 196 f.

198 *V. Hinden*, Persönlichkeitsverletzungen im Internet, S. 64.

199 So aber *Vogel*, Das Medienpersönlichkeitsrecht im Internationalen Privatrecht, S. 222. Im Ergebnis lehnt *Vogel* aber die Anknüpfung an den Serverstandort ebenfalls ab, S. 222 f.

(2) Risiko der Anknüpfungsmanipulation

Bei der Auswahl des Servers sind dem Inhaltsanbieter keinerlei geographische Grenzen gesetzt.[200] Ein potenzieller Täter kann deshalb durch eine (gezielte) Sitzverlegung des Servers in günstige Haftungsregime flüchten.[201] Für eine Verlegung des Serverstandorts ist ein technisch einfaches „Outsourcing" an lokale oder überregionale Rechenzentren oder an einen Internet-Service-Provider ausreichend.[202] Dem Rechtsverkehr blieben diese Vorgänge unerkannt. Aus diesem Grund lehnt *Rosenthal*[203] eine Anknüpfung an den Serverstandort ausdrücklich ab und weist zutreffend darauf hin, dass es ansonsten allein in der Hand des Schädigers liegen würde, sich für seine Tat einen Rechner an einem sicheren „Off Shore"-Standort im Ausland zu suchen.

Zudem werden in der Praxis häufig mehrere Server gleichzeitig in Form von Haupt- und Cache-Servern eingesetzt oder das gesamte Angebot (aus Sicherheitsgründen) auf verschiedenen Servern gelagert; teilweise werden die Datenpakete erst bei Abruf von unterschiedlichen Servern zu einem einheitlichen Inhalt zusammengefasst.[204] Da so unklar ist, welcher von den zur Verfügung stehenden Servern in Betracht kommen soll, gewährleistet die Anknüpfung an den Serverstandort mithin auch nicht die notwendige Rechtssicherheit.

(3) Verhaltenssteuernde Funktion der Handlungsortanknüpfung

Die verhaltenssteuernden Funktion der Handlungsortanknüpfung[205] kann nur erfüllt werden, wenn die am Handlungsort geltenden Regeln für den

---

200 *V. Hinden*, Persönlichkeitsverletzungen im Internet, S. 62.

201 LG Düsseldorf, NJW-RR 1998, 979, 980; *Deister/Degen*, NJOZ 2010, 1, 3; *v. Hinden*, Persönlichkeitsverletzungen im Internet, S. 62; *Vogel*, Das Medienpersönlichkeitsrecht im Internationalen Privatrecht, S. 222; *Heldrich*, Persönlichkeitsverletzungen im IPR, S. 361, 367; *Pfeiffer*, NJW 1997, 1207, 1215.

202 Moritz/Dreier/*Terlau*, Handbuch E-Commerce, Teil C Rn. 55.

203 *Rosenthal*, AJP/PJA 1997, 1340, 1342.

204 Moritz/Dreier/*Terlau*, Handbuch E-Commerce, Teil C Rn. 55.

205 Durch die Berücksichtigung des Handlungsortes soll der potenzielle Schädiger über die drohende und bekannte Haftung zu sorgfältigem Verhalten angehalten und durch die Berücksichtigung des Erfolgsortes soll dem Opfer ein Anspruch auf angemessenen Schadensausgleich nach den ihm bekannten Grundsätzen garantiert werden (vgl. *Ehmann/Thorn*, AfP 1996, 20, 22). Insofern soll die Anknüpfung an den Handlungsort die „admonitorische Funktion" oder auch ordnungspolitische Funktion garantieren, die Anknüpfung an den Erfolgsort hingegen den Rechtsgüter- bzw. Opferschutz und damit die „kompensatorische Funktion" des Haftungsrechts erfüllen

(potenziellen) Täter vorhersehbar und damit geeignet sind, auf sein Verhalten steuernd einzuwirken. Bei einer Anknüpfung an den Serverstandort ist das nicht der Fall. Die erforderliche Vorhersehbarkeit wäre nur gewährleistet, wenn dem Täter im Zeitpunkt des Uploads bekannt ist, auf welchem Server an welchem konkreten Ort der Inhalt gespeichert wird und er hierauf auch Einfluss hat. Das wird in den wenigsten Fällen gelingen, da der Serverstandort grundsätzlich nicht in der Verantwortungssphäre des Nutzers liegt.[206]

2. Ort der Angebotskonzeption

a) Meinungsstand

Neben dem Serverstandort wird zur Bestimmung des Handlungsortes von Internetdelikten teilweise auf den Ort der „Angebotskonzeption und -entwicklung" als dem Ort der intellektuellen Leistung abgestellt.[207] *Mankowski*[208] ist der Auffassung, dass einem Internetdelikt – im Gegensatz zu den klassischen Erklärungsdelikten – ein zweiaktiger Geschehensablauf zu Grunde liegt (Konzeption und schriftliche Fixierung). Indem ein bereits konzipiertes Angebot fallen gelassen werden kann, bevor es aus der Sphäre des Anbieters entlassen wird, sei bei Erklärungsdelikten eine Abgrenzung zur (straflosen) Vorbereitungshandlung erforderlich. Hieraus leitet *Mankowski* ab, dass die Grenzziehung zwischen (strafloser) Vorbereitung und (strafbarem) Versuch in den verschiedenen Sachrechten unterschiedlich ausfällt. Um die Verhaltensstandards der strengsten Rechtsordnung sicherstellen zu können, sei einheitlich an den Ort der Angebotskonzeption anzuknüpfen.[209]

b) Stellungnahme

Eine Anknüpfung an den Ort der „Angebotskonzeption und -entwicklung" ist abzulehnen. Das von *Mankowski* vorgeschlagene Modell einer Abgrenzung von Vorbereitungs- und Ausführungshandlung nach strafrechtlichem Vorbild

(vgl. MüKo-BGB/*Junker*, Art. 40 EGBGB Rn. 24; *v. Hein*, ZVglRWiss 102 (2003), 528, 543; *Leible/Engel*, EuZW 2004, 7, 10; *Ehmann/Thorn*, AfP 1996, 20, 22).

206 *V. Hinden*, Persönlichkeitsverletzungen im Internet, S. 66; *Mankowski*, RabelsZ 63 (1999), 203, 258; siehe auch oben unter vorstehend Ziff. (2).

207 Zum Kollisionsrecht: *Mankowski*, RabelsZ 63 (1999), 203, 262 ff. (neben dem Ort des Einspeisens); zum Zuständigkeitsrecht: *Geimer*, IZPR, Rn. 1500b (neben dem Ort des Einspeisens).

208 *Mankowski*, RabelsZ 63 (1999), 203, 262.

209 *Mankowski*, RabelsZ 63 (1999), 203, 257 ff., 292.

überzeugt zwar in seinen dogmatischen Grundlagen.[210] Anders als bei der Anknüpfung an den Serverstandort, der weitere anknüpfungsrelevante Handlungen vorausgehen, stellt das Kriterium in seiner konkreten Rechtsanwendung indes ein wenig brauchbares Pendant entgegengesetzter Prägung dar. Die Sichtweise verkennt, dass der konzeptionellen Entwicklungsarbeit an einem ehrverletzenden Inhalt keine weiteren Handlungen vorgelagert sind, die sie zum relevanten Tatbeitrag qualifizieren könnten.[211] Die Angebotskonzeption, also die Recherche, die Durchführung von Interviews, die Zusammenstellung von Informationen und Bildern sowie die Entwicklung eines veröffentlichungsreifen Konzepts, kennzeichnet deshalb den Ausgangspunkt sämtlicher in Betracht kommender Handlungen und ist damit im Rahmen von Art. 40 Abs. 1 S. 1 EGBGB eine unbeachtliche Vorbereitungshandlung der späteren Einspeisung in das WWW und der Speicherung auf dem Server.

Zudem blendet die Ansicht aus, dass sich die soeben aufgezählten Teilakte journalistischer Betätigung über einen längeren Zeitraum erstrecken und innerhalb unterschiedlicher Rechtsordnungen stattfinden können. Dadurch kann es zu einer Kumulierung der Handlungsorte kommen. Der Ort der Angebotskonzeption weist deshalb auch nicht die erforderliche Konkretheit auf.

3. Durchleitungsorte

Weil die versendeten Datenpakete im vorstehenden Beispiel 1 über zahlreiche Durchleitungsrechner und „Zwischenhubs“ gesteuert werden, bis sie am relevanten Server des eigenen Webdienstleisters eintreffen, könnten auch solche einzelnen Zwischenstationen bei der Handlungsortbestimmung beachtlich sein. Technisch wird die eingespeiste Information (wenn auch nur für eine logische Sekunde) über eine Vielzahl von Vermittlungsrechnern, Knotenpunkten und Zwischenservern geleitet, bevor sie am Zielserver eintrifft (sog. Verbindungssysteme).[212] Zwischen den einzelnen Teilnetzen existieren Proxy-Cache-Server und Proxy-Server. Proxy-Cache-Server dienen der Verminderung des übermittelten Datenvolumens. Hierzu werden fremde Inhalte auf dem Weg zum adressierten Zielrechner kurzfristig und automatisch zwischengespeichert.[213] Die zu Kontrollzwecken eingesetzten Proxy-Server sollen hingegen den Zugriff auf besondere unerwünschte Daten verhindern (etwa Viren) und sammeln hierzu

---

210 Siehe oben unter Teil 1, Kap. 4, II., 1., b) (1).

211 *V. Hinden*, Persönlichkeitsverletzungen im Internet, S. 74 f.

212 Hoeren/Sieber/Holznagel/*Sieber*, Handbuch Multimedia-Recht, Teil 1 Rn. 23 ff.

213 Hoeren/Sieber/Holznagel/*Sieber*, Handbuch Multimedia-Recht, Teil 1 Rn. 27.

die übermittelten Datenpakete auf Festspeichersystemen.[214] Der Belegenheitsort von Proxy-Servern und Proxy-Cache-Servern lässt sich nur schwer ermitteln und ist für den (potenziellen) Täter weder vorhersehbar noch hat er einen Einfluss auf den konkreten Datenverlauf. Die Anknüpfung an etwaige Durchleitungsorte des Übermittlungsvorgangs kommt aufgrund der Beliebigkeit und Zufälligkeit des Übermittlungsweges für die Handlungsortbestimmung deshalb nicht in Betracht.[215] Sie wird daher, soweit ersichtlich, auch nicht ernsthaft vertreten.

4. *Ort des Einspeisens*

a) *Meinungsstand*

Die h.M. in der Literatur[216] und die Rechtsprechung[217] qualifizieren den Einstellvorgang in das Internet als den zentralen vorwerfbaren Tatbeitrag der

---

214 Hoeren/Sieber/Holznagel/*Sieber*, Handbuch Multimedia-Recht, Teil 1 Rn. 28.

215 Ablehnend auch Magnus/Mankowski/*Mankowski*, ECPIL, Vol. I, Art. 7 EuGVVO Rn. 303 m.w.N. in Fn. 1565; *Mankowski*, RabelsZ 63 (1999), 203, 258; *Gounalakis/Rhode*, Persönlichkeitsschutz im Internet, Rn. 13; *v. Hinden*, Persönlichkeitsverletzungen im Internet, S. 67 f.; *Roth*, Die internationale Zuständigkeit, S. 196 f.

216 Zum Kollisionsrecht: Staudinger/*v. Hoffmann*, Art. 40 EGBGB Rn. 58; Palandt/*Thorn*, Art. 40 EGBGB Rn. 10; Erman/*Hohloch*, Art. 40 EGBGB Rn. 18c; Gounalakis/*Pfeiffer*, Rechtshandbuch Electronic Business, § 12 Rn. 146; Gounalakis/*Gounalakis/Rhode*, Rechtshandbuch Electronic Business, § 22 Rn. 11; *Lehr*, NJW 2012, 705, 706; *Gounalakis/Rhode*, Persönlichkeitsschutz im Internet, Rn. 12; BeckOK-Bamberger/Roth/Hau/Poseck/*Spickhoff*, Art. 40 EGBGB Rn. 42; MüKo-BGB/*Junker*, Art. 40 EGBGB Rn. 75; HK-BGB/*Dörner*, Art. 40 EGBGB Rn. 8; Rauscher/*Leible*, EuZPR/EuIPR, Art. 5 Brüssel-I VO Rn. 88e; *Kropholler*, IPR, S. 541 f.; *Wüllrich*, Das Persönlichkeitsrecht, S. 284 f.; Leible/*Spickhoff*, Die Bedeutung des IPR, S. 98; *v. Hinden*, Persönlichkeitsverletzungen im Internet, S. 68 ff., 77 (neben dem Ort der Entscheidung bei Medienunternehmen); *Vogel*, Das Mediendeliktsrecht im Internationalen Privatrecht, S. 222 f.; *Kristin*, Das Deliktsstatut, S. 128, 135; *Spickhoff*, IPRax 2011, 131, 132 (auch zum Zuständigkeitsrecht); *Mankowski*, RabelsZ 63 (1999), 203, 257 f. (neben dem Ort der Angebotskonzeption); zum Zuständigkeitsrecht: Magnus/Mankowski/*Mankowski*, ECPIL, Vol. I, Art. 7 EuGVVO Rn. 301; Hoeren/Sieber/Holznagel/*Banholzer*, Handbuch Multimedia-Recht, Teil 25 Rn. 64; *Berger*, GRUR-Int. 2005, 465, 467; *Kubis*, Internationale Zuständigkeit, S. 172; *Geimer*, IZPR, Rn. 1500b (neben dem Ort der Angebotskonzeption); *Roth*, Die internationale Zuständigkeit, S. 180 ff., 212 (neben dem Ort der Erstellung); *Bachmann*, IPRax 1998, 179, 182; *Ernst*, BB 1997, 1057, 1059.

217 OLG Hamburg, ZUM-RD 2009, 654, 656; LG Düsseldorf, NJW-RR 1998, 979, 980. Der BGH konnte diese Frage sowohl in der „New York Times"-Entscheidung (vgl. GRUR 2010, 461 ff.), als auch in den darauf folgenden Entscheidungen in den Rechtssachen

unerlaubten Handlung. Handlungsort i.S.v. Art. 40 Abs. 1 S. 1 EGBGB sei der Ort des Einspeisens des betreffenden Inhalts (auch „Absendeort“ oder „Ort des Uploadings“), da sich die Gefahr für das geschützte Rechtsgut hier (erstmals) objektiv realisiere[218] bzw. das Hochladen den maßgeblichen Tatbeitrag der unerlaubten Handlung darstelle[219]. Absendeort sei der Standort des Computers, bei tragbaren Geräten der Ort, an dem sich das Gerät in das Internet zwecks Upload eingewählt hat.[220]

b) Stellungnahme

Der Anknüpfung an den Ort des Einspeisens überzeugt, weil sie dogmatisch der vorzugswürdigen Auffassung entspricht, dass das vorwerfbare Verhalten bei Mediendelikten in der Zugänglichmachung des inkriminierten Inhalts zu sehen ist. Die Einspeisung hat dieselben Wirkungen wie die Absendung des Briefes im vorgenannten Briefdelikt:[221] für die Lokalisierung des Handlungsortes ist es unerheblich, wo der Brief geschrieben wurde. Unerheblich ist auch, über welche weiteren Staaten der Brief den Adressaten erreicht. Entscheidend ist allein der Ort des Einwurfs in den Briefkasten. Mit dem Einwurf realisiert sich erstmals objektiv die Gefahr für das verletzte Rechtsgut. Nicht anders verhält es sich bei der Einspeisung eines bestimmten Inhalts in das Internet. In dem Moment, in dem der Verfasser eine ehrverletzende Meldung „hoch lädt“ und sie so in den allgemeinen Rechtsverkehr entäußert,[222] gibt er einen Geschehensablauf aus der Hand, der bei ungestörtem Fortgang in der Rechtsgutsverletzung münden kann. Mit dem Upload tritt der haftungsrechtlich relevante Kontrollverlust ein, der auch für die kollisionsrechtliche Bestimmung des Ortes der relevanten Verletzungshandlung maßgeblich ist. Das (ggf. offline) Verfassen der Meldung stellt hingegen eine unbeachtliche Vorbereitungshandlung dar.[223]

Für die prozessual wichtige Frage der Beweislasttragung sollte der Ort des Einspeisens bei Klagen gegen Privatpersonen mit der h.M.[224] am gewöhnlichen

---

„7 Tage Moskau“ (vgl. NJW 2011, 2059 ff.), „Blogeintrag“ (vgl. NJW 2012, 148 ff.) und „Google Autocomplete“ (vgl. NJW 2013, 2348 ff.) offenlassen, weil hier die Anknüpfung an den Erfolgsort streitig war.

218 *Wüllrich*, Das Persönlichkeitsrecht, S. 232.

219 Rauscher/*Leible*, EuZPR/EuIPR, Art. 5 Brüssel-I VO Rn. 88e.

220 *Roth*, Die internationale Zuständigkeit, S. 180 f.; *Kristin*, Das Deliktsstatut, S. 128.

221 So auch *v. Hinden*, Persönlichkeitsverletzungen im Internet, S. 64.

222 *Bachmann*, IPRax 1998, 179, 182.

223 *Bachmann*, IPRax 1998, 179, 182.

224 *V. Hinden*, Persönlichkeitsverletzungen im Internet, S. 71 ff.; *Kristin*, Das Deliktsstatut, S. 129; *Mankowski*, RabelsZ 63 (1999), 203, 265 ff., 292.

Aufenthaltsort des Täters widerlegbar vermutet werden. Bei professionellen Angeboten verliert das konkrete Tätigwerden des Redakteurs aufgrund seines sozialen Abhängigkeitsverhältnisses und der Weisungsgebundenheit zu seinem Arbeitgeber an tatbestandlicher Relevanz für die unerlaubte Handlung.[225] Deshalb und um eine etwaige „Beweisnot des Klägers"[226] zu verhindern, sollte bei Klagen gegen Medienunternehmen nicht der Aufenthaltsort des eigentlichen Urhebers der Meldung im Zeitpunkt der (erstmaligen) Einspeisung maßgeblich sein. In Gleichlauf zur Handlungsortbestimmung bei Printprodukten[227] sollte an die „Verhaltenszentrale" bzw. das „Entscheidungszentrum", also an den Verlagssitz bzw. an den Sitz der für die Veröffentlichung des ehrverletzenden Inhalts verantwortlichen Zweigniederlassung angeknüpft werden, unabhängig davon, ob der Inhalt von dem Urheber selbst oder erst von dem Medienunternehmen in das Internet eingestellt worden ist.[228] Im Beispiel 1 ist damit allein an den Redaktions- und Verlagssitz der Z in Deutschland anzuknüpfen.

III. Ergebnis

Für die Lokalisierung des maßgeblichen Ausführungsortes ist auf den Verlust der Gefahrbeherrschung beim Täter abzustellen. Der (tätigkeitsbezogene) Handlungsort des Art. 40 Abs. 1 S. 1 EGBGB ist bei Persönlichkeitsverletzungen im Internet demgemäß der Ort der Einspeisung. Der Standort des Servers, der Ort der Angebotskonzeption sowie etwaige Durchleitungsorte sind kollisionsrechtlich irrelevant. Bei Privatpersonen wird der Einspeiseort widerlegbar an dem Ort ihres gewöhnlichen Aufenthalts vermutet. Bei professionellen Angeboten (und damit insbesondere der elektronischen Presse im engeren Sinne[229]) ist der Handlungsort am Verlagssitz bzw. (wenn der Schwerpunkt der verlegerischen Arbeit hier nicht erfolgt ist) am Sitz der verantwortlichen Zweigniederlassung als feste Anknüpfung zu lokalisieren.

---

225 *V. Hinden*, Persönlichkeitsverletzungen im Internet, S. 69 f., 77.

226 *Roth*, Die internationale Zuständigkeit, S. 182.

227 Siehe oben unter Fn. 187.

228 *V. Hinden*, Persönlichkeitsverletzungen im Internet, S. 69 ff.; *Kristin*, Das Deliktsstatut, S. 129; *Mankowski*, RabelsZ 63 (1999), 203, 265 f., 292.

229 Siehe oben unter Teil 1, Kap. 1, IV.

Kap. 5: Erfolgsort bei Veröffentlichungen in der elektronischen Presse

I. Problemstellung

1. Einführung in die Problematik

Weitaus problematischer als die Lokalisierung des Handlungsortes fällt die Bestimmung des Erfolgsortes bei Veröffentlichungen in der elektronischen Presse aus. Erfolgsort i.S.v. Art. 40 Abs. 1 S. 2 EGBGB ist der Ort der Rechtsgutverletzung, d.h. der Ort, an dem der Verletzungserfolg der unerlaubten Handlung eingetreten ist[230] bzw. an dem sich die Wirkung der unerlaubten Handlung verwirklicht hat[231]. Abgestellt wird auf den Belegenheitsort des verletzten Rechtsguts.[232] Hiervon zu trennen ist der Ort etwaiger (weiterer) Folgeschäden, auf den es bei der Erfolgsortbestimmung nach einhelliger Meinung nicht ankommt.[233] Im Fall sog. Platz- oder Punktdelikte, bei denen Handlungs- und Erfolgsort im gleichen Rechtsgebiet liegen, kommt es auf die Unterscheidung beider Anknüpfungsmomente nicht an. Fallen Handlungs- und Erfolgsort auseinander (sog. Distanzdelikte[234]), sind die Wirkungen des Ubiquitätsprinzips für den Schädiger von Nachteil, da er sich auf die Verhaltens- und Haftungsregeln zweier Rechtsordnungen einrichten muss.[235] Stehen im Fall von Streudelikten[236] sogar mehrere Erfolgsortrechte zur Wahl, gelten die Sorgfaltsanforderungen der strengsten

---

230 BeckOK-Bamberger/Roth/Hau/Poseck/*Spickhoff*, Art. 40 EGBGB Rn. 26; MüKo-BGB/*Junker*, Art. 40 EGBGB Rn. 31.

231 *Wüllrich*, Das Persönlichkeitsrecht, S. 273.

232 Eine Mindermeinung hält den Ort des Schadenseintritts für maßgeblich, da der Schaden erst durch den schädigenden Erfolg entstehen würde (vgl. etwa *Schmidt*, FS Lehmann, S. 175, 181). Belegenheitsort und (erster) Schadenseintrittsort fallen aber regelmäßig zusammen, so dass diese Unterscheidung in der Praxis eine untergeordnete Rolle spielt.

233 RGZ 140, 25, 29; BGHZ 52, 108; 70, 7; 98, 275; BeckOK-Bamberger/Roth/Hau/Poseck/*Spickhoff*, Art. 40 EGBGB Rn. 26; Palandt/*Thorn*, Art. 40 EGBGB Rn. 5; MüKo-BGB/*Junker*, Art. 40 EGBGB Rn. 31; Staudinger/v. *Hoffmann*, Art. 40 EGBGB Rn. 24.

234 Vgl. *Kegel/Schurig*, IPR, § 18 Teil IV. 1.

235 *Looschelders*, ZVglRWiss 95 (1996), 48, 69; *Spickhoff*, IPRax 2000, 1, 3; *Kropholler*, IPR, S. 525; *v. Bar*, JZ 1985, 961, 966.

236 Zum Begriff vgl. MüKo-BGB/*Junker*, Art. 40 EGBGB Rn. 32; MüKo-BGB/*Junker*, Art. 4 Rom II-VO, Rn. 31 f.

Rechtsordnung als Sorgfaltsmaßstab.[237] Eine uneingeschränkte Anwendung der Ubiquitätsregel führt hier zu einer potenziellen (kollisionsrechtlichen) Haftungsverschärfung für den Täter gegenüber interlokalen Delikten, weil er mit globalen Haftungsrisiken konfrontiert wird.[238]

Mediendelikte sind typische Streudelikte. Der Urheber eines bestimmten Inhalts sieht sich deshalb stets mit den negativen Wirkungen des Ubiquitätsprinzips konfrontiert. Im Fall von Print-Pressedelikten werden die negativen Folgen des Ubiquitätsprinzips von der h.M. in der Literatur[239] und dem BGH[240] bei der Erfolgsortbestimmung dadurch abgemildert, dass die nach Art. 40 Abs. 1 EGBGB zur Wahl stehenden Erfolgsorte auf die Rechtsordnungen innerhalb des (bestimmungsgemäßen[241]) Verbreitungsgebiets des Druckerzeugnisses beschränkt werden. Allerdings kann (auch) ein grenzenloses Wahlrecht zwischen sämtlichen Rechtsordnungen im planmäßigen Verbreitungsgebiet des Presseerzeugnisses zu einer unbilligen Privilegierung des Verletzten führen, wenn das Produkt in einer Vielzahl von Rechtsordnungen verbreitet wird und der Geschädigte Ersatz des gesamten Schadens nach einer oder mehrerer Rechtsordnungen verlangt.

---

237 *G. Wagner*, RabelsZ 62 (1998), 244, 258.

238 Palandt/*Thorn*, Art. 40 EGBGB Rn. 10; *Gounalakis/Rhode*, Persönlichkeitsschutz im Internet, Rn. 15; Gounalakis/*Gounalakis/Rhode*, Rechtshandbuch Electronic Business, § 22 Rn. 15.

239 Palandt/*Thorn*, Art. 40 EGBGB Rn. 10; Erman/*Hohloch*, Art. 40 EGBGB Rn. 18a; *v. Bar*, IPR II, Rn. 662; *Kropholler*, IPR, S. 542; MüKo-BGB/*Junker*, Art. 40 EGBGB Rn. 77; Staudinger/*v. Hoffmann*, Art. 40 EGBGB Rn. 62; *Huber/Bach*, IPRax 2005, 73, 78; *Looschelders*, ZVglRWiss 95 (1996), 48, 77; *Spindler*, ZUM 1996, 533, 557 f.

240 BGHZ 131, 332, 335 = NJW 1996, 1128; NJW 1970, 1590; NJW 1977, 1590 (zum Zuständigkeitsrecht): *„Es kann nicht ausreichen, daß nur hier und da einmal durch Dritte ein oder mehrere Exemplare in ein Gebiet gelangen, das von der Betriebsorganisation des Verlegers oder Herausgebers nicht erfaßt und in das das Druckerzeugnis nicht regelmäßig geliefert wird, und so außerhalb des üblichen, von der Zeitschrift erreichten Gebietes wohnenden Lesern zur Kenntnis kommt. [...] Schon gar nicht kann von einem Vertrieb gesprochen werden, wenn jemand ein Exemplar nur zu dem Zwecke bezieht, um dadurch an seinem Wohnsitz erst den Gerichtsstand des Begehungsortes zu begründen (so zutr. OLG Köln, MDR 1973, 143). Immer muß der Leser des Druckerzeugnisses, dem dessen Inhalt zur Kenntnis gegeben werden soll, sich in dem Bereich aufhalten, den der Verleger oder Herausgeber nach seinen Intentionen auch wirklich erreichen will oder in dem er mit einer Verbreitung rechnen muß."* Vgl. auch OLG Köln, MDR 1973, 143; OLG Stuttgart, NJW 1954, 515 (zum Zuständigkeitsrecht).

241 So die Rechtsprechung in vorstehend Fn. 240.

Bei international verbreiteten Printprodukten nimmt die h.M.[242] deshalb an, dass das Recht des jeweiligen Erfolgsortes nur auf die Schäden anwendbar ist, die auf der in diesem Verbreitungsstaat eingetretenen Verletzung beruhen (sog. Mosaikbetrachtung).

All dies lässt erahnen, welche Schwierigkeiten auftreten können, wenn die unerlaubte Handlung ihre Wirkungen in einem Medium mit weltumspannender Reichweite entfaltet. Gegenüber der Print-Presse stellen sich die Probleme hier nicht nur in verschärfter, sondern auch in teils vollständig neuer Form. Die besonderen Herausforderungen der Erfolgsortanknüpfung von persönlichkeitsverletzenden Internet-Veröffentlichungen lassen sich zu den folgenden drei Problemfeldern zusammenfassen:

2. Überblick über die Problemfelder

a) Lokalisierung des Erfolgsortes

Als erstes steht mit Blick auf die eingangs genannte Definition des Erfolgsortes die Frage nach der Belegenheit des unkörperlichen Rechtsgutes „Allgemeines Persönlichkeitsrechts" im Raum, die in den Kontext des ebenfalls entmaterialisierten Mediums Internet überführt werden muss. Bei persönlichkeitsverletzenden Veröffentlichungen ist in erster Linie der sog. soziale Achtungsanspruch[243] des Einzelnen betroffen. Es wird deshalb angenommen, dass der Verletzungserfolg überall dort eintritt, wo Dritte den inkriminierten Inhalt zur Kenntnis nehmen (Ort der Kenntnisnahme = Verletzungsort).[244] Für den Bereich der Internetdelikte stellt sich die Frage, ob die persönliche Ehre im WWW überhaupt lokalisierbar ist und, wenn ja, anhand welcher Kriterien der Verletzungsort bestimmt werden kann.

Zudem folgt die Kenntnisnahme von Meldungen im Internet anderen Regeln, als im Bereich der Print-Presseprodukte. Die Kommunikation zwischen Urheber und Adressaten ist im Onlinebereich maßgeblich durch das sog. Abrufprinzip[245]

---

242 OLG Hamburg, NJW-RR 1995, 790, 792; LG Nürnberg-Fürth, AfP 2009, 177, 178; Palandt/*Thorn*, Art. 40 EGBGB Rn. 10; BeckOK-Bamberger/Roth/Hau/Poseck/*Spickhoff*, Art. 40 EGBGB Rn. 41; MüKo-BGB/*Junker*, Art. 40 EGBGB Rn. 79; *Kegel/Schurig*, IPR, § 18 Teil IV. 1.; *Mankowski*, RabelsZ 63 (1999), 257, 268.

243 Zum Begriff BVerwG, NJW 1989, 2272, 2273; *Damm/Rehbock*, Widerruf, Rn. 30. Die soziale Identität sichert die Entfaltung der Persönlichkeit im Kontakt mit seiner Umwelt, auf den der Mensch als gemeinschaftsbezogenes Wesen angewiesen ist (vgl. *Looschelders*, ZVglRWiss 95 (1996), 48, 77).

244 BGH, NJW 1977, 1590 ff.

245 Siehe oben unter Teil 1, Kap. 1, II.

geprägt. Erst der tatsächliche Zugriff durch einzelne Nutzer macht den Inhalt „sichtbar". Soweit die persönliche Ehre im Internet lokalisierbar sein sollte stellt sich mithin die Folgefrage, ob man bei Internetdelikten die bloße Möglichkeit des Zugriffs aus einem bestimmten Staat für den Eintritt eines Erfolges i.S.v. Art. 40 Abs. 1 S. 2 EGBGB ausreichen lassen sollte, oder den Abrufort für maßgeblich halten müsste.

b) Quantitative Reduzierung der Erfolgsorte

Das zweite Problem ist „quantitativer"[246] Natur und resultiert aus der außerordentlichen Zahl potenzieller Erfolgsorte. Die beschriebenen Schwierigkeiten bei der uneingeschränkten Anwendung des Ubiquitätspinzips auf Mediendelikte stellen sich bei Internet-Veröffentlichungen in drastischerer Form, weil sie global verfügbar sind und so immer eine schier ausufernde Zahl von Erfolgsorten miteinander konkurriert. Das Leseverhalten bei Onlinekorrelaten existierender Zeitungen und Zeitschriften sowie E-Zines, also der elektronische Presse im engeren Sinne[247], – und auf diese wird es in der Praxis ankommen – ist nicht räumlich begrenzt, sondern international ausgerichtet. So verzeichnete die populäre Seite „www.spiegel.de" etwa von ihren insgesamt 236,1 Millionen Visits[248] im Dezember 2018[249] rund 20,61 Millionen Visits von Nutzern außerhalb Deutschlands.[250] Legt man die einzelnen Abrufe auf eine Landkarte um, wäre diese weltumspannend. Deshalb stellt sich die Frage, ob bei der Anknüpfung von Ehrverletzungen in der elektronischen Presse alle denkbaren Erfolgsorte als Anknüpfungsorte nebeneinander stehen sollen oder anhand welcher Kriterien sie auf ein „erträgliches" Maß reduziert werden können.

c) Qualitative Reduzierung der Erfolgsorte

Die Möglichkeit, Onlineinhalte weltweit abrufen zu können, führt zu einem dritten, „qualitativen"[251] Problem, welches in der Frage nach der Abgrenzung relevanter und weniger beachtlicher Auslandsberührungen gründet: wie bereits erörtert, nimmt die Rechtsprechung bei Print-Pressedelikten eine Einschränkung

246 *V. Hinden*, Persönlichkeitsverletzungen im Internet, S. 118.

247 Siehe oben unter Teil 1, Kap. 1, IV.

248 Zum Begriff des „Visits" siehe oben unter Fn. 116.

249 https://de.statista.com/statistik/daten/studie/154154/umfrage/anzahl-der-visits-von-nachrichtenportalen/, abgerufen am 22.04.2019.

250 https://www.statista.com/statistics/450242/spiegelde-visitors-germany/, abgerufen am 22.04.2019.

251 *V. Hinden*, Persönlichkeitsverletzungen im Internet, S. 118.

der Erfolgsorte auf diejenigen innerhalb des Gebietes der (bestimmungsgemäßen) Verbreitung des Presseerzeugnisses an.[252] Das Abstellen auf das Verbreitungsgebiet erlaubt eine Schlussfolgerung darüber, ob ein Druckerzeugnis dort auch von anderen zur Kenntnis genommen wurde und es damit zu einer Rechtsgutsverletzung gekommen ist.[253] Durch die von der Rechtsprechung vorausgesetzte zusätzliche (subjektive) auf die Intention des Schädigers abstellende Einschränkung auf das „bestimmungsgemäße" Verbreitungsgebiet des Presseerzeugnisses wird zudem dem Interesse des Schädigers an der Vorhersehbarkeit seiner Haftungsfolgen Rechnung getragen.[254]

Anders liegen die Voraussetzungen für den Bereich der elektronischen Presse. Im Gegensatz zu einem eingrenzbaren Verbreitungsgebiet ist das Medium Internet nicht territorial strukturiert. Inhalte werden nicht „verbreitet", sondern lediglich zum Abruf bereitgehalten. Der Abruf erfolgt nicht „bestimmungsgemäß" oder „planmäßig", da allein der Nutzer den „effektiven Wirkungskreis"[255] der Veröffentlichung festlegt und bestimmt, in welche Rechtsordnung die ehrverletzende Meldung ihren Weg nimmt. Ein etwaiges (eingrenzbares) digitales Verbreitungsgebiet lässt sich deshalb nicht festlegen.[256] Neben das Problem einer (quantitativen) Reduzierung der in Betracht kommenden Erfolgsorte tritt bei Internetdelikten deshalb zusätzlich die (qualitative) Frage, anhand welcher Kriterien unter den zur Verfügung stehenden Erfolgsorten zwischen relevanten und weniger beachtlichen Auslandsberührungen selektiert werden muss, um die „richtige Rechtsordnung"[257] für eine angemessene Entscheidung des Sachverhalts ermitteln zu können. Die Frage lautet deshalb, welchen Grad eine Ehrverletzung im Internet aufweisen muss, um einen möglichen Erfolgsort zu begründen und ob hierbei auch die Intention des Verletzers eine Rolle spielen sollte.

3. *Fortgang der Untersuchung*

Die vorstehenden Überlegungen geben den Gang der weiteren Untersuchung vor. Zunächst wird die Frage geklärt, anhand welcher Kriterien sich der Erfolgsort bei Internet-Veröffentlichungen bestimmen lässt (hierzu unter Ziff. II.). Hierbei ist den folgenden, aufeinander aufbauenden Fragen nachzugehen: sind

252 Siehe oben unter Fn. 241.

253 MüKo-BGB/*Junker*, Art. 40 EGBGB Rn. 77.

254 Siehe oben Fn. 241.

255 *V. Hinden*, Persönlichkeitsverletzungen im Internet, S. 121.

256 BGH, GRUR 2010, 461, 462 Rn. 11; *Roth*, Die internationale Zuständigkeit, S. 254 f.

257 *Kegel/Schurig*, IPR, § 1 Teil VI.

Persönlichkeitsverletzungen überhaupt Delikte mit einem Erfolgsort und welche Besonderheiten ergeben sich aus den unterschiedlichen Schutzrichtungen des Allgemeinen Persönlichkeitsrechts für die Erfolgsortbestimmung (hierzu unter Ziff. II.1)? Kommt es bei der Tatortbestimmung auf die Bekanntheit des Verletzten am Erfolgsort an (unter Ziff. II.2)? Ist die bloße Möglichkeit des Zugriffs aus einem bestimmten Staat auf den ehrverletzenden Inhalt für die Erfolgsortbestimmung hinreichend, oder wird man allein den konkreten Abrufort für maßgeblich halten müssen (hierzu unter Ziff. II.3)? Im Anschluss ist auf die (quantitativen und qualitativen) Konkurrenzprobleme einzugehen (hierzu unter Ziff. III.). Hierbei sollen die einzelnen Meinungsströmungen aufgearbeitet und in eine Systematik gebracht werden. In der sich anschließenden Zusammenfassung (hierzu unter Ziff. IV.) soll ein eigener Vorschlag für die Erfolgsortbestimmung von Ehrverletzungen in der elektronischen Presse formulieren werden.

II. Lokalisierung des Erfolgsortes

1. Persönlichkeitsverletzungen als erfolgsortlose Delikte?

a) Grundlagen

Bei räumlich lokalisierbaren Rechtsgütern wie Eigentum, Besitz, Körper oder Gesundheit fällt die Bestimmung des Belegenheitsorts des verletzten Rechtsgutes in aller Regel einfach aus. Demgegenüber ist der bei Mediendelikten typischerweise gestörte soziale Achtungsanspruch oder Sozialbezug einer Person zu ihrer Umwelt grundsätzlich räumlich unbegrenzt[258]. Es ist deshalb nicht möglich, den Verletzungsort des Allgemeinen Persönlichkeitsrechts und damit auch den kollisionsrechtlichen Erfolgsort nach denjenigen Grundsätzen zu bestimmen, die für die Beschädigung einer Sache oder der körperlichen Integrität gelten. Mangels physischen Substrats ist das Allgemeine Persönlichkeitsrecht nicht nur nicht sichtbar, es ist auch nirgends konkret „belegen": *„L' honneur est partout et invisible"*.[259] Es stellt sich die Frage, ob Persönlichkeitsverletzungen überhaupt Delikte mit einem Erfolgsort sind? Tatsächlich nahmen *Schack*[260] und *v. Bar*[261] die fehlende gegenständliche Verkörperung des Allgemeinen Persönlichkeitsrechts

258 *Junker*, RIW 1998, 741, 748.

259 *Beitzke*, Rec. de Cours 115 (1965-II), 63, 88.

260 *Schack*, UFITA 108 (1988), 51, 64 f.; *ders.*, Rechtsschutz gegen grenzüberschreitende Persönlichkeitsrechtsverletzungen, S. 122 f.

261 *V. Bar*, IPR II, Rn. 664; *v. Bar*, FS Waseda, S. 575, 588 ff.

zum Anlass, eine Erfolgsortanknüpfung von Persönlichkeitsrechtsverletzungen vollständig zu versagen. Die Vorstellung eines Erfolgsortes würde voraussetzen, dass die Ehre bzw. die Persönlichkeit eines Menschen in einem bestimmten Staat „belegen" ist.[262] Ein solcher Belegenheitsort ließe sich nicht ermitteln. Zudem würde eine territoriale Aufteilung der Persönlichkeit den Interessen des Persönlichkeitsschutzes widersprechen.[263]

Diese Sichtweise ist überholt. Einerseits würde eine Versagung der Erfolgsortanknüpfung bei Persönlichkeitsrechtsverletzungen *contra legem* zu einer unbilligen Beschneidung des Bestimmungsrechts des Verletzten aus Art. 40 Abs. 1 S. 2 EGBGB führen. Der Geschädigte müsste sich mit dem am Handlungsort des Delikts geltenden Recht begnügen. Andererseits ist die Argumentation von *Schack* und *v. Bar* auch in dogmatischer Hinsicht wenig belastbar. Zwar lässt sich das Schutzgut „Allgemeines Persönlichkeitsrecht" abstrakt an keinem konkreten Ort fixieren. Daraus folgt aber nicht zwangsläufig, dass Persönlichkeitsverletzungen erfolgsortlose Delikte sind. Vielmehr lassen sich auch individuelle Persönlichkeitsinteressen räumlich festlegen. Erforderlich ist hierfür eine nach der betroffenen Schutzrichtung des Allgemeinen Persönlichkeitsrechts differenzierende Sichtweise:

b) Differenzierung zwischen „personaler" und „sozialer Identität"

Das Allgemeine Persönlichkeitsrecht deckt einerseits den Bereich der individuellen, „personalen Identität" („innere Ehre") ab und schützt andererseits die „soziale Identität" des Individuums als Ausdruck seines Geltungsanspruchs in Beziehung zu seiner Umwelt („äußere Ehre").[264] Bei dem Schutz der personalen Identität steht die Achtung und Respektierung der inneren Würde des Menschen im Vordergrund. Geschützt wird die Intim- und Privatsphäre als Grundlage der persönlichen Entfaltung[265] und dem Recht, sich aus der Öffentlichkeit zurückzuziehen und „sich selber zu gehören"[266]. Neben den Schutz der Privatsphäre tritt als weitere Garantie des Allgemeinen Persönlichkeitsrechts der Schutz der Selbstdarstellung. In dieser speziellen Ausformung wirkt der Persönlichkeitsschutz als Schutz des Selbstbestimmungsrechts über die Darstellung des

262 *V. Bar*, IPR II, Rn. 664.
263 *V. Bar*, IPR II, Rn. 664.
264 Zu den Begriffen der „inneren" und „äußeren Ehre" im Zivilrecht *Siebrecht*, JuS 2001, 337 m.w.N. Zur entsprechenden Terminologie im Strafrecht etwa BGHSt 11, 70, 71.
265 *Looschelders*, ZVglRWiss 95 (1996), 48, 76.
266 *Vogel*, Das Medienpersönlichkeitsrecht im Internationalen Privatrecht, S. 228.

persönlichen Lebens- und Charakterbildes.[267] Eine Intensivierung erfährt der Selbstdarstellungsschutz bei Verletzungen der persönlichen Ehre.[268] Das Allgemeine Persönlichkeitsrecht zielt dann auf den Schutz der selbst definierten sozialen Anerkennung des Einzelnen, den „sozialen Geltungsanspruch"[269]. Geschützt wird der Einzelne vor einer Störung des aus der Interaktion mit anderen erwachsenden „Anerkenntnisverhältnisses"[270] sog. (interpersonaler Begriff der Ehre).[271]

c) Konsequenzen für die Erfolgsortbestimmung

Wird eine ehrrührige Tatsache ausschließlich gegenüber dem Opfer verkündet, so dringt der Schädiger in die Individualsphäre des Betroffenen ein und stört diesen in seinem Selbstbestimmungsrecht über seine eigene Identität[272]. Erhalten keine weiteren Personen Kenntnis von dem Inhalt der Aussage, tritt die Persönlichkeitsverletzung räumlich gesehen nur dort ein, wo dem Geschädigten die Äußerung zugeht.[273] Der Verletzungs*ort*, der sich anhand der konkreten Verletzungs*handlung* feststellen lässt, stimmt dann mit dem Aufenthaltsort des Geschädigten im Zeitpunkt der Entgegennahme der Nachricht überein. Auf der Grundlage dieser Betrachtung wird zutreffend angenommen, dass sich der kollisionsrechtliche Erfolgsort von im Rahmen der Individualkommunikation begangenen Persönlichkeitsverletzungen (etwa per E-Mail) nur am Ort der Kenntniserlangung durch den Adressaten befindet.[274] Beim bereits zur Sprache gekommenen Briefdelikt[275] befindet sich der Erfolgsort am Empfangsort.

---

267 Maunz/Dürig/*Di Fabio*, Art. 2 GG, Rn. 166.

268 Maunz/Dürig/*Di Fabio*, Art. 2 GG, Rn. 169.

269 Zum Begriff BVerwG, NJW 1989, 2272, 2273; *Damm/Rehbock*, Widerruf, Rn. 30. Die soziale Identität sichert die Entfaltung der Persönlichkeit im Kontakt mit seiner Umwelt, auf den der Mensch als gemeinschaftsbezogenes Wesen angewiesen ist (vgl. *Looschelders*, ZVglRWiss 95 (1996), 48, 77).

270 *Looschelders*, ZVglRWiss 95 (1996), 48, 77.

271 Schönke/Schröder/*Eisele/Schittenhelm*, Vorbem. zu §§ 185 ff. StGB, Rn. 1 m.w.N.

272 *V. Hinden*, Persönlichkeitsverletzungen im Internet, S. 82.

273 Staudinger/*v. Hoffmann*, Art. 40 EGBGB Rn. 63.

274 Staudinger/*v. Hoffmann*, Art. 40 EGBGB Rn. 63; *Looschelders*, ZVglRWiss 95 (1996), 48, 77; *Roth*, Die internationale Zuständigkeit, S. 217; *Gounalakis/Rhode*, Persönlichkeitsschutz im Internet, Rn. 14; *v. Hinden*, Persönlichkeitsverletzungen im Internet, S. 83; *Vogel*, Das Medienpersönlichkeitsrecht im Internationalen Privatrecht, S. 227 f.; a.A. *Beitzke*, JuS 1966, 139, 142 (unabhängig von der Kenntniserlangung stets am gewöhnlichen Aufenthalt des Verletzten).

275 Siehe oben unter Teil 1, Kap. 4, II., 1.), b) (1).

Anders verhält es sich für den in dieser Arbeit zu untersuchenden Bereich der Mediendelikte, bei denen die Verletzung des Allgemeinen Persönlichkeitsrechts primär durch die Störung des sozialen Achtungsanspruch einer Person zu ihrer Umwelt eintritt. Denjenigen, über den in einem Medium in ehrverletzender Weise publikumswirksam berichtetet wird, stört die Berichterstattung nicht (nur) in seiner personalen Identität. Betroffen ist vor allem das „Anerkenntnisverhältnis“[276] des Erklärungsadressaten gegenüber Dritten, sein Selbstdarstellungsbild in der Öffentlichkeit. In diesen Fällen ist es dem Betroffenen in erster Linie nicht an dem Schutz seiner personalen Identität gelegen. Vielmehr geht es ihm vor allem darum, sein Ansehen und seinen „guten Ruf“ nach Außen hin zu erhalten bzw. zu rehabilitieren und Wiedergutmachung für die Beschädigung seiner „äußeren Ehre“ zu erhalten. Es erfolgt dann streng genommen kein Eingriff in das „physische Substrat“ des Allgemeinen Persönlichkeitsrechts, sondern eine Störung der Beziehung einer Person zu ihrer Umwelt.[277] Die faktische Beeinträchtigung dieser Rechtsposition tritt am Ort der Kenntniserlangung durch Dritte „körperlich“ zum Vorschein und wird dadurch auch lokalisierbar[278]. Entgegen den für räumlich lokalisierbare Rechtsgüter geltenden Regeln ist bei der Bestimmung des Erfolgsortes von Persönlichkeitsverletzungen deshalb nicht eine etwaige (abstrakte) Belegenheit des Eingriffsobjektes, sondern der (konkrete) Eingriffsort maßgeblich, der sich im Verletzungsfall aktualisiert und damit zugleich räumlich in Erscheinung tritt[279]. Unerheblich ist hingegen, ob, wann und wo der Verletzte von der Meldung erfährt.[280] Verletzungsort und damit auch Erfolgsort i.S.v. Art. 40 Abs. 1 S. 2 EGBGB ist daher prinzipiell jeder Ort, an dem der inkriminierte Inhalt der Öffentlichkeit unmittelbar zur Kenntnis gebracht worden ist.[281]

---

276 Siehe oben unter Teil 1, Kap. 5, II., 1., b).

277 *Ehmann/Thorn*, AfP 1996, 20, 23.

278 *V. Hinden*, Persönlichkeitsverletzungen im Internet, S. 80 ff.

279 *V. Hinden*, Persönlichkeitsverletzungen im Internet, S. 80; so im Ergebnis auch *Looschelders*, ZVglRWiss 95 (1996), 48, 75; *Roth*, Die internationale Zuständigkeit, S. 216 f.; *Vogel*, Das Medienpersönlichkeitsrecht im Internationalen Privatrecht, S. 226.

280 *V. Hinden*, Persönlichkeitsverletzungen im Internet, S. 83.

281 Staudinger/*v. Hoffmann*, Art. 40 EGBGB Rn. 59; MüKo-BGB/*Junker*, Art. 40 EGBGB Rn. 77; *Roth*, Die internationale Zuständigkeit, S. 218; *Gounalakis/Rhode*, Persönlichkeitsverletzungen im Internet, Rn. 14; *v. Hinden*, Persönlichkeitsverletzungen im Internet, S. 82 ff., 110; *Looschelders*, ZVglRWiss 95 (1996), 48, 77; *Vogel*, Das Medienpersönlichkeitsrecht im Internationalen Privatrecht, S. 228.

2. *Bekanntheit des Verletzten am Ort der Kenntniserlangung?*

Eine etwaige Bekanntheit des Verletzten am Ort der Kenntniserlangung ist für die Begründung eines Erfolgsortes nicht erforderlich,[282] auch wenn diese Sichtweise nicht unumstritten ist. So hat etwa der EuGH in seiner „Shevill"-Entscheidung[283] zum zuständigkeitsrechtlichen Erfolgsort nach Art. 5 Nr. 3 EuGVVO a.F.[284] angenommen, dass der Verletzte am Ort der Kenntniserlangung auch bekannt sein muss. Entsprechend stellt *Wagner*[285] die Erfolgsortanknüpfung im Rahmen von Art. 40 Abs. 1 S. 2 EGBGB unter den Vorbehalt der Bekanntheit des Verletzten und sieht für die Ausweitung der Erfolgsorte auf solche, an denen der Geschädigte kein (bestehendes) Ansehen genießt, kein praktisches Bedürfnis.[286]

Den Ehrschutz von der Bekanntheit oder einem bestimmten Bekanntheitsgrad des Verletzten am Ort der Kenntniserlangung abhängig zu machen, ist indessen nicht angezeigt. Die Bekanntheit und auch der Bekanntheitsgrad werden nämlich erst auf Rechtsfolgenseite im Rahmen des materiellen Rechts bei der Quantifizierung des eingetretenen Schadens relevant.[287] Praktisch betrachtet führt eine personenbezogene Berichterstattung nämlich dazu, dass Leser, die den von der Berichterstattung Betroffenen vorher nicht kannten, hierdurch einen unzutreffenden, makelbehafteten (ersten) Eindruck von ihm erhalten. Bereits hieraus folgt die zur Verletzung führende Benachteiligung des Geschädigten.[288] Eine Ehrverletzung setzt deshalb nicht ein bereits bestehendes, messbares Anerkenntnisverhältnis voraus. Auf das Vorliegen einer Ehr*minderung* in Gestalt einer Herabsetzung einer bereits existierenden sozialen Anerkennung kommt es nicht an.[289]

---

282 *Klöpfer*, JA 2013, 165, 176; *v. Hein*, Das Günstigkeitsprinzip im Internationalen Deliktsrecht, S. 325; *v. Hinden*, Persönlichkeitsverletzungen im Internet, S. 89 f.

283 EuGH v. 07.03.1995, Rs. C-68/93, Slg. 1995, I-415 = NJW 1995, 1881 ff.

284 Verordnung (EG) Nr. 44/2001 des Rates vom 22.12.2000 über die gerichtliche Zuständigkeit und die Anerkennung und Vollstreckung von Entscheidungen in Zivil- und Handelssachen, ABl. EU Nr. L 12 vom 16.01.2001, auch „EuGVVO 2001".

285 NK-BGB/*G. Wagner*, Art. 40 EGBGB Rn. 52; *ders.*, RabelsZ 62 (1998), 243, 276 f.

286 *G. Wagner*, RabelsZ 62 (1998), 243, 277.

287 *V. Hinden*, Persönlichkeitsverletzungen im Internet, S. 91. Abgesehen davon ließe sich aber auch vertreten, dass jede zunächst unbekannte Person durch die ehrverletzende Erklärung die geforderte Bekanntheit erlangt, die dann auch verletzt werden kann, *v. Hinden*, Persönlichkeitsverletzungen im Internet, S. 89; *v. Hein*, Das Günstigkeitsprinzip im Internationalen Deliktsrecht, S. 325.

288 *V. Hein*, Das Günstigkeitsprinzip im Internationalen Deliktsrecht, S. 325.

289 *V. Hinden*, Persönlichkeitsverletzungen im Internet, S. 91.

Davon abgesehen würde die Einführung eines Bekanntheitsvorbehalts zu einer Ungleichbehandlung bekannter und unbekannter Personen führen. Prominente Personen würden zwangsläufig privilegiert, weil sie an mehreren Orten bekannt sind und ihnen dann mehrere Erfolgsorte zur Wahl stünden. Unbekannten Personen würde dieses Wahlrecht *a priori* genommen.

Zu berücksichtigen ist schließlich, dass eine Differenzierung nach der Bekanntheit des Verletzten im Rahmen des Allgemeinen Persönlichkeitsrechts außerhalb des Ehrschutzes auch nicht stattfindet.[290] So setzt etwa der Bildnisbegriff des § 22 KUG allein die Erkennbarkeit des Betroffenen voraus, nicht hingegen dessen Bekanntheit.[291]

3. *Ort des tatsächlichen Abrufs vs. Ort der Abrufbarkeit*

a) *Grundlagen*

Heftig umstritten ist die Frage, ob bei Internetdelikten die bloße Möglichkeit des Zugriffs aus einem bestimmten Staat für den Eintritt eines Erfolges i.S.v. Art. 40 Abs. 1 S. 2 EGBGB ausreicht, oder der konkrete Abrufort für maßgeblich gehalten werden muss. Im Lichte der vorstehenden Feststellungen zur Lokalisierung des Verletzungsortes an jedem Ort der Kenntniserlangung liegt es nahe, mit einer verbreiteten Meinung im Schrifttum[292] und Teilen der Rechtsprechung[293] auf den Ort des tatsächlichen Abrufs durch den Verletzten oder Dritte abzustellen, weil erst der tatsächliche Zugriff durch einzelne Nutzer die zur Ehrverletzung führende Kenntnisnahme ermöglicht. Plausibel erscheint aber auch der Standpunkt der Gegenansicht[294], die den Ort der bloßen Abrufbarkeit für maßgeblich hält und auf technische und datenschutzrechtliche Hindernisse bei einer

290 *V. Hinden*, Persönlichkeitsverletzungen im Internet, S. 89.

291 Dreier/Schulze/*Specht*, Urheberrechtsgesetz, § 22 KUG Rn. 3.

292 MüKo-BGB/*Junker*, Art. 40 EGBGB Rn. 78; Erman/*Hohloch*, Art. 40 EGBGB Rn. 18c; *Koch*, CR 1999, 121, 123; BeckOK-Bamberger/Roth/Hau/Poseck/*Spickhoff*, Art. 40 EGBGB Rn. 43; Gounalakis/*Pfeiffer*, Rechtshandbuch Electronic Business, § 12 Rn. 148; *Gounalakis/Rhode*, Persönlichkeitsschutz im Internet, Rn. 14; Gounalakis/*Gounalakis/Rhode*, Rechtshandbuch Electronic Business, § 22 Rn. 15; Palandt/*Heldrich*, 67. Auflage 2008, Art. 40 EGBGB Rn. 12, allerdings alternativ neben dem „Lageort" des Zielrechners; diff. *Mankowski*, RabelsZ 63 (1999), 203, 269, der bei mehreren Abruforten auf die Mosaikbetrachtung ausweicht, S. 274 ff.

293 KG, WM 1997, 2376, 2378; LG Düsseldorf, WM 1997, 1444, 1446.

294 *V. Hinden*, Persönlichkeitsverletzungen im Internet, S. 119 ff. Zum Zuständigkeitsrecht: *Roth*, Die internationale Zuständigkeit, S. 237 ff.; *Bachmann*, IPRax 1998, 179, 186.

Anknüpfung an den Abrufort verweist. Welche Probleme sich bei der Abgrenzung von Abrufort und Ort der Abrufbarkeit ergeben können, soll anhand des nachfolgenden Beispiels plausibilisiert werden:

Beispiel 2

In einem journalistisch-redaktionell bearbeiteten Internetbeitrag wird ehrverletzend über den englischen Staatsbürger K berichtet. Der Artikel wurde von einem Redakteur der französischen Zeitschrift „Z" verfasst und lediglich in der Onlineausgabe der Zeitschrift zum Abruf bereitgestellt. Die Z-Online verfügt über einen internationalen Adressatenkreis. Als Leser haben sich 534.980 französische, 21.231 italienische, 15.645 spanische, 43.987 belgische und 613 niederländische Internetnutzer registriert. Als sich K nach dem Erscheinen der Meldung in der Z-Online für ein zweijähriges Filmprojekt nach Deutschland aufmacht, klagt er alsbald vor dem Landgericht Hamburg auf Schadensersatz. Im Zeitpunkt der Klageerhebung ist der Inhalt noch Online (frei und ohne vorherige Registrierung) verfügbar. Der Anwalt des K legt seiner Klage eine geographische Dokumentation über die einzelnen Seitenabrufe zu Grunde. Danach wurde der streitgegenständliche Inhalt zum Zeitpunkt der Klageeinreichung bereits in insgesamt 85 Staaten der Welt abgerufen, größtenteils mehrfach, wie etwa in Russland, Australien oder Brasilien. Der K begehrt von der Z-Online Unterlassung und Schadensersatz nach dem Recht sämtlicher 85 Abrufstaaten.

In ihrer Klageerwiderung macht die Z-Online im Wesentlichen geltend, es könne ihr nicht zum Nachteil gereichen, dass der Inhalt weltweit abrufbar ist. Als kollisionsrechtliche Erfolgsorte kämen – wenn überhaupt – nur die Rechtsordnungen innerhalb des bestimmungsgemäßen Verbreitungsgebietes der Druckausgabe der Z in Betracht, nämlich Frankreich, England und Deutschland. Die anderen Abruforte seien rechtlich nicht relevant, zumal der berichtende Redakteur und auch die Z-Online ein Publikum außerhalb der Verbreitungsgebietes auch gar nicht ansprechen wollte. Zumindest seien die Erfolgsorte auf die Rechtsordnungen Frankreichs, Italiens, Spaniens, Belgiens und der Niederlande einzuschränken, weil sich nur aus diesen Staaten Nutzer registriert hätten.

Das Landgericht Hamburg bejaht seine internationale Zuständigkeit kraft rügeloser Einlassung[295] und muss jetzt über das auf den Rechtsstreit anwendbare Recht entscheiden.

Im vorstehenden Beispiel hat der K von seinem Bestimmungsrecht in Bezug auf das Erfolgsortrecht gemäß Art. 40 Abs. 1 S. 2, 3 EGBGB Gebrauch gemacht. Folglich obliegt es dem international zuständigen Gericht, den Erfolgsort der unerlaubten Handlung zu lokalisieren. Im Fall einer Persönlichkeitsverletzung in einem Print-Presseerzeugnis würde es hierzu auf das Verbreitungsgebiet der Z abstellen.[296] In Ermangelung eines „digitalen Verbreitungsgebietes" muss sich das Gericht fragen, ob es – dem klägerischen Vortrag folgend – auf den Ort der Kenntnisnahme(n) ankommt (Erfolgsort = Abrufort) oder es die bloße

295 Art. 26 EuGVVO.

296 Siehe oben unter Teil 1, Kap. 5, I., 1.

Möglichkeit des Zugriffs aus einem bestimmten Staat für den Eintritt eines Erfolges i.S.v. Art. 40 Abs. 1 S. 2 EGBGB ausreichen lassen muss (Erfolgsort = Ort der Abrufbarkeit).

b) Fehlende gesetzliche Grundlage zur Datenübermittlung

In technischer Hinsicht kann eine Anknüpfung an den Abrufort nur erfolgen, wenn es der nach den allgemeinen Regeln beweisbelasteten Partei auch tatsächlich möglich ist, den Nachweis hierüber zu führen. Soweit keine Einwilligung des jeweiligen Nutzers vorliegt, scheitert ein Auskunftsanspruch selbst bei gravierenden Persönlichkeitsrechtsverletzungen allerdings an dem Fehlen eines datenschutzrechtlichen Erlaubnistatbestands, sodass eine Beweisführung anhand der konkreten Abrufdaten unmöglich ist.

Jeder Nutzer, der sich in das Internet einwählt, gleich ob über PC, Tablet oder Smartphone, erhält eine aus einer bestimmten Zahlenfolge bestehende IP-Adresse.[297] Diese ist notwendig, damit Server und Computer kommunizieren können.[298] Greift ein Nutzer auf eine bestimmte Webseite zu, so kann der Webseitenbetreiber die versendete Zahlenfolge in der Form sog. log-files speichern. Diese geben dann Auskunft über den Namen der abgerufenen Datei, Datum und Uhrzeit sowie den Internet-Rechnernamen des jeweiligen Nutzers.[299] Mit den log-files ist allerdings noch nichts über den hier relevanten geographischen Standort des Nutzers im Zeitpunkt des Abrufes gesagt. Um diesen festlegen zu können, muss auf sog. Geolocation-Dienste zurückgegriffen werden, mittels derer der Einwahlknoten („Gateway“) bestimmt werden kann.[300] Gateways sind Router, die u.a. IP-Zieladressen übersetzen und den Nutzer so mit der angeforderten Seite verbinden.[301] Die Mehrzahl der Provider ordnet den einzelnen Gateways Länderkürzel zu. Eine regionale Zuordnung der Einwahlknoten und damit eine Lokalisierung des Abrufortes ist deshalb theoretisch möglich. Die Parteien des Rechtsstreits können die log-files aber nur dann für ihre Zwecke verwerten, wenn diese auch tatsächlich und rechtlich verfügbar sind. Dies ist indessen nicht der Fall:

(i) Bei IP-Adressen handelt es sich um sog. Bestandsdaten, deren Erhebung und Verwendung in § 14 Abs. 1 TMG geregelt

297 JurisPK-Internetrecht/*Heckmann*, Kapitel 2.1 Rn. 4.
298 Loewenheim/Koch/*Hage/Hitzfeld*, Praxis des Online-Rechts, S. 25.
299 Loewenheim/Koch/*Hage/Hitzfeld*, Praxis des Online-Rechts, S. 17.
300 JurisPK-Internetrecht/*Heckmann*, Kapitel 9 Rn. 583.
301 *Koch*, Internet-Recht, S. 553.

ist.[302] Nach § 14 Abs. 1 TMG (i.V.m. § 15 Abs. 5 S. 4 TMG) darf ein Diensteanbieter Bestandsdaten eines Nutzers nur erheben und verwenden, soweit sie für die Begründung, inhaltliche Ausgestaltung oder Änderung eines Vertragsverhältnisses zwischen dem Diensteanbieter und dem Nutzer über die Nutzung von Telemedien erforderlich sind. Erforderlich ist ein Vertragsschluss über einen konkreten Leistungsgegenstand des Telemediendienstes, der auch unentgeltlich sein kann.[303] Sind Bestandsdaten erhoben worden, erlaubt § 14 Abs. 2 TMG Diensteanbietern die Auskunftserteilung u.a. an Strafverfolgungsbehörden, Verfassungsschutzbehörden oder Personen, deren Recht am geistigen Eigentum betroffen ist. Beide Voraussetzungen, also sowohl für die Erhebung als auch für die Auskunfterteilung, sind bei Zugriffen auf Inhalte der elektronischen Presse regelmäßig nicht erfüllt. Zum einen fehlt es hier aufgrund der überwiegend freien Verfügbarkeit von Online-Veröffentlichungen ohne vorherige Registrierung[304] an dem von § 14 Abs. 1 TMG vorausgesetzten vertraglichen Schuldverhältnis. Zum anderen greift der Auskunftstatbestand des § 14 Abs. 2 TMG nicht und auch nicht in analoger Anwendung Platz – zumindest wenn nicht gleichzeitig auch eine Verletzung des Urheberpersönlichkeitsrechts vorliegt. Bei Persönlichkeitsverletzungen handelt es sich nicht um Verletzungen des „geistigen Eigentums" i.S.d. Norm.[305]

302 Spindler/Schuster/*Spindler/Nink*, Recht der elektronischen Medien, 12. Teil, § 14 TMG Rn. 3; *Hoeren*, NJW 2007, 801, 805; LG Berlin, CR 2006, 418, 420.

303 Spindler/Schuster/*Spindler/Nink*, Recht der elektronischen Medien, 12. Teil, § 14 TMG Rn. 5.

304 Statista, Dossier E-Paper 2018, S. 16. Insofern werden die folgenden Geschäftsmodelle unterschieden: „Freemium"-Modell, „Metered"-Modell, Modell mit „Harter Bezahlschranke", Modell mit freiwilliger Zahlung oder „Spendenmodell". Bei dem mit deutlichem Abstand am weitesten verbreiteten „Freemium" ist der Basisteil der Inhalte frei verfügbar. Besonders ausgewählte Meldungen sind hingegen erst gegen Bezahlung zugänglich. Bei den sog. „Metered"-Modellen wird den Nutzern nur eine bestimmte Anzahl von Inhalten kostenlos zur Verfügung gestellt. Ist das Kontingent erschöpft, wird der Nutzer zum Abonnement aufgefordert. Bei der „Harten Bezahlschranke" erhalten nur zahlende Kunden Zugang. Schließlich steht es Nutzern von „Spendenmodellen" oder vergleichbaren Diensten frei, ob und in welcher Höhe sie für den Inhalt bezahlen.

305 BGH, NJW 2014, 2651, 2653 Rn. 15 ff. Die Beschränkung der Ermächtigung zur Auskunftserteilung auf Inhaber von Rechten am geistigen Eigentum ist kritisiert (vgl. *Spindler*, CR 2007, 239, 243; *Lauber-Rönsberg*, MMR 2014, 10, 13 f.) und eine Ausweitung auf Persönlichkeitsrechtsverletzungen befürwortet worden (*Spindler*, Persönlichkeitsschutz im Internet, F 111 f.).

(ii) Auch der für die elektronische Presse neu gefasste Spezialtatbestand in § 57 Abs. 2 RStV[306] wird dem Betroffenen nicht zum begehrten Auskunftsanspruch verhelfen. § 57 Abs. 2 RStV setzt voraus, dass personenbezogene Daten „zu journalistisch-redaktionellen Zwecken" gespeichert oder verändert worden sind und die betroffene Person „dadurch in ihrem Persönlichkeitsrecht beeinträchtigt" wird. In sachlicher Hinsicht greift der Auskunftsanspruch nur im Hinblick auf solche Daten, die über den Betroffenen selbst gespeichert worden sind. Fremde Nutzerdaten und damit Abrufdaten Dritter sind hingegen nicht zugänglich. Daneben wird es im Fall von Ehrverletzungen durch Internet-Veröffentlichungen auch an dem vom Wortlaut der Norm vorausgesetzten Kausalzusammenhang zwischen der Speicherung personenbezogener Daten und der Rechtsgutsverletzung („dadurch") fehlen, so dass die Norm auch insofern nicht einschlägig ist.

(iii) Selbst bei schwerwiegenden Persönlichkeitsverletzungen scheidet bei der Ermittlung von Abrufdaten schließlich auch der allgemeine Auskunftsanspruch gemäß § 242 BGB aus, weil es an dem für eine Anwendung der Norm erforderlichen datenschutzrechtlichen Erlaubnistatbestand fehlt.[307] Eine Datenabfrage für die Bestimmung des Abrufortes ist damit im Ergebnis rechtlich nicht möglich.

c) Unzumutbarkeit der Datenabfrage

Neben den rechtlichen Hürden einer Abrufdatenabfrage ergeben sich in tatsächlicher Hinsicht Probleme, wenn der Diensteanbieter bzw. der Webserver, auf dem der – zur Ehrverletzung führende – Abruf erfolgte, im Ausland belegen ist. Dann obliegt es dem Geschädigten, sicherzustellen, dass eine Auskunft über die betreffenden Nutzerdaten nach dem Recht des jeweiligen Serverstandortes gewährleistet ist.[308] Aufgrund der sprachlichen, rechtlichen und administrativen Schwierigkeiten und des erheblichen zeitlichen Aufwands ist es dem Kläger nicht zumutbar, die log-files von u.U. weit entfernten und fremdsprachigen Diensteanbietern zu beziehen.[309] Die Erforschung des Abrufortes wäre deshalb,

306 Neu gefasst am 25.05.2018 durch TsV. v. 17.11.2017 (Einundzwanzigster RÄndStV).

307 BGH, NJW 2014, 2651, 2652 Rn. 11; *Lauber-Rönsberg*, MMR 2014, 10, 13.

308 *V. Hinden*, Persönlichkeitsverletzungen im Internet, S. 128.

309 *Roth*, Die internationale Zuständigkeit, S. 238.

selbst wenn gesetzlich zulässig, kostenintensiv und mit erheblichem zeitlichen Aufwand verbunden – und damit dem Geschädigten unzumutbar.[310]

d) Gefahr der Abrufmanipulation

Blendet man die dargestellten tatsächlichen und rechtlichen Hürden bei der Gewinnung von Abrufdaten aus, so muss sich die Anknüpfung an den Ort des tatsächlichen Abrufs auch dem Einwand der Manipulationsanfälligkeit stellen.[311] Technisch ist es ohne weiteres möglich, den Nachweis ausländischer Abrufe auf eine beliebige Webseite durch das Vorspiegeln falscher IP-Adressen zu verfälschen.[312] Dazu kann der Betroffene auf unkompliziert handhabbare und frei zugängliche Software – wie etwa „Router Reconnect"[313] – zurückgreifen. Die gängigen Browser wie „Mozilla Firefox", „Google Chrome" oder „Internet Explorer" lassen sich durch einige wenige Einstellungen auf die Benutzung eines manuellen „Proxy-Servers" umstellen. Auf diese Weise kann eine zuvor – etwa auf „www.xroxy.com"[314] – ausgewählte ausländische IP-Adresse zur Verschleierung der eigenen IP-Adresse eingesetzt werden. Wehrt sich beispielsweise ein in Deutschland wohnhafter Kläger gegen den ehrverletzenden Webinhalt in einer deutschen Tageszeitung, könnte er durch den Einsatz eines manuellen Proxy-Servers einen Abruf aus einer ausländischen Einwahlregion auf die Webseite vorspiegeln und damit manipulativ einen ausländischen Erfolgsort begründen. Durch den Einsatz von „Webklickern" kann zusätzlich die konkrete Zahl der (ausländischen) Zugriffe auf die Webseite in eine beliebige Höhe getrieben werden.[315] All dies macht den Beweiswert von Abrufdaten mehr als fraglich.[316]

e) Zusammenfassung und Überleitung

Bei der Lokalisierung des Erfolgsortes von Ehrverletzungen im Internet lässt sich *in praxi* ein Abstellen auf den Ort des tatsächlichen Abrufs nicht umsetzen. Ein zuverlässiger Nachweis des Abrufortes ist (derzeit) in Deutschland rechtlich

---

310 *Roth*, Die internationale Zuständigkeit, S. 237 ff.; *v. Hinden*, Persönlichkeitsverletzungen im Internet, S. 121 ff. Auf die technischen Schwierigkeiten hinweisend auch BGH, GRUR 2010, 461, 463 Rn. 19 und EuGH, EuZW 2011, 962, 964 Rn. 46.

311 *Roth*, Die internationale Zuständigkeit, S. 237.

312 JurisPK-Internetrecht/*Heckmann*, Kapitel 3.2 Rn. 184.

313 Abrufbar unter https://www.chip.de/downloads/Router-Reconnect_45080236.html, abgerufen am 05.03.2019.

314 Abrufbar unter www.xroxy.com, abgerufen am 05.03.2019.

315 JurisPK-Internetrecht/*Heckmann*, Kapitel 8 Rn. 102 f.

316 Zurückhaltend auch das OLG Köln, MMR 2011, 322, 323.

nicht möglich und technisch schwer realisierbar. Zudem besteht ein erhebliches Risiko der Abrufmanipulation. Hinzu kommt, dass sich durch ein Abstellen auf den Abrufort das eigentliche, quantitative Problem der ausufernden Erfolgsorte nicht entschärfen lässt.[317] Auf der anderen Seite vermag eine uneingeschränkte Anknüpfung an den Ort der bloßen Abrufbarkeit ebenfalls nicht die Voraussetzungen des Erfolgsortbegriffs in Art. 40 Abs. 1 S. 2 EGBGB zu erfüllen. Wie dargelegt, setzt ein kollisionsrechtlich relevanter Erfolgsort die Verletzung des Allgemeinen Persönlichkeitsrechts in der jeweiligen Rechtsordnung voraus.[318] Anders als innerhalb des Verbreitungsgebiets einer Zeitschrift lässt sich von der bloßen Abrufbarkeit von Internetinhalten nicht auf ihre Kenntnisnahme durch Nutzer im Abrufstaat schließen.[319]

Für das eingangs genannte Beispiel 2 ergibt sich hieraus: ganz gleich, wie sich das Gericht zwischen den beiden möglichen Anknüpfungspunkten (Erfolgsort = Abrufort oder Ort der Abrufbarkeit) entscheiden wird, liegen mehrere potenzielle Erfolgsorte vor, und zwar mindestens 85. Das Gericht ist deshalb (in quantitativer Hinsicht) gehalten, Kriterien zu entwickeln, um der ausufernden Zahl der in Betracht kommenden Rechtsordnungen wirkungsvoll begegnen zu können. Die Z hat geltend gemacht, sie habe nicht vorhersehen können, dass der Verletzungserfolg auch außerhalb des Verbreitungsgebietes ihrer Druckausgabe, also in einem anderen Staat als Frankreich, England und Deutschland, eintreten kann. Deshalb muss sich das Gericht (in qualitativer Hinsicht) fragen, ob jede Beziehung zwischen dem Sachverhalt und einem Abrufort ausreicht oder sich der Bezug in irgendeiner Form verdichtet haben muss. Zu denken wäre insofern daran, eine Einschränkung auf bestimmte Zielländer über ein subjektives Element (Ausrichtung bzw. bewusstes Verbreiten) oder objektive, am Inhalt der Äußerung orientierte Beschränkungen zu bewirken. Entscheidend könnte auch sein, aus welchen Ländern sich Nutzer registriert haben. Neben diesen eher den Schädiger in den Blick nehmenden Einschränkungen könnte eine die Interessen des Geschädigten fokussierende Beschränkung angezeigt sein, die einen – wie auch immer gelagerten – Bezug zu einer mit den verletzten Persönlichkeitsinteressen besonders eng verknüpften Rechtsordnung sucht.

---

317 Entgegen *v. Hinden*, Persönlichkeitsverletzungen im Internet, S. 121.

318 Siehe oben unter Teil 1, Kap. 5, II., 1., c).

319 *Dethloff*, NJW 1998, 1596, 1599; *v. Hinden*, Persönlichkeitsverletzungen im Internet, S. 141.

III. Einschränkung der konkurrierenden Erfolgsorte

1. Meinungsstand

Das Gesetz schweigt zu den vorstehenden Fragestellungen und spricht in Art. 40 Abs. 1 S. 2 und S. 3 EGBGB nur von *einem* Erfolgsortrecht. *De lege lata* existieren zur Einschränkung der konkurrierenden Erfolgsorte bei Internetdelikten zahlreiche Lösungsvorschläge, die in ihren vielfältigen Varianten nur noch schwer zu überschauen sind. Im Grundsatz lassen sich drei Strömungen unterscheiden: einige Stimmen in der Literatur[320] und Rechtsprechung[321] nehmen die Judikatur des I. Zivilsenats[322] des BGH vom 30.06.2006 zur Internationalen Zuständigkeit bei Wettbewerbsverletzungen in der Rechtssache „Johanniskrautkapseln" zum Anlass, die erforderliche Eingrenzung anhand des Kriteriums der „bestimmungsgemäßen Ausrichtung" oder „bestimmungsgemäßen Abrufbarkeit" des ehrverletzenden Inhalts vorzunehmen (hierzu unter nachstehend

320 Zum Kollisionsrecht: NK-BGB/*G. Wagner*, Art. 40 EGBGB Rn. 52 (unter dem Begriff der „bestimmungsgemäßen Abrufbarkeit"); *Spindler*, ZUM 1996, 533, 557; *Wegner*, CR 1998, 676, 681; *Gounalakis/Rhode*, Persönlichkeitsschutz im Internet, Rn. 16, 20 (als kombiniertes Modell mit alternativer Anknüpfung an den Schwerpunkt des Verletzungserfolges); *Kotthoff*, CR 1997, 676, 680 ff. (zum Wettbewerbsrecht); *Ubber*, WRP 1997, 497, 503 (zum Wettbewerbsrecht); *Rüßmann*, K&R 1998, 422, 426 (zum Wettbewerbsrecht); zum Zuständigkeitsrecht: Hoeren/Sieber/Holznagel/*Pichler*, Handbuch Multimedia-Recht, 15. EL, Teil 25 Rn. 210, 262; Stein/Jonas/*G. Wagner*, Art. 5 EuGVVO Rn. 174; *Geimer/Schütze*, EuZVR, Art. 5 EuGVVO Rn. 260a; Schlosser/*Schlosser*, EuZPR, 3. Auflage 2009, Art. 5 EuGVVO Rn. 19b; *O. Damm*, GRUR 2010, 891, 893; *Frey*, ZUM 2010, 527, 528; *Schlüter*, AfP 2010, 340, 346 ff.; *Kropholler/v. Hein*, EuZPR, Art. 5 EuGVVO Rn. 86; Rauscher/*Leible*, EuZPR/EuIPR, Art. 5 Brüssel I-VO Rn. 86i; *Ubber*, WRP 1997, 497, 502 f.; *Ulmer*, ITRB 2009, 252, 254; *Mankowsi*, MMR 2002, 817, 818 (zum Kennzeichenrecht); *Ernst*, BB 1997, 1057, 1059 (zum Urheberrecht); so im Ergebnis auch *Roth*, Die internationale Zuständigkeit, S. 272 ff., S. 289, allerdings unter dem Terminus der „Adressatenkreistheorie"; wohl auch *Degmair*, K&R 2010, 341, 342.

321 Zum Kollisionsrecht: OLG Hamburg, ZUM 2008, 63; LG Hamburg, BeckRS 2010, 06920; 2009, 12764; OLG Frankfurt (a.M.), NJW-CoR 1999, 302 Ls; zum Zuständigkeitsrecht: OLG Schleswig, BeckRS 2014, 00910; OLG Düsseldorf, AfP 2009, 159, 162; OLG Köln, K&R 2008, 116; OLG Bremen, CR 2000, 770, 771; KG, NJW 1997, 3321; KG, MMR 2007, 653; LG Berlin, MMR 1999, 43; LG Düsseldorf, WM 1997, 1444, 1446; LG München I, RIW 2000, 466.

322 BGH, Urt. v. 30.03.2006, GRUR 2006, 513 ff. – *„Jonanniskraut"*.

Ziff. 2). Eine verbreitete Meinung im kollisionsrechtlichen Schrifttum[323] folgt in Anlehnung an die „Shevill“-Rechtsprechung[324] des EuGH zur internationalen Zuständigkeit bei Printpresse-Delikten einer Mosaikbeurteilung (hierzu unter nachstehend Ziff. 3). Schließlich wird eine „Konzentration“ der in Betracht kommenden Erfolgsorte auf denjenigen am Schwerpunkt der sozialen Beziehungen des Verletzten (regelmäßig der gewöhnliche Aufenthalt) für maßgeblich gehalten (hierzu unter nachstehend Ziff. 6).[325] Denkbar wäre daneben auch der Ansatz eines Günstigkeitsvergleichs, also die Auswahl zwischen dem Handlungs- und Erfolgsort nach dem für den Geschädigten günstigeren Recht[326] (hierzu unter nachstehend Ziff. 4) oder die alleinige Maßgeblichkeit des Handlungsortes (hierzu nachstehend unter 5).

2. *Ort der bestimmungsgemäßen Abrufbarkeit*

a) *Ausgangspunkt: Lauterkeitsrechtliche Rechtsprechung*

Der „Johannsikrautkapseln“-Entscheidung[327] des BGH vom 30.06.2006 lag ein Sachverhalt zu Grunde, in dem sich der klagende Wettbewerbsverein gegen die Bewerbung und den Vertrieb von Johanniskrautkapseln durch ein in den Niederlanden ansässiges Unternehmen auf einer in Deutschland abrufbaren Internetseite wehrte. In den Entscheidungsgründen bejaht der BGH die Erfolgsortzuständigkeit deutscher Gerichte und stellt dabei maßgeblich auf den Inhalt der Webseite ab. Bezugnehmend auf die „Hotel Maritime“-Entscheidung[328] zu

323 MüKo-BGB/*Junker*, Art. 40 EGBGB Rn. 79; BeckOK-Bamberger/Roth/Hau/Poseck/*Spickhoff*, Art. 40 EGBGB Rn. 41; *Spindler*, ZUM 1996, 533, 559 f.; Hoeren/Queck/*Müller*, Rechtsfragen der Informationsgesellschaft, S. 259, 264 ff.; *Mankowski*, RabelsZ 63 (1999), 203, 274 f.; *Looschelders*, ZVglRWiss 95 (1996), 48, 81 f.; *Wüllrich*, Das Persönlichkeitsrecht, S. 304 ff.; wohl auch Spindler/Schuster/*Weller/Nordmeier*, Recht der elektronischen Medien, 4. Teil, Art. 40 EGBGB Rn. 6, 10.

324 EuGH v. 07.03.1995, Rs. C-68/93, Slg. 1995, I-415 = NJW 1995, 1881 ff.

325 Zum Kollisionsrecht: Staudinger/*v. Hoffmann*, Art. 40 EGBGB Rn. 61; *v. Hinden*, Persönlichkeitsverletzungen im Internet, S. 169 ff.; *ders.*, FS Kropholler, S. 573, 590 ff.; wohl auch *Klöpfer*, JA 2013, 165, 170 f.; zum Zuständigkeitsrecht: Schlosser/Hess/*Schlosser*, EuZPR, Art. 7 EuGVVO Rn. 16b; *Thorn*, FS v. Hoffmann, S. 746, 756 f.; NK-BGB/*Knöfel*, Art. 30 Rom II-VO Rn. 14; *Bonn*, Die Europäisierung des Persönlichkeitsrechts, S. 382 f., 384.

326 *G. Wagner*, IPRax 2006, 372, 376; *v. Hein*, Das Günstigkeitsprinzip im Internationalen Deliktsrecht, S. 40 ff.

327 BGH, GRUR 2006, 513 ff.

328 BGH, GRUR 2005, 431 ff. Diese Rechtsprechung ist wiederum angelehnt an die „Tampax“-Entscheidung des BGH aus dem Jahr 1971 (BGH, GRUR 1971, 153 ff.).

durch Internet-Veröffentlichungen ausgelöste Kennzeichen- und Wettbewerbsverletzungen aus dem Jahr 2005 führt der I. Zivilsenat aus, dass sich der „Ort des schädigenden Ereignisses" i.S.v. Art. 5 Nr. 3 EuGVVO a.F. dort befinde, wo sich der Internet-Auftritt bestimmungsgemäß auswirken soll.[329] Dieser besondere Bezug zum Inhalt sei im Streitfall gewährleistet, weil die streitgegenständliche Seite in deutscher Sprache gehalten und deshalb auch an deutsche Europäer gerichtet war. Als weiteres Indiz für die Ausrichtung des Angebots auf Deutschland bewertet der BGH die Angabe der Kaufpreise in „DM".[330]

b) *Meinungsstand zum Kriterium der bestimmungsgemäßen Abrufbarkeit*

In Anlehnung an die vorgenannten Grundsätze wird auch für die Erfolgsortbestimmung von Persönlichkeitsverletzungen im Internet teilweise gefordert, dass die Veröffentlichung im Inland „bestimmungsgemäß abrufbar" sein muss.[331]

In der Rechtssache „Tampax" stellte sich die Frage, ob wegen der Verbreitung eines Presseerzeugnisses mit wettbewerbswidrigem Inhalt in Deutschland ein inländischer Erfolgsort angenommen werden kann. Der BGH entschied, dass es für die Annahme einer im Inland begangenen Rechtsgutsverletzung nicht ausreiche, wenn das ausländische Presseerzeugnis lediglich zufällig und in geringem Umfang im Inland verbreitet wird, oder gar in der Bundesrepublik nicht am Markt sei. Zwar verwendet der BGH in den Entscheidungsgründen an keiner Stelle das Wort der „Bestimmungsgemäßheit", dennoch fand der Begriff in der darauf folgenden Rechtsprechung und Literatur seine Prägung in der heutigen Form.

329 BGH, GRUR 2006, 513, 514 f. Rn. 21.

330 BGH, GRUR 2006, 513, 515 Rn. 22.

331 Zum Kollisionsrecht: OLG Hamburg, ZUM 2008, 63; LG Hamburg, BeckRS 2010, 06920; 2009, 12764; OLG Frankfurt (a.M.), NJW-CoR 1999, 302 Ls; NK-BGB/*G. Wagner*, Art. 40 EGBGB Rn. 52 (allerdings unter dem Begriff der „bestimmungsgemäßen Abrufbarkeit"); *Spindler*, ZUM 1996, 533, 557; *Wegner*, CR 1998, 676, 681; *Kotthoff*, CR 1997, 676, 680 ff. (zum Wettbewerbsrecht); *Ubber*, WRP 1997, 497, 503 (zum Wettbewerbsrecht); *Rüßmann*, K&R 1998, 422, 426 (zum Wettbewerbsrecht); zum Zuständigkeitsrecht: OLG Schleswig, BeckRS 2014, 00910; OLG Düsseldorf, AfP 2009, 159, 162; OLG Köln, K&R 2008, 116; OLG Bremen, CR 2000, 770, 771; KG, NJW 1997, 3321; KG, MMR 2007, 653; LG Berlin, MMR 1999, 43; LG Düsseldorf, WM 1997, 1444, 1446; LG München I, RIW 2000, 466; Hoeren/Sieber/Holznagel/*Pichler*, Handbuch Multimedia-Recht, 15. EL, Teil 25 Rn. 210, 262; Stein/Jonas/ *G. Wagner*, Art. 5 EuGVVO Rn. 174; *Geimer/Schütze*, EuZVR, Art. 5 EuGVVO Rn. 260a; Schlosser/*Schlosser*, EuZPR, 3. Auflage 2009, Art. 5 EuGVVO Rn. 19b; *O. Damm*, GRUR 2010, 891, 893; *Frey*, ZUM 2010, 527, 528; *Schlüter*, AfP 2010, 340, 346 ff.; *Kropholler/v. Hein*, EuZPR, Art. 5 EuGVVO Rn. 86; Rauscher/*Leible*, EuZPR/EuIPR, Art. 5 Brüssel I-VO Rn. 86i; *Ubber*, WRP 1997, 497, 502 f.; *Ulmer*, ITRB 2009, 252, 254; *Mankowsi*, MMR 2002, 817, 818 (zum Kennzeichenrecht); *Ernst*, BB 1997, 1057, 1059 (zum Urheberrecht); so

Ausschlaggebend seien deshalb nur die Orte der bestimmungsgemäßen Abrufbarkeit des Inhalts. Das Kriterium der bestimmungsgemäßen Abrufbarkeit gewährleiste einen „realen Bezug zum Forumstaat“ und „Fairness gegenüber dem Beklagten“, der sein Risiko vorhersehen und kalkulieren kann.[332] *Mankowski*[333], der die Anknüpfung an den Ort der bestimmungsgemäßen Abrufbarkeit von Internetinhalten im Fall von Kennzeichenrechtsverletzungen befürwortet, sieht ihren Vorteil in der „Ex-ante-Kalkulierbarkeit“: durch ein Abstellen auf die Ausrichtung einer Webseite ließe sich nicht nur ein realer Bezug zum Erfolgsortstaat herstellen – und damit dem völkerrechtlichen „genuine link“-Erfordernis nachkommen. Vielmehr würde im Interesse des Beklagten auch ein vorhersehbares Kriterium geschaffen, anhand dessen der Anspruchsgegner sein Handeln und damit das Handlungsrisiko steuern und eingrenzen kann.[334]

Die (intendierte) Zielrichtung einer Webseite sei anhand ihres objektiven Erklärungswerts zu ermitteln. Hierbei sei danach zu fragen, welcher Adressatenkreis von dem ehrverletzenden Inhalt angesprochen wird oder werden sollte.[335] Dazu werden Kriterien wie die verwendete Sprache oder die Art und der Inhalt der Veröffentlichung herangezogen,[336] aber auch Art und Umfang der Werbung auf der Seite[337]. Abgestellt wird zudem auf die Anzahl oder den Sitz der registrierten Leser.[338] Ein besonderer Erklärungswert wird der Top-Level-Domain-Endung („TLD“-Endung) beigemessen.[339] *Wegner*[340] vertritt in diesem Zusammenhang die Auffassung, dass bei der Verwendung der TLD „.de“ stets eine bestimmungsgemäße Verbreitung in Deutschland angenommen werden könne. Hauptzielgruppe einer TLD seien die Bewohner des entsprechenden Landes. Weltweit würden andere Internetbenutzer deshalb unter der TLD-Endung „.de“ nur Angebote deutscher Firmen, Institutionen oder Personen vermuten,

im Ergebnis auch *Roth,* Die internationale Zuständigkeit, S. 272 ff., S. 289, allerdings unter dem Terminus der „Adressatenkreistheorie“; wohl auch *Degmair,* K&R 2010, 341, 342.

332 OLG Düsseldorf, NJW-RR 2009, 701, 703 (zum Zuständigkeitsrecht).

333 *Mankowsi*, MMR 2002, 817 ff. (zu Markenrechtsverletzung); *ders.*, CR 2002, 450 ff. (zu Namensrechtsverletzung).

334 *Mankowsi*, CR 2002, 450, 451 (zu Namensrechtsverletzung).

335 *Wegner*, CR 1998, 676, 681.

336 LG Düsseldorf, ZUM-RD 2008, 482, 485 m.w.N. (zum Zuständigkeitsrecht).

337 *Wegner*, CR 1998, 676, 681.

338 OLG Düsseldorf, NJW-RR 2009, 701, 703 (zum Zuständigkeitsrecht).

339 Hoeren/Sieber/Holznagel/*Pichler*, Handbuch Multimedia-Recht, 15. EL, Teil 25 Rn. 215.

340 *Wegner*, CR 1998, 676, 681.

die schwerpunktmäßig auf den deutschen Markt zielen. Auch das Landgericht Düsseldorf[341] hat in einer Wettbewerbsstreitigkeit bei der Erfolgsortbestimmung im Rahmen von § 32 ZPO (analog) festgestellt, dass

> *„[…] jedenfalls für die Verwendung der Domain mit der zugehörigen Top-Level-Domain „.de" […] das bestimmungsgemäße Verbreitungsgebiet das Gebiet der gesamten Bundesrepublik Deutschland ist […]".*

Demgegenüber wird der (Wohn-)Sitz des Klägers für nicht ausschlaggebend gehalten. Wesentlich sei allein, ob die durch den Artikel angesprochenen Nutzer eine Beziehung zum Lebenskreis des Geschädigten an dessen Wohnsitz haben.[342]

c) Stellungnahme

Das aus dem Wettbewerbs- und Kennzeichenrecht entstammende Kriterium der bestimmungsgemäßen Ausrichtung oder bestimmungsgemäßen Abrufbarkeit ist für die kollisionsrechtliche Erfolgsortbestimmung von Ehrverletzungen in der elektronischen Presse nicht geeignet und im Ergebnis abzulehnen. Der Ausgangspunkt der Erwägungen, die Erfolgsorte auf diejenigen Rechtsordnungen einzuschränken, auf die der Schädiger die Äußerung ausgerichtet hat, die mithin in seinem intendierten Wirkungsbereich liegen und für diesen auch vorhersehbar waren, ist grundsätzlich nicht zu beanstanden. Denn neben dem Zuständigkeitsrecht unterliegt auch das anwendbare Recht dem Gebot der Vorhersehbarkeit und Kalkulierbarkeit.[343] Das Vorhersehbarkeitserfordernis ist im IPR zwar nicht unumstritten. Einige Autoren[344] lehnen einen (subjektiven) Vorhersehbarkeitsvorbehalt als kollisionsrechtliches Zurechnungsprinzip vollständig ab. Demgegenüber befürwortet die h.M.[345] – mit jeweils unterschiedlichen

---

341 LG Düsseldorf, GRUR 1998, 159, 160.

342 OLG Düsseldorf, NJW-RR 2009, 701, 703 (zum Zuständigkeitsrecht).

343 *Mankowski*, CR 2002, 450, 451.

344 *Trutmann*, Das internationale Privatrecht der Deliktsobligationen, S. 87; *Wandt*, Internationale Produkthaftung, Rn. 591; *Looschelders*, ZVglRWiss 95 (1996), 48, 72 f. Der Hauptvorwurf dieser Meinungsgruppe lautet, dass für subjektiv-rechtliche Vertrauensschutzerwägungen im Kollisionsrecht kein Raum sei und Zurechnungsfragen allein dem materiellen Recht vorbehalten wären (zum allgemeinen Meinungsstand eingehend *Czempiel*, Das bestimmbare Deliktsstatut, S. 23 ff.; *v. Hein*, Das Günstigkeitsprinzip im Internationalen Deliktsrecht, S. 181 ff.).

345 *Kegel/Schurig*, IPR, S. 125; *Kropholler*, IPR, S. 144 ff.; *Neuhaus*, Die Grundbegriffe des internationalen Privatrechts, S. 162; *Heldrich*, Persönlichkeitsverletzungen im IPR, S. 361, 370; *Rheinstein*, Tulane L. Rev. 19 (1944), 4, 26; *Heini*, RabelsZ 40 (1976), 350, 352; *Czempiel*, Das bestimmbare Deliktsstatut, S. 33.

Erklärungsmodellen[346] – auch für das IPR ein Vorhersehbarkeitserfordernis. Nach *Kropholler*[347] bedeutet Voraussehbarkeit Berechenbarkeit der Entscheidung. So soll sichergestellt werden, dass die maßgebende Rechtsordnung nicht erst durch den Richter bestimmt wird, sondern schon im Vorhinein aufgrund unmissverständlicher Kriterien feststeht, mit denen die Parteien rechnen durften und mussten. Ähnlich hat *v. Hein*[348] herausgestellt, dass es sich bei dem Ruf nach Vorhersehbarkeit um nichts anderes als die rechtsstaatliche Forderung nach Kalkulierbarkeit handeln würde, die jedes Rechtsgebiet – und damit auch das IPR – durchdringt.

Auch kollisionsrechtliche Regelungen müssen deshalb nach Inhalt, Zweck und Ausmaß derart bestimmt sein, dass sie für die Betroffenen berechenbar werden. Voraussetzung ist natürlich, dass sich diese intendierten Rechtsfolgen mit dem in Rede stehenden Kollisionssatz auch realisieren lassen. Diesen Anforderungen genügt das letztlich auf Indizien aufbauende Kriterium der bestimmungsgemäßen Ausrichtung nicht.

(1) Fehlende Trennschärfe der indizienbasierten Sichtweise

(a) Merkmal der verwendeten Sprache

Zunächst ist das für die Bestimmung der „Zielrichtung" der jeweiligen Veröffentlichung herangezogene Merkmal der verwendeten Sprache schwach und nicht zeitgemäß.[349] Angesichts der steigenden Tendenz zur globalen Informationsverbreitung und der zunehmenden Internationalisierung der Informationsgesellschaft erodiert die territoriale Fragmentierung von Angebot und Nachfrage im Bereich der elektronischen Presse zusehends. Deshalb weisen Onlinemedien im Gegensatz zu traditionellen Presseerzeugnissen wesentlich schwächere regionale Bezüge auf. Wie bereits dargelegt, verzeichnete die Seite „www.spiegel.de" von ihren insgesamt 236,1 Millionen Visits im Dezember 2018 rund 20,61 Millionen Visits von Nutzern außerhalb Deutschlands.[350] Zugleich werden die Inhalte der elektronischen Presse auch ihrerseits internationaler. Die „New York Times"

---

346 Teilweise wird Vorhersehbarkeit als Verkehrs- und Parteiinteresse verstanden (*Kegel*), teilweise aus der sozialen Funktion des Kollisionsrechts (*Rheinstein*) bzw. aus dem Grundsatz der Privat- und Parteiautonomie abgeleitet (*Heini*).

347 *Kropholler*, IPR, S. 144 f.

348 *V. Hein*, Das Günstigkeitsprinzip im Internationalen Deliktsrecht, S. 207.

349 *Kubis*, Internationale Zuständigkeit, S. 177; *Roth*, Die internationale Zuständigkeit, S. 279.

350 Siehe oben unter Teil 1, Kap. 5, I., 2., b).

etwa verfügt in ihrem Online-Auftritt über einen „U.S." und einen internationalen Teil, unter dem man zwischen den Bereichen „Africa", „Americas", „Asia Pacific", Europe" und „Middle East" gezielt regional zugeschnittene Informationen beziehen kann. Das „Wall Street Journal" hält sogar eine gesonderte europäische Ausgabe bereit. Auch auf der Seite „www.spiegel.de" lässt sich mittlerweile unter „www.spiegel.de/international" ein vollständig in englischer Sprache verfasster und an internationale Nutzer adressierter Teil abrufen. Mit dem Kriterium der Fremdsprachlichkeit lässt sich deshalb nicht (mehr) die beabsichtigte Selektionswirkung herbeiführen.

Zu berücksichtigen ist darüber hinaus, dass sich eine regionale Einschränkung des potenziellen Adressatenkreises umso schlechter herbeiführen lässt, je verbreiteter die verwendete Sprache selbst ist.[351] Vollends unbrauchbar ist das Kriterium der Fremdsprachlichkeit, wenn es auf englischsprachige Veröffentlichungen angewendet wird.[352] Für einen Großteil der Internet-Veröffentlichungen[353] ist mit einem Abstellen auf die verwendete Sprache deshalb *a priori* nichts gewonnen.

Das Kriterium der Fremdsprachlichkeit büßt zudem vor dem Hintergrund der in den letzten Jahren weiterentwickelten Übersetzungsmöglichkeiten im Internet erheblich an Bedeutung ein. Weil „alle gängigen Sprachen der Welt in brauchbarer Qualität übersetzt werden können", beschied *v. Hinden*[354] bereits im Jahr 1999 der verwendeten Sprache bei der Ermittlung der Ausrichtung von Webinhalten „keine große Zukunft". Und er behielt recht. Mittlerweile lassen sich mit Hilfe zahlreicher kostenloser und zuverlässig arbeitender Übersetzungsdienste ganze Textpassagen per Mausklick in sekundenschnelle in die gewünschte Sprache übersetzen. Werden Inhalte über „Google" gesucht, bietet der Suchdienst ihre Komplettübersetzung bereits in der Auflistung der einzelnen Suchergebnisse an. In welcher Sprache ein Inhalt verfasst ist, spielt für den Internetnutzer deshalb – zumindest bei den gängigen Fremdsprachen – beim Bezug von Informationen keine wesentliche Bedeutung mehr.

351 *V. Hinden*, Persönlichkeitsverletzungen im Internet, S. 149; *Roth*, Die internationale Zuständigkeit, S. 279.

352 *Brand*, NJW 2011, 2061; *Thorn*, FS v. Hoffmann, S. 746, 754.

353 Die englische Sprache ist im Internet nahezu omnipräsent. Im Februar 2019 ist der Anteil der Webseiten auf Englisch mit 54,1 Prozent am größten, gefolgt von Websites auf Russisch und Deutsch mit jeweils rund 6 Prozent (vgl. https://de.statista.com/statistik/daten/studie/2961/umfrage/anteil-der-verbreitetsten-sprachen-im-internet-seit-2006/, abgerufen am 05.03.2019).

354 *V. Hinden*, Persönlichkeitsverletzungen im Internet, S. 149.

(b) Maßgeblichkeit der „Top Level Domain"-Endung

Auch das Herausheben der TLD-Endung zum entscheidungserheblichen Kriterium für die Ermittlung der Zielrichtung eines Webinhalts begegnet Bedenken. Einerseits wird die TLD-Endung von der überwiegenden Zahl der Internetnutzer gar nicht zur Kenntnis genommen,[355] insbesondere dann, wenn die Nutzer über einen Link oder eine Suchmaschinenabfrage auf die entsprechende Seite gelangt sind. Andererseits lässt sich nicht mehr anhand jeder Endung auch ein etwaiger regionaler Bezug ablesen. Denn nach jahrelangen Diskussionen beschloss die ICANN[356] im Juni 2011 ein Programm, das eine freie Wahl der TLD-Endungen ermöglicht.[357] Eine nationale Zuordnung von Veröffentlichungen wird durch die zu erwartende weiter wachsende Anzahl staatenneutraler Domains praktisch nicht realisierbar.[358]

Das Abstellen auf die TLD-Endung ist auch nicht rechtssicher und eröffnet dem Rechtsanwender einen weiten Ermessensspielraum bei der Bestimmung des potenziellen Adressatenkreises der Meldung. So hat etwa das Oberlandesgericht München[359] in einer kennzeichenrechtlichen Streitigkeit festgestellt, bei den in den USA registrierten TLD-Endungen „.com", „.net" und „.org" folge die Internationale Zuständigkeit deutscher Gerichte nach § 32 ZPO (analog) daraus, dass diese Domains „auch" in Deutschland abrufbar sind. Das überrascht, kann auf die von dem Gericht aufgeführten Endungen doch aus nahezu jedem Staat der Welt zugegriffen werden.

(2) Differierende Schutzrichtungen

Eine Übertragung des lauterkeitsrechtlichen Kriteriums der bestimmungsgemäßen Ausrichtung auf den Bereich von Ehrverletzungen in der elektronischen Presse ist auch deshalb abzulehnen, weil die mit dem Wettbewerbsrecht und dem Persönlichkeitsschutz verfolgten Schutzrichtungen differieren. Traditionell

---

355 *Thorn*, FS v. Hoffmann, S. 746, 754.

356 Die „Internet Corporation for Assigned Names and Numbers" verwaltet und koordiniert die Vergabe der „Top-Level-Domains" weltweit.

357 Insgesamt gingen bis zum 31.12.2018 1.930 Anträge bei der ICANN ein. Bislang konnten bereits 1.232 neue TLD-Endungen verteilt werden. Darunter finden sich zahlreiche deutsche Antragsteller wie etwa „.hamburg", „.berlin" oder „.nrw". Speziell für den hier relevanten Bereich der elektronischen Presse wurden u.a. bereits die Endungen „.spiegel", „.press", „.news", „.guardian" oder „.observer" verteilt. http://newgtlds.icann.org/en/program-status/statistics, abgerufen am 22.04.2019.

358 *Thorn*, FS v. Hoffmann, S. 746, 754.

359 OLG München, CR 2002, 449, 450.

verwendet das Internationale Wettbewerbsrecht als Anknüpfungspunkt den Ort der sog. wettbewerblichen Interessenkollision.[360] Zur Eingrenzung der Erfolgsorte bei über das Internet weltweit abrufbaren Werbemaßnahmen wird von der h.M. in der Literatur[361] gefordert, dass die Wettbewerbsmaßnahme auf dem betreffenden Markt eine bestimmte Mindestschwelle überschreitet, damit das Recht dieses Marktes Anwendung finden kann. Die erforderliche Finalität der Werbemaßnahme wird nur bei Vorliegen einer „spürbaren Marktbeeinflussung" bejaht.[362] Speziell für den Bereich von Klagen wegen eines behaupteten Verstoßes gegen § 4 Nr. 7 UWG durch ehrverletzende Internet-Veröffentlichungen hat auch der BGH[363] bei der Bestimmung des zuständigkeitsrechtlichen Erfolgsortes im Rahmen von Art. 7 Nr. 2 EuGVVO auf das Kriterium der Marktbeeinflussung abgestellt und dargelegt, dass die Bestimmungen gegen unlautere Rufschädigungen in erster Linie dem Schutz des betroffenen Mitbewerbers und daneben dem Schutz des Interesses der Allgemeinheit an einem unverfälschten Wettbewerb dienen würden. Bezogen auf den Schutz des betroffenen Mitbewerbers sollen sie nicht – jedenfalls nicht vorrangig – seine Geschäftsehre, sondern seine wettbewerblichen Interessen wahren.[364] Bei einem Verstoß gegen § 4 Nr. 7 UWG durch eine Internet-Veröffentlichungen sei deshalb ein Gerichtsstand im Inland nur dann begründet, wenn sich der Internetauftritt bestimmungsgemäß auf den inländischen Markt auswirken soll.[365]

Anders verhält es sich hingegen bei der Beurteilung von Verletzungen des Allgemeinen Persönlichkeitsrechts durch rufschädigende Äußerungen. Wie oben dargelegt, tritt bei Pressedelikten die Verletzung der Persönlichkeit – unabhängig von der Intention des Verletzers – an jedem Ort der Kenntniserlangung des ehrverletzenden Inhalts durch Dritte ein.[366] Bei der Ermittlung des (materiellrechtlichen) Verletzungsortes spielt eine etwaiges von dem Schädiger mit der Äußerung verfolgtes „Ziel" oder eine „Marktbeeinflussung" keine Rolle. Eine Übertragung des für die Begrenzung der Erfolgsorte marktbezogener Delikte

360 BGHZ 35, 329, 333; BGH, GRUR 1998, 419, 420; Ohly/Sosnitza/*Ohly*, UWG, B. Internationale Aspekte, Rn. 14.

361 Etwa *Dethloff*, NJW 1998, 1596, 1599; Einzelnachweise bei *Mankowski*, GRUR-Int. 1999, 909, 916 in Fn. 83.

362 *Dethloff*, NJW 1998, 1596, 1599.

363 BGH, MMR 2014, 605 ff. (noch zu Art. 5 Nr. 3 EuGVVO).

364 BGH, MMR 2014, 605, 607 Rn. 24.

365 BGH, MMR 2014, 605, 607 Rn. 24.

366 Siehe oben unter Teil 1, Kap. 5, II., 1., c).

entwickelten Kriteriums der „Bestimmungsgemäßheit“ bzw. des „Ausrichtens“ ist deshalb auch in dogmatischer Hinsicht nicht überzeugend.[367]

3. *Mosaikprinzip*

a) *Meinungsstand*

Neben der bestimmungsgemäßen Abrufbarkeit wird im Schrifttum[368] für die Einschränkung der Erfolgsorte bei ehrverletzenden Internet-Veröffentlichungen eine Anwendung des vom EuGH in seiner „Shevill“-Entscheidung[369] begründeten sog. Mosaikprinzips befürwortet. Mit seiner Rechtsprechung zur „Verwirklichung des Schadenserfolges“[370] hat der EuGH (zuständigkeitsrechtliche) Grundsätze aufgestellt, um die Kognitionsbefugnis der Erfolgsortgerichte bei grenzüberschreitenden Ehrverletzungen durch Presseerzeugnisse einzuschränken. Der Gerichtshof entschied, dass nur am Handlungsort der gesamte Schaden eingeklagt werden kann.[371] Die Zuständigkeit der Erfolgsortgerichte beschränke sich hingegen auf den im Hoheitsgebiet des jeweiligen Gerichts eingetretenen Teilschaden.[372] Damit versucht der EuGH einerseits, einer ausufernden Zuständigkeit der Gerichte am Ort der Rechtsgutsverletzung entgegen zu wirken. Andererseits entzieht er so dem Erfolgsortgerichtsstand die Attraktivität für ein missbräuchliches *forum shopping* des Klägers.[373]

Übertragen auf das Kollisionsrecht führt die Mosaikbeurteilung dazu, dass jede der in Betracht kommenden Rechtsordnungen am Ort der Rechtsgutsverletzung lediglich über den in ihrem Rechtsgebiet entstandenen Schaden

---

367 So auch BGH, NJW 2010, 1752, 1753 Rn. 18 (zum Zuständigkeitsrecht).

368 MüKo-BGB/*Junker*, Art. 40 EGBGB Rn. 79; BeckOK-Bamberger/Roth/Hau/Poseck/*Spickhoff*, Art. 40 EGBGB Rn. 41; *Spindler*, ZUM 1996, 533, 559 f.; Hoeren/Queck/*Müller*, Rechtsfragen der Informationsgesellschaft, S. 259, 264 ff.; *Mankowski*, RabelsZ 63 (1999), 203, 274 f.; *Looschelders*, ZVglRWiss 95 (1996), 48, 81 f.; *Wüllrich*, Das Persönlichkeitsrecht, S. 304 ff.; wohl auch Spindler/Schuster/*Weller/Nordmeier*, Recht der elektronischen Medien, 4. Teil, Art. 40 EGBGB Rn. 6, 10.

369 EuGH v. 07.03.1995, Rs. C-68/93, Slg. 1995, I-415 = NJW 1995, 1881 ff.

370 Danach ist der Schadenserfolg an dem Ort verwirklicht, an dem die schädigenden Auswirkungen des haftungsauslösenden Ereignisses zu Lasten des Betroffenen eintreten. Das sind nach der Ansicht des EuGH im Fall grenzüberschreitender Pressedelikte diejenigen Orte, an denen das Presseerzeugnis verbreitet wird, EuGH, NJW 1995, 1881, 1882 Rn. 28 f.

371 EuGH v. 07.03.1995, Rs. C-68/93, Slg. 1995, I-415 = NJW 1995, 1881, 1182 Rn. 25.

372 EuGH v. 07.03.1995, Rs. C-68/93, Slg. 1995, I-415 = NJW 1995, 1881, 1182 Rn. 30.

373 Siehe etwa *Bach*, EuZW 2018, 68, 69.

entscheidet. Damit wird auf einen Teilschaden immer genau das Recht des Landes angewendet, in dem der betreffende Bruchteil des Schadens auch eingetreten ist.[374]

Neben der traditionellen Betrachtungsweise wird von *Wagner*[375] für die kollisionsrechtliche Erfolgsortbestimmung bei Pressedelikten eine prozessuale Lösung vorgeschlagen, wonach die Gerichte sowohl am Handlungsort (im Hinblick auf die Bewertung des Gesamtschadens) als auch an den Erfolgsorten (im Hinblick auf die Bewertung der Teilschäden) an *ihre lex fori* gebunden sind. Dadurch wird eine Gleichschaltung von Zuständigkeits- und Kompetenzrecht erreicht. Der Kläger kann danach nicht mehr am Handlungsort klagen und auf kollisionsrechtlicher Ebene für die einzelnen (fremden) Erfolgsortrechte optieren. Andersherum kann der Kläger nicht mehr an einem Erfolgsort klagen und Kompensation für den Gesamtschaden nach dem (fremden) Recht am Handlungsort verlangen.

Schließlich vertritt *Wüllrich*[376] speziell für Internetdelikte einen modifizierten Lösungsansatz, wonach dem Geschädigten die Möglichkeit gegeben werden soll, zwischen allen verfügbaren „Mosaikrechtsordnungen" frei das für ihn attraktivsten Deliktsrecht wählen zu dürfen.[377]

Der BGH hat sich zur Anwendbarkeit der Mosaikbeurteilung bei Persönlichkeitsrechtsverletzungen im Rahmen von Art. 40 Abs. 1 EGBGB noch nicht geäußert (bzw. äußern müssen)[378]. In einem *obiter dictum*[379] hat das Hanseatische Oberlandesgericht seine grundsätzliche Zustimmung erkennen lassen.

---

374 *Heiderhoff*, EuZW 2007, 428, 430.

375 *G. Wagner*, IPRax 2006, 372, 385 f.; *ders.*, RabelsZ 62 (1998), 243, 282 ff.

376 *Wüllrich*, Das Persönlichkeitsrecht, S. 304 ff.

377 *Wüllrich*, Das Persönlichkeitsrecht, S. 304.

378 *„Ob das Klagebegehren, soweit die Verbreitung der Zeitschriften in Frankreich in Frage steht, unter Zugrundelegung französischen Rechts begründet wäre, bedarf entgegen der Auffassung der Revision keiner abschließenden Erklärung."* (vgl. BGH, GRUR 1996, 923, 927).

379 *„Ob […] der Auffassung des LG grundsätzlich zugestimmt werden kann, dass der in seinem Persönlichkeitsrecht Verletzte auch im Hinblick auf unterschiedliche Länder als Erfolgsorte ein Wahlrecht für das anzuwendende Recht hat […], ist zweifelhaft, kann aber letztlich dahinstehen. […]. Demgemäß dürfte viel dafür sprechen, je nach Verbreitungsgebiet eine unterschiedliche Beurteilung Platz greifen zu lassen (sogenannte „Mosaikbeurteilung" […])."* (vgl. OLG Hamburg, NJW-RR 1995, 790, 792).

b) Traditioneller Ansatz

(1) Konzept

Der traditionelle Ansatz einer Mosaikbeurteilung lässt sich in zwei Untermeinungen aufspalten:[380] auf der einen Seite steht die „reine Mosaikbeurteilung“, wonach eine alternative Anknüpfung an den Handlungsort für die Geltendmachung des Gesamtschadens nicht in Betracht kommt. Vielmehr ist das Recht am Handlungsort neben den einzelnen Erfolgsorten auf den dort eingetretenen (Teil-)Schaden beschränkt.[381] Hiervon zu unterscheiden ist der erstmals von *Kropholler*[382] vorgeschlagene Ansatz einer Mosaikbeurteilung im weiteren Sinne. Bei der Wahl des Rechts des Erfolgsortes bleibt es bei dessen Maßgeblichkeit allein für den in dem betreffenden Rechtsgebiet eingetretenen Schaden. Alternativ kann der Geschädigte die Liquidierung des Gesamtschadens nach dem Recht am Handlungsort des Delikts begehren.[383]

Mankowski[384] hat sich speziell für den Bereich des digitalen Äußerungsrechts für eine Übertragung der Mosaikbeurteilung nach dem von *Kropholler* vorgeschlagenen Modell ausgesprochen und sieht den Vorteil der kompetenzrechtlichen Doktrin für die kollisionsrechtliche Anknüpfung von Internetdelikten insbesondere in der Herstellung des gewünschten Gleichlaufs zwischen den beiden Rechtsbereichen. Indem der Geschädigte an den einzelnen Erfolgsorten nur auf die Geltendmachung des jeweils eingetretenen Schadens beschränkt ist, sei das Konzept zudem geeignet, ein „*forum shopping* rund um die Welt“[385] zu verhindern. Der Verletzte würde sich immer allein auf die Rechtsordnungen konzentrieren, in denen ihm substantielle Schäden entstanden sind.[386] Neben *Mankowski* befürwortet auch *Müller*[387] eine Übertragung der Mosaikbeurteilung auf Internetdelikte und meint, dass die gegenläufigen Parteiinteressen so in eine ausgewogene Balance gebracht werden könnten: das Interesse des Opfers an der Verhinderung einer willkürlichen Einschränkung der anwendbaren Rechte und das Interesse des Täters an einer Begrenzung der potenziellen Haftungspflichten.

---

380 Eingehend zu dieser Differenzierung *v. Hein*, Das Günstigkeitsprinzip im Internationalen Deliktsrecht, S. 330 ff.; *v. Hinden*, FS Kropholler, S. 573, 585.

381 So etwa *Looschelders*, ZVglRWiss 95 (1996), 48, 81 f.

382 *Kropholler*, IPR, S. 542.

383 *Kropholler*, IPR, S. 542.

384 *Mankowski*, RabelsZ 63 (1999), 203, 275.

385 *Mankowski*, RabelsZ 63 (1999), 203, 276.

386 *Mankowski*, RabelsZ 63 (1999), 203, 276.

387 Hoeren/Queck/*Müller*, Rechtsfragen der Informationsgesellschaft, S. 259, 264.

(2) Stellungnahme

Eine Übertragung der zuständigkeitsrechtlichen Mosaikbetrachtung auf die Erfolgsortbestimmung von Internetdelikten nach Art. 40 Abs. 1 S. 2 EGBGB überzeugt gleich aus mehreren Gründen nicht:

(a) Aufspaltung des Sachverhalts in einzelne Schadensbruchteile

Die Nachteile der Mosaiklösung sind darin zu sehen, dass sie aus kollisionsrechtlicher Sicht auf dogmatisch fragwürdigen Grundlagen fußt und in ihrer konkreten Umsetzung vielschichtige Schwierigkeiten bereitet.[388] Sie führt zu einer Parzellierung eines Anspruchs, die insbesondere bei ideellen Rechtsgütern wie dem Allgemeinen Persönlichkeitsrecht aufgrund seines territorial zu bestimmten Bruchteilen nur schwer teilbaren Charakters[389] unbefriedigend erscheint.[390] Zudem widerspricht die vorgeschlagene Aufteilung dem Ordnungsinteresse im IPR, einheitliche Rechtsverhältnisse möglichst auch einheitlich, d. h. als Ganzes, einer bestimmten Rechtsordnung zuzuordnen.[391]

In praktischer Hinsicht stellt sich das Problem, nach welchen Maßgaben die an den jeweiligen Erfolgsorten eingetretenen Einzelschäden bestimmt werden sollen. Denn bei der Bestimmung des anwendbaren Rechts müsste der zuständige Richter zunächst feststellen, in welchem Verhältnis sich die einzelnen (Bruch-) Teilschäden auf die einzelnen Rechtsordnungen verteilen. Naturgemäß hat jede Jurisdiktion für die Schadensbestimmung ihre eigenen Regeln. Bereits im deutschen Deliktsrecht fällt die Schadensberechnung bei der Verletzung von Persönlichkeitsrechten aber schwierig aus[392] und kann den mit der Streitsache

---

388 Ablehnend auch Staudinger/*v. Hoffmann*, Art. 40 EGBGB Rn. 60; *Hohloch*, ZUM 1986, 165, 178; *G. Wagner*, IPRax 2006, 372, 384; *Heiderhoff*, EuZW 2007, 428, 430 f.; *Kadner Graziano*, RabelsZ 73 (2009), 1, 61 f.; *Huber/Bach*, IPRax 2005, 73, 79; *v. Hinden*, Persönlichkeitsverletzungen im Internet, S. 158 ff.; *Vogel*, Das Medienpersönlichkeitsrecht im Internationalen Privatrecht, S. 282 f.; *Gounalakis/Rhode*, Persönlichkeitsschutz im Internet, Rn. 20.

389 *Nixdorf*, GRUR 1996, 842, 844.

390 Staudinger/*v. Hoffmann*, Art. 40 EGBGB Rn. 60; *Nixdorf*, GRUR 1996, 842, 844; *v. Bar*, FS Waseda, S. 575, 589 f.; *Binder*, RabelsZ 20 (1955), 401, 477; *v. Hinden*, Persönlichkeitsverletzungen im Internet, S. 156 ff.; *Vogel*, Das Medienpersönlichkeitsrecht im Internationalen Privatrecht, S. 281 f.

391 *Nixdorf*, GRUR 1996, 842, 844.

392 Der Geschädigte hat bei einer Verletzung des Allgemeinen Persönlichkeitsrechts nur dann einen Anspruch auf Geldentschädigung, wenn ein schwerwiegender und nicht anders hinreichend ausgleichbarer Eingriff in das geschützte Rechtsgut vorliegt. Maßgeblich sind hierbei Bedeutung und Tragweite des Eingriffs, der Anlass und Beweggrund des Handelnden und der Grad seines Verschuldens (vgl. BGH NJW 2010,

befassten Richter bei der Schadensbestimmung und Schadensberechnung vor beträchtliche Herausforderung stellen. Praktisch kaum realisierbar und zeitlich allzu aufwändig erscheint es, wenn der Richter daneben noch für mehrere, möglicherweise wenig miteinander verwandte Rechtsordnungen Feststellungen treffen oder entsprechende Gutachten einholen müsste. So dürfte es nahezu unmöglich sein, zumindest in einem geregelten Verfahren ermitteln zu können, ob und in welchem Ausmaß eine Persönlichkeitsverletzung in den verschiedenen zur Verfügung stehenden Rechtsgebieten tatsächlich eingetreten ist,[393] bzw. welcher Anteil der gesamten Rufschädigung auf die einzelnen Rechtsordnungen entfällt[394]. Angesichts der aufgezeigten Defizite des Lösungsansatzes verwundert es kaum, dass bis heute in Deutschland noch kein Gericht[395] versucht hat, das kollisionsrechtliche Mosaikprinzip auch tatsächlich anzuwenden.[396]

763; NJW 2005, 215, 216; eingehend MüKo-BGB/*Rixecker*, Anh. § 12 Allg. PersönlR, Rn. 300 ff.).

393 Im Ergebnis auch *v. Hinden*, Persönlichkeitsverletzungen im Internet, S. 160; *Ehmann/Thorn*, AfP 1997, 20, 23; *Roth*, Die internationale Zuständigkeit, S. 320 ff. Instruktiv sind in diesem Zusammenhang die in RGZ 72, 41 ff. getroffenen Feststellungen, wonach das Reichsgericht eine Einschränkung der Kognitionsbefugnis der Gerichte am Ort der Einzelhandlungen bei Pressedelikten damit verneinte, dass eine Aufspaltung der verletzenden Handlung in Teilhandlungen nicht angezeigt sei und die exakte Schadensfestsetzung für die einzelnen Gerichtsbezirke überdies kaum feststellbar wäre.

394 *Huber/Bach*, IPRax 2005, 73, 79.

395 Das Hanseatische Oberlandesgericht hat zwar *obiter* seine Präferenzen für eine Mosaikbeurteilung erklärt. Anwenden musste das Gericht die Theorie allerdings nicht, siehe oben unter Fn. 379.

396 Die mangelnde Praxistauglichkeit der Mosaiklösung belegt ein Fall aus der US-amerikanischen Rechtsprechung: in der Rechtssache „Hartmann v. Time" (*Hartmann v. Time*, Inc. 3 Cir, 1947, 166 F.2d 127) wehrte sich ein Professor der Columbia University gegen ehrverletzende Äußerungen in einer Ausgabe des Magazins „Life". Das Verbreitungsgebiet des Druckerzeugnisses erstreckte sich über das gesamte Hoheitsgebiet der USA und auch weit darüber hinaus. Das Bundesberufungsgericht des Staates Pennsylvania wandte das kollisionsrechtliche Mosaikprinzip an. Bei der Prüfung des Kollisionsrechts und Deliktsrechts sämtlicher Einzelstaaten verstrickte es sich allerdings in immer neue Probleme, Mutmaßungen und Relativierungen (vgl. *Prosser*, Mich. L. Rev. 51 (1953), 959, 960). Die US-amerikanische Rechtsprechung lernte hieraus und weigert sich bis heute umfänglich gegen einen Rückgriff auf das Mosaikprinzips bei der Bestimmung des anwendbaren Rechts (vgl. *G. Wagner*, RabelsZ 62 (1998), 243, 278).

Aufgrund ihrer komplizierten Handhabe wird die Mosaiklösung regelmäßig zu einem erheblichen Anstieg der Verfahrenskosten führen. Denn das Gericht muss nicht ausländisches Recht kennen und ist deshalb berechtigt bzw. verpflichtet[397], auf Sachverständigengutachten zurückzugreifen. Zudem entspricht es der gängigen Praxis, dass die Parteien die eigenen Rechtsbehauptungen zum fremden Recht unter Sachverständigenbeweis stellen.[398]

(b) Fehlende Eignung zur Reduzierung der Erfolgsorte

Insbesondere bei ehrverletzenden Internet-Veröffentlichungen lässt sich anhand des Mosaikprinzips zudem die intendierte Reduzierung der Erfolgsorte nicht sinnvoll realisieren. Übertragen auf das Internet führt die „Shevill"-Rechtsprechung zur „Verwirklichung des Schadenserfolges" dazu, dass sich der Verletzungsort (mangels Verbreitungsgebiet) überall dort befindet, wo der ehrverletzende Inhalt zugänglich – also abrufbar – ist oder war.[399] Die bei einem Rückgriff auf die Mosaikbeurteilung damit unumgängliche Allokation des Erfolgsortes an jeden Ort der (bloßen) Abrufbarkeit kann für das Kollisionsrecht schwerwiegende Folgen haben. Macht der Geschädigte von seinem Wahlrecht aus Art. 40 Abs. 1 S. 2 EGBGB Gebrauch, erscheint ein geregeltes Verfahren kaum möglich. Theoretisch könnte er sein Bestimmungsrecht missbrauchen, um eine Regulierung des (Teil-) Schadens nach jedem Sachrecht der Welt zu verlangen. Einer Anwendung der Doktrin auf Internetdelikte wohnt deshalb nicht nur die Gefahr einer ausufernden Multiplikation, sondern gar einer „Atomisierung"[400] der Erfolgsortrechte inne. *V. Hinden*[401] beschreibt dieses aus dem Abrufprinzip resultierende Phänomen treffend als das „Kernproblem" der Mosaikbeurteilung im Kontext der Internetdelikte. Denkbar wäre aber auch, dass sich der Kläger die „Rosinen herauspickt" und sich zwischen den weltweit verfügbaren Rechtsordnungen für die für ihn günstigsten Haftungsregime entscheidet. Das liefe auf eine zu Lasten des Verletzten ungerechtfertigte Begünstigung des Schädigers hinaus.

(c) Mangelnde Vorhersehbarkeit der Erfolgsorte

Zu berücksichtigen ist auch, dass die Mosaikregel die elektronische Presse im Vergleich mit den traditionellen Medien vor nahezu unkalkulierbare Haftungsrisiken

---

397 BGH, BeckRS 2013, 09698 Rn. 26 ff.; BGH NJW 1992, 2026, 2029.

398 Heidel/Pauly/Wimmer-Amend/*G. Schulze*, AnwaltFormulare, § 21 Rn. 8; siehe auch § 293 S. 1 ZPO.

399 EuGH, EuZW 2011, 962, 963 Rn. 51.

400 *V. Hinden*, Persönlichkeitsverletzungen im Internet, S. 162.

401 *V. Hinden*, Persönlichkeitsverletzungen im Internet, S. 162.

stellen würde. Bei Printdelikten kommen als mögliche Erfolgsorte sowohl nach der Rechtsprechung des BGH[402] und der herrschenden Literatur[403] als auch nach der Rechtsprechung des EuGH[404] nur solche Orte innerhalb des (bestimmungsgemäßen) Verbreitungsgebiets des Druckerzeugnisses in Betracht. Der Verfasser eines Artikels mit persönlichkeitsrelevanten Inhalten kann sein Handeln an den Haftungsmaßstäben der ihm so bekannten Rechtsordnungen ausrichten und etwaige Haftungsrisiken abwägen. Anders verhält es sich hingegen bei einer Veröffentlichung in der elektronischen Presse, wo jeder Abrufort als Erfolgsort in Betracht kommt. Mangels Vorhersehbarkeit des anwendbaren Erfolgsortrechts sind die Haftungsfolgen hier nicht im Ansatz absehbar, was dem kollisionsrechtlichen Gebot der Vorhersehbarkeit und Kalkulierbarkeit zuwider liefe.[405]

Teilweise wird dieser Sichtweise entgegengehalten, dass potenziell weltweit tätig werdende Personen auch verpflichtet seien, das weltweite Rechtsanwendungsrisiko zu tragen.[406] Durschlagend ist dieses Argument indes nicht. Zum einen ist der Einwand nicht mehr zeitgemäß. Denn die Nutzung des Mediums Internet und damit eine „weltweite Betätigung“ stellt heute die Regel denn die Ausnahme dar. Das gilt insbesondere für die stetig wachsende elektronische Presse, die in den Punkten Reichweite und Leserzahl längst die Print-Presseprodukte eingeholt hat.[407] Zum anderen ginge die Rolle der Presse als „öffentlicher Wachhund“[408] der Gesellschaft verloren, wenn der elektronischen Presse mangels Kalkulierbarkeit des Haftungsrisikos die Möglichkeit zur Haftungsvermeidung genommen würde.

(d) Interesse des Geschädigten an effektivem Rechtsschutz

Eine Übertragung der Mosaikbeurteilung auf die kollisionsrechtliche Erfolgsortbestimmung von Internetdelikten ist aber auch für den Geschädigten mit

---

402 BGHZ 131, 332, 335.

403 Palandt/*Thorn*, Art. 40 EGBGB Rn. 10; *v. Bar*, IPR II, Rn. 662; *Kropholler*, IPR, S. 542; MüKo-BGB/*Junker*, Art. 40 EGBGB Rn. 77; Staudinger/*v. Hoffmann*, Art. 40 EGBGB Rn. 62; *Huber/Bach*, IPRax 2005, 73, 78; *Looschelders*, ZVglRWiss 95 (1996), 48, 77; *Spindler*, ZUM 1996, 533, 557 f.

404 EuGH, NJW 1995, 1881 Ls. 1.

405 Zum Interesse an Vorhersehbarkeit im IPR der Pressedelikte siehe oben unter Teil 1, Kap. 5, III., 2., c).

406 KG, NJW 1997, 3321; LG München I, RIW 2000, 467; LG Düsseldorf, NJW-RR 1998, 979; *Bachmann*, IPRax 1998, 179, 185; MüKo-BGB/*Junker*, Art. 40 EGBGB Rn. 78.

407 Siehe oben unter Teil 1, Kap. 2, III., 2., a).

408 EGMR, NJW 2006, 1645, 1648; BeckOK-Gersdorf/Paal/*Söder*, Informations- und Medienrecht, § 823 BGB Rn. 103.

ungerechtfertigten Nachteilen verbunden. Die mit dem Abrufprinzip einhergehende „Atomisierung" der Erfolgsorte macht das anwendbare Recht nicht nur unvorhersehbar; sie nimmt dem Geschädigten auch die Möglichkeit, seinen Gesamtschaden angemessen zu verfolgen. Optiert der Verletzte für das Erfolgsortrecht, liegt eine kaum handhabbare Anzahl von Rechtsordnungen vor.[409] Aufgrund der komplexen und kostenintensiven Bestimmung der Einzelschäden durch die Erfolgsortgerichte wird der Kläger regelmäßig zu einer Klage am Handlungsortgerichtsstand auf Liquidierung des gesamten Schadens nach der *lex fori* gezwungen.[410] Dies führt zu einer ungerechtfertigten Beschränkung seines Bestimmungsrechts aus Art. 40 Abs. 1 S. 2 EGBGB und einer Entwertung der Erfolgsortanknüpfung.[411] Denn die Anwendung der Rechtsordnung am Verlagssitz bzw. an der verantwortlichen Zweigniederlassung kann den Kläger stark benachteiligen, wenn auf ein Recht verwiesen wird, in dem die Persönlichkeit des Betroffenen einem niedrigen Schutzniveau unterliegt.[412]

(e) Fehlende Abstimmung von IPR und IZVR

Daneben kann das Mosaikprinzip aufgrund der fehlenden Abstimmung von Zuständigkeitsrecht und Kollisionsrecht im Einzelfall zu widersinnigen Ergebnissen führen. Entscheidet sich etwa der Kläger für eine Klage am Verlagssitz bzw. an der verantwortlichen Zweigniederlassung, weil er hier die Liquidierung des Gesamtschadens verlangen kann, wird das Gericht die Sache nach dem fremden Heimatrecht des Klägers beurteilen. Erhebt der Verletzte hingegen an seinem Heimatgerichtsstand Klage, ist die Kognitionsbefugnis des Gerichts auf den dort eingetretenen Teilschaden beschränkt. Verlangt der Kläger dann Anwendung des Sitzortrechts des Medienunternehmens, müsste das mit dem Rechtsstreit befasste Gericht ausländisches Recht auf einen im Inland eingetretenen Teilschaden anwenden. Hierdurch wird das Verfahren weiter unnötig verkompliziert und das Interesse an Sicherstellung heimischer Rechtsanwendung[413] unterlaufen.

409 *V. Hinden*, Persönlichkeitsverletzungen im Internet, S. 162.

410 MüKo-BGB/*Junker*, Art. 40 EGBGB Rn. 79.

411 Heiderhoff, EuZW 2007, 428, 431: „*Die Mosaiktheorie will das Optionsrecht für den Geschädigten gezielt unattraktiv und für den Schädiger weniger belastend machen.*" A.A. Mankowski, RabelsZ 63 (1999), 203, 276.

412 *Heiderhoff*, EuZW 2007, 428, 430.

413 Trautmann, Europäisches Kollisionsrecht, S. 406.

c) Prozessuale lex fori-Modifizierung nach Wagner

(1) Konzept

Um den vorgenannten Effekten der fehlenden Abstimmung von IZVR und IPR entgegen zu treten hat *Wagner*[414] für die kollisionsrechtliche Erfolgsortbestimmung bei Print-Pressedelikten eine prozessuale Modifizierung des Mosaikprinzips vorgeschlagen, der sich auch *Heiderhoff*[415] angeschlossen hat. *Wagner* nimmt eine Korrektur der traditionellen Mosaikbeurteilung vor, um sowohl den Gerichten an den einzelnen Erfolgsorten als auch dem Gericht am Handlungsort stets die Anwendung der *lex fori* zu ermöglichen. Danach soll das (Handlungsort-)Gericht des Gesamt-Schadensersatzanspruchs ausschließlich anhand der am Handlungsort geltenden Rechtsordnung den Gesamtschaden beurteilen; die Gerichte an den jeweiligen Erfolgsorten sollen ebenfalls den in ihrem Hoheitsbereich eingetretenen Teilschaden exklusiv nach der jeweiligen *lex fori* bewerten.[416] Ziel dieser Parallelisierung sei, dass das Recht des Gerichtsortes, „das so sorgfältig bestimmt worden ist",[417] in der Sache stets zur Anwendung gelangt.

(2) Stellungnahme

Die vorgeschlagene *lex fori*-Modifizierung stellt sicher, dass bei der Anwendung des Mosaikprinzips sowohl am Handlungs- als auch am Erfolgsort allein das dort geltende Sachrecht zum Deliktsstatut berufen werden kann. So gelingt *Wagner* eine verfahrensrechtliche Korrektur des IPR. Im Unterschied zum traditionellen Ansatz wird dem Geschädigten aber das Wahlrecht für eine fremde Rechtsordnung genommen. Denn bei einer Klage am Sitzort des Medienunternehmens wird allein Sitzortrecht angewendet, bei einer Klage am Erfolgsort kommt – beschränkt auf den dort eingetretenen Schaden – allein Erfolgsortrecht in Betracht. Im Ergebnis lässt sich durch das Lösungsmodell zwar die fehlende Abstimmung von Zuständigkeits- und Kollisionsrecht kompensieren. Dennoch vermag diese Sichtweise die Nachteile der Mosaikbeurteilung nicht zu beseitigen, sondern verlagert sie lediglich auf die zuständigkeitsrechtliche Ebene,[418] auf der sich die erläuterten Probleme erneut stellen. Sie ist deshalb ebenfalls abzulehnen.

---

414 *G. Wagner*, IPRax 2006, 372, 385 f.; *ders.*, RabelsZ 62 (1998), 243, 282 ff.
415 *Heiderhoff*, EuZW 2007, 428, 432.
416 *G. Wagner*, IPRax 2006, 372, 386.
417 *Heiderhoff*, EuZW 2007, 428, 432.
418 So auch *v. Hinden*, FS Kropholler, S. 573, 589.

d) Freie Wahl durch den Geschädigten nach Wüllrich

(1) Konzept

Wüllrich[419] verfolgt speziell für das digitale Äußerungsrecht einen eigenständigen Lösungsvorschlag einer Mosaikbeurteilung. In der Praxis sei davon auszugehen, dass es dem Betroffenen auf einen möglichst schnellen gerichtlichen Schutz und einen Rechtsschutz in den Staaten ankomme, in denen die Persönlichkeitsverletzung hauptsächlich eingetreten ist.[420] Deshalb müsse dem Geschädigten die Möglichkeit gegeben werden, im Rahmen der kollisionsrechtlichen Mosaikbeurteilung frei die für ihn attraktivsten Rechtsordnungen zu wählen.[421] Der Kläger solle es selbst in der Hand haben, das anwendbare Recht zu bestimmen und sei dazu auch verpflichtet.[422] Dadurch würden sich nach *Wüllrich* die Probleme erübrigen, die bei einer strengen Anwendung des Mosaikprinzips aus der kosten- und zeitintensiven Bewertung der Einzelschäden resultieren. Denn je weniger Rechtsordnungen der Geschädigte für die Einbeziehung der Überprüfung wählt, desto schneller könne das Gericht die Anwendung der betroffenen Rechtsordnung durchführen.[423] Auf dieser Grundlage schlägt *Wüllrich* die folgende kollisionsrechtliche Anknüpfungsregel vor:

> *„Auf Persönlichkeitsverletzungen [im Internet] findet (für den gesamten Schaden) grundsätzlich das Recht des Handlungsortes [Ort der Einspeisung der Information in das Internet, sog. Uploading] Anwendung. Eine Beurteilung nach dem Erfolgsortrecht, dem Ort der bestimmungsgemäßen Verbreitung [Ort des tatsächlichen Abrufs im Internet], kann der Geschädigte alternativ verlangen. In diesem Fall wird die Persönlichkeitsverletzung nach dem jeweiligen Erfolgsortrecht beurteilt und der Geschädigte muss die Länder, auf die sich die ausschließliche und abschließende gerichtliche Überprüfung beziehen soll, benennen."*[424]
>
> (Die Klammern in der vorstehenden Zitierung sind unverändert übernommen worden)

---

419 *Wüllrich*, Das Persönlichkeitsrecht, S. 304 ff.
420 *Wüllrich*, Das Persönlichkeitsrecht, S. 304.
421 *Wüllrich*, Das Persönlichkeitsrecht, S. 304.
422 *Wüllrich*, Das Persönlichkeitsrecht, S. 304 f.
423 *Wüllrich*, Das Persönlichkeitsrecht, S. 305.
424 *Wüllrich*, Das Persönlichkeitsrecht, S. 305 f.

(2) Stellungnahme

Abgesehen von der bereits geäußerten Kritik überzeugt der Lösungsvorschlag *Wüllrichs*, der mangelnden Praktikabilität der Mosaikbeurteilung mit der vorgeschlagenen Modifizierung zu begegnen, aus drei Gründen nicht:

(i) Zunächst geht *Wüllrich* unzutreffend davon aus, dass der Betroffene (auch) im Fall von Internetdelikten nur in einer überschaubaren Anzahl von Ländern eine Persönlichkeitsverletzung erleidet.[425] Dieser Ansatz verkennt, dass die Übertragung des Mosaikprinzips auf Internetdelikte zu dem bereits zur Sprache gekommenen Phänomen führt, dass sich der Verletzungsort und damit auch der Erfolgsort i.S.v. Art. 40 Abs. 1 S. 2 EGBGB (mangels Verbreitungsgebiet) überall dort befindet, wo der ehrverletzende Inhalt abrufbar ist oder war (Erfolgsort = Ort der Abrufbarkeit). Entgegen der Auffassung *Wüllrichs* gibt es deshalb bei Ehrverletzungen in der elektronischen Presse von Anfang an eine Vielzahl möglicher Erfolgsorte. Entscheidet sich der Geschädigte bei der Ausübung seines Bestimmungsrechts für das Erfolgsortstatut, kommen im Prinzip alle Deliktsrechte dieser Welt für eine Anknüpfung in Betracht.

(ii) Darüber hinaus ist der Ansatz dogmatischen Einwänden ausgesetzt. Nach *Wüllrich* entspricht der Ort der bestimmungsgemäßen Verbreitung (bei Print-Presseprodukten) dem Ort des tatsächlichen Abrufs im Internet. Diese Gleichstellung ist indes verfehlt, weil die Anknüpfung an den Ort der bestimmungsgemäßen Verbreitung eines Presseerzeugnisses in erster Linie aus Täterschutzgesichtspunkten erfolgt. So wird sichergestellt, dass das jeweilige Publikationsorgan (in Kenntnis des bestimmungsgemäßen Verbreitungsgebiets) Gewissheit über etwaige Handlungsfolgen erhält und sein Handeln hieran ausrichten kann.[426] Bei einer Online-Veröffentlichung hat der Urheber demgegenüber keinen Einfluss darauf, wo die Veröffentlichung tatsächlich abgerufen wird („Abrufprinzip"[427]). Die Anknüpfung an den Abrufort gewährleistet mithin nicht dieselbe Schutzwirkung, die sich bei Ehrverletzungen in traditionellen Presseprodukten mit dem Kriterium der bestimmungsgemäßen Verbreitung realisieren lässt, weil der Verfasser den Abrufort nicht kennt.

(iii) Schließlich lässt sich eine sinnvolle Einschränkung der zur Wahl stehenden Erfolgsorte entgegen der Auffassung von *Wüllrich* nicht dadurch bewirken,

---

425 *Wüllrich*, Das Persönlichkeitsrecht, S. 304.

426 *V. Hinden*, Persönlichkeitsverletzungen im Internet, S. 94 ff.; *Kropholler*, IPR, S. 514.

427 Siehe oben unter Teil 1, Kap. 1, II.

dass an den Ort der bestimmungsgemäßen Verbreitung („Ort des tatsächlichen Abrufs") angeknüpft wird. Es wurde bereits festgehalten, dass der Ort des tatsächlichen Abrufs für die Erfolgsortbestimmung ungeeignet ist.[428] Hinzu kommt, dass insbesondere Veröffentlichungen in der elektronischen Presse im engeren Sinne[429] ein globales Publikum ansprechen und regelmäßig weltweit abgerufen werden. Ein Abstellen auf den Abrufort als dem Ort der bestimmungsgemäßen Verbreitung ist deshalb nicht geeignet, die von *Wüllrich* beabsichtigte Selektionswirkung zu entfalten.

4. *Günstigkeitsvergleich*

Neben der Heranziehung des Kriteriums der bestimmungsgemäßen Ausrichtung oder des Mosaikprinzips (in seinen diversen Ausformungen) ließe sich in Anlehnung an das von *Wüllrich* vertretene Lösungsmodell bei der Erfolgsortbestimmung dem Geschädigten ein allumfassendes Wahlrecht zwischen sämtlichen Handlungs- und Erfolgsorten für das für ihn günstigste Recht einräumen.[430] Auch ein solcher Günstigkeitsvergleich im eigentlichen Sinne überzeugt indes nicht. Einerseits eignet sich der Ansatz wenn überhaupt nur dafür, das Verhältnis zwischen Handlungs- und Erfolgsortrecht zu regeln. Er taugt hingegen nicht für die sachgerechte Eingrenzung einer Vielzahl konkurrierender Erfolgsorte.[431] Andererseits würde die mit einer derart exzessiven Wahlbefugnis des Opfers einhergehende tendenzielle Haftungsverschärfung den Schädiger bei Distanzdelikten gegenüber interlokalen Sachverhalten unangemessen benachteiligen, weil der Betroffene im Zweifel immer für das ihn weltweit vorteilhafteste Recht optieren würde. Der Günstigkeitsvergleich lässt sich deshalb nicht mit den Grundsätzen der in Art. 40 Abs. 1 EGBGB enthaltenen Tatortregel vereinbaren.[432]

5. *Alleinige Maßgeblichkeit des Handlungsortes*

Denkbar, aber im Ergebnis abzulehnen wäre zudem eine exklusive Anknüpfung an den Handlungsort. Die Attraktivität dieses von *Rabel*[433] für traditionelle

---

428 Siehe oben unter Teil 1, Kap. 5, II., 3.

429 Siehe oben unter Teil 1, Kap. 1, IV.

430 *G. Wagner*, IPRax 2006, 372, 376; *v. Hein*, Das Günstigkeitsprinzip im Internationalen Deliktsrecht, S. 40 ff.

431 *Ehmann/Thorn*, AfP 1996, 20, 22 Fn. 27.

432 *Ehmann/Thorn*, AfP 1996, 20, 23; *Looschelders*, ZVglRWiss 95 (1996), 48, 81 f.; *G. Wagner*, RabelsZ 62 (1998), 243, 263 ff.

433 *Rabel*, The Conflict of Laws, Vol. 2, S. 320 ff.

Pressedelikte vertretenen Ansatzes wurde von der Medienbranche im Rahmen des Gesetzgebungsverfahrens zur Rom II-VO als vorzugswürdige Anknüpfungsregel propagiert[434]. Demzufolge wäre das Ubiquitätsprinzip bei der Anknüpfung von Internetdelikten dahingehend einzuschränken, dass der Betroffene die Beurteilung des Gesamtschadens nur nach dem Recht des Handlungsortes begehren kann, während ihm die Möglichkeit einer Wahl des Erfolgsortrechtes gänzlich versagt würde. Dogmatisch begründet *Rabel* diesen kompromisslosen Ansatz damit, dass nur so das deliktische Handeln auf seinen charakteristischen Ursprungsort zurückgeführt und konzentriert werden könne.[435] Bei Pressedelikten soll sich das anwendbare Recht ausschließlich nach dem jeweiligen Verlagssitz, bei Rechtsgutsverletzungen durch die Ausstrahlung von Rundfunkbeiträgen nach dem Sitz der jeweiligen Sendeanstalt bestimmen.

Auch wenn die Sichtweise radikal ist, würden sich damit sämtliche Folgeprobleme beseitigen lassen, die aus einer uneingeschränkten Anwendung der Ubiquitätsregel auf das räumlich grenzenlose Internet resultieren. Freilich sind Praktikabilitätserwägungen allein nicht geeignet, den notwendigen Ausschlag zu geben. Gegen den Ansatz *Rabels* spricht, dass er – ähnlich dem zuvor diskutierten Günstigkeitsvergleich – zu einer systemwidrigen Entwertung des Bestimmungsrechts des Klägers aus Art. 40 Abs. 1 S. 2 EGBGB führen würde.[436] Zudem hätte es das Medienunternehmen in der Hand, durch eine geschickte Wahl des Verlagssitzes oder eine Sitzverlegung sein Haftungsrisiko zu minimieren. Die alleinige Anknüpfung an den Handlungsort würde eine Flucht in besonders günstige „Oasenrechte" ermöglichen und den Verletzter in ungerechtfertigter Weise begünstigen.[437]

6. *Konzentration auf einen Schwerpunkterfolgsort*

a) *Grundlagen*

Das Konkurrenzproblem mehrerer Erfolgsorte ließe sich schließlich *de lege lata* mit einer Übertragung der für Printprodukte entwickelten sog.

434 *V. Hinden*, FS Kropholler, S. 573, 581.

435 *„The only practical and theoretically justified solution is furnished by centering the tort in its most characteristic locality."* *Rabel*, The Conflict of Laws, Vol. 2, S. 322 f.

436 So auch *Kristin*, Das Deliktsstatut, S. 147; *Mankowski*, RabelsZ 63 (1999), 203, 270 f.; zum Zuständigkeitsrecht: *Roth*, Die internationale Zuständigkeit, S. 273; *Kubis*, Internationale Zuständigkeit, S. 163.

437 *Mankowski*, RabelsZ 63 (1999), 203, 271; *Kristin*, Das Deliktsstatut, S. 147; *v. Hinden*, FS Kropholler, S. 573, 582; *Spickhoff*, Das IPR der Internetdelikte, S. 101.

Schwerpunktbetrachtung lösen. Im Gegensatz zu den vorgenannten Lösungsmodellen (bestimmungsgemäße Abrufbarkeit und Mosaikprinzip) würde dann einheitlich an den einen Schwerpunkt des Deliktserfolges als den Ort der „intensivsten" Rechtsgutsverletzung angeknüpft (sog. Schwerpunktbetrachtung oder Schwerpunktlösung).[438]

Dogmatischer Ausgangspunkt der Schwerpunktlösung ist die Annahme, dass der Erfolg einer Verletzung des Allgemeinen Persönlichkeitsrechts in seiner besonderen Ausprägung des Ehrschutzes überall dort eintritt, wo Dritte den betreffenden Inhalt zur Kenntnis nehmen. Von allen so ermittelten Rechtsordnungen soll jedoch nur diejenige ausschlaggebend sein, in der sich das Hauptwirkungsfeld der Persönlichkeit befindet.[439] Auf Grundlage dieses Rechts kann Ersatz des gesamten Schadens verlangt werden.[440] Bei der Schwerpunktbetrachtung handelt es sich um keinen neuartigen Ansatz des IPR. Im Gegensatz zu einer starren Kollisionsregel lässt sich durch das Abstellen auf den Schwerpunkt der persönlichen Beziehungen des Geschädigten eine Rechtsordnung zur Anwendung berufen, die „am nächsten dran ist"[441], den Sachverhalt zu regeln. Dadurch werden die räumlich-sozialen Verbindungen des Sachverhalts zum anwendbaren Recht in den Vordergrund gestellt.[442] Ihre Grundlagen findet die Schwerpunktbetrachtung deshalb in dem Prinzip der engsten Verbindung.[443]

b) Meinungsstand

Grundsätzlich sind zwei Lösungsmodelle einer Schwerpunktanknüpfung voneinander zu unterscheiden: einerseits ist ein „geschädigten-orientierter" Ansatz

---

438 Etwas anderes wäre eine objektive, „quantitative" Schwerpunktbetrachtung in dem Sinne, dass an den Ort mit den meisten Abrufen angeknüpft würde. Ein solches Modell kommt aus den bereits genannten Gründen allerdings nicht in Betracht, siehe oben unter Teil 1, Kap. 5, II., 3.

439 *Binder*, RabelsZ 20 (1955), 401, 477.

440 *V. Hinden*, Persönlichkeitsverletzungen im Internet, S. 169.

441 *Kropholler*, IPR, S. 25.

442 *Vogel*, Das Medienpersönlichkeitsrecht im Internationalen Privatrecht, S. 259.

443 *V. Hinden*, FS Kropholler, S. 573, 590. Der Grundsatz der engsten Verbindung besagt, dass Rechtsbeziehungen mit Auslandsberührung nach derjenigen materiellen Rechtsordnung beurteilt werden sollen, der sie nach der Fallgestaltung schwerpunktmäßig zugeordnet sind (vgl. BGHZ 75, 32, 41; MüKo-BGB/*v. Hein*, Einl. IPR, Rn. 29). Die Anknüpfung an die engste Verbindung zählt zu den Leitprinzipien des IPR (vgl. *v. Bar/Mankowski*, IPR I, § 7 Rn. 92 ff.) und hat auch in Art. 41 EGBGB (vgl. Begr. RegE, BT-Drucks. 14/343, S. 14) Art. 4 Abs. 4 Rom I-VO und Art. 4 Abs. 3 Rom II-VO ihren Niederschlag gefunden.

denkbar, bei dem jedwede Einwirkungsmöglichkeit des Schädigers auf den Erfolgsort ausgeblendet wird. Maßgeblich ist allein das Recht am „Sitz“ der Persönlichkeitsinteressen des Verletzten, regelmäßig an seinem gewöhnlichen Aufenthalt. Andererseits ließe sich ein „schädiger-orientierter“ Ansatz vertreten. Danach würde das Wahlrecht des Betroffenen für das (Schwerpunkt-) Erfolgsortstatut auf solche Rechtsordnungen beschränkt, auf die der Täter sein Handeln willentlich ausgerichtet hat. Entsprechend werden in der kollisionsrechtlichen Literatur für die Erfolgsortanknüpfung von Internetdelikten folgende Lösungsmodelle vertreten: *V. Hoffmann*[444] verfolgt einen traditionellen „geschädigten-orientierten“ Ansatz mit einer Anknüpfung an den gewöhnlichen Aufenthalt des Betroffenen. Andere Stimmen[445] halten den gewöhnlichen Aufenthalt – ebenfalls mit einer schwerpunktmäßigen Berücksichtigung der Opferinteressen – für ein bloßes Indiz und erweitern diesen um zusätzliche Anknüpfungspunkte. *V. Hinden*[446] befürwortet hingegen ein „schädiger-orientiertes“ Lösungsmodell und bezieht (auch) die Einwirkungsrichtung des Täters durch eine Kombination mit dem Kriterium der bestimmungsgemäßen Abrufbarkeit in die Erfolgsortbestimmung ein.

Im Verhältnis zum Handlungsort ging die ältere Literatur[447] im Rahmen der Schwerpunktbetrachtung zunächst von der alleinigen Maßgeblichkeit des Erfolgsortes aus. Der Handlungsort kam danach nicht als Tatort in Betracht. Durchgesetzt hat sich im Ergebnis eine alternative Anknüpfung sowohl an den Handlungsort als auch an den Haupterfolgsort.[448]

---

444 Staudinger/*v. Hoffmann*, Art. 40 EGBGB Rn. 61.

445 *Kristin*, Das Deliktsstatut, S. 151 f.; *Neu*, Die kollisionsrechtliche Behandlung, S. 106 ff.

446 *V. Hinden*, Persönlichkeitsverletzungen im Internet, S. 169 ff.; *ders.*, FS Kropholler, S. 573, 590 ff.; so auch *Bonn*, Die Europäisierung des Persönlichkeitsrechts, S. 382 f., 384; ähnlich *Gounalakis/Rhode*, Persönlichkeitsschutz im Internet, Rn. 20 f.

447 *W. Lorenz*, FS Coing II, S. 257, 268; *Binder*, RabelsZ 20 (1955), 401, 477 f.; *Hohloch*, ZUM 1986, 165, 178; *Beitzke*, JuS 1966, 139, 142 (für das Wettbewerbsrecht).

448 *Ehmann/Thorn*, AfP 1996, 20, 23: *„Durch die alternative Anknüpfung an den gewöhnlichen Aufenthalt […].“* *R. Wagner*, Das deutsche internationale Privatrecht bei Persönlichkeitsverletzungen, S. 84; bereits *Heldrich*, Persönlichkeitsverletzungen im IPR, S. 361, 377.

c) *„Geschädigten-orientierte" Schwerpunktanknüpfung*

(1) Konzept

(a) Schwerpunkterfolgsort am gewöhnlichen Aufenthalt nach *v. Hoffmann*

V. Hoffmann[449] konkretisiert den Erfolgsort der Persönlichkeitsverletzung allein am gewöhnlichen Aufenthalt des Betroffenen als starren, objektiven Anknüpfungspunkt. Die Beziehung des Verletzten zu seiner sozialen Umwelt sei am Wohnort am stärksten beeinträchtigt. Die einzige technische Möglichkeit zur Überwindung der Schwierigkeiten bei der Anknüpfung von Persönlichkeitsverletzungen würde die Schwerpunktbetrachtung bieten.

(b) Erfolgsort am „Mittelpunkt der Interessen" des Betroffenen nach *Neu*

Neu[450] befürwortet eine einheitliche Anknüpfung an einen Haupterfolgsort am Mittelpunkt der Interessen des Betroffenen und stellt hierbei auf den jeweiligen Verkehrskreis des Geschädigten ab. Der Interessenmittelpunkt befinde sich bei Internetdelikten dort, wo die „erheblichste Beeinträchtigung" der Persönlichkeit stattfindet.[451] Die Anknüpfung an den gewöhnlichen Aufenthalt bilde dabei die „Grundregel".[452] Entsprechend sei bei juristischen Personen an den Sitz anzuknüpfen.[453] *Neu* geht davon aus, dass sich die vermutete Anknüpfung im Einzelfall aber als unrichtig erweisen kann.[454] Lässt sich ein „erheblicherer" Erfolg als am gewöhnlichen Aufenthalt in einer anderen Rechtsordnung ermitteln, sei allein dieser maßgeblich.[455] Bei der Suche nach dem „erheblicheren" Erfolgsort seien – mit den Grundsätzen aus der US-amerikanischen Rechtsauffassung – Anzeichen heranzuziehen, die auf den „erheblichsten" Verletzungserfolg hinweisen.[456] Als Indizien kämen insbesondere der Wohnsitz,[457] der gewöhnliche Aufenthalt der Familie,[458] der gewöhnliche Arbeitsort[459] sowie die Staatsangehörigkeit[460] in Betracht. *Neu* stellt es dem Verletzten frei, dem Gericht weitere

449 Staudinger/*v. Hoffmann*, Art. 40 EGBGB Rn. 61.
450 *Neu*, Die kollisionsrechtliche Behandlung, S. 106 ff.
451 *Neu*, Die kollisionsrechtliche Behandlung, S. 106.
452 *Neu*, Die kollisionsrechtliche Behandlung, S. 109.
453 *Neu*, Die kollisionsrechtliche Behandlung, S. 110 f.
454 *Neu*, Die kollisionsrechtliche Behandlung, S. 107.
455 *Neu*, Die kollisionsrechtliche Behandlung, S. 107 f.
456 *Neu*, Die kollisionsrechtliche Behandlung, S. 113.
457 *Neu*, Die kollisionsrechtliche Behandlung, S. 115 ff.
458 *Neu*, Die kollisionsrechtliche Behandlung, S. 117 f.
459 *Neu*, Die kollisionsrechtliche Behandlung, S. 118 ff.
460 *Neu*, Die kollisionsrechtliche Behandlung, S. 120 f.

mögliche Haupterfolgsorte der Persönlichkeitsverletzung vorzuschlagen. Das Gericht müsse dann feststellen, an welchem der vorgeschlagenen Orte sich der Schwerpunkt der Wirkungen der Persönlichkeitsverletzung befindet.[461]

(c) Alternative Anknüpfung an den Ort der Bekanntheit nach *Kristin*

Neben *v. Hoffmann* und *Neu* hat sich auch *Kristin*[462] bei der Bestimmung des Erfolgsortes von Internetdelikten für eine Anknüpfung am gewöhnlichen Aufenthaltsort des Verletzten ausgesprochen. Die Anknüpfung sei nicht als fest zu begreifen. Vielmehr sei neben dem gewöhnlichen Aufenthaltsort auch eine alternative Anknüpfung an den „Ort der Bekanntheit" des Geschädigten denkbar, wenn die Bekanntheit hier messbar bzw. „spürbar" höher ist.[463] Die Spürbarkeitsschwelle, die ggf. anhand von Umfragen zu ermitteln sei, sei bei rund zehn Prozent der Befragten überschritten, die von dem Inhalt in einer bestimmten Rechtsordnung Kenntnis genommen haben.[464] In analoger Anwendung von Art. 40 Abs. 1 S. 2 EGBGB habe der Geschädigte dann die Wahl zwischen beiden so konkretisierten Erfolgsorten.[465]

(2) Stellungnahme

(a) Anknüpfung an den gewöhnlichen Aufenthalt

Das Grundkonzept einer Schwerpunktanknüpfung am gewöhnlichen Aufenthalt des Verletzten überzeugt. Der Begriff des gewöhnlichen Aufenthalts ist von der Rechtsprechung[466] und Literatur[467] hinreichend konkretisiert und wird auch in der Gesetzgebung seit langem verwendet. Die Anknüpfung an den gewöhnlichen Aufenthalt hat sich neben dem Personalstatut zum zweitwichtigsten Anknüpfungspunkt im deutschen IPR entwickelt.[468] Auch das Europäische IPR und IZVR kennen den gewöhnlichen Aufenthalt.[469] So hat sich der europäische

---

461 *Neu*, Die kollisionsrechtliche Behandlung, S. 121 f.

462 *Kristin*, Das Deliktsstatut, S. 151 f.

463 *Kristin*, Das Deliktsstatut, S. 186.

464 *Kristin*, Das Deliktsstatut, S. 186.

465 *Kristin*, Das Deliktsstatut, S. 176.

466 EuGH, BeckRS 2011, 80085 – „*Mercredi/Chaffe*"; BGH, GRUR 2012, 850, 851 Rn. 18; BGH, NJW 1975, 1068, NJW 1981, 520.

467 *Kropholler*, IPR, S. 281 ff.; *v. Bar/Mankowski*, IPR I, § 7 Rn. 22 ff.; *Baetge*, Der gewöhnliche Aufenthalt, S. 86 ff.; *Papenfuß*, Der gewöhnliche Aufenthalt, S. 1 ff.

468 *Rauscher*, IPR, Rn. 272.

469 Angeknüpft wird an den gewöhnlichen Aufenthalt in der Rom I-VO in: Art. 4 Abs. 1 lit. a), b), d), e) und f), Art. 5 Abs. 1 und 2, Art. 6 Abs. 1, Art. 7 Abs. 2 und Art. 11 Abs. 2, 3, und 4; in der Rom II-VO in: Art. 4 Abs. 2, Art. 5 Abs. 1 lit. a) und Abs. 2,

Gesetzgeber etwa sowohl für die Bestimmung der Nachlassgerichtszuständigkeit (Art. 4 ErbRVO[470]) als auch für die Festlegung des Erbstatuts (Art. 21 ErbRVO) einheitlich für eine Anknüpfung an den gewöhnlichen Aufenthalt des Erblassers entschieden.

Der gewöhnliche Aufenthalt meint den Ort eines nicht nur vorübergehenden Verweilens, an dem der Schwerpunkt der Bindungen einer Person, insbesondere in familiärer und beruflicher Hinsicht, ihren Daseinsmittelpunkt bildet.[471] Die deutsche kollisionsrechtliche Rechtsprechung setzt – in Anlehnung an die von der Lehre entwickelte Formulierung[472] – für die Lokalisierung des gewöhnlichen Aufenthalts das Vorliegen zweier Tatbestandsmerkmale voraus: in objektiver Hinsicht kommt es darauf an, dass der Aufenthalt auf eine gewisse Dauer angelegt ist, die im Unterschied zu einem einfachen oder schlichten Verweilen nicht nur gering sein darf.[473] Daneben setzt der gewöhnliche Aufenthalt das Vorhandensein sozialer, kultureller und wirtschaftlicher Beziehungen der Person voraus, die geeignet sind, einen ideellen Schwerpunkt der Bindungen zu bilden.[474] Die vorgenannten Grundsätze entsprechen im Wesentlichen der Rechtsprechung des EuGH[475], der im europäischen Kindschaftsverfahrensrecht konkrete Faktoren benannt hat, die bei der Lokalisierung des gewöhnlichen Aufenthalts zu berücksichtigen sind. Dazu zählen die Dauer, die Regelmäßigkeit und die Umstände des Aufenthalts, die Gründe für diesen Aufenthalt, die Staatsangehörigkeit, die Sprachkenntnisse sowie die familiären und sozialen Bindungen der

---

Art. 10 Abs. 2, Art. 11 Abs. 2, Art. 12 Abs. 2 lit. b); in der der Rom III-VO in: Art. 5 Abs. 1 lit. a) und b), Art. 6 Abs. 2, Art. 7 Abs. 2–4, Art. 8 lit. a) und b); im Haager Übereinkommen über den Schutz von Kindern („KSÜ") von 1996 in: Art. 15 Abs. 3, Art. 16 f. sowie im Haager UnthProt von 2007 in: Art. 3, Art. 4 Abs. 3, Art. 5, Art. 8 Abs. 1 lit. b) und Abs. 4.

470 Verordnung (EU) Nr. 650/2012 des Europäischen Parlaments und des Rates vom 04.07.2012 über die Zuständigkeit, das anzuwendende Recht, die Anerkennung und Vollstreckung von Entscheidungen und die Annahme und Vollstreckung von öffentlichen Urkunden in Erbsachen sowie zur Einführung eines Europäischen Nachlasszeugnisses, ABl. EU Nr. L 201/107 vom 27.07.2012.

471 BGH, NJW 1993, 2047 ff.; Palandt/*Thorn*, Art. 5 EGBGB Rn. 10.

472 *V. Bar/Mankowski*, IPR I, § 7 Rn. 23.

473 BGH, NJW 1981, 520; als Faustregel wird in der Praxis von sechs Monaten ausgegangen, Palandt/*Thorn*, Art. 5 EGBGB Rn. 10.

474 BGH, NJW 1981, 520; NK-BGB/*G. Schulze*, Art. 5 EGBGB Rn. 17; Palandt/*Thorn*, Art. 5 EGBGB Rn. 10.

475 EuGH, BeckRS 2009, 70389 Rn. 39 f.; BeckRS 2011, 80085 Rn. 48 ff. – „*Mercredi/Chaffe*".

betreffenden Person.[476] Neben diesen objektiven Kriterien ist auch ein etwaiger Bleibewille zu berücksichtigen.[477] Der Begriff des gewöhnlichen Aufenthalts enthält damit auch eine subjektive Seite. Deshalb kann bei der Bestimmung des gewöhnlichen Aufenthalts auch ein natürlicher Wille des Betroffenen auf einen dauerhaften oder sogar endgültigen Verbleib an einem bestimmten Ort sein.[478]

(b) Technologieneutralität

Speziell für den Bereich des Internets liegt der besondere Vorzug der Schwerpunktbetrachtung ferner darin, dass sie technologieneutral ist. Technologische Entwicklungen sind bei der kollisionsrechtlichen Regelbildung unbedingt zu berücksichtigen. Ohne eine Fokussierung auf technologieneutrale Lösungsmodelle läuft das IPR – wie es *Jayme*[479] überzeugend zum Ausdruck bringt – Gefahr, „zum Sklaven der jeweiligen Technologien“ zu werden. Bei der (vermuteten) Anknüpfung an den Schwerpunkt des Delikts besteht keine Gefahr, dass der Ansatz von der technischen Entwicklung eingeholt wird. Denn bei der Bestimmung des Schwerpunkterfolgsortes werden technische Gegebenheiten unberücksichtigt gelassen. Die Schwerpunktlösung gewährleistet deshalb auch unter Berücksichtigung der technischen Besonderheiten des Mediums Internet die gewünschte kollisionsrechtliche Rechtssicherheit.

---

476 Dafür, dass die Umstände des Aufenthalts objektiv auf Dauer angelegt sind, würde nach *Emmerich* für den Bereich des Internationalen Erbrechts ein unbefristeter Mietvertrag über eine Wohnung bzw. ein Haus (und natürlich noch mehr der Erwerb eines Hauses), die Tatsache, dass die Kinder des Erblasser dauerhaft im betreffenden Staat zur Schule gehen, oder eine auf Dauer angelegte berufliche Tätigkeit sprechen (vgl. *Emmerich*, ErbR 2016, 122, 126).

477 EuGH, BeckRS 2009, 70389 Rn. 40; BeckRS 2011, 80085 Rn. 51 – *„Mercredi/Chaffe“*.

478 *Emmerich*, ErbR 2016, 122, 127. Im Einzelfall ist denkbar, dass es zu einer „Pattsituation” kommt, wenn etwa der Betroffene genau die Hälfte des Jahres in einer Rechtsordnung und die andere Hälfte des Jahres in einer anderen Rechtsordnung verbracht hat, so dass die Lebensbereiche gleichmäßig verteilt sind (so etwa in dem der Entscheidung des OLG Oldenburg, NJW-RR 2010, 1592 f., zugrunde liegenden Sachverhalt). Ob eine Person in einem solchen Fall einen „mehrfachen gewöhnlichen Aufenthalt“ haben kann ist umstritten. Bejahend OLG Frankfurt (a.M.), FPR 2001, 233; *Spickhoff*, IPRax 1995, 185, 189; *Kegel*, FS Rehbinder, 2002, S. 699, 704 ff.; wohl auch OLG Oldenburg, NJW-RR 2010, 1592; ablehnend OLG Karlsruhe, NJW-RR 1999, 1383, 1384; OLG Stuttgart, FamRZ 2003, 959; *Looschelders*, IPR, Rn. 8; Palandt/*Thorn*, Art. 5 EGBGB Rn. 10; MüKo-BGB/*Sonnenberger*, 5. Auflage 2010, Einl. IPR Rn. 724. Eingehend zum Problemkomplex MüKo-BGB/*v. Hein*, Art. 5 EGBGB Rn. 160; vgl. auch *G. Schulze*, IPRax 2012, 526 ff. zur Rechtsfigur des sog. engeren gewöhnlichen Aufenthalts.

479 *Jayme*, IPRax 1998, 140, 141.

(c) Berücksichtigung der Online-Spezifika

Für die Schwerpunktlösung spricht auch, dass sie den unter vorstehend Kap. 2 dargestellten (sachrechtlichen) Charakteristika des Persönlichkeitsschutzes im WWW Rechnung trägt, indem sie die besonders verletzliche Situation des potenziellen Opfers einer persönlichkeitsrelevanten Veröffentlichung angemessen berücksichtigt. Durch die Anknüpfung an den Schwerpunkt des Deliktserfolges wird dem Verletzten Rechtsschutz nach den Richtwerten seiner sozialen Umwelt gewährt und damit nach einer Rechtsordnung, die mit den verletzten Rechten am engsten verbunden. Die Beeinträchtigung der Persönlichkeit wird am gewöhnlichen Aufenthalt des Verletzten regelmäßig den höchsten Schädigungsgrad erreichen. Das Heimatrecht des Geschädigten ist dann am besten in der Lage, das Spannungsverhältnis zwischen den in Rede stehenden Rechtspositionen[480] aufzulösen und zwar im Hinblick auf den erlittenen Gesamtschaden.

(d) Gewöhnlicher Aufenthalt als fester Anknüpfungspunkt?

Fraglich ist, ob dem Ausgangspunkt *v. Hoffmanns* zu folgen ist, wonach der gewöhnliche Aufenthalt als fester (objektiver) Anknüpfungspunkt zu begreifen ist, oder ob der gewöhnliche Aufenthalt lediglich als Indiz für die Erfolgsortanknüpfung herangezogen werden sollte. Eine „Schwerpunktlösung im weiteren Sinne“, wie sie etwa von *Neu* oder *Kristin* vertreten wird, ist zweifelsfrei schwieriger zu handhaben als eine feste Anknüpfung an den gewöhnlichen Aufenthalt. Notwendig wird immer eine einzelfallbezogene Prüfung, in die weitere mögliche Erfolgsorte einbezogen werden, an denen ebenfalls intensive Wechselbeziehungen des Verletzten zu seiner Umwelt bestehen. Aus Opferschutzgesichtspunkten begünstigt ein solches Konzept die Interessen des Verletzten an der Anwendung der sachgerechtesten Rechtsordnung. Aber ist das Modell damit auch „angemessener“? Diese Frage soll auf der Grundlage des nachfolgenden Beispiels beantwortet werden:

Beispiel 3

K ist russischer Staatsangehöriger, der beruflich in England tätig ist. Drei Tage in der Woche arbeitet K in London. Die restliche Zeit der Woche verbringt K bei seiner Familie auf Mallorca. In einem Artikel auf „www.dailymail.co.uk“ wird über die Verwicklung des K in einen Bestechungsskandal in Deutschland berichtet. Als Vorstandsvorsitzender eines großen englischen Solarunternehmens soll K zahlreichen Bürgermeistern deutscher Gemeinden Bestechungsgelder angeboten haben, um im Gegenzug die begehrten Baugenehmigungen für die Installation der Anlagen zu erhalten.

480 Kommunikationsfreiheiten einerseits und Persönlichkeitsschutz andererseits.

Bei einer starren Anknüpfung an den gewöhnlichen Aufenthalt des K dürfte im vorstehenden Beispiel nach den Regeln zur Bestimmung des gewöhnlichen Aufenthalts im IPR wohl mallorquinisches bzw. spanisches Recht als das Recht seines „Daseinsmittelpunkts" anwendbar sein. Ob sich damit auch der maßgebliche Schwerpunkt der Rechtsgutsverletzung in Spanien befindet, ist zweifelhaft. Dafür spricht, dass sich die Familie des K in Spanien befindet und dort in das schulische und gemeindliche Leben integriert ist, die Ehrverletzung mithin das nähere soziale Umfeld des K betrifft und auf ihn stark „zurückreflektiert" wird. Sachgerechter erscheint indessen, den Schwerpunkt der Persönlichkeitsverletzung in England zu lokalisieren. Denn bei der Anknüpfung an den Schwerpunkt des deliktischen Erfolgs sollten nicht allein die abstrakten Persönlichkeitsinteressen des Betroffenen den Ausschlag geben. Maßgeblich sollte vielmehr der Ort sein, an dem die Interessen des Betroffenen am Schutz seines Ansehens in Bezug auf den konkreten Inhalt der Meldung und deren „Nachrichtenwert" am intensivsten zu Tage treten. Der Ort der „intensivsten" Rechtsgutsverletzung ist dann nur derjenige Ort, an dem der Schwerpunkt des Deliktserfolges auch mit dem Interessenschwerpunkt an dem inkriminierten Inhalt zusammenfällt.

Für das vorstehende Beispiel 3 folgt hieraus: die Veröffentlichung diskreditiert den K nicht primär als Familienvater oder Privatmann, sondern stellt seine Geeignetheit und Seriosität im geschäftlichen Verkehr in Frage. Die Beeinträchtigung des *insofern* konkret verletzten Ansehens wird in England am „sichtbarsten" und gleichzeitig für den K auch am „spürbarsten", wenn etwa seine Geschäftspartner infolge der Meldung auf Distanz zu ihm gehen oder er seinen Vorstandsvorsitz niederlegen muss und deshalb beruflich in England nicht mehr Fuß fassen kann. Der Bezug zur Rechtsordnung Englands ist hier „enger" als zum mallorquinischen bzw. spanischen Recht.

Im Ergebnis erscheint damit eine flexible Lösung angemessener, wonach auch andere Orte als der gewöhnliche Aufenthalt für eine Anknüpfung an den Schwerpunkt der Persönlichkeitsverletzung in Betracht kommen dürfen, auch wenn es in der überwiegenden Zahl der Fälle auf den gewöhnlichen Aufenthalt als Schwerpunkterfolgsort hinauslaufen wird. Die Lösung *Kristins* weist insofern in die richtige Richtung. Abschließend kann sie indessen nicht überzeugen. Denn die korrekte Bestimmung eines Bekanntheitsgrades des Betroffenen ist mit erheblichen Rechtsunsicherheiten verbunden. Insbesondere die Festlegung des vorgeschlagenen Schwellenwertes von 10 Prozent scheint im Einzelfall kompliziert.[481] Durch die Einführung einer weiteren Rechtsordnung, für die der

481 So auch *Wüllrich*, Das Persönlichkeitsrecht, S. 297.

Geschädigte nach dem Modell *Kristins* optieren kann, würde eine kollisionsrechtliche „Zwei-Klassen-Gesellschaft"[482] entstehen, weil der prominente Kläger stets bemüht sein wird, sich auf seine Bekanntheit (über 10 Prozent) in einer für ihn besonders günstigen Rechtsordnung zu berufen. Daneben fehlt es für das von *Kristin* vorgeschlagene Optionsrecht analog Art. 40 Abs. 1 S. 2 EGBGB am praktischen Bedürfnis, weil der Geschädigte durch die Anwendung des (sachnächsten) Recht am Schwerpunkt der Rechtsgutsverletzung bereits hinreichend geschützt ist. Die für eine etwaige Analogie erforderliche, planwidrige Regelungslücke lässt sich deshalb nicht feststellen.

Überzeugender ist der Ansatz *Neu's*, wonach der gewöhnliche Aufenthalt als Erfolgsort ausscheidet, wenn die Rechtsgutsverletzung in einer anderen Rechtsordnung „erheblicher" ausgefallen ist, der Kläger mithin kein Wahlrecht zwischen zwei Haupterfolgsorten hat. Zur Bestimmung dieses Schwerpunkterfolgsortes kann folgerichtig auf (objektive) Indizien wie den gewöhnlichen Aufenthalt der Familie, die Staatsangehörigkeit oder den gewöhnlichen Arbeitsort bzw. besonders intensive geschäftliche Beziehungen abzustellen. Letztere haben etwa im vorstehenden Beispiel 3 den Ausschlag für die Anwendung englischen Rechts geben.

d) „Schädiger-orientierte" Schwerpunktanknüpfung

(1) Einschränkung auf „bestimmungsgemäße" Schwerpunkterfolgsorte?

Offen bleibt schließlich, ob das Lösungsmodell eines flexiblen, „geschädigtenorientierten" Schwerpunkterfolgsortes (auch) aus Tätergesichtspunkten belastbar ist. Bereits im Rahmen des Vorentwurfs der Europäischen Kommission für eine Kollisionsnorm für Pressedelikte[483] hatte die Anknüpfung an den gewöhnlichen Aufenthalt des Verletzten von Seiten der Medienunternehmen erhebliche Kritik erfahren. Befürchtet wurde, dass es dadurch zu einer Anwendung unvorhersehbarer Rechtsordnungen außerhalb des bestimmungsgemäßen Verbreitungsgebiets des Presserzeugnisses kommen könnte.[484] Auch in der Literatur[485] erschöpft sich der Vorwurf gegen das Lösungsmodell im Wesentlichen

482 *V. Hinden*, Persönlichkeitsverletzungen im Internet, S. 92.

483 „Consultation on a Preliminary Draft Proposal for a Council Regulation on the Law Appilcable to Non-Contractual Obligations", abgedruckt und kommentiert von der *Hamburg Group for Private International Law* in RabelsZ 67 (2003), 1, 24 f.

484 *G. Wagner*, IPRax 2006, 372, 383.

485 *Heldrich*, Persönlichkeitsverletzungen im IPR, S. 361, 371; *v. Hein*, Das Günstigkeitsprinzip im Internationalen Deliktsrecht, S. 328; *Leible/Engel*, EuZW 2004, 7, 12;

darin, dass der Schädiger – insbesondere bei Veröffentlichungen im Internet mit weltweitem Adressatenkreis – den gewöhnlichen Aufenthalt des (potenziell) Betroffenen und damit etwaige Haftungsgründe im Handlungszeitpunkt nicht (immer) mit der notwendigen Sicherheit bestimmen kann. *V. Hein*[486] wendet in diesem Zusammenhang ein, der gewöhnliche Aufenthalt sei oft nicht bekannt oder nicht mit zumutbarem Aufwand zu ermitteln.

Um der vorgenannten Kritik zu begegnen hat sich *v. Hinden*[487] dafür ausgesprochen, die Schwerpunktlösung für den Bereich der Internetdelikte dahingehend zu modifizieren, dass eine Anknüpfung an den gewöhnlichen Aufenthalt nur erfolgen darf, wenn dieser im „bestimmungsgemäßen Verbreitungsgebiet" der Meldung liegt. *V. Hinden* folgt grundsätzlich dem Konzept einer Schwerpunktanknüpfung am gewöhnlichen Aufenthalt des Geschädigten[488] bzw. bei juristischen Personen am tatsächlichen Sitz der handelnden Niederlassung[489]. Dabei geht *v. Hinden* von einer objektiven, nicht widerlegbaren (festen) Anknüpfung an den gewöhnlichen Aufenthalt aus.[490] Eine Anknüpfung an den gewöhnlichen Aufenthalt kommt nach seiner Auffassung aber nur dann in Betracht, wenn der Täter auch mit einem Abruf am gewöhnlichen Aufenthalt rechnen musste.[491] Eine Zurechnung des Erfolgsortrechtes dürfe nur erfolgen, wenn der fragliche Inhalt auf den ermittelten Ort ausgerichtet worden ist oder war.[492]

G. Wagner, IPRax 2006, 372, 385; kritisch zur Vorhersehbarkeit im Allgemeinen auch *Spindler*, ZUM 1996, 533, 559 f.; *W.-H. Roth*, IPRax 2013, 215, 221; *Kadner Graziano*, Europäisches Internationales Deliktsrecht, S. 87 f.

486 *V. Hein*, ZVglRWiss 102 (2003), 528, 557 f.

487 *V. Hinden*, Persönlichkeitsverletzungen im Internet, S. 169 ff.; *ders.*, FS Kropholler, S. 573, 590 ff.; so auch *R. Wagner*, Das deutsche internationale Privatrecht bei Persönlichkeitsverletzungen, S. 85 (für traditionelle Pressedelikte).

488 *V. Hinden*, Persönlichkeitsverletzungen im Internet, S. 170 ff., 186.

489 *V. Hinden*, Persönlichkeitsverletzungen im Internet, S. 187.

490 *V. Hinden*, Persönlichkeitsverletzungen im Internet, S. 183 f.; 187.

491 So im Ergebnis auch *Bonn*, Die Europäisierung des Persönlichkeitsrechts, S. 384; ähnlich *Gounalakis/Rhode*, Persönlichkeitsschutz im Internet, Rn. 20 f., die ebenfalls ein abgestuftes Anknüpfungskonzept vertreten. Danach stehen die bestimmungsgemäße Abrufbarkeit und der gewöhnliche Aufenthalt des Geschädigten in keinem Exklusivitätsverhältnis, sondern sind stufenweise zu prüfen: zunächst soll über die bestimmungsgemäße Abrufbarkeit eine Eingrenzung der Erfolgsorte versucht werden (Stufe 1). Gelingt dies nicht, sei der Schwerpunkt des Verletzungserfolges zu ermitteln, welcher zumeist am Ort der Bekanntheit und des sozialen Umfeldes des Geschädigten zu finden ist (Stufe 2). Das von *Gounalakis* und *Rhode* vertretene Modell funktioniert damit eigentlich genau umgekehrt, wie dasjenige von *v. Hinden*.

492 *V. Hinden*, Persönlichkeitsverletzungen im Internet, S. 174.

Bei der Ermittlung der Zielrichtung stellt *v. Hinden* auf das bereits diskutierte Konzept der bestimmungsgemäßen Ausrichtung[493] der Veröffentlichung ab.[494] Bemerkenswert ist, dass *v. Hinden* – mit der hier vertretenen Auffassung – eine Übertragung des Kriteriums der bestimmungsgemäßen Ausrichtung auf Internetdelikte grundsätzlich ablehnt, weil sich die objektive Zielrichtung einer Webseite nicht immer mit der notwendigen Sicherheit ermitteln lasse.[495] In der Kombination mit dem gewöhnlichen Aufenthalt hält der Autor das Kriterium bei der Eingrenzung der Erfolgsorte allerdings für sinnvoll: durch diesen festen Bezugspunkt gewinne das Konzept „erheblich an Klarheit und Praktikabilität", weil die Frage nach der objektiven Bestimmung der Veröffentlichung bezogen auf *einen einzigen* Staat gestellt würde.[496] Stimmt der gewöhnliche Aufenthalt des Geschädigten mit der Zielrichtung des inkriminierten Inhalts überein, könne der (ggf.) weltweite Gesamtschaden nach dem Recht des gewöhnlichen Aufenthalts des Verletzten liquidiert werden.[497] Musste der Ersatzpflichtige hingegen nicht mit einem Abruf am gewöhnlichen Aufenthalt rechnen, bleibt dem Geschädigten allein die Option für das Handlungsortrecht.[498] Eine Anknüpfung an den Erfolgsort scheidet dann nach dem von *v. Hinden* vertretenen Konzept aus. Hierin sei die einzig „angemessene Lösung" zu sehen, um dem Problem zu begegnen, das sich bei den Abrufdiensten ergibt, wenn der Erfolgsort für den Schädiger nicht vorhersehbar ist.[499]

(2) Stellungnahme

Es stellt sich die Frage, ob mit *v. Hinden* die Anknüpfung an den Schwerpunkterfolgsort unter den Vorbehalt einer „bestimmungsgemäßen Abrufbarkeit" gestellt werden sollte. *V. Hoffmann*[500] lehnt ein solches Korrektiv sowohl für den Bereich der Printerzeugnisse als auch für die elektronische Presse ausdrücklich ab. Nach *v. Hoffmann* darf es auf eine planmäßige Verbreitung nicht ankommen, weil derjenige, der über eine im Ausland ansässige Person berichtet, in den dort lokalisierten Achtungsanspruch der Person eingreife und das dort geltende Recht in Kauf nehmen müsse. Das Haftungsrisiko am gewöhnlichen Aufenthalt

---

493 Siehe oben unter Teil 1, Kap. 5, III., 2.
494 *V. Hinden*, FS Kropholler, S. 573, 590.
495 *V. Hinden*, Persönlichkeitsverletzungen im Internet, S. 146 ff., 151.
496 *V. Hinden*, Persönlichkeitsverletzungen im Internet, S. 174.
497 *V. Hinden*, Persönlichkeitsverletzungen im Internet, S. 187.
498 *V. Hinden*, Persönlichkeitsverletzungen im Internet, S. 185.
499 *V. Hinden*, Persönlichkeitsverletzungen im Internet, S. 185 f.
500 Staudinger/*v. Hoffmann*, Art. 40 EGBGB Rn. 62.

sei auch kalkulierbar. Schließlich würde der Schädiger den Lebensbereich der Person, über die er berichtet, kennen bzw. hätte ihn bei einem aufmerksamen Vorgehen kennen müssen. Verschuldensfragen seien überdies solche des materiellen Rechts und nicht innerhalb des Kollisionsrechts zu beantworten.

Die Kritik *v. Hoffmanns* ist beachtlich und stellt sich für den von *v. Hinden* vertretenen Lösungsansatz in verschärfter Form: Bei der Erfolgsortbestimmung von Druckerzeugnissen ist ein Abstellen auf den Ort der bestimmungsgemäßen Verbreitung sinnvoll. Als Erfolgsort kommen dann nur solche Orte in Betracht, die sich innerhalb des Verbreitungsgebiets des Presseerzeugnisses befinden, weil hier regelmäßig mit einer Kenntnisnahme der Veröffentlichung gerechnet werden kann.[501] Eine andere Frage ist aber, ob ein Vorhersehbarkeitsvorbehalt auch dann erforderlich ist, wenn schon im Ausgangspunkt nur *ein* Erfolgsort (am gewöhnlichen Aufenthalt des Verletzten) in Betracht kommt. Hieran können Zweifel angemeldet werden. Denn bei der vorgeschlagenen Korrektur geht es nicht mehr um die Einschränkung der Erfolgsorte auf einige wenige „vorhersehbare". Vielmehr geht es um die Frage, ob dem Schädiger im Fall von Internetdelikten eine Erfolgsortanknüpfung überhaupt zuzumuten ist, wenn das Erfolgsortrecht für ihn nicht vorhersehbar ist oder war. Stimmt der gewöhnliche Aufenthalt nicht mit der Zielrichtung der Meldung überein, wird dem Geschädigten die Wahl für das Erfolgsortrecht versagt. Der Lösungsansatz von *v. Hinden* führt mithin zu einer erheblichen Aufwertung der Täterinteressen bei Veröffentlichungen in der elektronischen Presse gegenüber traditionellen Presseerzeugnissen. Trotz aller Spezifika des Internets und der sich daraus ergebenden Gefahr globaler Haftung ist ein solch enges Verständnis der Schwerpunktlösung nicht angezeigt. Darüber hinaus bestehen auch praktische Bedenken. Denn entgegen der Auffassung von *v. Hinden* sind Fälle denkbar, in denen sich die potenzielle Zielrichtung eines Webinhalts auch dann schwer bestimmen lässt, wenn der Inhalt einen einzigen „festen" Bezugspunkt am gewöhnlichen Aufenthalt des Verletzten hat, wie anhand des nachfolgenden Beispiels verdeutlicht werden soll.

Beispiel 4

In der Onlineausgabe der US-amerikanischen „New York Times", deren TLD-Endung (staatenneutral) auf „.com" lautet, wird ehrverletzend über den international bekannten Schauspieler S berichtet. S stammt eigentlich aus Italien, hält sich den Großteil des Jahres aber auf seinem abgeschiedenen Weingut in Südafrika auf. Die Veröffentlichung ist in englischer Sprache verfasst und enthält Informationen darüber, dass der S während seiner aktiven Schauspielerzeit bei einem Gastaufenthalt in London einer prominente Popsängerin aus Schweden Drogen angeboten haben soll. Etwaige Angaben zum

501 Siehe oben unter Teil 1, Kap. 5, I., 1.

südafrikanischen Lebensmittelpunkt oder eine sonstige Bezugnahme auf das Land und seine Leser lassen sich der Meldung nicht entnehmen.

Nach dem von *v. Hinden* vertretenen Modell würde die (feste) Grundanknüpfung an den gewöhnlichen Aufenthalt in Südafrika erfolgen. Diese Grundanknüpfung würde unter dem Vorbehalt stehen, dass die Redaktion bzw. der verantwortliche Redakteur der New York Times mit einem Abruf aus Südafrika rechnen musste. Das wäre nur der Fall, wenn anhand des objektiven Erklärungswerts der Veröffentlichung feststeht, dass die Meldung auch für Adressaten in Südafrika bestimmt gewesen ist oder war. Hierbei wäre nach *v. Hinden* auf die bekannten Kriterien wie Sprache, Inhalt und TLD-Endung abzustellen.[502] Das Abstellen auf die TLD-Endung führt bei der Ermittlung der Zielrichtung der Veröffentlichung aber nicht weiter. Die verwendete Endung ist staatenneutral. Auch die verwendete (englische) Sprache erlaubt keine regionale Eingrenzung. Es bleibt also nur noch der Weg über die Auslegung des Inhalts der Meldung. Zwar ist der S in dem Bericht namentlich genannt. Eine eindeutige Rechtszuweisung allein aus dem Angebotsinhalt lässt sich indes nicht vornehmen. Zumindest wird sich nicht ohne weiteres feststellen lassen, dass der Artikel speziell für eine südafrikanische Leserschaft bestimmt war.

Nimmt man den Schutzauftrag des Vorhersehbarkeitsvorbehalts von *v. Hinden* ernst, müsste man im vorstehenden Beispiel 4 im Zweifel eine bestimmungsgemäße Abrufbarkeit in Südafrika verneinen. Denn der der Öffentlichkeit weitgehend unbekannt gebliebene Aufenthalt des K in Südafrika stellt sich als zufällig und nicht vorhersehbar dar. Zu berücksichtigen ist aber, dass der S international bekannt ist und im Grunde genommen ein weltweites Interesse an dem Bericht besteht. Die Ablehnung eines Erfolgsortes in Südafrika erscheint vor diesem Hintergrund nicht sachgerecht.[503] Hierin zeigt sich der wesentliche Nachteil des Lösungskonzepts von *v. Hinden*: bei international ausgerichteten Publikationen über Personen der Zeitgeschichte liegt regelmäßig gar kein „bestimmbarer“

502 *V. Hinden*, Persönlichkeitsverletzungen im Internet, S. 146.

503 So auch *Gounalakis/Rhode*, Persönlichkeitsschutz im Internet, Rn. 21, die sich dafür aussprechen, dass bei Anwendung des abgestuften Anknüpfungskonzepts (Stufe 1: Ort der bestimmungsgemäßen Abrufbarkeit; Stufe 2: Schwerpunkt des Verletzungserfolges, siehe oben unter Fn. 491) auf Prominente eine Einschränkung zu unterbleiben habe und jede der in Betracht kommenden Rechtsordnungen anwendbar seien müsse. Durch seinen „globalen Angriff auf die Person“ habe der Täter einen quantitativen Erfolgsunwert herbeigeführt, der eine kollisionsrechtliche Privilegierung nicht rechtfertige. Deshalb sei es legitim, den Täter in einem solchen Fall seinem globalen Haftungsrisiko zu überlassen.

bzw. „typischer" Adressatenkreis vor. Zumindest werden beträchtliche Grauzonen verbleiben. Die unbedingte Koppelung des gewöhnlichen Aufenthalts an den Ort der bestimmungsgemäßen Ausrichtung bzw. der bestimmungsgemäßen Abrufbarkeit bereitet deshalb insbesondere bei Berichten über Prominente mit einem breiten potenziellen Publikum Schwierigkeiten. Hier besteht das Risiko einer vollständigen Verwehrung der Erfolgsortanknüpfung, die so nicht gewollt sein kann.

Davon abgesehen ist der von *v. Hinden* geführte Einwand der fehlenden Vorhersehbarkeit auch allgemein gesprochen schwach. Denn der gewöhnliche Aufenthalt ist von der Rechtsprechung und Literatur inzwischen hinreichend konkretisiert und wird in der Gesetzgebung seit langem verwendet. Zudem ist der Begriff des gewöhnlichen Aufenthalts international anerkannt und als Anknüpfungspunkt im Europäischen Verfahrens- und Kollisionsrecht vorherrschend. Der gewöhnliche Aufenthalt hat seine Praxistauglichkeit für das IPR bewiesen.[504] Das Aufenthaltsrecht des Geschädigten dürfte sich für den Ersatzpflichtigen leichter vorhersehen lassen, als der behördlich gemeldete Wohnsitz (bzw. die Wohnsitze). Ähnlich argumentiert der EuGH in seiner „eDate Advertising"-Entscheidung[505] und stellt zutreffend klar, dass die Anknüpfung an den gewöhnlichen Aufenthalt des Verletzten mit dem Ziel der Vorhersehbarkeit im Einklang steht. Dies gilt auch deshalb, weil dem Geschädigten die Möglichkeit einer (missbräuchlichen) nachträglichen Veränderung des Erfolgsortes aufgrund der hinreichenden Konkretisierung des gewöhnlichen Aufenthalts gerade nicht offensteht.[506]

Auch der Einwand *v. Heins*[507], eine Schwerpunktbildung am gewöhnlichen Aufenthalt würde dann versagen, wenn dieser – etwa im Fall des flüchtigen Diktators Saddam Hussein – nicht bekannt oder schwer ermittelbar ist, überzeugt nicht. Erstens dürften die Fälle von „auf der Flucht befindlichen Diktatoren und Terroristen" in der Praxis eine *quantité négligeable* darstellen[508]. Zweitens scheint *v. Hein*[509] bei seiner Kritik wohl eher den tatsächlichen (vorübergehenden) Aufenthaltsort ins Auge zu fassen.[510] Dieser darf jedoch nicht mit dem gewöhnlichen Aufenthalt verwechselt werden, der sich nach überwiegend objektiven

504 Siehe oben unter Teil 1, Kap. 5. III., 6., c), (2) (a).
505 EuGH, EuZW 2011, 962, 964 Rn. 50.
506 *Ehmann/Thorn*, AfP 1996, 20, 23.
507 *V. Hein*, ZVglRWiss 102 (2003), 528, 557 f.
508 *V. Hinden*, FS Kropholler, S. 573, 592.
509 *V. Hein*, ZVglRWiss 102 (2003), 528, 557 f.
510 *V. Hinden*, FS Kropholler, S. 573, 592.

Kriterien bestimmen lässt und insbesondere eine gewisse Dauer des Verweilens voraussetzt.[511]

Schließlich wird der Täter durch eine Anknüpfung an den gewöhnlichen Aufenthalt auch nicht schutzlos gestellt. Ihm verbleibt in atypischen Fällen die Möglichkeit, sich auf den Ordre-Public-Vorbehalt des Art. 6 bzw. Art. 40 Abs. 3 EGBGB zu berufen.

Im Ergebnis sollte es daher bei der alleinigen Maßgeblichkeit des Schwerpunkterfolgsortes und damit bei dem Konzept einer „geschädigten-orientierten" Lösung ohne Vorhersehbarkeitsvorbehalt bleiben. Auf einen Abgleich mit der Zielrichtung der Veröffentlichung und damit eine Einschränkung auf „bestimmungsgemäße Schwerpunkterfolgsorte" kommt es nicht an.

e) Mögliche Einwände

Auch die Schwerpunktlösung ist naturgemäß nicht frei von Kritik, die sich – neben dem soeben behandelten Vorwurf der mangelnden Vorhersehbarkeit – zu drei weiteren Einwänden zusammenfassen lässt. Einige Stimmen[512] machen geltend, durch die Anwendung einer (unvorhersehbaren) Rechtsordnung am gewöhnlichen Aufenthalt des Betroffenen würde die verhaltenssteuernde Funktion des Deliktsrechts verloren gehen. Daneben wird die Ansicht vertreten, international bekannten Personen fehle es an dem für eine Anknüpfung erforderlichen, am gewöhnlichen Aufenthalt konzentrierten Sozialbezug.[513] Schließlich wird argumentiert, dass mit der Schwerpunktbetrachtung der Opferschutz übergangen werde.[514] Indem der Lösungsansatz zur Anwendung nur eines Erfolgsortrechts führt, würden tatsächlich begangene Persönlichkeitsrechtsverletzungen in „Nicht-Schwerpunktgebieten", die aber im Einzelfall nahe unterhalb der Schwelle des Schwerpunkts liegen, außer Acht gelassen.[515]

---

511 Siehe oben unter Teil 1, Kap. 1, III., 6., c), (2) (a).

512 *G. Wagner*, IPRax 2006, 372, 385; *Looschelders*, ZVglRWiss 95 (1996), 71 ff.

513 *V. Bar*, FS Waseda, S. 575, 588; *G. Wagner*, RabelsZ 62 (1998), 243, 273; *Spindler*, ZUM 1996, 533, 558; *v. Hein*, Das Günstigkeitsprinzip im Internationalen Deliktsrecht, S. 335.

514 *Wüllrich*, Das Persönlichkeitsrecht, S. 297 ff.; *V. Fricke*, Der Unterlassungsanspruch im IPR, S. 239 f.; 250 f.

515 *Wüllrich*, Das Persönlichkeitsrecht, S. 297 f.

(1) Verhaltenssteuernde Funktion des Deliktsrechts

Wagner[516] und *Looschelders*[517] vermögen nicht zu überzeugen, wenn sie einer Konzentration des Erfolgsortes am gewöhnlichen Aufenthalt entgegenhalten, mit einer Anknüpfung an den „frei wählbaren Aufenthaltsort“[518] würde das Deliktsrecht seine verhaltenssteuernde Wirkung nicht mehr entfalten können. Dem Ubiquitätsprinzip liegt nach allgemeiner Meinung die Vorstellung zu Grunde, durch die Anknüpfung an den Erfolgsort den Schadensausgleichsgedanken und damit das Opferinteresse wahren zu können, während die Steuerungsfunktion des Haftungsrechts in erster Linie durch eine Anknüpfung an den Handlungsort gewährleistet werden soll.[519] Gemessen hieran würde mit einer „unvorhersehbaren Erfolgsortanknüpfung“ nicht zwangsläufig die Steuerungswirkung des materiellen Haftungsrechts verloren gehen. Diese könnte weiterhin alternativ über den zur Verfügung stehenden Handlungsort realisiert werden. Zu berücksichtigen ist auch, dass sich *Wagner*[520] selbst ausdrücklich gegen eine territoriale Aufspaltung der Zwecke des Haftungsrechts ausgesprochen und ausgeführt hat, dass sowohl das am Handlungsort geltende Recht als auch das Deliktsrecht am Erfolgsort gleichermaßen geeignet seien, das Schädigerverhalten zu „steuern“.

(2) Gewöhnlicher Aufenthalt und internationale Prominenz

Weiter wird eingewendet, dass es bei international bekannten Personen an einem regional eingrenzbaren Sozialbezug fehlen würde.[521] Die „soziale Umwelt“ Prominenter sei das internationale Publikum, nicht hingegen das Land ihres gewöhnlichen Aufenthalts.[522] Die Nachteile der Schwerpunktbetrachtung seien

516 *G. Wagner*, IPRax 2006, 372, 385.

517 *Looschelders*, ZVglRWiss 95 (1996), 71 ff.

518 *G. Wagner*, IPRax 2006, 372, 385.

519 Speziell für den Bereich des Internationalen Deliktsrechts wird angenommen, dass erst durch die Einbeziehung beider Rechtsordnungen (die des Handlungs- und die des Erfolgsortes) die Grundfunktionen des Haftungsrechts gewährleistet werden können (vgl. Staudinger/*v. Hoffmann*, Art. 40 EGBGB Rn. 64; *G. Wagner*, RabelsZ 62 (1998), 244, 256; *Ehmann/Thorn*, AfP 1996, 20, 22; *Mankowski*, FS Heldrich, S. 867, 883; MüKo-BGB/*Junker*, Art. 40 EGBGB Rn. 24; im Ergebnis auch *Heldrich*, FS Zajtay, S. 215, 224).

520 *G. Wagner*, RabelsZ 62 (1998), 243, 258.

521 *V. Bar*, FS Waseda, S. 575, 588; *G. Wagner*, RabelsZ 62 (1998), 243, 273; *Spindler*, ZUM 1996, 533, 558; *v. Hein*, Das Günstigkeitsprinzip im Internationalen Deliktsrecht, S. 335.

522 *Spindler*, ZUM 1996, 533, 558.

deshalb in ihrem Fiktionscharakter zu sehen: je berühmter das Opfer ist, desto weniger überzeuge die Anknüpfung an den gewöhnlichen Aufenthalt,[523] zumal es ja überwiegend die „großen Namen" seien, auf die sich die Presse stürzt.[524] *V. Hein*[525] hat in diesem Zusammenhang ergänzend angemerkt, dass die Konzentration auf den Erfolgsort bei prominenten Personen gekünstelt wirke, weil diese ihren gewöhnlichen Aufenthalt oftmals aus steuerlichen Gründen wählten (etwa nach Monaco oder der Isle of Man). Dort würde jede nennenswerte soziale Verankerung des Betroffenen fehlen.

Durchschlagend sind diese Argumente nicht. Zwar muss eine Person nicht notwendigerweise immer einen gewöhnlichen Aufenthalt besitzen.[526] In aller Regel wird jedoch selbst bei Weltstars ein nach tatsächlichen Verhältnissen konkretisierbarer Daseinsmittelpunkt mit gewissem Gewicht feststellbar sein.[527] Das gilt vor allem, weil zeitweilige Abwesenheiten, auch von längerer Dauer, den gewöhnlichen Aufenthalt nicht aufheben.[528] Auch Prominente haben deshalb einen faktischen Wohnort, an dem der Schwerpunkt ihrer persönlichen Bindungen in familiärer oder beruflicher Hinsicht, also die Verankerung durch ihr soziales Umfeld, stärker ist als an anderen Orten auf der Weltbühne. Entgegen der Ansicht von *v. Hein* kann die Wahl des gewöhnlichen Aufenthalts (im Gegensatz zum Wohnsitz nach § 7 BGB) auch nicht durch bloße Wohnsitzverlegung erfolgen. Der gewöhnliche Aufenthalt wird losgelöst von einer solchen Betrachtung nach überwiegend objektiven Kriterien festgelegt und bestimmt sich danach, wo der Einzelne tatsächlich seinen Daseinsmittelpunkt hat und nicht z. B. nur aus finanziellen Motiven eine „Briefkastenadresse" unterhält.[529]

(3) Außerachtlassen weiterer Erfolgsorte

Der dritte Einwand, mit der Schwerpunktbildung würden weitere potenzielle Erfolgsorte außer Acht gelassen,[530] ist leicht überwunden. Denn nach dem hier

---

523 *Spindler*, AfP 2012, 114, 118.

524 *V. Bar*, FS Waseda, S. 575, 588.

525 *V. Hein*, Das Günstigkeitsprinzip im Internationalen Deliktsrecht, S. 335; ähnlich *Leible/Engel*, EuZW 2004, 7, 12.

526 Bei einem Aufenthalt von nur wenigen Wochen an einem Ort kann nicht auf eine gewisse Eingliederung in die soziale Umwelt geschlossen werden, BGH, NJW 1993, 2047, 2048.

527 *Fuchs*, JuS 2000, 879, 881; *Fuchs/Hau/Thorn*, Fälle zum IPR, S. 51.

528 Dies gilt unter dem Vorbehalt, dass die Absicht besteht, an den früheren Aufenthaltsort zurückzukehren, BGH, NJW 1975, 1068.

529 Siehe oben unter Teil 1, Kap. 5, III., 6., c), (2) (a).

530 *Wüllrich*, Das Persönlichkeitsrecht, S. 299.

vertretenen Modell kann der Geschädigte ohnehin am Schwerpunkterfolgsort den weltweiten Schaden geltend machen. „Kleinere Persönlichkeitsrechtsverletzungen“[531] in anderen Ländern können so nicht übergangen werden. Sollten hierdurch dennoch Unschärfen im Hinblick auf die Gewährleistung eines möglichst lückenlosen Persönlichkeitsschutzes entstehen, sind diese verkraftbar. Mangels Alternativen hat das ideelle Interesse des Verletzten an einem vollumfänglichen, lückenlosen Persönlichkeitsschutz insofern hinter die rigorose Anknüpfung an den Haupterfolgsort zurückzutreten.[532] In diesem Zusammenhang hat die *„Hamburg Group for Private International Law“* hinsichtlich der alleinigen Anknüpfung an den gewöhnlichen Aufenthalt des Verletzten aus dem Vorentwurf der Europäischen Kommission zur Rom II-VO[533] im Übrigen überzeugend angemerkt, die hiermit einhergehende Ausgrenzung weiterer Erfolgsorte sei deshalb nicht „unfair“, weil davon ausgegangen werden könne, dass der gewöhnliche Aufenthalt gerade der Ort ist, den sich das Opfer aus freiem Willen und in Kenntnis der Rechtslage ausgesucht und sich der Rechtsordnung auch bewusst unterworfen hat.

f) Rechtsvergleichender Exkurs

Das gewählte Konzept einer geschädigten-orientierten Schwerpunktanknüpfung ist schließlich auch aus rechtsvergleichender Sicht belastbar. Freilich kann eine solch umfassende Aussage nur auf der Grundlage eines weltweiten Rechtsvergleichs getroffen werden.[534] Ein solcher ist allerdings nicht möglich und würde den Umfang dieser Arbeit übersteigen. Dennoch lassen sich generelle Tendenzen im internationalen Persönlichkeitsschutz ausmachen und hieraus Rückschlüsse für die Analyse ziehen:

Im internationalen sachrechtlichen Persönlichkeitsschutz bestehen tiefgreifende Divergenzen, die maßgeblich von den verfassungsrechtlichen Grundsätzen und Wertevorstellungen der jeweiligen Gesellschaft vorgezeichnet sind und ein starkes Gefälle begründen: während eine ehrverletzende Äußerung in Frankreich aufgrund des tendenziell höheren Persönlichkeitsschutzes noch als

---

531 *Wüllrich*, Das Persönlichkeitsrecht, S. 299.

532 So im Ergebnis auch *v. Hinden*, FS Kropholler, S. 573, 591.

533 „Consultation on a Preliminary Draft Proposal for a Council Regulation on the Law Appilcable to Non-Contractual Obligations“, abgedruckt und kommentiert von der *Hamburg Group for Private International Law*, RabelsZ 67 (2003), S. 1 ff.

534 *Schack*, UFITA 108 (1988), 51, 58; *Kropholler*, IPR, S. 121.

rechtmäßig angesehen werden kann,[535] kann dieselbe Äußerung in England[536] und den USA[537] aufgrund der herausragenden Stellung der Meinungs- und Pressefreiheit rechtswidrig sein. Bei Veröffentlichungen in der elektronischen Presse mit einer Vielzahl möglicher Erfolgsorte legt die Wahl des anwendbaren Rechts deshalb (auch) die Maßstäbe für die Rechtmäßigkeit und Grenzen der Berichterstattung fest.[538] Mit der Wahl eines bestimmten Forums wird nach dem

---

535 Wie im deutschen Recht ist der französische Persönlichkeitsschutz in erster Linie durch Richterrecht entstanden und wurde erst später gesetzlich normiert. Ein Allgemeines Persönlichkeitsrecht existiert nicht. Auch in Frankreich basiert die Feststellung der Rechtswidrigkeit eines Eingriffs auf einer Abwägungsentscheidung zwischen dem Informationsinteresse der Öffentlichkeit und den einer Veröffentlichung entgegenstehenden Belangen des Betroffenen. Die Rechtsprechung ist tendenziell „persönlichkeitsaffin" (vgl. *Bünnigmann*, Die „Esra"-Entscheidung, S. 457). Zum Persönlichkeitsschutz in Frankreich: *Gounalakis/Rhode*, Persönlichkeitsschutz im Internet, Rn. 450 ff.; *Gounalakis*, AfP 2001, 273 f.; *Vogel*, Das Medienpersönlichkeitsrecht im Internationalen Privatrecht, S. 99 ff.; *Brüggemeier/Colombi Ciacchi/O'Callaghan*, Personality Rights in European Tort Law, S. 10 ff.; *Heisig*, Persönlichkeitsschutz in Deutschland und Frankreich, S. 1 ff.; *Trebes*, GRUR Int. 2006, 91 ff.

536 Ein mit dem Allgemeinen Persönlichkeitsrecht vergleichbares Rechtsinstitut existiert im englischen Recht nicht (*Bünnigmann*, Die „Esra"-Entscheidung", S. 463; *Witzleb*, Geldansprüche bei Persönlichkeitsverletzungen durch Medien, S. 208, 388 f.). Der lückenhafte Persönlichkeitsschutz wird durch den Rückgriff auf eine Vielzahl einzelner Verletzungstatbestände garantiert („torts") (eingehend zum Persönlichkeitsschutz in England: *Gounalakis/Rhode*, Persönlichkeitsschutz im Internet, Rn. 434 ff.; *Gounalakis*, AfP 2001, 271 f.; *Gounalakis/Glowalla*, AfP 1997, 771 ff.; *dies.*, AfP 1997, 870 ff.; Clerk & Lindsell on torts, 21st Ed, Rn. 22 f.).

537 Der Persönlichkeitsschutz des common law der US-amerikanischen Bundesstaaten findet seinen Ursprung im defamation law Großbritanniens (vgl. *Lewis*, Make No Law, S. 156; *Goodhart*, Penn. L Rev. 1941, 265, 282). Aufgrund eines differierenden soziopolitischen Rollenverständnisses von Presse und Individuum sowie der exponierten Erwähnung der Meinungs- und Pressefreiheit im ersten Verfassungszusatz („First Amendment") nimmt die Freiheit der Medien gegenüber dem Schutz der Privatsphäre in den USA einen denkbar hohen Rang ein. Gesamtbetrachtet besteht ein deutlicher Vorrang der Pressefreiheit gegenüber den Schutzinteressen des Individuums (vgl. *Gounalakis*, AfP 2001, 272. Zum Persönlichkeitsschutz in den USA: *Gounalakis/Rhode*, Persönlichkeitsschutz im Internet, Rn. 500 ff.; *Gounalakis*, AfP 2001, 272 f.).

538 Auch auf Rechtsfolgenseite kann die Frage des anwendbaren Rechts von tiefgreifender Bedeutung sein. So ist sowohl in England (vgl. *Clerk & Lindsell on torts*, 21st Ed, Rn. 22–223 ff.) als auch in den US-Bundesstaaten (*Fischer/Perle/Williams*, Perle & Williams on Publishing Law, Vol. I, 5.73) der Strafschadensersatz („punitive damages") anerkannt, der zu empfindlichen finanziellen Belastungen des Täters führen kann. Die Anerkennung von Strafschadensersatz ist mit dem deutschen Verfassungsverständnis

international vorherrschenden *lex fori*-Prinzip auch das anwendbare Recht festgelegt, und damit insbesondere auch eine Vorentscheidung über Umfang und Erfolgsaussichten einer Klage getroffen. Aufgrund der „internationalen Relativität"[539] des Schutzgutes Persönlichkeitsrecht ist der Ausgang eines Rechtsstreits maßgeblich davon bestimmt, in welchem Land Klage erhoben wird.

Die gesteigerte Bedeutung der kollisionsrechtlichen Frage für die Parteien einer Ehrschutzklage macht es erforderlich, nach einer Kollisionsregel zu suchen, die Rechtssicherheit bietet und der Gefahr widersprechenden Entscheidungen vorbeugt. Diese Voraussetzungen erfüllt das Konzept einer einheitlichen Anknüpfung an den Schwerpunkt des Deliktserfolges aus den unter vorgenannten Gründen.

Aus der „internationalen Relativität" des Persönlichkeitsschutzes folgt aber auch der Auftrag an das IPR, ein Anknüpfungsmodell zu entwickeln, das sich mit den differierenden Wertungen des internationalen materiellen Persönlichkeitsschutzes vereinbaren lässt. Idealtypisch ist eine Kollisionsnorm, die mit den in den einzelnen Sachrechten verwendeten Strukturen und Begriffen, auf die sie verweist, koordinierbar und mit den dort enthaltenen Maßstäben des deliktischen Haftungsrechts abgestimmt ist. Insofern ist festzuhalten, dass die Meinungs- und Pressefreiheit auch außerhalb Kontinentaleuropas nicht absolut ist. Vielmehr ist der Persönlichkeitsschutz in den exemplarisch herangezogenen Rechtsordnungen Englands, Frankreichs und der USA maßgeblich von einer Abwägung der kollidierenden Rechtsgüter geprägt.[540] Die hier vorgeschlagene

---

nach h.M. unvereinbar. Das BVerfG wertet die Anerkennung von punitive damages-Urteilen als Verstoß gegen den deutschen *ordre public*. Nach der Ansicht des BVerfG verstößt das Rechtsinstitut der punitive damages fundamental gegen das deutsche Rechtsstaatsdenken in der Ausprägung des Verhältnismäßigkeitsgrundsatzes und des Bestrafungsmonopols des Staates (vgl. BVerfG, NJW 1995, 649). Auch der BGH lehnt die Anerkennung und Vollstreckung von punitive damages-Urteilen ab (vgl. BGHZ 118, 312, 313 f. A.A. etwa *Behr*, ZJS 2010, 292 ff.).

539 *Looschelders*, ZVglRWiss 95 (1996), 48, 56.

540 Für England vgl. etwa Douglas and Others v. Hello! Ltd, [2001] 2 All ER 289, 313 f.; A. v. B. & C, [2002] EWCA Civ 337; Theakston v. MGN Ltd, [2002] EWHC 137 (QB); Wainwright v. Home Office, [2001] EWCA Civ 2081; Associated Newspaper Ltd. v. HRK Prince of Wales, [2006] EWCA Civ. 1776. Für Frankreich vgl. etwa CA Paris, 16.03.1955, Marléne Dietrich c. France-Dimanche, D. 1955, Jur, 295 f.; CA Paris, 17.03.1966, S.A. La France continue c. Trintignant, D. 1966, Jur, 749 f.; CA Paris, 15.05.1970, F.E.P. c. Epoux Tenenbaum, D. 1970, Jur, 466. Für die USA vgl. etwa New York Times Co. v. Sullivan, 84 S.Ct. 710 ff. (1964); Gertz v. Robert Welch, Inc, 94 S.Ct. 2997 ff. (1974).

Anknüpfung an den Ort der „intensivsten“ Rechtsgutsverletzung führt zu dem Recht des Landes, in dem die unerlaubte Handlung ihren Schwerpunkt hat. Dadurch wird eine mit den in allen Rechtsordnungen vorherrschenden Abwägungsdogmatik in Einklang stehende Verbindung zu derjenigen Rechtsordnung hergestellt, die am besten geeignet ist, die kollidierenden Interessen zu analysieren und über den erlittenen Schaden insgesamt zu befinden. Im Ergebnis überzeugt die Schwerpunktbetrachtung mithin auch aus rechtsvergleichender Sicht.

IV. Zusammenfassung und eigener Vorschlag *de lege lata*

1. Grundlagen

a) Eine durch Veröffentlichungen im Internet verursachte Persönlichkeitsverletzung tritt am Abrufort als dem Ort der tatsächlichen Kenntnisnahme ein. Eine Anknüpfung an den Abrufort oder an einen quantitativen „Schwerpunkt der Abrufe“ ist allerdings weder tatsächlich noch rechtlich umsetzbar und scheidet aus. Es bleibt damit grundsätzlich bei der Maßgeblichkeit des Ortes der (bloßen) Abrufbarkeit.
b) Zur Eingrenzung der zur Verfügung stehenden Erfolgsorte lässt das in der Rechtsprechung und der Literatur verbreitete Kriterium der bestimmungsgemäßen Ausrichtung, das seine Ursprünge im Internationalen Verfahrensrecht bei wettbewerbsrechtlichen Auseinandersetzungen hat, keine eindeutige Rechtszuweisung zu. Sprache, TLD-Endung, Inhalt und Ausgestaltung des Angebots können zwar im Einzelfall geeignet sein, grobe Zielgruppen zu definieren. In ihrer konkreten Anwendung sind sie allerdings fehleranfällig. „Overspill-Effekte“[541] in andere Rechtsordnungen lassen sich bei einem Abstellen auf den Angebotsinhalt nicht vermeiden.
c) Eine Übertragung der Mosaikbeurteilung, auch wenn ihr die h.M. im kollisionsrechtlichen Schrifttum folgt, ist aus praktischen, rechtspolitischen und dogmatischen Gründen abzulehnen.
d) Die einzig angemessene Lösung kann nur eine Konzentration auf den Haupterfolgsort der Persönlichkeitsverletzung sein. Dieser Ort wird am gewöhnlichen Aufenthalt des Verletzten bzw. bei Unternehmen (in Anlehnung an Art. 40 Abs. 2 S. 2 EGBGB) an ihrem Sitzort vermutet.
e) Der gewöhnliche Aufenthalt ist damit nur ein Indiz, nicht jedoch objektiver Anknüpfungspunkt. Demgemäß steht es dem Anspruchsteller frei, vorzutragen, dass sich der Schwerpunkt der Rechtsgutsverletzung in einer anderen

541 *G. Wagner*, IPRax 2006, 372, 385.

Rechtsordnung befindet, z. B. aufgrund einer dort ausgeübten beruflichen Tätigkeit. Die Schwerpunktlösung erfährt damit in Ausnahmefällen eine „Auflockerung", wenn die Regelanknüpfung nicht zu sachgerechten Ergebnissen führt. In der forensischen Praxis dürfte es jedoch immer auf den gewöhnlichen Aufenthalt hinauslaufen, auch deshalb, weil der Kläger die Beweislast für das Vorliegen eines außerordentlich engen Bezugs zu einer anderen Rechtsordnung trägt.

f) Der Kläger kann an dem Haupterfolgsort Ersatz des gesamten Schadens nach dem dort geltenden Recht verlangen, wenn der streitgegenständliche Inhalt dort abrufbar ist oder war. Neben der Anknüpfung an den Haupterfolgsort verbleibt dem Geschädigten die Option für das Handlungsortrecht als das Recht am Ort des Uploads des ehrverletzenden Inhalts.[542]

g) Nach dem hier vertretenen, geschädigten-orientierten Ansatz kommt es auf einen Abgleich der für anwendbar erklärten Rechtsordnung mit dem anhand von Indizien zu ermittelnden potentiellen Adressatenkreis des streitigen Inhalts (schädiger-orientiertes Modell) nicht an. Bei der Konzentration auf einen einzigen Haupterfolgsort ist das Haftungsrisiko für den Schädiger kalkulierbar. Zudem lässt sich ein „bestimmungsgemäßes Abrufgebiet" von Internet-Veröffentlichungen schon nicht mit der erforderlichen Sicherheit ermitteln und zwar auch dann nicht, wenn nur ein Erfolgsort am gewöhnlichen Aufenthalt des Betroffenen in Rede steht. Daneben würde dem Geschädigten *contra legem* eine Erfolgsortanknüpfung versagt, wenn die Voraussetzungen des Vorhersehbarkeitsvorbehalts im Einzelfall nicht erfüllt sein sollten.

2. *Übertragbarkeit auf andere Dienste im Internet*

a) *Erfolgsort im Rahmen der Massenkommunikation*

Die Ermittlung des Erfolgsortes anhand einer Schwerpunktanknüpfung ist nicht nur auf Ehrverletzungen in der elektronischen Presse beschränkt. Die Untersuchung der Belegenheit des Schutzgutes „Allgemeines Persönlichkeitsrecht" hat gezeigt, dass sich bei Verletzungen der persönlichen Ehre durch

542 Für eine Alternativität auch Staudinger/*v. Hoffmann*, Art. 40 EGBGB Rn. 61; *R. Wagner*, Das deutsche internationale Privatrecht bei Persönlichkeitsverletzungen, S. 84; *Heldrich*, Persönlichkeitsverletzungen im IPR, S. 361, 377; wohl auch *Ehmann/Thorn*, AfP 1996, 20, 23: „*Durch die alternative Anknüpfung an den gewöhnlichen Aufenthalt […].*"; a.A. *Binder*, RabelsZ 20 (1955), 401, 477; *Beitzke*, JuS 1966, 139, 142; *Hohloch*, ZUM 1986, 165, 178 (für das Rundfunkrecht).

Störung des sog. sozialen Anerkenntnisverhältnisses der Erfolgsort i.S.v. Art. 40 Abs. 1 S. 2 EGBGB am Ort der Kenntniserlangung befindet. Gemessen daran erhebt die hier vertretene Schwerpunktlösung Geltungsanspruch für sämtliche Dienste der elektronischen Massenkommunikation, bei denen ehrverletzende Inhalte aufgrund einer entsprechenden Nutzeranfrage Dritter elektronisch übermittelt werden. Die vermutete Anknüpfung an den gewöhnlichen Aufenthalt des Geschädigten ist deshalb auf Verletzungen des Allgemeinen Persönlichkeitsrechts in Online-Foren, Weblogs, Homepages, Wikipedia- und Pinnwandeinträgen sowie auf den in Zeiten von „Hate Speech“ und „Cybermobbing“ relevanten Bereich der sozialen Medien übertragbar. Voraussetzung ist dabei immer, dass es sich um keinen Vorgang der Individualkommunikation handelt und der ehrverletzende Inhalt nicht ausschließlich an den Geschädigten übermittelt worden ist (etwa aufgrund von Email oder privater Nachricht).

b) Erfolgsort im Rahmen der Individualkommunikation

Im Bereich solcher interindividueller Persönlichkeitsverletzungen befindet sich der Erfolgsort von Beeinträchtigungen der sog. inneren Ehre (wie auch anhand des Beispiels zum Briefdelikt[543] deutlich geworden ist) am Empfangsort der Nachricht. Der Erfolgsort ist dann individuell anhand des Zugriffsortes auf das elektronische Postfach des Adressaten am Standort des Empfängercomputers zu bestimmen.[544] Wegen der Bedeutung der mobilen Kommunikation kann dieser Grundsatz zu unbilligen Ergebnissen führen, wenn der Adressat der Nachricht den Inhalt „zufällig“ in einer anderen Rechtsordnung als derjenigen seines gewöhnlichen Aufenthaltes abruft. Zufälligkeit und damit mangelnde Zurechenbarkeit liegt auch vor, wenn sich der Betroffene bewusst in eine bestimmte Rechtsordnung begibt, um auf diese Weise von einem für ihn günstigeren Haftungsregime zu profitieren. Der Erfolgsort von Persönlichkeitsverletzungen über Dienste der Individualkommunikation sollte sich deshalb fest – und

543 Siehe oben unter Teil 1, Kap. 1, II., 1., c) (1).

544 Staudinger/*v. Hoffmann*, Art. 40 EGBGB Rn. 63; Spindler/Schuster/*Weller/Nordmeier*, Recht der elektronischen Medien, 4. Teil, Art. 40 EGBGB Rn. 9; *v. Hinden*, Persönlichkeitsverletzungen im Internet, S. 112 ff., 117; *Gounalakis/Rhode*, Persönlichkeitsschutz im Internet, Rn. 14, wobei eine Einschränkung auf solche Orte des „erwartungsgemäßen Abrufs“ vorgeschlagen wird (vgl. Rn. 15 Fn. 32).

nicht vermutet – am gewöhnlichen Aufenthalt des Empfängers bzw. am Sitz des betroffenen Unternehmens befinden.[545]

3. *Weitere Anknüpfungspunkte*

Das nach Maßgabe der in dieser Arbeit zur Anknüpfung nach Art. 40 Abs. 1 EGBGB dargestellten Grundsätze berufene Tatortrecht wird gemäß Art. 40 Abs. 2 EGBGB von dem Aufenthaltsrecht der Deliktsbeteiligten verdrängt, wenn der Ersatzpflichtige und der Verletzte zum Zeitpunkt der unerlaubten Handlung einen gemeinsamen gewöhnlichen Aufenthalt hatten. Auch bei Internetdelikten geht eine nachträgliche Rechtswahl nach Art. 42 EGBGB zudem den Anknüpfungen des Art. 40 Abs. 1 und Abs. 2 EGBGB vor.

Eine untergeordnete Rolle in der „Anknüpfungssystematik" der Art. 40 ff. EGBGB spielt die Ausweichklausel des Art. 41 EGBGB. Zum einen ist das Konzept einer Schwerpunktanknüpfung mit widerlegbarer Vermutung am gewöhnlichen Aufenthalt des Geschädigten Ausdruck des in Art. 41 Abs. 1 EGBGB enthaltenen Prinzips der engsten Verbindung[546] und erlaubt bereits ein Ausweichen in atypischen Fällen, in denen die Anknüpfung an den gewöhnlichen Aufenthalt des Geschädigten nicht sachgerecht erscheint. Zum anderen sind die Hürden für ein Eingreifen der Ausweichklausel des Art. 41 Abs. 1 EGBGB generell hoch. Eine Korrektur des Anknüpfungsergebnisses kommt danach nur dann in Betracht, wenn der Sachverhalt nach den Gesamtumständen mit der normalerweise (also nach der Grundanknüpfung des Art. 40 Abs. 1 bzw. Abs. 2 EGBGB) zur Anwendung berufenen Rechtsordnung „in allenfalls geringem, mit einer anderen Rechtsordnung jedoch in wesentlich engerem Zusammenhang steht".[547] Eine solche wesentlich engere Verbindung könnte sich nach Art. 41 Abs. 2 Nr. 1 EGBGB allenfalls bei einer besonderen rechtlichen oder tatsächlichen Beziehung zwischen den Beteiligten im Zusammenhang mit der unerlaubten Handlung ergeben. Als solche kommen insbesondere vertragliche oder familienrechtliche Sonderbeziehungen in Betracht.[548] Für eine Anwendung des Regelbeispiels des Art. 41 Abs. 2 Nr. 1 EGBGB bietet

545 MüKo-BGB/*Junker*, Art. 40 EGBGB Rn. 81; Spindler/Schuster/*Weller/Nordmeier*, Recht der elektronischen Medien, 4. Teil, Art. 40 EGBGB Rn. 9; *Mankowski*, RabelsZ 63 (1999), 203, 272 f.; *v. Hinden*, Persönlichkeitsverletzungen im Internet, S. 117.

546 Siehe oben unter Fn. 443.

547 Begr. RegE, BT-Drucks. 14/343 S. 13; siehe auch MüKo-BGB/*Junker*, Art. 41 EGBGB Rn. 6 m.w.N.

548 Siehe auch oben unter Teil 1, Kap. 3., II.

die elektronische Presse aber wenig Raum. Zwar können Dienste der elektronischen Presse durch Abschluss schuldrechtlicher Vereinbarungen abonniert werden. Die überwiegende Zahl von Online-Veröffentlichungen ist allerdings frei verfügbar,[549] so dass es an der von Art. 41 Abs. 2 Nr. 1 EGBGB vorausgesetzten schuldrechtlichen Sonderverbindung fehlt. Selbst dann dürfte es auf die akzessorische Anknüpfung des Art. 41 Abs. 2 Nr. 1 EGBGB aber nicht ankommen, weil kaum Fälle denkbar sind, in denen ein Vertrag den erforderlichen engen „sachlichen Zusammenhang“[550] mit der unerlaubten Handlung aufweisen wird.[551] Zu berücksichtigen ist auch, dass der Rechtsanwender durch die Nennung des Regelbeispiels in Art. 41 Abs. 2 Nr. 1 EGBGB auch nicht verpflichtet ist, bei Vorliegen der Voraussetzungen eines Regelbeispiels zwingend von der Grundanknüpfung abweichen zu müssen.[552]

Kap. 6: Lösungsansätze für die Erfolgsortbestimmung aus dem Internationalen Verfahrensrecht

I. Grundlagen

Die Erfolgsortbestimmung im Fall von Internetdelikten ist nicht nur ein Problem des Kollisionsrechts, sondern auch des Internationalen Zuständigkeitsrechts. Denn bei Klagen aus unerlaubter Handlung besteht für den Kläger neben dem allgemeinen Gerichtsstand des Wohnortes des Beklagten ein Wahlrecht[553] für die Klage am Tatort der Rechtsgutsverletzung als Anknüpfungsort für das „*forum delicti*“ in Art. 7 Nr. 2 EuGVVO n.F. (Art. 5 Nr. 3 EuGVVO a.F.) bzw. (bei Klagen gegen Personen mit Wohnsitz außerhalb des Hoheitsgebiets der Europäischen Union) nach § 32 ZPO (analog). Art. 7 Nr. 2 EuGVVO knüpft

549 Siehe oben unter Fn. 304.

550 MüKo-BGB/*Junker*, Art. 41 EGBGB Rn. 21.

551 *V. Hinden*, Persönlichkeitsverletzungen im Internet, S. 228. Das Lesen von Online-Veröffentlichungen ist nicht typischerweise durch die schuldrechtlichen oder familienrechtlichen Beziehungen zwischen dem Verletzer und dem Geschädigten gekennzeichnet. Auch werden bei Ehrverletzungen in der elektronischen Presse in der Regel keine spezifisch schuldrechtlichen oder familienrechtlichen Pflichten verletzt.

552 MüKo-BGB/*Junker*, Art. 41 EGBGB Rn. 11.

553 Das Wahlrecht zwischen den beiden Gerichtsständen ergibt sich im deutschen Zuständigkeitsrecht aus § 35 ZPO (vgl. Musielak/Voit/*Heinrich*, ZPO, § 35 Rn. 1; Saenger/*Bendtsen*, HK-ZPO, § 35 ZPO Rn. 1). Im Geltungsbereich der EuGVVO bzw. des LugÜ/EuGVÜ ist das Wahlrecht dem Wortlaut der Vorschrift selbst zu entnehmen (vgl. *Mayr*, EuZPR, Rn II/7, zu Art. 5 EuGVVO a.F.).

an den Ort an, „an dem das schädigende Ereignis eingetreten ist oder einzutreten droht“.[554] § 32 ZPO spricht hingegen von dem Ort, an dem die unerlaubte Handlung „begangen ist“. Für beide Anknüpfungsregeln gilt das Ubiquitätsprinzip, das sowohl von dem EuGH[555] bei der Auslegung der Vorgängerregel zu Art. 7 Nr. 2 EuGVVO vertreten als auch von dem BGH[556] für die Frage der Internationalen Zuständigkeit im Hinblick auf den „fliegenden Gerichtsstand“[557] des § 32 ZPO (analog) angewendet wird. Tatort ist damit auch im internationalen autonomen und europäischen Zuständigkeitsrecht immer der Handlungs- *und* der Erfolgsort.

Die Lokalisierung des zuständigkeitsrechtlichen Erfolgsortes von Ehrverletzungen in der elektronischen Presse war in der Vergangenheit Gegenstand mehrerer Entscheidungen des VI. Zivilsenats des BGH,[558] die zeitlich mit der Entscheidung des EuGH in der Rechtssache „eDate Advertising“[559] zusammenfielen. Ihren vorläufigen Endpunkt fand die Rechtsprechungsgenese in der „Bolagsupplysningen“-Entscheidung[560] des EuGH vom 17.10.2017. Die weit überwiegende Zahl der im vorstehenden Kap. 5 für die Erfolgsortbestimmung von Internetdelikten diskutierten Lösungsansätze sind zeitlich vor den Entscheidungen des EuGH und BGH entwickelt und vorgeschlagen worden. Ein Abgleich der für das IPR bestehenden Modelle und der zuständigkeitsrechtlichen Judikatur ist bislang nicht erfolgt. Dieser Umstand gebietet es, im Folgenden die Rechtsprechungslinien von BGH und EuGH aufzuarbeiten und danach zu Fragen, welche möglichen Erkenntnisse oder Konsequenzen sich hieraus für die kollisionsrechtliche Analyse ableiten lassen.

---

554 Dieser letzte Halbsatz gilt seit der EuGVVO a.F. 2007 und stellt klar, dass die Regelung auch vorbeugende Unterlassungsklagen erfasst (vgl. Saenger/*Dörner*, HK-ZPO, Art. 7 EuGVVO Rn. 29).

555 EuGH v. 30.11.1976, Rs. C-21/76, Slg. 1976, I-1735, Rn. 24 f. – „*Bier BV/Mines de potasse*“; EuGH v. 16.7.2009, Rs. C-189/08, Slg. 2009, I-6917, Rn. 23 – „*Zuid-Chemie/Philippo's*“; EuGH v. 7.3.1995, Rs. C-68/93, Slg. 1995, I-415, Rn. 20 f. – „*Shevill*“.

556 BGHZ 184, 313.

557 Als sogenannter „fliegender Gerichtsstand“ wird die Vielzahl von Gerichtsständen bezeichnet, die bei Urheberrechts-, Wettbewerbsrechts- und Persönlichkeitsrechtsverstößen im Fall von Streudelikten zur Wahl stehen, eingehend *Laucken/Oehler*, ZUM 2009, 824 ff.

558 BGH, GRUR 2010, 461 ff. – „*New York Times*“; NJW 2011, 2059 ff. – „*7 Tage Moskau*“; NJW 2012, 148 ff. – „*Blogeintrag*“; NJW 2013, 2348 ff. – „*Google Autocomplete*“.

559 EuGH, EuZW 2011, 962 ff.

560 EuGH, EuZW 2018, 91 ff.; eingehend zur Entscheidung im Kontext der „eDate Advertising“-Doktrin *Kindler*, GRUR 2018, 1107 ff.

II. Legitimation und Grenzen eines Rückgriffs auf die Regeln des IZVR

Methodologisch setzt ein etwaiger Rückgriff auf die kompetenzrechtlichen Regelsätze ihre Übertragbarkeit auf das IPR voraus. Zwar sind Harmonie und Parallelität zwischen verschwisterten Rechtsakten - wie dem IZVR und dem anwendbaren Recht - „starke Desiderate“[561]. Sie gelangen aber dort an ihre Grenzen, wo zwischen den Rechtsbereichen konzeptionelle Unterschiede existieren.[562] Eine Antwort auf die methodologische Frage kann deshalb nur eine Analyse des Verhältnisses beider Ordnungssysteme liefern, bei der ihre Aus- und Einwirkungen unter Zugrundelegung ihrer jeweiligen Wertungen und Zweckbestimmungen zu ermitteln sind:

1. Wechselwirkungen zwischen IZVR und IPR

In historischer Hinsicht hat sich eine Unterscheidung zwischen Internationaler Zuständigkeit und Kollisionsrecht erst spät herausgebildet. In der Statutentheorie des 16. und 17. Jahrhunderts wurden beide Bereiche noch vermengt.[563] So beantworteten etwa *d' Argentré*[564] und *Voet*[565] die Frage nach dem anzuwendenden Recht gelegentlich mit Zuständigkeitsregeln.[566] Eine Trennung beider Regelungsbereiche konnte sich erst allmählich mit der Erkenntnis durchsetzen, dass Gerichtszuständigkeit nicht zugleich „Rechts“-Zuständigkeit bedeutet. Erst die Interpretation des Rechts, das als objektive Gegebenheit dem Gericht mit autonomem Geltungsanspruch gegenübertritt, ebnete den Weg zu einer klaren Unterscheidung zwischen den beiden Materien.[567] Diese ist nunmehr in der

561 *Mankowski*, FS Heldrich, S. 867, 868.

562 *Mankowski*, FS Heldrich, S. 867, 868. Der Ansatz einer (strengen) Gleichlauftheorie, der eine durchgängige Koinzidenz von IZVR und IPR annimmt, wird nicht mehr ernsthaft vertreten (vgl. *Pfeiffer*, Internationale Zuständigkeit und prozessuale Gerechtigkeit, S. 91 ff.; *Heldrich*, Internationale Zuständigkeit und anwendbares Recht, S. 8 ff.; *Mankowski*, FS Heldrich, S. 867 ff.; weitere Nachweise auch bei *Geimer*, IZPR, Rn. 1045 Fn. 274).

563 *Heldrich*, Internationale Zuständigkeit und anwendbares Recht, S. 9.

564 *Bertrand d' Argentré* war ein im 16. Jahrhundert lebender Jurist und Historiker aus Vitré; zu Person und Werken *v. Bar/Mankowski*, IPR I, § 6 Rn. 23 ff.

565 *Paulus Voet* war ein im 17. Jahrhundert lebender niederländischer Philosoph und Jurist aus Utrecht.

566 *Heldrich*, Internationale Zuständigkeit und anwendbares Recht, S. 9.

567 *Heldrich*, Internationale Zuständigkeit und anwendbares Recht, S. 9 f.

Kodifizierung des modernen IPR in Deutschland und in Gestalt der Rechtsquellen des Europäischen Kollisionsrechts offenkundig.

Nach *Savigny*[568] besteht zwischen der Internationalen Zuständigkeit und dem anwendbaren Recht ein innerer Zusammenhang, der beide Regelungsmaterien als verschiedene Seiten einer kongruenten Gesamtheit erscheinen lässt. Diese grundlegende Feststellung hat noch heute Gültigkeit. Zwischen beiden Rechtsbereichen lassen sich vielerlei Wechselwirkungen feststellen, die sich in teilweise überschneidenden Ordnungsinteressen[569], an der fortschreitenden Integration beider Regelungsbereiche und am deutlichsten in der Maßgeblichkeit der *lex fori*[570] widerspiegeln. Ein weiterer Beleg für Verzahnung und inhaltliche Verbindungen von IPR und IZVR findet sich im Internationalen Privat- und

568 *Savigny*, System des heutigen römischen Rechts, Band 8, S. 77.

569 Das IZVR und das IPR teilen das Ordnungsinteresse der Konzentration und Widerspruchsfreiheit als das Interesse der Rechtssuchenden an einer konzentrierten, gemeinsamen Beurteilung zusammengehörender Sachverhalte sowie das damit einhergehenden Ziel der Vermeidung widersprechender Gerichtsentscheidungen (vgl. *Heldrich*, Internationale Zuständigkeit und anwendbares Recht, S. 118; *Roth*, Die internationale Zuständigkeit, S. 76 f.) sowie das Interesse an Rechtssicherheit und Vorhersehbarkeit (vgl. für das Zuständigkeitsrecht: EuGH, GRUR-Int. 2002, 838, 841 Rn. 51 – *„Italian Leather"*; EuGH, BeckEuRS 1982, 97860 Rn. 6 – *„Effer"*; EuGH, NJW 2000, 719, 720 Rn. 23 – *„GIE Groupe Concorde"*; EuGH, NJW 2002, 1407, 1408 Rn. 24 – *„Besix"*; für das Kollisionsrecht: *Trutmann*, Das internationale Privatrecht der Deliktsobligationen, S. 87; *Wandt*, Internationale Produkthaftung, Rn. 591; *Looschelders*, ZVglRWiss 95 (1996), 48, 72 f.).

570 In erster Linie resultieren Wechselbeziehungen zwischen IPR und IZVR daraus, dass Kollisionsrechtsanwendung Rechtsanwendung im Verfahren bedeutet. Insofern wird das Kollisionsrecht selbst „zum Gegenstand des (internationalen) Verfahrens" (vgl. *v. Bar/Mankowski*, IPR I, § 5 Rn. 64). Dieser Aussage liegt die Feststellung zu Grunde, dass deutsche Gerichte in der Praxis die kollisionsrechtliche Überlegung nach dem IPR ihrer *lex fori* treffen (vgl. BGHZ 44, 46, 50; 60, 85, 91). Die *lex fori* bildet das Recht des Gerichtsstandes und umfasst das eigene Kollisions- und Sachrecht des mit einem internationalen Sachverhalt befassten Gerichts. Das *lex fori*-Prinzip findet auch auf das Internationale Verfahrensrecht Anwendung (eingehend *Geimer*, IZPR, Rn. 319 ff.). Im Wesentlichen werden mit dem lex fori-Prinzip zwei Ziele verfolgt: die Verhinderung eines exzessiven *forum shoppings* sowie die Herstellung von Harmonie zwischen IPR und Zuständigkeitsrecht dahingehend, dass auch das „am besten" geeignete Forum zur Entscheidung über den Rechtsstreit berufen wird (vgl. *Pfeiffer*, Internationale Zuständigkeit und prozessuale Gerechtigkeit, S. 92). Das Interesse, so oft wie möglich zur Anwendung der *lex fori* zu gelangen, wird als „Heimwärtsstreben" bezeichnet (vgl. *Nussbaum*, Deutsches IPR, S. 43).

Verfahrensrecht Europas. Während Kollisionsrecht und Kompetenzrecht in Deutschland getrennt voneinander kodifiziert wurden, erfolgt auf der Ebene der europäischen Gesetzgebung eine Integration beider Regelungsbereiche, die in verschiedenen Abstufungen zu Tage tritt.[571] Deutlich zeigt sich die Verknüpfung von IPR und IZVR in den europäischen Gesetzgebungsakten. So regeln etwa die EuInsVO[572] und die EuErbVO[573] sowohl kollisionsrechtliche- als auch verfahrensrechtliche Fragen in einem einheitlichen Rechtsakt.

2. *Gleichlauf zwischen IZVR und IPR?*

Ein Gleichlauf beider Rechtsbereiche ist damit rechtsdogmatisch denkbar und auch mit praktischen Vorteilen verbunden. Die Sicherstellung heimischer Rechtsanwendung durch eine Parallelisierung von IZVR und IPR hat seit jeher einen großen Reiz ausgeübt.[574] So ist die Anwendung eines dem entscheidenden Gericht fremden Rechts fehleranfälliger und unflexibler als die Anwendung des Heimatrechts.[575] Daneben ist ein Gleichlauf aus prozessökonomischer Sicht sinnvoll, da er das Verfahren vereinfacht und den Parteien Kosten und Zeit für die Ermittlung ausländischen Rechts erspart.[576] Eine *„lex propria in foro proprio"* gewährleistet zudem bestmögliche Rechtsanwendungsqualität.[577]

Trotz der praktischen Vorteile und der vielschichtigen Wertungsparallelen zwischen dem IPR und dem Internationalen Verfahrensrecht lässt sich eine übergeordnete Wertungskongruenz indessen nicht ableiten,[578] die zu einen umfassenden Gleichlauf beider Rechtsbereiche führen könnte. Ungeachtet der vorgenannten Gemeinsamkeiten und Überschneidungen sind die Unterschiede vielmehr teils signifikant:

---

571 MüKo-BGB/*v.Hein*, Einl. IPR Rn. 316.

572 Verordnung (EG) Nr. 1346/2000 des Rates vom 29.05.2000 über Insolvenzverfahren, ABl. EG Nr. L 160 vom 30.06.2000.

573 Verordnung (EU) Nr. 650/2012 des Europäischen Parlaments und des Rates vom 04.07.2012 über die Zuständigkeit, das anzuwendende Recht, die Anerkennung und Vollstreckung von Entscheidungen und die Annahme und Vollstreckung öffentlicher Urkunden in Erbsachen sowie zur Einführung eines Europäischen Nachlasszeugnisses, ABl. EU Nr. L 201 vom 27.07.2012, S. 107 ff.

574 *Trautmann*, Europäisches Kollisionsrecht, S. 406.

575 *G. Wagner*, IPRax 2006, 372, 375.

576 *Bitter*, IPRax 2008, 96, 99.

577 *Mankowski*, FS Heldrich, S. 868.

578 Zwischen „Wertungskongruenzen" und „Wertungsparallelen" differenzierend *v. Bar*, IPR, Band II, Rn. 415.

(i) Das IZVR berücksichtigt bei dem Katalog seiner Gerichtsstände das Interesse an Sach- und Beweisnähe und die Tatsache, dass die Parteien einen heimatnahen Gerichtsstand anstreben.[579] Die Beweiserhebung im Ausland ist langwieriger, teurer und fehlerträchtiger als im Inland.[580] Im IPR spielen Beweisinteressen hingegen keine Rolle.[581] Hier ist das Interesse an einem begünstigenden Sachrecht vorherrschend, das oftmals gerade nicht das Recht des Heimatstaates (des Klägers) ist.[582]

(ii) Die Internationale Zuständigkeit hat den Justizgewährungsanspruch des Klägers als verfassungsrechtlich subjektiv verbürgtes Recht[583] und das schutzwürdige Interesse des Beklagten auf ein faires Verfahren mittels zumutbarer Gerichtsstände[584] zu achten. Das Bestreben des Zuständigkeitsrechts ist deshalb, die jeweiligen Regeln so (weit) zu fassen bzw. auszulegen, dass die Parteien nicht rechtlos gestellt werden.[585] Anders verhält es sich im IPR. Hier ist keine Situation denkbar, in der kein Recht Anwendung findet.[586] Im Zweifel würde immer ein subsidiärer Rechtsanwendungsbefehl zugunsten der *lex fori* den Kläger nicht rechtlos stellen.[587] Dem IPR fehlt damit die Dimension des Justizgewährungsanspruchs.

(iii) Auch generell ist das Internationale Zuständigkeitsrecht im Regelungsgegenstand limitierter als das universalistisch ausgerichtete Kollisionsrecht.[588] Das IPR ist stets räumlich auf eine Rechtsordnung fixiert; im Internationalen Verfahrensrecht häufen sich hingegen die Fälle, in denen konkurrierende Foren ermittelt werden.

(iv) Differenzen bestehen weiterhin hinsichtlich der Bedeutung der jeweils gemeinsam verwendeten Anknüpfungen.[589] So ist etwa im IPR die Staatsangehörigkeit die stabilste Anknüpfung; im IZVR spielt sie im Grundsatz

579 *Mankowski*, FS Heldrich, S. 873.
580 *Mankowski*, FS Heldrich, S. 873.
581 *Mankowski*, FS Heldrich, S. 873.
582 *Kubis*, Internationale Zuständigkeit, S. 39.
583 *Mankowski*, FS Heldrich, S. 876.
584 *Roth*, Die internationale Zuständigkeit, S. 84.
585 *Roth*, Die internationale Zuständigkeit, S. 84.
586 *Mankowski*, FS Heldrich, S. 876.
587 *Mankowski*, FS Heldrich, S. 876.
588 Das IPR bietet für sämtliche in Frage kommenden Sachverhalte durch das System der allseitigen Kollisionsnorm eine Lösung, das IZVR gibt hingegen *a priori* lediglich für die inländischen Gerichte Vorschriften, *Geimer*, IZPR, Rn. 19.
589 *Geimer*, IZPR, Rn. 32.

keine Rolle.[590] Umgekehrt ist der Wohnsitz im IZVR von zentraler Bedeutung,[591] wie sich auch an der Ausgestaltung der Artt. 4 ff. der neugefassten EuGVVO deutlich zeigt. Im IPR wurde der Wohnsitz hingegen allmählich vom gewöhnlichen Aufenthalt nahezu vollständig verdrängt.[592] Der Erfüllungsort ist im IPR weitgehend verschwunden; im IZVR spielt er die wichtigste Rolle unter den besonderen Gerichtsständen.[593]

(v) Zudem kann die Anwendung der *lex fori*, auch wenn sie in *sachlicher* Hinsicht das beste Recht sein sollte, unbillig sein, wenn die Anwendung eines dem Gericht *räumlich* anderen Rechts im konkreten Fall überwiegenden Partei-, Verkehrs- oder Ordnungsinteressen entspricht (sog. Vorrang der internationalprivatrechtlichen Gerechtigkeit vor der materiellprivatrechtlichen). Andererseits kann die Entscheidung durch ein inländisches Gericht, auch wenn es in *sachlicher* Hinsicht das beste sein sollte, unbillig sein, weil die Entscheidung durch ein *räumlich* anderes, ausländisches Gericht überwiegenden Parteiinteressen und Interessen der Rechtspflege entspricht (sog. Vorrang der internationalverfahrensrechtlichen Gerechtigkeit vor der materiellverfahrensrechtlichen Gerechtigkeit).[594]

Aufgrund der genannten (Wertungs-)Unterschiede zwischen IPR und IZVR sind die Vorschriften über die Internationale Zuständigkeit nicht generell geeignet, zum Abbild materiellrechtlicher Rechtsanwendungsnormen zu werden[595] und *vice versa*. Es bleibt daher grundsätzlich bei der Trennung von Kollisionsrecht und Internationaler Zuständigkeit.[596]

3. *Partieller Gleichlauf bei gemeinsamen Anknüpfungspunkten*

Ausnahmen von diesem Grundsatz können allerdings dort angezeigt sein, wo sich die Regelungen des Zuständigkeitsrechts und des Kollisionsrechts jeweils derselben Anknüpfungspunkte bedienen,[597] beide mithin vom gleichen

590 *Geimer*, IZPR, Rn. 32.

591 *Mankowski*, FS Heldrich, S. 879.

592 *Mankowski*, FS Heldrich, S. 878.

593 *Mankowski*, FS Heldrich, S. 889.

594 *Kegel/Schurig*, IPR, § 22 Teil II.

595 *V. Bar/Mankowski*, IPR, Band I, § 5 Rn. 171.

596 *Würdinger*, RabelsZ 75 (2011), 105 ff., 124; *Schack*, Kohärenz im europäischen Internationalen Deliktsrecht, S. 279, 286.

597 *Heldrich*, Internationale Zuständigkeit und anwendbares Recht, S. 60; *Schack*, IZVR, Rn. 247; *Stadler*, JZ 1994, 642, 646.

Bezugspunkt abhängig gemacht werden[598]. Im Verlauf der Darstellung ist deutlich geworden, dass es Anliegen jeder Koordination zwischen IZVR und IPR ist, ein Auseinanderfallen von zuständigem Gericht und anwendbarem Recht zu vermeiden[599]. Es hat sich auch gezeigt, dass in beiden Bereichen Gerechtigkeitsvorstellungen wirken, die parallele Anknüpfungspunkte hervorbringen können. IPR und IZVR dürfen deshalb nach hier vertretener Auffassung so lange gleichlaufen, wie sich hieraus keine Widersprüche aus den ihnen zu Grunde liegenden Wertungen ergeben. Bei einer so verstandenen Parallelität wahrt jeder Rechtsbereich seine Eigenständigkeit. Die Harmonisierung erfolgt dann nur partiell bzw. „phänotypisch"[600] unter Wahrung der spezifischen Interessen beider Rechtsbereiche.[601]

Dieselben Anknüpfungspunkte liegen etwa bei der Bestimmung des Erfüllungsortes nach § 29 ZPO (analog) und nach Art. 7 Nr. 1 EuGVVO vor. Auch in Versicherungssachen laufen die Internationale Zuständigkeit mit den Regelungen in Artt. 10 ff. EuGVVO n.F. und Art. 7 Rom I-VO weitgehend parallel.[602] Für keinen Bereich sind die Übereinstimmungen jedoch evidenter als bei der Ermittlung des Deliktsstatuts (Art. 40 Abs. 1 EGBGB) bzw. des internationalen Gerichtsstands der unerlaubten Handlung (Art. 7 Nr. 2 EuGVVO bzw. § 32 ZPO). Beiden Regelungsbereichen ist die (Grund-)Anknüpfung an den Tatort des Delikts gemein.

4. *Ergebnis*

Da sowohl IZVR als auch IPR bei Persönlichkeitsrechtsverletzungen den Tatort als gemeinsamen Bezugspunkt der Anknüpfung teilen, lässt sich – zurückkommend auf die Ausgangsfrage – ein Rückgriff auf die kompetenzrechtlichen Regelsätze für die kollisionsrechtliche Lösungsfindung realisieren.[603] Sollten die

598 *Heldrich*, Internationale Zuständigkeit und anwendbares Recht, S. 62.

599 *Spickhoff*, FS Kropholler, S. 671, 675.

600 *Pfeiffer*, Internationale Zuständigkeit und prozessuale Gerechtigkeit, S. 94.

601 Ein wirklicher Gleichlauf ist speziell mit Hinblick auf die Anknüpfungen des Art. 40 Abs. 1 EGBGB und Art. 7 Nr. 2 EuGVVO bzw. § 32 ZPO auch deshalb nicht möglich, weil der Kläger am Handlungsort klagen, sich aber für die Anwendbarkeit des Rechts des Erfolgsortes entscheiden kann, also nicht nur *ein* inländisches Gericht und nicht nur *eine* anwendbare Rechtsnorm in Betracht kommt (vgl. *Heldrich*, Internationale Zuständigkeit und anwendbares Recht, S. 62), auch wenn die aus dem Ubiquitätsprinzip abgeleitete Günstigkeitsregel häufig dazu genutzt wird, die Anwendbarkeit des Rechts des Forumstaates zu suchen (vgl. *v. Bar*, JZ 1985, 961, 963 f.).

602 *Trautmann*, Europäisches Kollisionsrecht, S. 408 mit weiteren Beispielen.

603 So auch *Spindler*, AfP 2012, 114, 118.

für das Zuständigkeitsrecht entwickelten Grundsätze in der Sache überzeugen, gilt ein etwaiger „partieller" Gleichlauf aber nicht grenzenlos und kann nur so lange angenommen werden, wie dem keine zwingenden Wertungen des Kollisionsrechts entgegenstehen. Erforderlich wird damit eine Art „Negativtest", bei dem das gewonnene Ergebnis auf mögliche Widersprüche zu den allgemeinen Rechtsgrundsätzen des IPR hin zu untersuchen ist.

III. Rechtsprechungsgenese

Im Folgenden ist zunächst näher auf die Entwicklung der Rechtsprechung des BGH und EuGH zum internationalen Gerichtsstand bei Persönlichkeitsverletzungen im Internet einzugehen. Die Judikatur soll chronologisch aufgearbeitet, dann im verfahrensrechtlichen und anschließend im kollisionsrechtlichen Kontext gewürdigt werden.

1. Vorlagebeschluss des BGH in der Rechtssache „www.rainbow.at"

Mit Beschluss vom 10.11.2009 legte der BGH dem EuGH in der Rechtssache „rainbow.at"[604] in verfahrensrechtlicher Hinsicht zwei Fragen[605] vor, und zwar (i) ob für die Auslegung von Art. 5 Nr. 3 EuGVVO a.F.[606] die bloße Abrufbarkeit der Internetinhalte die Internationale Zuständigkeit deutscher Gerichte begründen kann oder (ii) ob darüber hinaus ein „besonderer Bezug" der angegriffenen Inhalte zum Gerichtsstaat vorauszusetzen ist bzw. nach welchen Kriterien sich ein solcher bemessen müsste[607].[608] Die Vorlage erfolgte gemeinsam mit dem *Tribunal de grande instance de Paris*, aus der später die lang erwartete Entscheidung des EuGH in der verbundenen Rechtssache „eDate Advertising"[609] hervorgegangen ist.[610]

Der BGH stellt in seinem Vorlagebeschluss einleitend klar, dass die zu § 32 ZPO entwickelten Beschränkungen des Erfolgsortes bei Presseerzeugnissen

604 BGH, EuZW 2010, 313 ff.

605 Mit seiner dritten Vorlagefrage ersuchte der BGH Antwort zur umstrittenen Frage der dogmatischen Einordnung des Herkunftslandprinzips in Art. 3 Abs. 1, Abs. 2 ECRL.

606 Jetzt Art. 7 Nr. 2 EuGVVO n.F.

607 BGH, EuZW 2010, 313.

608 Etwa durch Bestimmung des Ortes der möglichen oder tatsächlich eingetretenen Interessenkollision oder der bestimmungsgemäßen Ausrichtung des Webinhalts durch den Betreiber.

609 EuGH, EuZW 2011, 962 ff.

610 BGH, EuZW 2010, 313 ff.

aufgrund der parallelen *ratio* der beiden Vorschriften auch auf Art. 5 Nr. 3 EuGVVO a.F. übertragbar seien.[611] Auf dieser Grundlage setzt sich der BGH eingehend mit dem in der deutschen Rechtsprechung und Literatur bestehenden Meinungsstand zur Konkretisierung des zuständigkeitsrechtlichen Erfolgsortes bei Internetdelikten auseinander. Der BGH arbeitet heraus, dass ein Teil der Instanzgerichte und einige Stimmen in der Literatur im Hinblick auf die Besonderheiten des Internets bereits die bloße Abrufbarkeit des Inhalts genügen lassen würden,[612] während andere die Erfolgsortbestimmung vom Kriterium der bestimmungsgemäßen Ausrichtung des Inhalts durch den Betreiber abhängig machten.[613] Nach der Ansicht des *Tribunal de grande instance de Paris* sei demgegenüber allein die Anzahl der konkreten Abrufe maßgeblich.[614] Der VI. Zivilsenat formuliert seine Präferenzen dahingehend, dass bei der Bestimmung der Internationalen Zuständigkeit deutscher Gerichte ein über die bloße Abrufbarkeit hinausgehender „besonderer" Inlandsbezug der streitigen Meldung zum Erfolgsort zu fordern sei und in diesem Zusammenhang eine Interessenabwägung nach den im Kennzeichenrecht geltenden Grundsätzen den Ausschlag geben sollte.[615]

2. Die „New York Times"-Entscheidung des BGH

Knapp vier Monate nach der Vorlage in der Rechtssache „www.rainbow.at" vom 10.11.2009 und weit vor einer Antwort des EuGH nutzte der BGH in seiner „New York Times"-Entscheidung[616] vom 02.03.2010 die Gelegenheit, seine im Vorlagebeschluss an den EuGH geäußerten Tendenzen zu konkretisieren, diesmal im Rahmen der Befassung mit § 32 ZPO (analog).[617]

---

611 BGH, EuZW 2010, 313, 314 Rn. 12.

612 BGH, EuZW 2010, 313, 315 Rn. 14.

613 BGH, EuZW 2010, 313, 315 Rn. 15.

614 BGH, EuZW 2010, 313, 315 Rn. 16.

615 BGH, EuZW 2010, 313, 315 Rn. 18.

616 BGH, Urt. v. 02.03.2010, Az.: VI ZR 23/09 = GRUR 2010, 461 ff. – *„New York Times"*.

617 Der in Deutschland ansässige Kläger klagte gegen den Verleger der Zeitschrift „New York Times" und den Autor des streitbehafteten Artikels auf Unterlassung ehrverletzender Äußerungen im Internetlokalteil der Zeitung. In dem Artikel wurde der Kläger namentlich erwähnt und als „Goldschmuggler" sowie „Täter einer Unterschlagung" bezeichnet. Zudem hieß es im Beitrag weiter, das vom Kläger beherrschte Unternehmen mit Sitz in Deutschland sei nach Angaben der amerikanischen und deutschen Ermittlungsbehörden Teil der russischen organisierten Kriminalität. Das Landgericht Düsseldorf wies – wie auch das Berufungsgericht – die Klage wegen fehlender Internationaler Zuständigkeit deutscher Gerichte ab.

a) Ort des tatsächlichen Abrufs vs. Ort der Abrufbarkeit

Der BGH bejaht, anders als die Vorinstanzen, die Internationale Zuständigkeit deutscher Gerichte als Erfolgsortgerichte.[618] Wie der VI. Zivilsenat bereits in seiner Vorlage an den EuGH zu erkennen gegeben hatte, lässt er die bloße Abrufbarkeit eines Inhalts für die Erfolgsortbestimmung nicht genügen. Alles andere würde nach Ansicht des BGH zu einer uferlosen Ausweitung der Gerichtspflichtigkeit des Beklagten führen und dem Charakter des § 32 ZPO zuwider laufen, der seine Rechtfertigung gerade in der durch den Handlungs- und Erfolgsort begründeten Beziehung der Streitigkeit zum Forum beziehe.[619] Die Rechtsprechung zur Erfolgsortbestimmung von Persönlichkeitsverletzungen durch Druckerzeugnisse könne nicht auf das Internet übertragen werden, weil Inhalte im Internet nicht bestimmungsgemäß verbreitet, sondern lediglich zum Abruf bereitgehalten werden, sie mithin ubiquitär zugänglich sind.[620] Deshalb, so der BGH, sei – gemessen an dem zuvor in der Vorlage an den EuGH präsentierten Ansatz – ein über die bloße Abrufbarkeit hinausgehender „deutlicher" Inlandsbezug erforderlich.[621] Bei dessen Ermittlung sei nicht dem *Tribunal de grande instance de Paris* zu folgen, der die konkreten Anzahl der Abrufe in einer bestimmten Rechtsordnung für maßgeblich hält. Die tatsächlich erfolgten Abrufe würden allenfalls als Indiz taugen. Zum einen ließe sich ihre Anzahl nicht immer zuverlässig feststellen und zum anderen seien die Abrufdaten dem darlegungs- und beweisbelasteten Kläger auch aus Datenschutzgründen nicht uneingeschränkt zugänglich.[622]

b) Kriterium des „hinreichenden" bzw. „besonderen" bzw. „deutlichen" Inlandsbezugs

Wie schon in der Vorlage an den EuGH formuliert,[623] erteilt der BGH dem Kriterium der bestimmungsgemäßen Ausrichtung aus der wettbewerbsrechtlichen „Johanniskrautkapseln"-Entscheidung[624] eine deutliche Absage. Er führt aus, dass das Einschränkungskriterium nicht geeignet sei, die erforderliche Begrenzung der ansonsten bestehenden Vielzahl von Gerichtsständen bei

618 BGH, GRUR 2010, 461, 462 Rn. 6.
619 BGH, GRUR 2010, 461, 463 Rn. 17.
620 BGH, GRUR 2010, 461, 463 Rn. 10 f.
621 BGH, GRUR 2010, 461, 463 Rn. 18.
622 BGH, GRUR 2010, 461, 463 Rn. 19.
623 BGH, EuZW 2010, 313, 315 Rn. 19.
624 Siehe oben unter Teil 1, Kap. 5, III., 2., a).

Persönlichkeitsverletzungen zu ermöglichen. Eine Persönlichkeitsverletzung setze keine Marktbeeinflussung voraus. Sie trete vielmehr unabhängig von den Intentionen des Täters mit der Kenntnisnahme des rechtsverletzenden Inhalts durch Dritte ein.[625] Zur Ermittlung der „hinreichenden", „besonderen" oder „deutlichen" Beziehung der Streitigkeit zum Forum[626] favorisiert der BGH in Anlehnung an die „Hotel Maritime"-Rechtsprechung[627] des I. Zivilsenats für Kennzeichenrechtsverletzungen ein auf den Ort der sog. Interessenkollision ausgerichtetes Abwägungsmodell. Zwischen einer Online-Veröffentlichung und dem Forumstaat sei dann der erforderliche Bezug gegeben, wenn eine Kollision der widerstreitenden Interessen (Interesse des Klägers an der Achtung seines Persönlichkeitsrechts einerseits, Interesse des Beklagten an der Gestaltung seines Internetauftritts und an einer freien Berichterstattung andererseits) im konkreten Einzelfall im Inland „tatsächlich eingetreten sein kann oder eintreten kann".[628] Dies sei anzunehmen, wenn (i) eine Kenntnisnahme von der beanstandeten Meldung nach den Umständen des Einzelfalls im Inland erheblich näher liegt, als dies aufgrund der bloßen Abrufbarkeit des Angebots der Fall wäre, und (ii) die vom Kläger behauptete Beeinträchtigung seines Persönlichkeitsrechts durch Kenntnisnahme von der Meldung (auch) im Inland eintreten würde.[629]

Diese Rechtsprechung macht bei der Lokalisierung des Erfolgsortes mithin eine zweistufige Prüfungsfolge erforderlich: ein deutsches Gericht ist nur dann für Klagen gegen Internet-Veröffentlichungen international zuständig, wenn ein besonderer Inlandsbezug vorliegt. Notwendig ist dafür zunächst, dass eine Kenntnisnahme der Meldung im Inland nahe liegt (Stufe 1). Ob dies der Fall ist, ist nach Ansicht des BGH anhand objektiver Kriterien, wie der sprachlichen Fassung, dem konkreten Inhalt und der Größe des potenziellen Leserkreises der Veröffentlichung zu ermitteln.[630] Liegt eine Kenntnisnahme danach nahe, ist zu prüfen, ob die vom Kläger behauptete Beeinträchtigung seines

625 BGH, EuZW 2010, 313, 315 Rn. 19.

626 BGH, GRUR 2010, 461, 463 Rn. 17.

627 BGH, GRUR 2005, 431 ff. In der Entscheidung hatte der BGH die Zuständigkeit deutscher Gerichte bejaht, weil die Beklagte, eine in Kopenhagen ansässige Betreiberin eines Hotels, auf ihrem Internetauftritt in deutscher Sprache für ihr Hotel warb und sich so nach der Auffassung des BGH auch an das deutsche Publikum wende, für das sie zusätzlich eine Online-Reservierungs- und Buchungsmöglichkeit bereithält.

628 BGH, GRUR 2010, 461, 463 Rn. 20.

629 BGH, GRUR 2010, 461, 463 Rn. 20.

630 BGH, GRUR 2010, 461, 463 Rn. 22.

Persönlichkeitsrechts durch die Kenntnisnahme von der Meldung (auch) tatsächlich im Inland eintreten würde (Stufe 2).

Im konkreten Fall stellte der BGH heraus, den angegriffenen Äußerungen sei schon inhaltlich ein deutlicher Inlandsbezug immanent, so dass ein „erhebliches“ Interesse deutscher Internetnutzer an ihrer Kenntnisnahme gegeben sei.[631] Die „New York Times“ sei ein international anerkanntes Presseerzeugnis, das nicht nur einen weltweiten Interessentenkreis ansprechen würde, sondern bei dem sich auch 14.484 Internetnutzer[632] mit Deutschland als Wohnsitz als Leser der Onlineausgabe registriert hätten.[633] Deutschland sei im Registrierungsbereich des Online-Portals ausdrücklich als „country of residence" aufgeführt. Deshalb würde es nahe liegen, dass der Inhalt der Meldung auch tatsächlich im Inland zur Kenntnis genommen wurde oder wird.[634] Die Annahme des Berufungsgerichts, der angegriffene Artikel habe im Inland vernachlässigende Auswirkungen, weil ihn lediglich 14.484 Personen zur Kenntnis hätten nehmen können, würde übersehen, dass der soziale Geltungsanspruch des Klägers bereits dann erheblich tangiert sein kann, wenn auch nur eine Person aus seinem Lebenskreis die für ihn abträglichen Behauptungen zur Kenntnis nimmt.[635]

3. *Die „7 Tage Moskau“-Entscheidung des BGH*

Ein Jahr später, aber noch vor einer Entscheidung des EuGH zu den Vorlagefragen aus der Rechtssache „www.rainbow.at“ vom 10.11.2009, hatte der VI. Zivilsenat in seiner „7 Tage Moskau“-Entscheidung[636] vom 29.03.2011 die Möglichkeit, seine in der „New York Times“-Entscheidung entwickelten Grundsätze weiter zu präzisieren.[637] Der VI. Zivilsenat schloss sich der Auffassung der Vorinstanzen

---

631 BGH, GRUR 2010, 461, 463 Rn. 21.

632 Man beachte, dass es sich hierbei um eine Zahl aus dem Jahr 2001 handelt.

633 BGH, GRUR 2010, 461, 463 Rn. 22.

634 BGH, GRUR 2010, 461, 463 Rn. 22.

635 BGH, GRUR 2010, 461, 463 Rn. 24.

636 BGH, Urt. v. 29.03.2011, Az.: VI ZR 111/10 = NJW 2011, 2059 ff. – *„7 Tage Moskau“*.

637 Der in Deutschland wohnhafte Kläger erhob vor dem Landgericht Köln Klage auf Unterlassung, Auskunft und Schadensersatz wegen Verletzung seines Allgemeinen Persönlichkeitsrechts gegen die in den USA wohnhafte Beklagte. Dem Rechtsstreit vorausgegangen war eine Verabredung der beiden Parteien in der Moskauer Wohnung des Klägers anlässlich eines Klassentreffens. Zurück in den USA hatte die Beklagte einen Artikel mit dem Titel *„Sieben Tage in Moskau – Der dritte Tag“* verfasst und diesen von dort aus auf der Seite „www.womanineurope.com“ hochgeladen. In dem in russischer Sprache und in kyrillischer Schrift verfassten Artikel äußerte sich die Beklagte negativ über das Erscheinungsbild und die Lebensumstände des Klägers. Das

an und verneinte die Internationale Zuständigkeit deutscher Gerichte nach § 32 ZPO (analog).[638] Es fehle im vorliegenden Fall am erforderlichen „hinreichenden" Inlandsbezug, weil weder die bloße Abrufbarkeit[639] noch der Wohnsitz in Deutschland[640] als zuständigkeitsbegründende Kriterien ausreichten.

Hiermit knüpft der BGH an seine bisherige Rechtsprechung an und bestätigte sie.[641] Insofern lässt sich der Entscheidung nichts Neues entnehmen. An den für die Beurteilung des erforderlichen Inlandsbezugs heranzuziehenden Adressatenkreis der Meldung legte der BGH aber strengere Maßstäbe an. Wies der Gerichtshof in der Rechtssache „New York Times" noch darauf hin, dass

> „der soziale Geltungsanspruch des Klägers bereits dann erheblich tangiert sein kann, wenn auch nur eine Person aus seinem Lebenskreis die für ihn abträglichen Behauptungen zur Kenntnis nimmt"[642],

heißt es nunmehr, dass der Vortrag des Klägers, wonach vereinzelt russische Geschäftspartner vom Inhalt Kenntnis erhalten hätten können, zur Begründung eines hinreichenden Inlandsbezuges nicht (mehr) ausreichen würde.[643]

Das Kriterium der Fremdsprachlichkeit wertet der BGH nun deutlich auf, indem er hierin – neben dem Inhalt der Äußerung[644] – ein Hauptindiz bei der Feststellung der regionalen Ausrichtung des streitgegenständlichen Inhalts sieht.[645] *In concreto* stellt der VI. Zivilsenat maßgeblich darauf ab, dass die angegriffenen Äußerungen in russischer Sprache und kyrillischer Schrift verfasst und auf einer russischen Webseite verbreitet worden seien. Deshalb würde sich der Bericht „ganz offensichtlich" an die russischen Schulkameraden wenden, von denen alle – bis auf zwei – in Russland lebten.[646] Ein zuständigkeitsbegründendes, „besonderes" Interesse an der Kenntnisnahme des Reiseberichts durch Dritte im Inland sei deshalb nicht festzustellen.[647]

Landgericht Köln wies, wie auch das Berufungsgericht, die Klage wegen fehlender Internationaler Zuständigkeit deutscher Gerichte ab.

638 BGH, NJW 2011, 2059, Rn. 5.
639 BGH, NJW 2011, 2059, 2060 Rn. 13.
640 BGH, NJW 2011, 2059, 2060 Rn. 14.
641 BGH, NJW 2011, 2059, 2060 Rn. 8.
642 BGH, GRUR 2010, 461, 464 Rn. 24.
643 BGH, NJW 2011, 2059, 2060 Rn. 12.
644 BGH, NJW 2011, 2059, 2060 Rn. 12.
645 BGH, NJW 2011, 2059, 2061 Rn. 15.
646 BGH, NJW 2011, 2059, 2061 Rn. 15.
647 BGH, NJW 2011, 2059, 2061 Rn. 15.

4. Stellungnahme zu „New York Times" und „7 Tage Moskau"

Die Lösung des BGH, die Internationale Zuständigkeit deutscher Gerichte von einem „hinreichenden", „besonderen" oder „deutlichen" Inlandsbezug abhängig zu machen und diesen auf der Grundlage einer zweistufigen, am Inhalt der streitigen Äußerung orientierten Prüfungsfolge zu ermitteln, überzeugt für die Bestimmung des zuständigkeitsrechtlichen Erfolgsortes nicht.

(1) Zweistufige Prüfungsfolge

Der Ausgangspunkt des BGH ist nicht neu. *Roth*[648] hat in ihrer rein zuständigkeitsrechtlichen Untersuchung, auf die der BGH in Sachen „New York Times" auch Bezug nimmt,[649] bei der Erfolgsortbestimmung einen „hinreichenden" Inlandsbezug des streitgegenständlichen Geschehens zum Erfolgsort gefordert,[650] um so zwischen „beachtlichen" und „unbeachtlichen Inlandsberührungen" trennen zu können[651]. *Roth* zufolge kann sich die erforderliche Sachnähe zum Inland (Stufe 1) aus dem beschränkten Interessentenkreis des Angebots und/oder aus der Spürbarkeit der Persönlichkeitsverletzung ergeben.[652] Die geographische Begrenzung des Interessentenkreises könne anhand der verwendeten Sprache, des Gegenstandes der Berichterstattung sowie der Bekanntheit des Täters und Opfers ermittelt werden.[653] Mit dem Eintritt einer Beeinträchtigung im Inland (Stufe 2) ist nach *Roth* zu rechnen, wenn (i) die Nachfrage dort ein gewisses Ausmaß erreicht oder (ii) der Täter am Erfolgsort aufgrund seiner sozialen Stellung einen bestimmten Bekanntheitsgrad aufweist. Weitere wesentliche Faktoren seien (iii) die soziale Stellung des Opfers und sein Ansehen im Erfolgsortstaat und (iv) der Sensationsgrad der Veröffentlichung.[654] Dadurch sollen unwesentliche Erfolgsorte zuständigkeitsrechtlich ausgeklammert und die Gerichtszuständigkeit auf „spürbare Verletzungsorte"[655] beschränkt werden.

Angesichts der wegweisenden Wirkung der Rechtsprechung des BGH für die Unterinstanzen fällt auf, dass die sprachlich komplexe Formulierung, die Internationale Zuständigkeit sei dann gegeben, wenn

---

648 *Roth*, Die internationale Zuständigkeit, S. 1 ff.
649 BGH, GRUR 2010, 461, 462 Rn. 11, 463 Rn. 15, 20.
650 *Roth*, Die internationale Zuständigkeit, S. 276.
651 *Roth*, Die internationale Zuständigkeit, S. 277.
652 *Roth*, Die internationale Zuständigkeit, S. 278 ff., 286.
653 *Roth*, Die internationale Zuständigkeit, S. 278 ff.
654 *Roth*, Die internationale Zuständigkeit, S. 283 ff.
655 *Roth*, Die internationale Zuständigkeit, S. 283.

> *„die als rechtsverletzend beanstandeten Inhalte objektiv einen deutlichen Bezug zum Inland in dem Sinne (aufweisen), dass eine Kollision der widerstreitenden Interessen im konkreten Einzelfall im Inland tatsächlich eingetreten sein kann oder eintreten kann",*

auffällig konturlos ist.[656] Anders als *Roth*, die für die Ermittlung der erforderlichen Sachnähe zum Inlandsgericht (Stufe 2) verschiedene Kriterien vorgibt, versäumt es der BGH, seine weitläufige und daher auslegungsbedürftige Formulierung praktisch handhabbar zu machen. Eine präzise und daher zuverlässige Beantwortung der Frage nach dem Vorliegen oder Nichtvorliegen der „hinreichenden" Beziehung zwischen der Streitigkeit und dem Forum erscheint bei strenger Befolgung des vorgegebenen Prüfungsmechanismus kaum möglich:

Dem BGH geht es offensichtlich darum, durch das vorgeschlagene zweistufige Verfahren die auf der Stufe 1 grob selektierten Verletzungsorte auf diejenigen einzugrenzen, die objektiv einen hinreichenden oder besonderen Bezug zum Inland aufweisen, weil hier die behauptete Rechtsgutsverletzung durch Kenntnisnahme von der Meldung (auch) eintreten würde (Stufe 2). Die eigentlich zu erwartende Grenze zwischen den beiden Prüfungsstufen scheint aber zu verschwimmen, weil der VI. Zivilsenat beide Stufen anhand derselben Kriterien (potenzieller Adressatenkreis, Bekanntheit des Verletzten, sprachliche Fassung der Veröffentlichung) beantwortet. Das hat auch *Degmair*[657] erkannt und zutreffend festgestellt, dass das von dem BGH benannte zweite Kriterium eigentlich „gar keines" sei. Im Ergebnis läuft die zweite Stufe der vom BGH vorgegebenen Prüfungsfolge damit ins Leere und eignet sich nicht zur Herbeiführung der intendierten Selektionswirkung zwischen „spürbaren" und „weniger spürbaren" Verletzungsorten.

(2) Kriterien des „erheblichen" bzw. „besonderen" Interesses

Löst man sich indessen von der vom VI. Zivilsenat gewählten Methodik und legt man ein eher abstraktes Verständnis zugrunde, dürfte es bei der Ermittlung des erforderlichen Inlandsbezugs nach der Diktion des BGH maßgeblich darauf ankommen, welchen Grad an Nachrichtenwert die streitige Äußerung für potentielle Adressaten im Forumstaat aufweist. Sowohl in „New York Times" als auch in „7 Tage Moskau" spielt der (potenzielle) Leserkreis bei der Entscheidungsfindung des Gerichts eine zentrale Rolle. In „New York Times" nimmt der VI. Zivilsenat ein für die Begründung der internationalen Zuständigkeit hinreichenden Inlandsbezug „erhebliches" Interesse an der streitgegenständlichen

---

656 *O. Damm*, GRUR 2010, 891, 893.

657 *Degmair*, K&R 2010, 341, 343.

Veröffentlichung an, weil sich 14.484 Internetnutzer mit Wohnsitz in Deutschland bei der einflussreichen US-amerikanischen Zeitschrift registriert hätten. Demgegenüber verneint er in „7 Tage Moskau" den erforderlichen Inlandsbezug, weil lediglich vereinzelt russische Geschäftspartner des Beklagten von dem Inhalt Kenntnis erlangt hätten.[658] Das beiläufig genannte Kriterium des „erheblichen"[659] bzw. „besonderen"[660] Interesses bringt insofern allerdings auch nicht die gewünschte Rechtsklarheit:

(i) Zunächst ist unklar, ob bei der Ermittlung des „erheblichen" bzw. „besonderen" Interesses die bloße Möglichkeit der Kenntnisnahme ausreicht (so wohl in „New York Times"), oder es auf den Kreis der tatsächlichen Kenntnisnehmer ankommt (so wohl in „7 Tage Moskau"). Unklar ist auch, wie groß der Adressatenkreis eigentlich sein muss, um ein rechtserhebliches Interesse an der Kenntnisnahme und damit einen relevanten Nachrichtenwert annehmen zu dürfen. Es stellt sich sogar die Frage, ob es nach der Ansicht des BGH überhaupt eine quantifizierbare Erheblichkeitsschwelle gibt. Der BGH geht offenbar davon aus, dass bei einer Leserschaft von 14.484 Personen ein „erhebliches" Interesse an der Kenntnisnahme naheliegt. Wie viele Leser jedoch mindestens notwendig sind, um ein solches qualifiziertes Interesse nahezulegen, bleibt offen.

(ii) Für Streitpotenzial sorgt zudem die Feststellung, dass der soziale Geltungsanspruch des Klägers bereits dann erheblich tangiert sein kann, wenn auch nur eine Person aus seinem Lebenskreis die für ihn abträglichen Behauptungen zur Kenntnis nimmt.[661] Ob es damit auf ein erhebliches Interesse an der Kenntnisnahme durch Dritte ankommt, oder daneben (auch) auf die Erheblichkeit der Rechtsgutsverletzung selbst, ist zweifelhaft. Nimmt man den VI. Zivilsenat beim Wort, müsste bereits die tatsächliche Kenntnisnahme durch eine Person im Inland die Erfolgsortzuständigkeit begründen, soweit der Inhalt auch für sie konkret bestimmt war.

(iii) Hinzu kommt, dass die sprachliche Fassung der Veröffentlichung kein geeignetes Instrument bei der Ermittlung des potentiellen Adressatenkreises ist. In „7 Tage Moskau" stellt der BGH fest, die Meldung sei in russischer Sprache und in kyrillischer Schrift abgefasst und über eine Website in russischer Sprache verbreitet worden. Deshalb würde sich der Bericht

658 BGH, NJW 2011, 2059, 2060 Rn. 12.
659 BGH, GRUR 2010, 461, 463 Rn. 21.
660 BGH, NJW 2011, 2059, 2061 Rn. 15.
661 BGH, GRUR 2010, 461, 463 Rn. 24.

> „ganz offensichtlich" an im Ausland lebende Adressaten richten.[662] Das mag wegen der noch relativ geringen Zahl an russischsprachigen Personen in Deutschland gewissermaßen einleuchten.[663] So sieht es auch *Thorn*[664], der darauf hinweist, dass es dem Kläger wohl zum Verhängnis geworden sei, dass der Fall (anders als in der positiv entschiedenen Rechtssache „New York Times") nicht innerhalb der „deutschen Leitkultur" spielte sondern eine „Parallelgesellschaft" betraf. Je verbreiteter die Sprache ist, desto schwieriger gelingt allerdings eine regionale Zuordnung. Insofern kann auf die bereits im Rahmen der kollisionsrechtlichen Darstellung geäußerte Kritik an dem Kriterium der verwendeten Sprache vollumfänglich verwiesen werden.[665]

Die primär auf den Inhalt der Veröffentlichung ausgerichtete Sichtweise des BGH bietet einen außerordentlich weiten Raum zur Argumentation, der bei der Ermittlung des „besonderen" oder „erheblichen" Interesses der Gefahr beliebiger, widersprüchlicher Entscheidungen Tür und Tor öffnet. Die Ziele von Rechtssicherheit und Vorhersehbarkeit als zentrale Ordnungsinteressen des Internationalen Verfahrensrechts – auf deren Wahrung es dem BGH ausdrücklich ankommt[666] – werden dadurch verfehlt.[667]

---

662 BGH, NJW 2011, 2059, 2061 Rn. 15.

663 A.A. *Brand*, NJW 2011, 2061.

664 *Thorn*, FS v. Hoffmann, S. 746, 761.

665 Siehe oben unter Teil 1, Kap. 5, III., 2., c), (1) (a).

666 BGH, GRUR 2010, 461, 463 Rn. 17.

667 Wie verschachtelt und auch beliebig die Argumentation der Gerichte in der Praxis ausfallen kann, belegt bspw. die Entscheidung des Landgerichts Hamburg vom 24.01.2014: Unter Bezugnahme auf die „New York Times"-Rechtsprechung des BGH bejaht das Landgericht Hamburg bei der Prüfung der Internationalen Zuständigkeit im Rahmen von § 32 ZPO (analog) einen Erfolgsort in Deutschland. Bei der Lokalisierung des Erfolgsortes stellt das Landgericht Hamburg darauf ab, dass das streitgegenständliche Bildmaterial von einer medialen Berichterstattung mit Bezügen zum Nazi-Deutschland begleitet worden sei. Der notwendige Inlandsbezug der Meldung sei gegeben, weil der anhand der Wortwahl hergestellte historische Zusammenhang zum NS-Regime auf ein Kapitel deutscher Geschichte verweise, welches (im Inland) sehr präsent sei. Es würde deshalb naheliegen, dass die Berichterstattung (auch) von deutschen Internetnutzern verfolgt wird. Zudem hätten die Eltern des Klägers Kontakte zu hochrangigen NS-Politikern unterhalten, was den Bezug zur deutschen Geschichte verstärken würde (vgl. LG Hamburg, BeckRS 2014, 02119; vgl. hierzu auch *Gebauer*, IPRax 2014, 513, 516).

(3) *Ort der Interessenkollision als Alternative zur bestimmungsgemäßen Ausrichtung?*

Nicht gefolgt werden kann dem BGH im Hinblick auf seine pauschale Absage an das Kriterium der bestimmungsgemäßen Ausrichtung.[668] Der Senat nutzt die Gelegenheit nicht, zu der bis *dato* von mehreren Instanzgerichten[669] und einer breiten Meinung in der Literatur[670] vertretenen Sichtweise Stellung zu nehmen und sich mit den einzelnen Argumenten auseinanderzusetzen.[671] Der BGH lehnt das Kriterium aus dogmatischen Gründen ab, weil Persönlichkeitsverletzungen - anders als marktbezogene Delikte wie Wettbewerbsverletzungen - unabhängig von der Intention des Verletzers mit der Kenntnisnahme auftreten würden. Hierbei verkennt der BGH, dass das vorgeschlagene Abstellen auf den „Ort der möglichen Interessenkollision" in seiner praktischen Ausführung eins zu eins demjenigen der bestimmungsgemäßen Ausrichtung entsprechen dürfte. Denn bei der Ermittlung des Inlandsbezuges stellt die inhaltsorientierte Sichtweise des BGH auf den Charakter der Webseite, die verwendete Sprache und die Bekanntheit des Verletzten ab. Damit legt er der Erfolgsortbestimmung die gleiche Methodik zu Grunde, die letztendlich auch das Kriterium der bestimmungsgemäßen Ausrichtung vorgibt[672].[673]

Der Ort der Interessenkollision ist deshalb keine taugliche Alternative zum lauterkeitsrechtlichen Kriterium der bestimmungsgemäßen Ausrichtung, zumindest werden beide Ansätze regelmäßig zu denselben Ergebnissen führen.

---

668 So auch *Schlüter*, AfP 2010, 340, 346; *O. Damm*, GRUR 2010, 891, 893.

669 OLG Düsseldorf, AfP 2009, 159, 162; OLG Köln, K&R 2008, 116; OLG Bremen, CR 2000, 770, 771; KG, NJW 1997, 3321; KG, MMR 2007, 653; OLG Düsseldorf, AfP 2009, 159, 162; LG Berlin, MMR 1999, 43; LG Düsseldorf, WM 1997, 1444, 1446.

670 Stein/Jonas/*G. Wagner*, Art. 5 EuGVVO Rn. 174; *Geimer/Schütze*, EuZVR, Art. 5 EuGVVO Rn. 260a; Hoeren/Sieber/Holznagel/*Pichler*, Handbuch Multimedia-Recht, 15. EL, Teil 25 Rn. 210; Schlosser/*Schlosser*, EuZPR, 3. Auflage 2009, Art. 5 EuGVVO Rn. 19b; *O. Damm*, GRUR 2010, 891, 893; *Frey*, ZUM 2010, 527, 528; *Schlüter*, AfP 2010, 340, 346 ff.; *Kropholler/v. Hein*, EuZPR, Art. 5 EuGVVO Rn. 86; Rauscher/*Leible*, EuZPR/EuIPR, Art. 5 Brüssel I-VO Rn. 86i; *Ubber*, WRP 1997, 497, 502 f.; *Ulmer*, ITRB 2009, 252, 254; *Mankowsi*, MMR 2002, 817, 818 (zum Kennzeichenrecht); so im Ergebnis auch *Roth*, Die internationale Zuständigkeit, S. 272 ff., 289, allerdings unter dem Terminus der „Adressatenkreistheorie" und unter Erweiterung durch die Einforderung eines „qualifizierten Inlandsbezugs" der Veröffentlichung; *Ernst*, BB 1997, 1057, 1059 (zum Urheberrecht); wohl auch *Degmair*, K&R 2010, 341, 342.

671 *O. Damm*, GRUR 2010, 891, 893.

672 Siehe oben unter Teil 1, Kap. 5, III., 2.

673 *Kartheuser*, GRUR-Prax 2011, 253.

Sollte das nicht der Fall sein, können Wertungswidersprüche entstehen, wenn es um Sachverhalte geht, in denen sowohl Wettbewerbs- als auch (Unternehmer-) Persönlichkeitsrechte verletzt werden.[674] Denn der BGH hält im Lauterkeitsrecht weiter am Merkmal der bestimmungsgemäßen Ausrichtung fest.[675]

5. Die „eDate Advertising/Martinez"-Entscheidung des EuGH

a) Inhalt der Entscheidung

In der seinerzeit lang erwarteten Entscheidung vom 25.10.2011 konnte der EuGH in der verbundenen Rechtssache „eDate Advertising/Martinez"[676] zu den Vorlagefragen des BGH und des *Tribunal de grande instance de Paris* Stellung nehmen.[677] Knapp zwei Jahre hatte sich der EuGH Zeit für die aufmerksam vom Schrifttum[678] aufgenommene Entscheidung genommen. Neben der Vorlage des BGH lag dem französischen Verfahren[679] ein Sachverhalt zu Grunde, in dem der französische Schauspieler *Olivier Martinez* von der englischen „Murdoch-Gruppe" Unterlassung der auf „www.sundaymirror.co.uk" veröffentlichten Behauptung begehrte, er sei wieder der Freund *Kylie Minogues*. Mit seiner Entscheidung hebt der EuGH die in der Rechtssache „Shevill"[680] für traditionelle Pressedelikte entwickelten Regeln auf eine neue Stufe, indem er ihre Übertragbarkeit auf Persönlichkeitsverletzungen im Internet zwar grundsätzlich bestätigt, sie aber inhaltlich modifiziert. Der EuGH stellt klar, dass sich die der „Shevill"-Entscheidung zu Grunde liegenden Erwägungen zur Einschränkung der Gerichtszuständigkeit auch auf andere Medien und Kommunikationsmittel wie

674 *Schlüter*, AfP 2010, 344, 346; *A. Staudinger*, NJW 2010, 1754.

675 *„Dieses Einschränkungskriterium, das bei marktbezogenen Delikten wie Wettbewerbsverletzungen seine Berechtigung hat […]."* (vgl. BGH, GRUR 2010, 461, 463 Rn. 18).

676 EuGH, Urt. v. 25.10.2011, Az.: C-509/09 = EuZW 2011, 962 ff. – *„eDate Advertising"*.

677 Zur Internationalen Zuständigkeit für Immaterialgüterrechtsverletzungen gemäß Art. 7 Nr. 2 EuGVVO siehe die Entscheidungen des EuGH in den Rechtssachen „Pinckney" und „Hejduk", EuGH, GRUR-Int. 2013, 1073 ff. („Pinckney") und EuGH, GRUR-Int. 2015, 288 ff. („Hejduk"). Eingehend hierzu und im Hinblick auf das Verhältnis zur „eDate Advertising/Martinez"-Entscheidung *Picht/Kopp*, GRUR-Int. 2016, 232 ff.

678 Siehe etwa *Bach*, EuZW 2018, 68, 69 ff.; *Heinze*, EuZW 2011, 947 ff.; *Hess*, JZ 2012, 189 ff.; *v. Hinden*, ZEuP 2012, 940 ff.; *Mankowski*, EWiR 2011, 743 f.; *Picht*, GRUR-Int. 2013, 19 ff.; *Spindler*, AfP 2012, 114 ff. Zahlreiche weitere Nachweise zur ausländischen Literatur ferner bei *W.-H. Roth*, IPRax 2013, 215, 216 f. in Fn. 30.

679 17. Ch. Press-Civile, Nr. Rg. 08/15 331, rendue le 6 julliet 2009.

680 EuGH v. 07.03.1995, Rs. C-68/93, Slg. 1995, I-415 = NJW 1995, 1881 ff.

Veröffentlichungen über das Internet übertragen lassen.[681] Eine Veröffentlichung von Inhalten auf einer Webseite würde sich wegen ihrer ubiquitären Abrufbarkeit indes deutlich von der Verbreitung eines körperlichen Druckerzeugnisses unterscheiden.[682] Denn im WWW könnten die Inhalte unabhängig davon, ob es in der Absicht des Täters lag, dass die Veröffentlichung in einem anderen Land als dem Sitzmitgliedstaat zur Kenntnis genommen wurde, weltweit abgerufen werden.[683] Hierin zeige sich der wesentliche Unterschied zu Printprodukten. Der Nutzen des Verbreitungskriteriums sei aufgrund der weltumspannenden Abrufbarkeit der Inhalte eingeschränkt.[684] Der Gerichtshof kommt deshalb zu dem Ergebnis, dass die in der „Shevill"-Rechtsprechung entwickelten Anknüpfungskriterien dahingehend anzupassen seien, dass das Opfer (neben dem Handlungsort) auch am Erfolgsort einen Gerichtsstand für den gesamten Schaden in Anspruch nehmen kann.[685] Dieser Gerichtsstand darf nach der Rechtsprechung des EuGH aber nur in einem Mitgliedstaat bestehen, und zwar am Ort des „Mittelpunkts der Interessen" des Opfers.[686] Hier sei es dem insofern sachnächsten Gericht möglich, die Auswirkungen der Persönlichkeitsverletzung am gerechtesten zu bewerten.[687] Der Mittelpunkt der Interessen befinde sich im Allgemeinen am gewöhnlichen Aufenthalt des Verletzten.[688] Die Anknüpfung sei jedoch nicht starr zu verstehen. Der Interessenmittelpunkt könne auch in einem anderen Mitgliedstaat belegen sein, in dem sich die verletzte Person nicht gewöhnlich aufhält, sofern andere Indizien – wie etwa die berufliche Tätigkeit – einen besonders engen Bezug zu diesem Staat herstellen.[689] Daneben sei dem Kläger nach den traditionellen Kriterien der Mosaikbeurteilung anheimgestellt, statt einer Haftungsklage auf Ersatz des gesamten Schadens, Teilklagen in jedem Mitgliedstaat zu erheben, in dem der ehrverletzende Inhalt „zugänglich", also abrufbar, ist oder war.[690]

---

681 EuGH, EuZW 2011, 962, 964 Rn. 44; siehe auch die Schlussanträge des Generalanwalts *Cruz Villalón* v. 29.03.2011 -C-C05/09, BeckEuRS 2011, 620212 Rn. 39.

682 EuGH, EuZW 2011, 962, 964 Rn. 45.

683 EuGH, EuZW 2011, 962, 964 Rn. 45.

684 EuGH, EuZW 2011, 962, 964 Rn. 46.

685 EuGH, EuZW 2011, 962, 964 Rn. 48.

686 EuGH, EuZW 2011, 962, 964 Rn. 48.

687 EuGH, EuZW 2011, 962, 964 Rn. 48.

688 EuGH, EuZW 2011, 962, 964 Rn. 49.

689 EuGH, EuZW 2011, 962, 964 Rn. 49.

690 EuGH, EuZW 2011, 962, 963 Rn. 51. Der EuGH hat über den Bereich der Persönlichkeitsverletzungen hinaus in der Rechtssache „Wintersteiger" zum Gerichtsstand bei grenzüberschreitenden Markenrechtsverletzungen seine Rechtsprechung aus „eDate

Damit legt der EuGH einen dreifachen Beklagtengerichtsstand für Persönlichkeitsverletzungen im Internet fest und verbessert so die Rechtsposition des Geschädigten bei Online-Veröffentlichungen gegenüber Verletzungen durch Veröffentlichungen in Print-Presseprodukten erheblich. Demnach kann der Kläger entweder bei den Gerichten des Mitgliedstaates, in dem der Ersatzpflichtige niedergelassen ist, eine Klage auf Ersatz des gesamten Schadens erheben (Handlungsort), oder – und das ist neu – bei den Gerichten des Mitgliedstaates an seinem „Mittelpunkt der Interessen" („Erfolgsort 1"). Anstelle einer Haftungsklage auf Ersatz des gesamten Schadens am Erfolgsort 1 kann der Ersatzberechtigte auch vor jedem Gericht eines Mitgliedstaates Klage erheben, in dessen Hoheitsgebiet der Inhalt zugänglich ist oder war („Erfolgsort 2" oder „Teilerfolgsort"). Allerdings beschränkt sich die Kognitionsbefugnis der Gerichte dann auf den in diesem Gebiet entstandenen Teilschaden.

b) Stellungnahme

Der Gerichtshof überzeugt mit der Aufwertung des deliktischen Gerichtsstands, indem der Geschädigte nunmehr Klage an seinem Heimatort auf Ersatz des gesamten Schadens erheben kann.[691] Damit entkräftet der EuGH die bislang vorherrschende Kritik an der Mosaikbeurteilung, dass der Geschädigte aufgrund der komplizierten und kostenintensiven Bewertung der Einzelschäden gezwungen sei, am Handlungsort auf Ersatz des gesamten Schadens zu klagen. Zudem überzeugt die Schwerpunktbildung am Ort der „intensivsten" Rechtsgutsverletzung aus den genannten Gründen der Sachnähe[692] auch für den Bereich des Zuständigkeitsrechts. Verfehlt ist indessen die uneingeschränkte Übertragung des Mosaikprinzips auf Internetdelikte. Zwar stellt der EuGH zutreffend heraus, dass sich die Veröffentlichung von Inhalten auf einer Webseite aufgrund ihrer globalen Abrufbarkeit von der Verbreitung eines körperlichen Druckerzeugnisses

---

Advertising" bestätigt. Danach kann der Kläger im Fall der Verletzung gewerblicher Schutzrechte durch auf einer Webseite veröffentlichte Inhalte nicht nur am Handlungsortgerichtsstand als dem Ort, an dem der Werbende niedergelassen ist, den gesamten Schaden einklagen. Alternativ komme eine Klage auf Ersatz des Gesamtschadens bei den Gerichten des Mitgliedstaates in Betracht, in welchem die Marke eingetragen ist. Dieser Gerichtsstand befinde sich regelmäßig am gewöhnlichen Aufenthalt bzw. Sitz des klagenden Unternehmens (vgl. EuGH, EuZW 2012, 513 ff.).

691 Kritisch *Bach*, EuZW 2018, 69, 70, der bemängelt, dass mit dem vom EuGH eingeführten „Klägergerichtsstand" nicht die gewünschte Sachnähe zwischen *forum* und schädigendem Ereignis hergestellt wird.

692 Siehe oben unter Teil 1, Kap. 5, IV., 1.

unterscheidet.[693] Er führt den Gedanken aber nicht konsequent zu Ende und verkennt, dass die *ratio dicendi* zur „Verwirklichung des Schadenserfolges" an den Verbreitungsorten des Presseerzeugnisses aus der Rechtssache „Shevill"[694] in Ermangelung eines digitalen Verbreitungsgebietes für Internetdelikte nicht aufrecht erhalten werden kann. Denn dem Kläger wird damit bei Klagen gegen Personen mit Sitz innerhalb des Hoheitsgebiets der Europäischen Union theoretisch immer die Möglichkeit gegeben, in allen 28 Mitgliedstaaten Ersatz für die jeweils eingetretenen Teilschäden zu verlangen, sofern der Inhalt dort auch abrufbar ist oder war.[695] Insofern lebt die bereits im Rahmen der kollisionsrechtlichen Untersuchung geäußerte Kritik[696] auf, dass die Mosaikbeurteilung nicht den erwünschten Effekt einer Einschränkung der in Frage kommenden Erfolgsorte herbeizuführen vermag und den Verletzer bzw. das Medienunternehmen vor ein unkalkulierbares Haftungsrisiko stellt. Unverständlich ist, warum der EuGH nicht ganz auf die Mosaikzuständigkeit der weiteren Erfolgsortgerichtsstände verzichtet und – neben der Anknüpfung an den Handlungsort – nur die Zuständigkeit des Gerichts am Interessenmittelpunkt des Klägers gelten lässt.

6. *Die „Blogeintrag"-Entscheidung des BGH*

Taggleich mit der Entscheidung des EuGH in „eDate Advertising" erließ der BGH am 25.10.2011 ein Urteil[697] zur Haftung eines Host-Providers aus Verletzung zumutbarer Prüfungspflichten bei ehrverletzenden Weblog-Inhalten. In der Sache ging es zudem um die bislang ungeklärte Frage der Verantwortlichkeit eines Hostproviders für (fremde) Weblogeinträge. Der in Deutschland wohnhafte Kläger war sowohl in Deutschland als auch auf Mallorca beruflich tätig. Seine Klage richtete er gegen die in den USA ansässige Beklagte.[698] Abgesehen von den für diese Arbeit nicht relevanten materiellrechtlichen Aussagen hält der BGH an seiner in den Rechtssachen „New York Times" und „7 Tage Moskau" eingeschlagenen Linie fest und zieht bei der Ermittlung der Internationalen Zuständigkeit im Rahmen von § 32 ZPO (analog) weiterhin das Kriterium des

693 EuGH, EuZW 2011, 962, 964 Rn. 45.

694 EuGH, NJW 1995, 1881, 1882 Rn. 28 f.

695 Siehe auch *Gebauer*, IPRax 2014, 513, 516 mit anschaulichem Praxisbeispiel.

696 Siehe oben unter Teil 1, Kap. 5, III., 3., b) (2).

697 BGH, NJW 2012, 148 ff.

698 Diese stellt die technische Infrastruktur für Weblogs und fungiert damit als Hostprovider. In einem solchen von einem Dritten eingerichteten Weblog wurde ehrverletzend über den Kläger berichtet. Der Kläger nahm den Hostprovider auf Unterlassung in Anspruch.

„deutlichen“ Inlandsbezugs heran.[699] Erneut fragt der VI. Zivilsenat danach, ob die Kenntnisnahme der beanstandeten Meldung im Inland nach den Einzelfallumständen erheblich näher liegt, als dies aufgrund ihrer bloßen Abrufbarkeit der Fall ist. Dabei stellt der BGH wieder maßgeblich auf den Inhalt der streitgegenständlichen Webseite ab.[700] Der BGH bejaht den erforderlichen Inlandsbezug der Meldung, weil sich der Weblog an auf Mallorca und in Deutschland ansässige Personen richte, die ein Interesse an den in der Weblog-Überschrift angekündigten „Insiderinfos“ und „Fakten“ hätten.[701] Maßgeblich für die Bejahung einer deutschen Internationalen Zuständigkeit sei, dass der Weblogeintrag in deutscher Sprache verfasst ist und den Kläger unter Angabe seines Wohnortes in Deutschland mit vollem Namen nennt.[702]

Relativ „unbemerkt“ überträgt der BGH zudem (erstmals) die in „New York Times“ und „7 Tage Moskau“ entwickelten Grundsätze auf die Erfolgsortbestimmung nach Art. 40 Abs. 1 S. 2 EGBGB. Zwar fallen die Ausführungen zum anwendbaren Recht schlaglichtartig aus. Sie enthalten aber die gewichtige Aussage, dass es dem BGH auch für die Konkretisierung des kollisionsrechtlichen Erfolgsortes bei Internetdelikten (lediglich) auf den „deutlichen“ Inlandsbezug der Meldung ankommt.[703] Das Gericht bejaht die Anwendbarkeit deutschen Rechts, weil der Kläger in Deutschland wohnhaft und hier geschäftlich tätig sei. Daraus leitet der BGH eine Verletzung des Allgemeinen Persönlichkeitsrechts im Inland ab, weil

> *„[...] hier [...] sein Interesse an der Unterlassung der ehrverletzenden Veröffentlichung mit dem Interesse des Bloggers, ein deutsches Publikum über die behaupteten Machenschaften des Klägers zu informieren (kollidiert).“*[704]

7. *Die „Google Autocomplete“-Entscheidung des BGH*

In seiner „Google Autocomplete“-Entscheidung[705] vom 14.05.2013 hatte der VI. Zivilsenat Gelegenheit, seine Rechtsprechung zur Konkretisierung des zuständigkeitsrechtlichen Erfolgsortes im Internet mit der Rechtsprechung des

---

699 BGH, NJW 2012, 148, 149 Rn. 11.
700 BGH, NJW 2012, 148, 149 Rn. 12.
701 BGH, NJW 2012, 148, 149 Rn. 12.
702 BGH, NJW 2012, 148, 149 Rn. 12.
703 BGH, NJW 2012, 148, 149 Rn. 16.
704 BGH, NJW 2012, 148, 149 Rn. 16.
705 BGH, NJW 2013, 2348 ff.; eingehend zur Entscheidung *Gounalakis*, NJW 2013, 2321 ff.; *Hager*, JA 2013, 630 ff.; *Mäsch*, JuS 2013, 841 ff.; *Gebauer*, IPRax 2014, 513 ff.

EuGH aus „eDate Advertising" abzugleichen. Zusammen mit ihrem Gründer und Vorstandsvorsitzenden wehrte sich die Klägerin gegen persönlichkeitsrechtsverletzende Suchvorschläge, die im Rahmen der sog. Autocomplete-Funktion der Internet-Suchmaschine „Google" bei ihrer Namenseingabe erschienen waren. Dem Urteil des BGH liegen im Schwerpunkt Fragen sachrechtlicher Natur zu Grunde. Hinsichtlich der Konkretisierung des zuständigkeitsrechtlichen Erfolgsortes im Rahmen von § 32 ZPO (analog) distanziert sich der VI. Zivilsenat ausdrücklich von der Rechtsprechung des EuGH aus „eDate Advertising/Martinez". Zwar hatte der BGH zuvor bei der Fortführung des Ausgangsverfahrens, das zur Vorlage an den EuGH geführt hatte, die modifizierte Mosaikbeurteilung des EuGH umgesetzt.[706] In der sich anschließenden Rechtssache „Google Autocomplete" geht der BGH aber mit keinem Wort auf das Lösungsmodell des EuGH ein und zitiert allein seine eigene Rechtsprechung aus „New York Times" und „7 Tage Moskau".[707] Der Senat bejaht die Internationale Zuständigkeit deutscher Gerichte in entsprechender Anwendung von § 32 ZPO, weil eine Kenntnisnahme der beanstandeten Suchergänzungsvorschläge im Inland erheblich näher liegen würde, als es aufgrund der bloßen Abrufbarkeit der Information der Fall wäre.[708] In kollisionsrechtlicher Hinsicht bestätigt der VI. Zivilsenat die Übertragbarkeit der Rechtsprechung aus „New York Times" und „7 Tage Moskau" auf die Erfolgsortbestimmung nach Art. 40 Abs. 1 S. 2 EGBGB.[709] Sein Heimwärtsstreben wurde dem BGH allerdings leicht gemacht, weil beide Kläger in Deutschland wohnhaft waren bzw. ihren Sitz in Deutschland hatten.

---

706 BGH, IPRax 2013, 252 Rn. 16 ff.

707 BGH, NJW 2013, 2348 Rn. 7; *Gebauer*, IPRax 2014, 513, 515.

708 BGH, NJW 2013, 2348 Rn. 7.

709 BGH, NJW 2013, 2348 Rn. 10: *„Der nach Art. 40 Abs. 1 S. 2 EGBGB maßgebliche Erfolgsort liegt in Deutschland. Hier wird die Achtung des in Deutschland wohnhaften Kl. zu 2 bzw. der Kl. zu 1 mit Sitz in Deutschland gestört bzw. gefährdet."* Dem folgend auch OLG Stuttgart, NJW-RR 2014, 423, 424: *„[…] weil der nach Art. 40 I 2 EGBGB maßgebliche Erfolgsort in Deutschland liegt; nachdem der Kl. in Deutschland wohnt und mithin hier in seinem Persönlichkeitsrecht betroffen ist; sein Interesse an der Unterlassung der ehrverletzenden Veröffentlichung kollidiert auch im Inland mit dem Interesse der Bekl. bzw. des Autors des beanstandeten Beitrags, ein deutsches Publikum über den Kl. zu informieren".*

8. *Die „Bolagsupplysningen"-Entscheidung des EuGH*

a) Inhalt der Entscheidung

Im Anschluss an die Rechtssache „eDate Advertising/Martinez" hatte der EuGH in seiner „Bolagsupplysningen"-Entscheidung[710] vom 17.10.2017 Gelegenheit, sich erneut mit der Übertragung der Mosaiktheorie auf Internetdelikte auseinanderzusetzen und seine Rechtsprechung im Hinblick auf die Bestimmung des „Interessenmittelpunktes" juristischer Personen zu konkretisieren. Der EuGH hatte u.a. darüber zu befinden, ob die „eDate Advertising"-Doktrin zum „Mittelpunkt der Interessen" des Verletzten auf juristische Personen übertragbar ist und, falls ja, nach welchen Kriterien sich dieser einheitliche Erfolgsort bestimmt.[711] In seiner Entscheidung bestätigt der EuGH seine bisherige Rechtsprechung, wonach der Kläger im Fall von Internetdelikten neben dem Handlungs- und Erfolgsort für das Recht am Mittelpunkt seiner Interessen optieren kann. Der EuGH nutzt zudem die Gelegenheit, seine Begründungen im Hinblick auf die folgenden vier Grundaussagen zu konkretisieren:

(i) Entgegen den Ratschlägen des Generalbundesanwalts *Bobek*[712] sei weiterhin an dem von ihm modifizierten Mosaikprinzip

---

710 EuGH, Urt. v. 17.10.2017, Az.: C-194/16 = EuZW 2018, 91 ff. – *„Bolagsupplysningen"* oder auch *„Svensk Handel"*. Eingehend zur Entscheidung im Kontext der „eDate Advertising"-Doktrin *Kindler*, GRUR 2018, 1107 ff.; *Bach*, EuZW 2018, 69, 71 ff.

711 In dem der Entscheidung zugrunde liegenden Sachverhalt wehrte sich die Bolagsupplysningen, eine Gesellschaft estnischen Rechts, gegen die schwedische Svensk Handel und beantragte vor einem Gericht des Heimatortes die auf der Webseite der Beklagten veröffentlichten, rufschädigenden Kommentare zu entfernen und richtigzustellen sowie die Beklagte zur Zahlung von Schadensersatz zu verurteilen. Die Beklagte hatte die Bolagsupplysningen in einer auf ihrer Webseite geführten „schwarzen Liste" aufgenommen und behauptet, sie betreibe „Betrug und Gaunerei". Die Bolagsupplysningen machte geltend, der Mittelpunkt ihrer Interessen nach „eDate Advertising" sei in Estland, obwohl sie (auch) geschäftlich in Schweden aktiv sei. Hierfür würde der Umstand streiten, dass sich sämtliche für das Management, die Buchhaltung, die Unternehmensentwicklung und das Personal zuständigen Abteilungen in Estland befänden und ihre Unternehmensgewinne zudem von Schweden nach Estland überwiesen würden. Die von den veröffentlichten Inhalten ausgehende Rechtsverletzung sei für sie daher ausschließlich im Forumstaat „spürbar" geworden.

712 Der Generalanwalt *Bobek* hatte in seinen Schlussanträgen im Hinblick auf die Risiken des Internets für die Persönlichkeitsrechte ironisch von einer *„Ära der im Internet gepflegten anonymen Tapferkeit, die allgemein für höflichen Stil, scharfen Verstand und Mäßigung bekannt ist"* gesprochen (vgl. *Bobek*, Schlussanträge v. 13.07.2017,

festzuhalten, wonach es neben dem Handlungsort zwei weitere Erfolgsorte gibt.[713]

(ii) Im Zusammenhang mit der Verletzung von Persönlichkeitsrechten durch das Internet könne nicht zwischen natürlichen und juristischen Personen unterschieden werden. Auch juristische Personen würden einen Mittelpunkt der Interessen aufweisen. Denn die Vorschrift des Art. 7 Nr. 2 EuGVVO diene nicht dem Schutz der schwächeren Partei, sondern dem Interesse einer geordneten Rechtspflege und damit insbesondere dem Primat größtmöglicher Sachnähe.[714]

(iii) Bei der Bestimmung des Interessenmittelpunkts wirtschaftlich aktiver juristischer Personen sei nach demjenigen Ort zu forschen, an dem der wesentliche Teil der „wirtschaftlichen Tätigkeit" des betroffenen Unternehmens ausgeübt wird. In Fortführung seiner Rechtsprechung aus „eDate Advertising/Martinez" müsse bei einer juristischen Person der Mittelpunkt der Interessen den Ort widerspiegeln, an dem ihr geschäftliches Ansehen am gefestigsten ist, weil sich hier die Persönlichkeitsverletzung am spürbarsten verwirkliche.[715] Dies sei dort der Fall, wo die betroffene Person den wesentlichen Teil ihrer wirtschaftlichen Tätigkeit ausübt. Der Mittelpunkt

---

ECLI:EU:C:2017:554 = BeckRS 2017, 116694 Rn. 1) und dafür plädiert, die vom EuGH entwickelten Grundsätze zur Bestimmung der Gerichtszuständigkeit dahingehend anzupassen, dass dem Kläger lediglich zwei mögliche anrufbare Gerichte zur Verfügung gestellt werden: der erste am Wohnort des Beklagten, der auch dem Ort des Ursprungs des Schadens entspricht. Der zweite am Mittelpunkt der Interessen des Klägers, der dem Ort entspricht, wo der Schaden eingetreten ist (vgl. *Bobek*, Schlussanträge v. 13.07.2017, ECLI:EU:C:2017:554 = BeckRS 2017, 116694 Rn. 97). Die Übertragung der Shevill-Doktrin bezeichnete *Bobek* als *„Wurzel des gegenwärtigen Problems"* (vgl. *Bobek*, Schlussanträge v. 13.07.2017, ECLI:EU:C:2017:554 = BeckRS 2017, 116694 Rn. 77) und stellte die Mosaikzuständigkeit in aller Deutlichkeit in Frage: *„Wenn nun der Kläger bei seinem eigenen Gericht den gesamten Schaden, der ihm entstanden sein soll, geltend macht, gäbe es dann für ihn einen vernünftigen Anlass, „partiellen" Schadensersatz in einer Reihe anderer Staaten zu sammeln? Ich sehe nicht, wie der Zugriff auf weitere 27 Gerichtswege einer Partei helfen sollte, wenn man von der dem Kläger offensichtlich eröffneten Möglichkeit absieht, den Beklagten durch belastende, vor mehreren Gerichten geführte Klagen zu bedrängen. Das Risiko einer Belästigung wurde bereits im Zusammenhang mit der Rechtssache Shevill erörtert. Dieser Gesichtspunkt wird aber in Zeiten des Internets ziemlich offenkundig."* (vgl. *Bobek*, Schlussanträge v. 13.07.2017, ECLI:EU:C:2017:554 = BeckRS 2017, 116694 Rn. 88).

713 EuGH, EuZW 2018, 91, 92 ff. Rn. 31–35 und 47.

714 EuGH, EuZW 2018, 91, 93 Rn. 38.

715 EuGH, EuZW 2018, 91, 93 Rn. 41 f.

der Interessen einer juristischen Person könne zwar mit dem Ort ihres satzungsmäßigen Sitzes zusammenfallen, wenn sie in dem Mitgliedstaat, in dem sich dieser Sitz befindet, ihre gesamte oder den wesentlichen Teil ihrer Tätigkeit ausübt und deshalb das Ansehen, über das sie dort verfügt, größer ist als in jedem anderen Mitgliedstaat.[716] Der Ort des Sitzes sei für sich genommen im Rahmen einer solchen Prüfung aber kein entscheidendes Kriterium. Übt die betreffende juristische Person, wie in dem der Entscheidung zugrunde liegenden Sachverhalt, den größten Teil ihrer Tätigkeit in einem anderen Mitgliedstaat als dem ihres satzungsmäßigen Sitzes aus, sei davon auszugehen, dass ihr geschäftliches Ansehen, das durch die streitige Veröffentlichung beeinträchtigt werden kann, in diesem Mitgliedstaat größer ist als in irgendeinem anderen Mitgliedstaat und dass deshalb eine Beeinträchtigung dieses Ansehens dort am stärksten spürbar wäre.[717]

(iv) Schließlich befasst sich der EuGH mit von dem vorstehenden Themenschwerpunkt entkoppelten Frage, ob die Richtigstellung sowie Entfernung von ehrverletzenden Äußerungen im Internet vor den Gerichten jedes Mitgliedstaats verfolgt werden kann, in dessen Hoheitsgebiet die im Internet veröffentlichten Informationen zugänglich sind oder waren. Diese Frage verneint der EuGH und kommt zu dem Ergebnis, dass ein auf die Richtigstellung und Beseitigung gerichteter Antrag – anders als Schadensersatzforderungen in Geld – einheitlich und untrennbar sei und deshalb nur vor demjenigen Gericht erhoben werden könne, welches für die Entscheidung über einen Antrag auf Ersatz des gesamten Schadens (also mit unbegrenzter Kognitionsbefugnis) zuständig ist.[718]

b) Stellungnahme

Die Entscheidung des EuGH ist, soweit sie Klarstellungen zur Bestimmung des Mittelpunkts der Interessen juristischer Personen schafft, zu begrüßen. Im Übrigen gibt sie aus den folgenden zwei Gründen Anlass für Kritik:[719]

Die Herangehensweise des EuGH führt in der Rechtsanwendung zu einer unterschiedlichen Behandlung natürlicher und juristischer Personen. Denn bei

716 EuGH, EuZW 2018, 91, 93 Rn. 41.

717 EuGH, EuZW 2018, 91, 93 Rn. 42.

718 EuGH, EuZW 2018, 91, 94 Rn. 47 f.

719 Sich mit dem Inhalt der Entscheidung kritisch auseinandersetzend auch *Bach*, EuZW 2018, 68 ff.; *ders.*, NJW 2017, 3433, 3436; *Krüger/Pförtner*, JA 2018, 409 ff.; *Hau*, GRUR 2018, 163 ff.; *Stolz*, GRUR-Prax 2017, 566.

natürlichen Personen fällt der Interessenmittelpunkt *de iure* zwar nicht zwingend, *de facto* aber in aller Regel zusammen. Gewöhnlicher Aufenthalt und Interessenmittelpunkt stimmen hier regelmäßig überein.[720] Anders verhält es sich hingegen bei juristischen Personen, bei denen der Interessenmittelpunkt regelmäßig nicht dem Satzungssitz entsprechen wird. Hiervon geht auch der EuGH aus, wenn er anführt, bei einer wirtschaftlich tätigen juristischen Person sei der Mittelpunkt ihrer Interessen dort zu lokalisieren, „wo sie den wesentlichen Teil ihrer wirtschaftlichen Tätigkeit ausübt". Dies könne, müsse aber nicht der Ort ihres satzungsmäßigen Sitzes sein. Anders als bei natürlichen Personen ist der gewöhnliche Aufenthalt damit erklärtermaßen „allenfalls" ein Indiz. Die Anknüpfung bei natürlichen Personen erfolgt nach „eDate Advertising/Martinez" zwar auch nicht generell-abstrakt am gewöhnlichen Aufenthalt. Die Umstände der Persönlichkeitsverletzung und das Maß des verletzten Ansehens können hier ebenfalls zu einem anderen Forum führen als demjenigen am gewöhnlichen Aufenthalt des Betroffenen. Entscheidend ist jedoch, dass der EuGH in „eDate Advertising/Martinez" für natürliche Personen noch geurteilt hatte, dass im Regelfall auf den gewöhnlichen Aufenthalt abzustellen sei. Diese Maßgaben gelten nach „Bolagsupplysningen" für juristische Personen nicht, da es hier zu einer Umkehrung des Regel-Ausnahme-Prinzips kommt (Regel = Ort des geschäftlichen Ansehens; Ausnahme = Satzungssitz). Damit erfolgt die Bestimmung der Gerichtszuständigkeit bei juristischen Personen sachnäher, als bei natürlicher Personen. Das muss nicht nur positiv sein, weil eine betroffene Gesellschaft durchaus ein berechtigtes Interesse haben kann, in jedem Fall im Land ihres Sitzes Klage auf Erstattung des gesamten Schadens zu erheben. Bei näherem Hinsehen werden natürliche und juristische Personen von dem EuGH mithin nicht gleich behandelt.

Daneben gelingt es dem EuGH nicht aufzuzeigen, nach welchen Kriterien der Interessenmittelpunkt juristischer Personen konkret zu bestimmen ist. Kommt es auf den Ort an, an dem das geschäftliche Ansehen am gefestigsten ist, oder auf den Ort, wo der wesentliche Teil der wirtschaftlichen Tätigkeit ausgeübt wird – die Verletzung sich mithin (auch) monetär am spürbarsten auswirkt? Die Aspekte, die der EuGH insofern nennt, sind nicht konsistent. Es sind durchaus Fallgestaltungen denkbar, in denen ein Unternehmen in einem bestimmten Land zwar ein hohes Ansehen genießt, sich der Schwerpunkt der unternehmerischen

---

720 So auch Spindler/Schuster/*Weller/Nordmeier*, Recht der elektronischen Medien, 4. Teil, Art. 30 Rom II-VO Rn. 3; siehe auch oben unter Teil 1., Kap. 5, III., 6., c), (2) (d).

Tätigkeit aber in einem anderen Land entfaltet. Zudem ist fraglich, nach welchen Kriterien sich das Ansehen eines Unternehmens bestimmen lassen kann und ob eine territoriale Aufteilung des Ansehens in unterschiedliche Grade überhaupt praktisch möglich ist. Unklar ist in diesem Zusammenhang auch, was unter „wirtschaftlicher Tätigkeit“ zu verstehen ist. Meint der EuGH möglicherweise den Ort, an dem die meisten Umsätze erzielt werden oder kommt es auf den Ort an, an dem die meisten Waren verkauft werden oder der größte Anteil der angebotenen Dienstleistungen erbracht wird? Weiterhin bleibt im Dunkeln, ob es nur auf den satzungsmäßigen Sitz der Gesellschaft ankommt oder auch der Sitz der (Haupt-)Verwaltung eine Rolle spielen darf. Die von dem EuGH vorgeschlagenen Kriterien sind daher vage und sorgen nicht für die gewünschte Rechtsklarheit.

Überzeugend wäre es schließlich gewesen, wenn der EuGH dem Vorschlag des Generalanwalts *Bobek*[721] gefolgt wäre und die Mosaikzuständigkeit am „Erfolgsort 2“ bzw. den Teilerfolgsorten der einzelnen Abrufstaaten zugunsten einer einheitlichen Anknüpfung am „Erfolgsort 1“ aufgegeben hätte.

IV. Zusammenfassung

Bei der Lokalisierung des Erfolgsortes von Persönlichkeitsverletzungen gehen der BGH und der EuGH zwei grundlegend verschiedene Wege. Der EuGH hält an dem Gerichtsstand fest, an dem die Information abrufbar ist und versucht das Problem ausufernder Erfolgsorte durch eine Übertragung der Mosaikbeurteilung und eine Beschränkung der Kognitionsbefugnis der Foren in den einzelnen Abrufstaaten zu bewältigen. Zusätzlich schafft der EuGH einen weiteren Gerichtsstand, den er am „Interessenmittelpunkt“ des Verletzten fixiert. Im Gegensatz zu diesem klägerfreundlichen und so (vordergründig) opferorientierten Ansatz befürwortet der BGH mit der Frage nach dem Ort der möglichen Interessenkollision ein sachrechtliches Abwägungsmodell[722], das weniger die Person des Geschädigten in den Blick nimmt, sondern sich einzelfallbezogen auf die streitgegenständliche Äußerung konzentriert. Beide Ansätze unterscheiden sich damit in der jeweils eingenommenen Perspektive.[723]

Aus zuständigkeitsrechtlicher Sicht vermag keine der beiden Vorgehensweisen (vollständig) zu überzeugen. Zwar konnte der BGH in den Rechtssachen

721 *Bobek*, Schlussanträge v. 13.07.2017, ECLI:EU:C:2017:554 = BeckRS 2017, 116694 Rn. 88.

722 *Spickhoff*, IPRax 2011, 131, 132; *Gebauer*, IPRax 2014, 513, 515.

723 *Bach*, EuZW 2018, 69, 73.

„New York Times“ und „7 Tage Moskau“ noch nicht damit rechnen, welchen Weg der EuGH auf seine Vorlage gehen würde. Mit seiner „Google Autocomplete“-Entscheidung stellt der BGH seine abweichende Rechtsauffassung allerdings unmissverständlich klar und positioniert sich gegen einen möglichen Gleichlauf zwischen dem autonomen deutschen und dem Europäischen Internationalen Verfahrensrecht.[724] Dieses Vorgehen des BGH ist an sich nicht zu beanstanden, denn die Judikatur des EuGH entfaltet keine Wirksamkeit für die Auslegung der Vorschriften der ZPO.[725] In der Sache steht die Herangehensweise des BGH aber im Widerspruch zu dem Interesse am Auslegungsgleichlauf mit dem Europäischen Recht,[726] welches das Gericht sowohl in der „New York Times“-Entscheidung[727] als auch im Vorlagebeschluss in der Rechtssache „eDate Advertising“[728] ausdrücklich herausgestellt hat.

Die Konsequenzen der Gabelung zwischen den beiden Auslegungslinien sind für die Rechtspraxis misslich: je nach Anwendung von Art. 7 Nr. 2 EuGVVO auf innereuropäische Sachverhalte oder § 32 ZPO (analog) auf Streitigkeiten mit drittstaatlichem Bezug folgt die Prüfung des anwendbaren Rechts grundlegend unterschiedlichen Maßgaben. Für den Rechtsunterworfenen kann dies tiefgreifende Folgen haben, was sich am Fall „7 Tage Moskau“ illustrieren lässt: hätte der BGH in seiner Entscheidung den vom EuGH verfolgten Ansatz vertreten, wäre die Internationale Zuständigkeit deutscher Gerichte zu bejahen gewesen. Denn der „Mittelpunkt der Interessen“ des im Inland wohnhaften Klägers hätte sich in Deutschland befunden und das Landgericht Köln wäre als Erfolgsortgericht für die Geltendmachung des gesamten Schadens zuständig gewesen.

V. Kollisionsrechtliche Beurteilung

Im Anschluss an die Würdigung der Rechtsprechung von EuGH und BGH im zuständigkeitsrechtlichen Kontext stellt sich die Frage nach der kollisionsrechtlichen Beurteilung der Lösungsansätze. Fast beiläufig hat der BGH in seiner „Blogeintrag“-Entscheidung die Übertragbarkeit seiner Doktrin aus „New York Times“ und „7 Tage Moskau“ auf die Erfolgsortbestimmung nach Art. 40 Abs. 1 S. 2 EGBGB bestätigt.[729] Aber lässt sich das Lösungsmodell so ohne weiteres auf

---

724 Siehe zuletzt auch BGH, ZUM-RD 2019, 203, 206.

725 Urteile des EuGH binden Gerichte lediglich bei der Auslegung von Unionsrecht, Calliess/Ruffert/*Wegener*, Art. 267 AEUV Rn. 49 ff.

726 BGH, NJW 2003, 828, 830.

727 BGH, GRUR 2010, 461, 462 Rn. 13.

728 BGH, EuZW 2010, 313, 314 Rn. 11.

729 Siehe oben unter Teil 1, Kap. 6, III., 6.

das auf anderen Denkansätzen und Prinzipien aufbauende Kollisionsrecht übertragen? Oder sind dem vom VI. Zivilsenat insofern angenommenen Gleichlauf von IZVR und IPR möglicherweise Grenzen gesetzt, weil sich Wertungswidersprüche zwischen beiden Rechtsbereichen auftun („Negativtest“[730])? Dieser Aspekt ist bislang weder von der Rechtsprechung selbst noch von der Literatur kritisch hinterfragt worden und soll im Folgenden näher beleuchtet werden. Fraglich ist daneben mit Blick auf Art. 7 Nr. 2 EuGVVO auch, welche Schlüsse sich aus der der Rechtsprechung des EuGH zum Erfolgsort am Mittelpunkt der Interessen des Betroffenen für die kollisionsrechtliche Analyse ziehen lassen.

1. „Hinreichender“ bzw. „besonderer“ bzw. „deutlicher“ Inlandsbezug nach dem BGH

a) Fehlende Allseitigkeit des Kollisionssatzes

Die auf das Zuständigkeitsrecht zugeschnittene Lösung des BGH, den relevanten Erfolgsort unter Bezugnahme auf einen „hinreichenden“ bzw. „besonderen“ Inlandsbezug der Meldung zu konkretisieren, der eine Persönlichkeitsverletzung im Inland „nahelegt“[731], eignet sich für die Auslegung von Art. 40 Abs. 1 S. 2 EGBGB im Fall von Internetdelikten nicht.[732] Dabei sind es in erster Linie gar nicht einmal die aufgezeigten Schwierigkeiten der zweistufigen Prüfungsfolge und die nur eingeschränkte Eignung der für die Bestimmung des „besonderen“ Inlandsbezugs vorgeschlagenen Kriterien zur Ermittlung des potenziellen Adressatenkreises, die das Lösungsmodell für das Kollisionsrecht nicht überzeugen lassen. Vielmehr ist der vom VI. Zivilsenat vertretene Ansatz deshalb für das Kollisionsrecht abzulehnen, weil er bei der Bildung einer (allseitigen) Kollisionsnorm verfehlt ist. Denn soweit man die Anwendung einer IPR-Norm von einem – wie auch immer gelagerten – Inlandsbezug der streitgegenständlichen Äußerung abhängig macht, gilt die Anknüpfung nicht „in jedem Fall“[733]. Es liegt dann allenfalls eine einseitige Kollisionsnorm vor, die sich nicht als Anknüpfungsregel mit Allgemeingültigkeitscharakter eignet.

Im deutschen IPR lassen sich „allseitige“ und „einseitige“ Kollisionsnormen unterscheiden.[734] Einseitige Kollisionsnormen legen nur die Reichweite des am

730 Siehe oben unter Teil 1, Kap. 6., II., 4.

731 BGH, GRUR 2010, 461, 463 Rn. 21.

732 A.A. MüKo-BGB/*Rixecker*, Anh. § 12 Allg. PersönlR, Rn. 28; Palandt/*Thorn*, Art. 40 EGBGB Rn. 10; wohl auch Erman/*Hohloch*, Art. 40 EGBGB Rn. 18c.

733 *Krätschmer*, Die Integration von Staatsverträgen, S. 146.

734 Eingehend *v. Bar/Mankowski*, IPR I, § 1 Rn. 16 f.; MüKo-BGB/*Sonnenberger*, 5. Auflage 2010, Einl. IPR Rn. 474 ff.; *Rauscher*, IPR, Rn. 171 ff. Die Terminologie ist

Gerichtsort geltenden Rechts fest und treffen keine Aussage darüber, welches Recht im Fall einer negativen Entscheidung anwendbar ist.[735] Demgegenüber ist eine Kollisionsnorm „allseitig", wenn sie im Hinblick auf ein konkretes Rechtsverhältnis das anwendbare Recht aufgrund abstrakter Kriterien beschreibt und auf alle Konstellationen anwendbar ist.[736] Allseitige Kollisionsnormen treffen eine Aussage darüber, „wann eigenes oder fremdes Recht anzuwenden ist"[737]. Wie anhand der Gegenüberstellung der dem IPR und dem IZVR innewohnenden Wertungen deutlich geworden ist,[738] ist das Internationale Zuständigkeitsrecht im Regelungsgegenstand limitierter als das universalistisch ausgerichtete Kollisionsrecht.[739] Das IPR ist stets räumlich auf eine Rechtsordnung fixiert; im Internationalen Verfahrensrecht häufen sich hingegen die Fälle, in denen konkurrierende Foren ermittelt werden. Dem IZVR genügt zudem jede Beziehung, die einen hinreichend engen Bezug zwischen Gerichtsstaat bzw. Forum und Sachverhalt gewährleistet.[740] Anders liegt es im Kollisionsrecht, dessen Grundfragen sich nach dem sachnächsten Recht richten.[741] Ziel des Kollisionsrecht ist, das *eine* anwendbare Sachrecht zu bestimmen.[742]

---

uneinheitlich. Teilweise werden sie auch als „unvollkommen" oder „unvollständig" bezeichnet. Daneben werden auch unterschieden: „offene" und „versteckte", „gesamtverweisende" und „sachnormverweisende" sowie „unbedingte" und „bedingte" Kollisionsnormen (vgl. MüKo-BGB/*Sonnenberger*, 5. Auflage 2010, Einl. IPR Rn. 464 ff.).

735 MüKo-BGB/*Sonnenberger*, 5. Auflage 2010, Einl. IPR Rn. 474; *v. Bar/Mankowski*, IPR I, § 1 Rn. 17. Das deutsche IPR im EGBGB a.F. bestand größtenteils aus einseitigen Kollisionsnormen.

736 *Rauscher*, IPR, Rn. 173.

737 MüKo-BGB/*Sonnenberger*, 5. Auflage 2010, Einl. IPR Rn. 475.

738 Siehe oben unter Teil 1, Kap. 6, II., 2.

739 Das IPR bietet für sämtliche in Frage kommenden Sachverhalte durch das System der allseitigen Kollisionsnorm eine Lösung, das IZVR gibt hingegen *a priori* lediglich für die inländischen Gerichte Vorschriften, *Geimer*, IZPR, Rn. 19.

740 *Mankowski*, FS Heldrich, S. 869; *Geimer*, IZPR, Rn. 1043.

741 *Mankowski*, FS Heldrich, S. 868.

742 *Schack*, Kohärenz im europäischen Internationalen Deliktsrecht, S. 279, 286; vgl. auch MüKo-BGB/*Sonnenberger*, 5. Auflage 2010, Einl. IPR Rn. 22, 476; *v. Bar/Mankowski*, IPR I, § 1 Rn. 17. Allseitigkeit garantiert auch kollisionsrechtliche Gerechtigkeit und entspricht dem Leitbild der Gleichberechtigung der Rechtsordnungen des Privatrechts (vgl. *v. Bar/Mankowski*, IPR I, § 1 Rn. 17). Entsprechend war es auch eines der zentralen Ziele der IPR-Reform von 1986, allseitige Kollisionsnormen zu formulieren, um die in Folge verfehlter rechtspolitischer Wertungen überwiegend einseitig formulierten Vorschriften des EGBGB a.F. abzulösen (vgl. MüKo-BGB/*Sonnenberger*, 5. Auflage 2010, Einl. IPR Rn. 478).

Diese Voraussetzungen erfüllt das vom BGH vorgeschlagene Kriterium des „deutlichen" oder „hinreichenden Inlandsbezugs" am Ort der Interessenkollision nicht.[743] Wie zuletzt auch in seiner Entscheidung vom 24.07.2018[744] deutlich geworden ist, fragt der BGH nicht „wo" sich der Ort der Interessenkollision befindet, sondern lediglich „ob" der Ort der Interessenkollision (auch) im Inland liegt (*lex fori* „ja" oder „nein"). Der Ansatz kommt damit gerade keiner Schwerpunktlösung gleich, bei der möglicherweise unter allen denkbaren Verletzungsorten derjenige für anknüpfungsrelevant erklärt wird, an dem die Persönlichkeitsbeeinträchtigung am stärksten spürbar ist.[745] Auf die kollisionsrechtlich entscheidende Frage, welches *eine* Sachrecht auf den Fall Anwendung finden soll, wenn die *lex fori* nicht in Betracht kommt, weil sich anhand der Auslegung der streitgegenständlichen Äußerung kein Inlandsbezug ermitteln lässt, vermag der Lösungsansatz keine Antwort zu liefern. Die Herangehensweise des BGH besteht deshalb im Ergebnis nicht den genannten „Negativtest"[746] und ist für das IPR abzulehnen.

b) Anwendbares Recht als bloße Folge des Zuständigkeitsrecht

Aufgrund seiner fehlenden Eignung zur Allseitigkeit wird der vom BGH vorgeschlagene Weg die Rechtspraxis dazu verleiten, die Frage des anwendbaren Rechts unzulässiger Weise als bloße Folge der Internationalen Zuständigkeit zu behandeln. So hatte etwa das des Landgericht Berlin in seinem Urteil vom 30.09.2010[747] über eine Klage eines gemeinnützigen Vereins zu entscheiden, der sich gegen eine ehrverletzende Printberichterstattung in einer türkischen Tageszeitung sowie der darauf folgenden Onlinearchivierung wehrte. Unter ausdrücklicher Bezugnahme auf die vom BGH im „New York Times"-Urteil postulierten Grundsätze bejahte das Landgericht Berlin seine Internationale Zuständigkeit. Die Anwendung deutschen Sachrechts begründete das Gericht mit der knappen Feststellung:

---

743 In der kollisionsrechtlichen Literatur wird ein vergleichbarer Ansatz nur von *Lütcke*, Persönlichkeitsverletzungen im Internet, S. 129 ff., vertreten.

744 BGH, ZUM-RD 2019, 203, 206.

745 So aber missverständlich BeckOGK/*Fornasier*, Art. 40 EGBG Rn. 90, der zuvor noch konstatiert, dass die „Interessenkollision", auf die der BGH zur Lokalisierung des Schadenserfolgs abstellt, *„an mehreren Orten und damit auch in unterschiedlichen Staaten auftreten kann"*, vgl. BeckOGK/*Fornasier*, Art. 40 EGBG Rn. 87.

746 Siehe oben unter Teil 1, Kap. 6, II.4.

747 LG Berlin v. 30.09.2010, 27 O 421/10, BeckRS 2011, 18614.

> *„Dass sich der Erfolgsort der unerlaubten Handlung in Deutschland befindet, wurde bereits ausgeführt“.*[748]

Eine Prüfung des anwendbaren Rechts fand damit gar nicht statt. Dieser Umstand ist misslich, weil im konkreten Fall möglicherweise die Anwendung eines räumlich anderen, fremden Rechts überwiegenden Partei-, Verkehrs- oder Ordnungsinteressen entsprochen hätte.[749]

c) *Multiplizierung der Erfolgsorte*

Bei einer Heranziehung der Rechtsprechung des BGH für die Auslegung von Art. 40 Abs. 1 S. 2 EGBGB würde zudem das vom VI. Zivilsenat verfolgte Ziel verfehlt, die sich aus der Abrufbarkeit von Internetinhalten ergebende Kumulation von Erfolgsorten einzuschränken. So mag es dem BGH in der Rechtssachen „Blogeintrag“ oder „Google Autocomplete“ leicht gefallen sein, (auch) den kollisionsrechtlichen Erfolgsort in Deutschland zu bejahen, weil die Kläger in Deutschland wohnhaft waren bzw. hier ihren Gesellschaftssitz hatten und die Faktoren: verwendete Sprache, geschäftliche Aktivitäten und Interesse am Inhalt, geeignet waren, den erforderlichen Inlandsbezug herzustellen. Wie aber wäre zu entscheiden gewesen, wenn die Kläger geltend gemacht hätten, dass der Ort der Interessenkollision nicht nur im Inland, sondern – mit den Worten des BGH – auch im Ausland „erheblich näher gelegen hätte, als dies auf Grund der bloßen Abrufbarkeit des Angebots der Fall gewesen wäre“[750]? Wenn sich also bei der Auslegung des Inhalts der streitigen Äußerung eine Kollision des Interesses des Klägers an der Achtung seines Persönlichkeitsrechts einerseits und des Interesse des Schädigers an der Gestaltung seines Internetauftritts und an einer freien Berichterstattung andererseits nicht nur im Inland, sondern auch in zahlreichen anderen Rechtsordnungen realisiert hätte? Hat die streitgegenständliche Äußerung dann nicht nur einen „hinreichenden“ oder „besonderen“ Inlands-, sondern auch einen sozusagen „qualifizierten Auslandsbezug“ zu mehreren Rechtsordnungen und kommen diese parallel nebeneinander zur Anwendung, müssten die Wahlmöglichkeiten des Betroffenen (wieder) anhand der bestehenden Lösungsansätze (Mosaikbeurteilung oder Schwerpunktbetrachtung) eingeschränkt werden. Auch deshalb ist mit der Heranziehung der Rechtsfigur des BGH für das Kollisionsrecht nicht viel gewonnen.

---

748 LG Berlin v. 30.9.2010, 27 O 421/10, BeckRS 2011, 18614.

749 Zum sog. Vorrang der internationalprivatrechtlichen Gerechtigkeit siehe oben unter Teil 1, Kap. 6, II. 2.

750 BGH, GRUR 2010, 461, 463 Rn. 20; siehe auch oben unter Teil 1, Kap. 6, III., 2., b).

d) Divergenzen zum Europäischen Zuständigkeitsrecht

Misslich sind schließlich die Divergenzen zum Europäischen Zuständigkeitsrecht, die sich in Anwendung der vom BGH entwickelten Rechtsfigur bei innereuropäischen Sachverhalten ergeben, bei denen sich die Internationale Zuständigkeit nicht nach § 32 ZPO (analog), sondern nach Art. 7 Nr. 2 EuGVVO richtet. Im Rahmen von Art. 7 Nr. 2 EuGVVO sind die nationalen Gerichte an die Auslegung der Norm durch den EuGH gebunden.[751] Erhebt der Kläger an seinem Heimatgerichtsstand Klage und bejaht ein deutsches Gericht seine Internationale Zuständigkeit, weil sich der Interessenmittelpunkt des Verletzten nach „eDate Advertising" im Inland befindet, wären (in Ermangelung eines harmonisierten Europäischen Mediendeliktsrechts) bei der Erfolgsortbestimmung nach Art. 40 Abs. 1 S. 2 die Maßgaben aus „New York Times" niederzulegen. Dann käme es zum Nachteil des gewünschten Gleichlaufs von *forum* und *ius* aber zur Anwendung zweier grundlegend unterschiedlicher Rechtssätze auf dieselbe Frage (wo befindet sich der Erfolgsort?). Für die Internationale Zuständigkeit wäre die opferorientierte Anknüpfung an den Mittelpunkt der verletzten Interessen des Betroffenen maßgeblich. Auf der Ebene des anwendbaren Rechts wäre hingegen das sachrechtliche, auf den Inhalt der Äußerung abstellende Abwägungsmodell heranzuziehen. Ein solches Ergebnis erscheint vor dem Hintergrund des Interesses an Entscheidungseinklang widersinnig.

Zusammenfassend ist das zuständigkeitsrechtliche Lösungsmodell des VI. Zivilsenats für die internationalprivatrechtliche Erfolgsortbestimmung weder dogmatisch, noch mit Blick auf seine praktischen Ergebnisse überzeugend und daher abzulehnen.

---

751 Die Bindungswirkung von Vorabentscheidungen des EuGH für andere Verfahren als das Ausgangsverfahren ist stark umstritten, weil sich die Entscheidung nach dem Wortlaut von Art. 267 AEUV allein auf den konkreten Ausgangsfall beschränkt. Die h.M. nimmt allerdings zutreffend eine Bindungswirkung *erga omnes* an und begründet dies im Wesentlichen mit der Gewährleistung einer unionsweiten einheitlichen Auslegung des EU-Rechts (vgl. eingehend *Ehricke*, Bindungswirkung von Urteilen des EuGH, S. 46 ff.; vgl. auch Streinz/*Ehricke*, EUV/AEUV, Art. 267 AEUV Rn. 69 m.w.N.). Zu berücksichtigen ist insofern auch, dass letztinstanzliche Gerichte dort, wo sie von einer Auslegung des Gerichtshofs abweichen wollen, ausnahmslos zur Vorlage verpflichtet bleiben (vgl. Calliess/Ruffert/*Wegener*, EUV/AEUV, Art. 267 AEUV Rn. 30 f., Rn. 51).

2. Modifizierte Mosaikbeurteilung nach dem EuGH

Anders fällt die Beurteilung der Rechtsprechung des EuGH aus „eDate Advertising“ und „Bolagsupplysningen“ zum Gerichtsstand an dem Mittelpunkt der Interessen des (mutmaßlichen) Opfers aus. Die Vorzüge des Ansatzes, über eine Schwerpunktbildung einen einheitlichen Erfolgsort für Persönlichkeitsverletzungen zu bestimmen, sind bereits zur Sprache gekommen.[752] Dem vom EuGH verfolgten Ansatz gebührt deshalb auch aus kollisionsrechtlicher Sicht Zustimmung, handelt es sich doch um ein Lösungsmodell, das mit dem hier vertretenen Sichtweise einer (geschädigten-orientierten) Konkretisierung des Erfolgsortes am Ort der intensivsten Rechtsgutsverletzung übereinstimmt.[753] Der EuGH bestätigt die These, dass bei Internetdelikten dem Ort der persönlichen Bindungen des Betroffenen eine wesentliche Bedeutung zukommt, nicht zuletzt aufgrund der erhöhten Risiken, denen der Persönlichkeitsschutz unterliegt.

Die Rechtsprechung des EuGH stützt zudem die Annahme, dass im Fall von Mediendelikten der Schwerpunkt der verletzten Interessen und der gewöhnliche Aufenthalt des Betroffenen nicht zwangsläufig – aber in der Regel korrelieren.[754] Der maßgebliche Schwerpunkterfolgsort befindet sich auch nach der Ansicht des EuGH dort, wo die Interessen des Betroffenen am Schutz seines Ansehens (einzelfallbetrachtet) in Bezug auf den Inhalt der streitigen Veröffentlichung am intensivsten zu Tage treten. Der Schwerpunkt der Rechtsgutsverletzung kann sich deshalb (in Ausnahmefällen) auch in einem anderen Staat befinden, wenn zwischen der Persönlichkeit des Betroffenen und dem Inhalt der Meldung ein besonders enger Bezug zu diesem Staat besteht. Damit kommt es auch nach der Auffassung des EuGH nicht auf den Mittelpunkt der Interessen im Allgemeinen, sondern auf den Mittelpunkt der im Einzelfall *verletzten* Interessen an. Ein Auseinanderfallen von Interessenmittel- und Schadensschwerpunkt ist nicht denkbar.

Gleichsam gilt im Rahmen der kollisionsrechtlichen Beurteilung allerdings der bereits zur Sprache gekommene Einwand, wonach das Festhalten des EuGH an seiner „Shevill“-Rechtsprechung und damit an den weiteren Teilerfolgsorten innerhalb des Abrufgebiets der Internet-Veröffentlichung abzulehnen ist. Eine pauschale Übertragung der vom EuGH vertretenen, modifizierten Mosaikbeurteilung, also ein nicht auf den Handlungs- und Schwerpunkterfolgsort

752 Siehe oben unter Teil 1, Kap. 5, III., 6. und Teil 1, Kap. 5, IV.
753 So auch *Vogel*, Das Medienpersönlichkeitsrecht im Internationalen Privatrecht, S. 309.
754 Siehe oben unter Teil 1, Kap. 5, III., 6., c), (2) (d).

beschränktes Konzept, stellt deshalb keine taugliche Alternative zu den bereits diskutierten Lösungsansätzen für das IPR dar.

Kap. 7: Überlagerung durch das Herkunftslandprinzip

Die Diskussion um eine sachgerechte Anknüpfung bei grenzüberschreitenden Persönlichkeitsverletzungen wird von dem in Art. 3 ECRL[755] geregelten Herkunftslandprinzip überlagert, welches in § 3 TMG seinen Niederschlag gefunden hat.[756] Nach § 3 Abs. 1 TMG unterliegen in Deutschland niedergelassene Diensteanbieter von Telemedien den Anforderungen des deutschen Rechts, und zwar insbesondere auch dann, wenn sie von Deutschland aus ihre Dienste in andere Mitgliedstaaten hinein anbieten und erbringen.[757] Das in Art. 3 ECRL verankerte Herkunftslandprinzip zielt mithin darauf, dass sich Anbieter von Telemedien keiner schärferen Haftung als nach ihrem Herkunftslandrecht ausgesetzt sehen müssen.[758]

Lange Zeit war ungeklärt, welcher Einfluss von dem Herkunftslandprinzip auf das Internationale Deliktsrecht ausgeht. Seine richtige dogmatische Einordnung

755 Richtlinie 2000/31/EG des Europäischen Parlaments und des Rates vom 08.06.2000 über bestimmte rechtliche Aspekte der Dienste der Informationsgesellschaft, insbesondere des elektronischen Geschäftsverkehrs, im Binnenmarkt („Richtlinie über den elektronischen Geschäftsverkehr"), ABl. EU Nr. L 178 vom 17.07.2000.

756 Art. 3 ECRL wurde mit § 4 TDG und § 5 MDStV in nationales Recht umgesetzt. § 3 TMG ist die Nachfolgeregelung von § 4 TDG und § 5 MDStV (vgl. BeckOK-Gersdorf/Paal/*Weller*, Informations- und Medienrecht, § 3 TMG Rn. 2) und wurde durch Art. 1 des Gesetzes zur Vereinheitlichung von Vorschriften über bestimmte elektronische Informations- und Kommunikationsdienste („Elektronischer-Geschäftsverkehr-Vereinheitlichungsgesetz" – „ELGVG") vom 26.02.2007, BGBl. I 2007 S. 179 vom 28.02.2007, geschaffen.

757 BeckOK-Gersdorf/Paal/*Weller*, Informations- und Medienrecht, § 3 TMG Rn. 6.

758 Gounalakis/*Gounalakis/Rhode*, Rechtshandbuch Electronic Business, § 22 Rn. 22. Das Herkunftslandprinzip im Unionsrecht geht zurück auf die Entscheidung des EuGH in der Rechtssache „Cassis de Dijon" aus dem Jahr 1979 (vgl. EuGH Slg. 1979, 649 = NJW 1979, 1766 – *„Cassis de Dijon"*). Der EuGH erkannte darin erstmalig an, dass auch unterschiedslos anwendbare Vorschriften des Importstaates vom Verbot der Beschränkung des freien Warenverkehrs nach ex-Art. 30 EWGV (nunmehr: Art. 34 AEUV) erfasst werden können. Angesichts kaum möglicher Rechtsangleichung könne der Gemeinsame Markt nur funktionieren, wenn die Mitgliedstaaten Vorschriften im Bereich der Warenproduktion als grundsätzlich gleichwertig akzeptieren und keine weiteren rechtlichen Anforderungen stellen (vgl. MüKo-BGB/*Drexl*, Int. Lauterkeitsrecht, Rn. 46).

zählte zu den umstrittensten Fragen des deutschen IPR. Im Kern standen sich zwei Meinungen gegenüber.[759] Nach einer Ansicht[760] stellt das Herkunftslandprinzip lediglich ein Korrektiv auf materiell-rechtlicher Ebene dar, wonach das nach dem autonomen deutschen Kollisionsrecht für anwendbar erklärte Sachrecht ggf. auf die weniger strengen Voraussetzungen des Herkunftslandrechts zu reduzieren ist (sog. Günstigkeitsvergleich oder materiell-rechtliche Theorie).[761] Nach der Gegenmeinung[762] entfaltet das Herkunftslandprinzip kollisionsrechtlichen Charakter (sog. kollisionsrechtliche Theorie).[763] Danach wären die rechtlichen Konsequenzen einer durch einen ausländischen Diensteanbieter

---

759 Daneben existieren weitere Deutungsansätze, eingehend MüKo-BGB/*Martiny*, § 3 TMG Rn. 27 ff.; *W.-H. Roth*, IPRax 2013, 215, 224 ff.

760 *Gounalakis/Rhode*, Persönlichkeitsschutz im Internet, Rn. 28; *C. Wagner*, Einflüsse der Dienstleistungsfreiheit, S. 188 ff.; Gounalakis/*Gounalakis/Rhode*, Rechtshandbuch Electronic Business, § 22 Rn. 26; *Sonnenberger*, ZVglRWiss 100 (2001), 107, 127 f.; *Ahrens*, CR 2000, 835, 838; *Fezer/Koos*, IPRax 2000, 349, 352; *Ohly*, GRUR-Int. 2001, 899, 902; *Halfmeier*, ZEuP 2001, 837, 864; wohl auch *Schilling*, Binnenmarktkollisionsrecht, S. 355 f.; zum Wettbewerbsrecht: Harte-Bavendamm/Henning-Bodewig/*Glöckner*, UWG, Einl. C Rn. 32 ff.; *Sack*, WRP 2008, 845, 855.

761 Die Vertreter dieser Sichtweise berufen sich im Wesentlichen auf den Wortlaut von Art. 1 Abs. 4 ECRL bzw. § 1 Abs. 5 TMG. Zudem wird geltend gemacht, in Erwägungsgrund 23 ECRL käme die Absicht des Richtliniengebers zum Ausdruck, das in den Mitgliedstaaten geltende Recht nicht antasten zu wollen.

762 *Thünken*, Das kollisionsrechtliche Herkunftslandprinzip, S. 83; *ders.*, IPRax 2001, 15, 20; *Naskret*, Das Verhältnis zwischen Herkunftslandprinzip und IPR, S. 114; *Mankowski*, IPRax 2002, 257, 258 ff.; *ders.*, CR 2001, 630, 632; *ders.*, ZVglRWiss 100 (2001), 138 ff.; *Lurger/Vallant*, RIW 2002, 188, 198; wohl auch *Hoeren*, MMR 1999, 192, 195. Allerdings ist in diesem Zusammenhang wiederum umstritten, ob es sich dann um eine Gesamt- oder Sachnormverweisung handelt, vgl. zum Meinungsstand *Schilling*, Binnenmarktkollisionsrecht, S. 353 f. Grundlegend anders *Spindler*, ZHR 165 (2001), 324, 336; *ders.*, RIW 2002, 183, 185, *ders.*, IPRax 2001, 400, 401, *ders.*, RabelsZ 66 (2002), 633, 649; *ders.*, ZUM 1999, 775, 785 f.

763 *Spindler*, ZUM 1999, 785 f. Die Vertreter der kollisionsrechtlichen Lösung machen geltend, dass die vorgesehene Möglichkeit zur freien Rechtswahl im Anhang zu Art. 3 der ECRL (§ 3 Abs. 3 Nr. 1 TMG) eindeutiger Weise dem Kollisionsrecht zuzuordnen sei. Die Regelung wäre überflüssig, wenn nicht das Prinzip selbst kollisionsrechtlicher Natur wäre (vgl. *Mankowski*, IPRax 2002, 257, 258). Zudem wird Erwägungsgrund 22 S. 4 und 5 S. 2 der Richtlinie herangezogen, wonach die Dienste der Informationsgesellschaft der Rechtsordnung unterworfen werden sollen, in welcher der Anbieter niedergelassen ist und bestehende Rechtsunsicherheiten durch den Gesetzgeber beseitigt werden sollen (vgl. *Thünken*, Das kollisionsrechtliche Herkunftslandprinzip, S. 72; *Naskret*, Das Verhältnis zwischen Herkunftslandprinzip und IPR, S. 61).

begangenen ehrverletzenden Meldung unter Verdrängung der nationalen Kollisionsnormen allein nach dem im Herkunftsland geltenden Recht zu beurteilen. Daneben wurde von vereinzelten Stimmen[764] vertreten, das Herkunftslandprinzip nehme eine Gesamtverweisung auf das Heimatrecht des Diensteanbieters vor mit der Konsequenz, dass sich das anwendbare Sachrecht allein nach dem Kollisionsrecht seines Heimatstaates ergäbe (sog. Gesamtverweisungstheorie).[765]

Dieser Streit hat sich mittlerweile erübrigt. Im Nachgang zur Entscheidung des EuGH in der Rechtssache „eDate Advertising/Martinez“[766] vom 25.10.2011 legt der BGH[767] § 3 Abs. 2 TMG[768] als ein „sachrechtliches Beschränkungsverbot“ aus. Der EuGH hatte die kollisionsrechtliche Wirkung von Art. 3 ECRL verneint und setzte damit der Jahrzehnten andauernden Diskussion über die richtige dogmatische Einordnung des Herkunftslandprinzips ein jähes Ende. Im Lichte dieser Entscheidung stellt sich die Frage, welchen Einfluss das Herkunftslandprinzip auf die Tatortbestimmung bei Persönlichkeitsverletzungen innerhalb des Hoheitsgebiets der Europäischen Union entfaltet.

I. Reichweite des Herkunftslandprinzips

1. *Regelungsgehalt von § 3 TMG*

§ 3 Abs. 1 TMG sieht vor, dass in Deutschland niedergelassene Diensteanbieter und ihre Telemedien den Anforderungen des deutschen Rechts unterliegen, und zwar auch dann, wenn sie von Deutschland aus ihre Dienste in andere Mitgliedstaaten hinein anbieten und erbringen.[769] Dem weit gefassten Begriff des Diensteanbieters unterfallen diejenigen natürlichen oder juristischen Person, die Telemedien zur Nutzung bereithalten oder den Zugang zu ihrer Nutzung vermitteln, § 2 Abs. 1 TMG. Zur Nutzung bereitgehalten werden Telemedien in erster Linie von den Endkundenprovidern, wie z. B. der Deutschen Telekom

764 *Spindler*, ZUM 1999, 775, 785 f.; *Hoeren*, MMR 1999, 192, 195.

765 Eingehend zum Streitstand und zum Verhältnis von Herkunftslandprinzip und Kollisionsrecht *Ohly*, GRUR-Int. 2001, 899 ff.

766 EuGH, EuZW 2011, 962, 965 f. Rn. 60 ff.

767 BGH, IPRax 2013, 252 Ls. 2.

768 Das TMG ist ausweislich der Legaldefinition in § 1 TMG auf sämtliche elektronischen Informations- und Kommunikationsdienste (sog. IuK-Dienste) anwendbar und damit insbesondere auch auf den hier behandelten Bereich der elektronischen Presse sowie der Chat-Rooms und Newsgroups, Spindler/Schuster/*Ricke*, Recht der elektronischen Medien, 12. Teil, § 1 TMG Rn. 11.

769 BeckOK-Gersdorf/Paal/*Weller*, Informations- und Medienrecht, § 3 TMG Rn. 6.

AG, T-Online, aber auch dem „Google"-Konzern, etwa mit dem Betreiben der YouTube-Webseite.[770] Auf eine gewerbliche Tätigkeit kommt es nicht an. Diensteanbieter ist auch, wer die zur Verfügung gestellten Informationen Dritter sammelt und in eigenem Namen bereitstellt.[771] Selbst das Einstellen von Angeboten auf einer Verkaufsplattform (z. B. eBay) kann für eine Qualifikation als Diensteanbieter genügen.[772] Bei der Frage nach der Diensteanbietereigenschaft ist entscheidend, ob sich das Angebot als eigenständiges Informations- und Kommunikationsangebot qualifizieren lässt[773] bzw. der in Betracht genommene Auftritt eine gewisse kommunikationsbezogene Eigenständigkeit aufweist[774].[775] Dies ist bei der elektronischen Presse der Fall, weshalb sie vom Anwendungsbereich von § 3 TMG erfasst wird.[776]

770 BeckOK-Gersdorf/Paal/*Martini*, Informations- und Medienrecht, § 2 TMG Rn. 7.

771 BeckOK-Gersdorf/Paal/*Martini*, Informations- und Medienrecht, § 2 TMG Rn. 7.

772 OLG Frankfurt (a.M.), GRUR 2009, 315; OLG Düsseldorf, MMR 2008, 682, 683; LG München, WRP 2005, 1042; BeckOK-Gersdorf/Paal/*Martini*, Informations- und Medienrecht, § 2 TMG Rn. 7.

773 LG Stuttgart, ZUM 2014, 988, 990; LG Stuttgart, ZUM-RD 2014, 582, 585; OLG Düsseldorf, ZUM-RD 2013, 591, 594; BeckOK-Gersdorf/Paal/*Martini*, Informations- und Medienrecht, § 2 TMG Rn. 7.

774 Spindler/Schuster/*Ricke*, Recht der elektronischen Medien, 12. Teil, § 2 TMG Rn. 3.

775 Dabei ist unerheblich, auf welche Weise der Anbieter das Angebot bereitstellt und ob er den Inhalt auf eigenen Rechnern oder unter Zuhilfenahme fremder Serverkapazitäten speichert. Es kommt allein darauf an, ob er auf den Inhalt und das Bereithalten des Dienstes Einfluss hat (vgl. OLG Düsseldorf, NJW-RR 2013, 1305, 1306).

776 Begr. RegE zu § 1 TMG, BT-Drucks. 16/3078, S. 16; Spindler/Schuster/*Weller*, Recht der elektronischen Medien, 12. Teil, § 1 TMG Rn. 11. In räumlicher Hinsicht findet das Herkunftslandprinzip keine Anwendung auf Dienste, die ihren Sitz außerhalb der EU haben (Drittstaaten) sowie auf inländische, oder in einem anderen Mitgliedstaat ansässige Diensteanbieter, die Dienste nur in Drittländern anbieten, oder ihren Sitz in einem anderen EU-Staat allein zu dem Zweck genommen haben, ihr eigenes nationales Recht zu umgehen, sofern sich ihre Tätigkeit ausschließlich oder überwiegend auf ihren ursprünglichen Heimatstaat erstreckt. In sachlicher Hinsicht werden vom Anwendungsbereich des Herkunftslandprinzips insbesondere nicht erfasst rein privatgelegentliche („nicht geschäftsmäßig") angebotene Dienste (vgl. *Gounalakis/Rhode*, Persönlichkeitsschutz im Internet, Rn. 29 f.; Spindler/Schuster/*Nordmeier*, Recht der elektronischen Medien, 12. Teil, § 3 TMG Rn. 5 f.).

2. *Auslegung durch den EuGH*

Auf die Vorlagefrage des BGH zur Rechtsnatur des Herkunftslandprinzips stellt der EuGH in seiner „eDate Advertising/Martinez"-Entscheidung zunächst klar, dass einerseits die Auslegung der Binnenmarktregel des Art. 3 Abs. 1 ECRL nicht ergeben würde, dass sie einen spezifischen Konflikt zwischen mehreren zur Anwendung berufenen Rechtsordnungen im Sinne einer Kollisionsnorm lösen soll[777] und andererseits es den Mitgliedstaaten nach Art. 3 Abs. 2 ECRL grundsätzlich untersagt sei, den freien Verkehr von Diensten der Informationsgesellschaft aus einem anderen Mitgliedstaat aus Gründen einzuschränken, die in den koordinierten Bereich fallen[778]. Aus Art. 1 Abs. 4 ECRL in Verbindung mit dem 23. Erwägungsgrund der Richtlinie folge, dass es den Aufnahmemitgliedstaaten grundsätzlich freisteht, das anwendbare Sachrecht anhand ihres Internationalen Privatrechts zu bestimmen, soweit sich daraus keine Einschränkung der Freiheit zur Erbringung von Diensten des elektronischen Geschäftsverkehrs ergibt. Der EuGH beantwortet die Vorlagefrage des BGH dahingehend, Art. 3 Abs. 2 ECRL würde keine Umsetzung in Form einer speziellen Kollisionsregel verlangen.[779]

Ausgehend von der Feststellung, dass bei der Auslegung von europarechtlichen Bestimmungen nicht nur ihr Wortlaut sondern insbesondere auch ihr Zusammenhang und die Ziele zu berücksichtigen seien, die mit der Regelung verfolgt werden,[780] stellt der Gerichtshof klar, dass die ECRL gemäß Art. 1 Abs. 1 einen Beitrag zum einwandfreien Funktionieren des Binnenmarkts leisten solle, indem sie den freien Verkehr von Diensten der Informationsgesellschaft zwischen den Mitgliedstaaten sicherstellt[781]. Dennoch ziele die Richtlinie für die meisten Aspekte des elektronischen Geschäftsverkehrs nicht auf eine Harmonisierung des Sachrechts.[782] Vor allem sei bei der Auslegung von Art. 3 ECRL Art. 1 Abs. 4 ECRL zu berücksichtigen, dass die Richtlinie keine zusätzlichen Regeln im Bereich des Internationalen Privatrechts hinsichtlich des anwendbaren Rechts schafft.[783] Das Herkunftslandprinzip entfalte deshalb keinen kollisionsrechtlichen Charakter.[784] Die Mitgliedstaaten müssten jedoch (vorbehaltlich der

777 EuGH, EuZW 2011, 962, 965 Rn. 61.
778 EuGH, EuZW 2011, 962, 965 Rn. 62.
779 EuGH, EuZW 2011, 962, 966 Rn. 68.
780 EuGH, EuZW 2011, 962, 965 Rn. 54.
781 EuGH, EuZW 2011, 962, 965 Rn. 56.
782 EuGH, EuZW 2011, 962, 965 Rn. 57.
783 EuGH, EuZW 2011, 962, 965 Rn. 60.
784 EuGH, EuZW 2011, 962, 966 Rn. 68.

Voraussetzungen des Art. 3 Abs. 4 ECRL) im koordinierten Bereich sicherstellen, dass der Anbieter eines Dienstes des elektronischen Geschäftsverkehrs keinen strengeren Anforderungen unterliegt, als sie das im Sitzmitgliedstaat dieses Anbieters geltende Sachrecht vorsieht.[785] Der EuGH gibt damit einerseits keine Umsetzung des Herkunftslandprinzips als kollisionsrechtliche Regel vor. Auf der anderen Seite schließt die Formulierung des EuGH eine derartige Umsetzung auch nicht aus.[786] Der BGH ist dem EuGH gefolgt und hat angenommen, dass das in § 3 TMG geregelte Herkunftslandprinzip keine Kollisionsnorm, sondern ein sachrechtliches Beschränkungsverbot enthalte.[787]

3. Stellungnahme

Zu begrüßen ist, dass der EuGH Art. 3 ECRL nicht kollisionsrechtlich qualifiziert, was schwer tragbar wäre, da das Herkunftslandprinzip ansonsten zu einer das allgemeine IPR verdrängenden „supranationalen Kollisionsnorm“[788] würde.[789] Dennoch lässt sich nicht leugnen, dass der Qualifizierung von Art. 3 ECRL als sachrechtliches Beschränkungsverbot ein gewisser kollisionsrechtlicher Charakter innewohnt. Selbst wenn die Anwendung des Herkunftslandprinzips lediglich

---

785 EuGH, EuZW 2011, 962, 966 Rn. 68.

786 *Leible*, LMK 2012, 329468.

787 Danach sei das nach nationalen Kollisionsregeln anwendbare Recht, soweit es strengere Anforderungen als das im Sitzmitgliedstaat des Diensteanbieters geltende Sachrecht vorsieht, inhaltlich zu modifizieren und auf die weniger strengen Regeln des Herkunftslandes zu reduzieren (vgl. BGH, GRUR 2012, 850 Ls. 2 und Rn. 26; vgl. auch BGH, GRUR 2017, 397, 399 Rn. 25 ff.; MüKo-BGB/*Martiny*, § 3 TMG Rn. 37; HK-BGB/*Dörner*, Art. 40 EGBGB Rn. 4; Spindler/Schuster/*Nordmeier*, Recht der elektronischen Medien, 12. Teil, § 3 TMG Rn. 8).

788 *Thünken*, IPRax 2001, 15, 20; *ders.*, Das kollisionsrechtliche Herkunftslandprinzip, S. 84.

789 Dieses Argument trägt allerdings nur, wenn man das Herkunftslandprinzip als reine Sachnormverweisung begreift. Versteht man hingegen Art. 3 Abs. 1 ECRL dahingehend, dass mit den „geltenden innerstaatlichen Vorschriften“ auch das jeweils nationale IPR gemeint ist, würde das Herkunftslandprinzip als Gesamtverweisung auch auf das jeweilige nationale Kollisionsrecht verweisen. Der Charakter als „supranationale Kollisionsnorm“ ginge dann verloren. Soweit man das Herkunftslandprinzip kollisionsrechtlich qualifiziert, überzeugt jedoch lediglich die Interpretation als Sachnormverweisung (so auch *Halfmeier*, ZEuP 2001, 837, 864 m.w.N. in Fn. 123). Ansonsten würde das Ziel des Richtliniengebers verfehlt, einheitliche Anknüpfungsregeln für Diensteanbieter zu schaffen, *„[...] um den freien Dienstleistungsverkehr und die Rechtssicherheit für Anbieter und Nutzer wirksam zu gewährleisten.“* (Erwägungsgrund 22 ECRL, vgl. *Thünken*, Das kollisionsrechtliche Herkunftslandprinzip, S. 84).

zu einer Korrektur des sachrechtlich gewonnenen Ergebnisses führt und nur insoweit das Recht des Niederlassungsortes des Diensteanbieters befragt wird, so wird damit jedenfalls immer auch die Rechtsanwendung in gewissem Maße (mit-) geregelt.[790] Daneben sind durch die Entscheidungen des EuGH und des BGH speziell für den Bereich der Persönlichkeitsverletzungen nicht alle Rechtsunsicherheiten bereinigt worden. Unklar ist weiterhin, ob die Bereichsausnahme in § 3 Abs. 5 S. 1 Nr. 1 TMG möglicherweise greift, wonach das innerstaatliche Recht auf ausländische Diensteanbieter anwendbar bleibt, soweit dies dem Schutz „von Verletzungen der Menschenwürde einzelner Personen" dient. Fraglich ist auch, ob Persönlichkeitsverletzungen überhaupt in den „koordinierten Bereich" der ECRL fallen.

II. Anwendbarkeit auf Persönlichkeitsverletzungen

1. Bereichsausnahme in § 3 Abs. 5 S. 1 Nr. 1 TMG

Das Herkunftslandprinzip wird bei Ehrverletzungen durch Online-Veröffentlichungen nicht durch die in § 3 Abs. 5 S. 1 Nr. 1 TMG enthaltene Bereichsausnahme verdrängt.[791] Das erscheint auf den ersten Blick nicht selbstverständlich, schreibt § 3 Abs. 5 S. 1 Nr. 1 TMG, der weitestgehend wortgleich auf Art. 3 Abs. 4 a) i) Spiegelstrich 1 ECRL zurückgeht, doch vor, dass das innerstaatliche Recht auf ausländische Diensteanbieter anwendbar bleibt, soweit es dem Schutz von Verletzungen der Menschenwürde einzelner Personen dient. Nach deutschem Rechtsverständnis ist das Allgemeine Persönlichkeitsrecht verfassungsrechtlich durch Bezugnahme auf die Menschenwürde in Art. 1 Abs. 1 GG garantiert.[792] Zwar läge es dann nahe, anzunehmen, dass bei der Geltendmachung eines Anspruchs aus Persönlichkeitsverletzung im gerichtlichen Verfahren immer auch die „Menschenwürde" i.S.v. § 3 Abs. 5 S. 1 Nr. 1 TMG geschützt werden soll. Die Bereichsausnahme des § 3 Abs. 5 S. 1 Nr. 1 TMG bei jeder Verletzung des Allgemeinen Persönlichkeitsrechts greifen zu lassen, ist jedoch deshalb

---

790 MüKo-BGB/*Martiny*, § 3 TMG Rn. 26; kritisch auch *Gounalakis/Rhode*, Persönlichkeitsschutz im Internet, Rn. 28.

791 So auch *Tettenborn*, K&R 2000, 59, 62, der in der Ausgestaltung der Richtlinienvorgabe durch den nationalen Gesetzgeber die Umsetzung des „Caroline"-Urteils des BVerfG sieht und demnach das Schutzniveau der Menschenwürde niedriger ansetzt; im Ergebnis wohl auch *Gounalakis/Rhode*, Persönlichkeitsschutz im Internet Rn. 30 (noch zu den „Vorgängervorschriften" § 4 Abs. 5 S. 1 Nr. 1 TDG und § 5 Abs. 5 S. 1 Nr. 1 MDStV-E).

792 Maunz/Dürig/*Di Fabio*, GG, Art. 2 GG Rn. 127.

vorschnell und verfehlt, weil die Herleitung des Allgemeinen Persönlichkeitsrechts aus Art. 2 Abs. 1 i.V.m. Art. 1 Abs. 1 S. 1 GG lediglich die „Nähe" des Rahmenrechts zur Menschenwürde klarstellt,[793] nicht jedoch dessen Gleichstellung bewirkt. Zudem ist die Menschenwürde in Art. 3 Abs. 4 ECRL losgelöst von der deutschen verfassungsrechtlichen Dogmatik richtlinienautonom auszulegen.[794] Insofern muss die Menschenwürde im Kontext der in § 3 Abs. 5 S. 1 Nr. 1 TMG genannten Schutzgüter[795] als Unteraspekt der öffentlichen Sicherheit und Ordnung begriffen werden, was ein polizei- und strafrechtliches Verständnis nahe legt und gegen etwaige zivilrechtliche Wirkungen spricht.[796]

Abgesehen von diesen dogmatischen Einwänden würde sich bei der Ausdehnung der Bereichsausnahme auf Persönlichkeitsverletzungen ein für die Praxis nur schwer lösbares Inzidenterproblem ergeben: wenn der Rechtsanwender das Vorliegen einer schwerwiegenden Ehrverletzung darzulegen hat, damit die Bereichsausnahme in § 3 Abs. 5 S. 1 Nr. 1 TMG greift und es bei der Anwendung des innerstaatlichen Rechts bleibt, wird die Frage, ob das Herkunftslandprinzip überhaupt eingreift oder nicht, von der Bestimmung des Gewichts der Persönlichkeitsverletzung abhängig gemacht.[797] Welche Maßstäbe bei dieser Art von Vorprüfung anzusetzen sind und ob zur Ermittlung der Intensität des Eingriffs auf die zu § 823 BGB entwickelten Kriterien zurückgegriffen werden darf, lässt sich nicht sagen. Unklar ist auch, nach welchen Kriterien der Grad der Schwere der Verletzung bestimmt werden müsste und nach welchen Kriterien hier ggf. Abstufungen zu machen wären.[798]

---

793 Maunz/Dürig/*Di Fabio*, GG, Art. 2 GG Rn. 127.

794 *Spindler*, RabelsZ 66 (2002), 633, 691; *ders.*, AfP 2012, 114, 120.

795 *„[...] der öffentlichen Sicherheit und Ordnung, insbesondere im Hinblick auf die Verhütung, Ermittlung, Aufklärung, Verfolgung und Vollstreckung von Straftaten und Ordnungswidrigkeiten, einschließlich des Jugendschutzes und der Bekämpfung der Hetze aus Gründen der Rasse, des Geschlechts, des Glaubens oder der Nationalität [...]".*

796 *Gounalakis/Rhode*, Persönlichkeitsschutz im Internet Rn. 30 (noch zu den „Vorgängervorschriften" § 4 Abs. 5 S. 1 Nr. 1 TDG und § 5 Abs. 5 S. 1 Nr. 1 MDStV-E).

797 BeckOK-Bamberger/Roth/Hau/Poseck/*Spickhoff*, Art. 40 EGBGB Rn. 43.

798 Zu denken wäre hier etwa an die Heranziehung der für § 130 Abs. 2 Nr. 1 lit. c) StGB entwickelten Maßgaben. Danach liegt ein „Angriff auf die Menschenwürde" nur dann vor, wenn dieser sich nicht nur gegen einzelne Persönlichkeitsrechte (z.B. die Ehre) richtet, sondern den Menschen im Kern seiner Persönlichkeit trifft, *„indem der angegriffenen Person ihr Lebensrecht als gleichwertige Persönlichkeit in der staatlichen Gemeinschaft abgesprochen und sie als minderwertiges Wesen behandelt"* wird (vgl. BVerfG, NJW 2001, 61, 63). Der Angriff muss sich mithin gegen den ihre menschliche Würde ausmachenden Kern der Persönlichkeit, nicht lediglich gegen einzelne Persönlichkeitsrechte richten (vgl. BGHSt 40, 97, 100).

2. *Persönlichkeitsverletzungen im „koordinierten Bereich" der ECRL*

Thorn[799] vertritt die Auffassung, das Herkunftslandprinzip habe deshalb keinen Einfluss auf die kollisionsrechtliche Anknüpfung von Persönlichkeitsverletzungen, weil es – unabhängig von der Frage seines kollisionsrechtlichen Gehalts – ausschließlich den durch die ECRL „koordinierten Bereich" i.S.v. Art. 3 Abs. 1, Abs. 2 ECRL erfassen würde. Ein solch enges Verständnis des Anwendungsbereichs der ECRL ist indessen nicht angezeigt. Denn nach der Legaldefinition in Art. 2 lit. h ECRL erfasst der „koordinierte Bereich" sämtliche „in den Rechtssystemen der Mitgliedstaaten festgelegten Anforderungen", die sich für die Anbieter von Diensten der Informationsgesellschaft auf die Aufnahme und Ausübung ihrer Tätigkeit – wie das Verhalten und die Verantwortlichkeit – beziehen. Der EuGH[800] hat ausdrücklich klargestellt, dass zu den soeben benannten „Anforderungen der Rechtssysteme" auch das Zivilrecht zählt, was sich aus Erwägungsgrund 25[801] der Richtlinie ergeben würde. Zudem würde der Anhang der Richtlinie ausdrücklich diejenigen zivilrechtlichen Ansprüche und Pflichten aufführen, auf welche die Richtlinie keine Anwendung findet. Dazu zähle allein das Urheberrecht, gewerbliche Schutzrechte und Rechte im Sinne der Richtlinie 87/54/EWG[802] und der Richtlinie 96/9/EG[803]. Der Persönlichkeitsschutz ist hiervon indes nicht erfasst.

Auch der BGH[804] scheint von einer Anwendbarkeit des Herkunftslandprinzips als sachrechtliches Beschränkungsverbot auf Persönlichkeitsverletzungen auszugehen. Allerdings musste der VI. Zivilsenat das Herkunftslandprinzip in dem Streitfall, der zur Vorlage an den EuGH geführt hatte, nicht anwenden, weil die Klage nach Fortführung des Verfahrens abgewiesen wurde.[805] Zu einem etwaigen „Günstigkeitsvergleich" für den Beklagten kam es deshalb nicht.[806]

799 Palandt/*Thorn*, Art. 40 EGBGB Rn. 10.

800 EuGH, EuZW 2011, 962, 965 Rn. 58.

801 Der Erwägungsgrund nimmt ausdrücklich auf privatrechtliche Streitigkeiten Bezug. Danach können nationale Gerichte, einschließlich der Zivilgerichte, die mit privatrechtlichen Streitigkeiten befasst sind, (allein) in Einklang mit der ECRL Maßnahmen ergreifen, die von der Freiheit der Erbringung von Diensten der Informationsgesellschaft abweichen.

802 Richtlinie 87/54/EWG des Rates vom 16.12.1986 über den Rechtsschutz der Topographien von Halbleitererzeugnissen, ABl. EWG Nr. L 024 vom 27.01.1987, S. 36–40.

803 Richtlinie 96/9/EG des Europäischen Parlaments und des Rates vom 11.03.1996 über den rechtlichen Schutz von Datenbanken, ABl. EG Nr. L 77 vom 22.03.1996.

804 BGH, GRUR 2012, 850, 852 Rn. 23 ff.; bejahend auch OLG Hamburg, AfP 2009, 595 ff.

805 BGH, GRUR 2012, 850, 851 Rn. 20.

806 Siehe auch *W.-H. Roth*, IPRax 2013, 215, 218.

III. Zusammenfassung

Nachdem der kollisionsrechtliche Charakter des Herkunftslandprinzips von dem EuGH verneint wurde und von dem BGH als sachrechtliches Beschränkungsverbot ausgelegt wird, verbleibt es für die Bestimmung des Deliktsstatuts bei Persönlichkeitsverletzungen über das Internet im Fall innereuropäischer Sachverhalte bei der Anwendbarkeit der Artt. 40 ff. EGBGB. Der Geschädigte kann deshalb neben dem Recht am Handlungsort für das Erfolgsortstatut optieren. Das in § 3 TMG enthaltene sachrechtliche Beschränkungsverbot wirkt aber als Korrektiv auf materiell-rechtlicher Ebene, wonach das für anwendbar erklärte Recht ggf. auf die weniger strengen Voraussetzungen des Herkunftslandrechts des Verletzers zu reduzieren ist. Gemessen hieran ergibt sich für die Praxis künftig eine zweischrittige Prüfungsfolge[807]: kommt das Gericht bei der Prüfung einer Persönlichkeitsverletzung eines im Hoheitsgebiet der Europäischen Union niedergelassenen Diensteanbieters zu dem Ergebnis, dass auf den Sachverhalt deutsches Sachrecht anwendbar ist, muss es im Lichte von § 3 TMG eine abgestufte Prüfung vornehmen: zunächst ist nach den deutschen allgemeinen Haftungsbestimmungen zu prüfen, ob der begehrte Anspruch besteht. Ist dies nicht der Fall, wird die Klage abgewiesen. Auf die Anwendung des Herkunftslandrechts kommt es dann (noch) nicht an. Kommt hingegen nach deutschem Deliktsrecht ein Anspruch aus Verletzung des Allgemeinen Persönlichkeitsrechts in Betracht, ist auf der zweiten Stufe zu klären, ob dieser auch nach dem Recht des Herkunftslandes des Diensteanbieters besteht. Trifft das nicht zu, ist wegen § 3 Abs. 1, Abs. 2 TMG auch nach dem deutschen Recht kein Anspruch gegeben.

Die Rechtsfolgen des Herkunftslandprinzips sind für die im Rahmen der Erfolgsortbestimmung nach Art. 40 EGBGB geführte Diskussion um die angemessene Berücksichtigung von Täterinteressen bei der Wahl zwischen unterschiedlichen Anknüpfungsmodellen von tiefgreifender Bedeutung. Angesichts der Wirkungen von § 3 Abs. 1, Abs. 2 TMG verliert der Einwand des unkalkulierbaren Haftungsrisikos für den Bereich der elektronischen Presse bei rein innereuropäischen Sachverhalten entschieden an Gewicht und stützt das hier vertretene, geschädigten-orientierte Anknüpfungsmodell.[808]

---

807 Vgl. bereits OLG Hamburg, AfP 2009, 595 ff. Zur Prüfungsfolge im Allgemeinen vgl. Spindler/Schuster/*Nordmeier*, Recht der elektronischen Medien, 12. Teil, § 3 TMG Rn. 8.

808 Naturgemäß gilt dieses Ergebnis nicht für alle Veröffentlichungen im Internet, insbesondere nicht für privat-gelegentlich angebotene Dienste.

Teil 2: Perspektiven internationaler Harmonisierung des Mediendeliktsrechts

Im zweiten Teil der Untersuchung soll die Ebene des geltenden Rechts verlassen werden, um die Perspektiven internationaler Harmonisierung des Mediendeliktsrechts in den Blick zu nehmen. Anlass hierzu bietet der am 10.05.2012 vom Europäischen Parlament verabschiedete Entschließungsentwurf[809] an die Europäische Kommission für die Einfügung eines neuen Art. 5 a Rom II-VO. Der Entschließungsentwurf bildet den vorerst letzten Beitrag zu einem nunmehr seit über einem Vierteljahrhundert innerhalb der Organe der Europäischen Union ausgetragenen Konflikt um eine einheitliche Kollisionsregel für Verletzungen der Persönlichkeit und der Privatsphäre.

Der heutigen Fassung der Rom II-VO liegt ein komplexes und langwieriges Gesetzgebungsverfahren zu Grunde, das wegen der zwischen der Europäischen Kommission und dem Europäischen Parlament bestehenden Meinungsverschiedenheiten wiederholt ins Stocken geraten war. Kern des Konflikts zwischen den beiden Organen war die Suche nach einer angemessenen Anknüpfungsregel für Pressedelikte, die sich aufgrund des massiven Einflusses der Medienlobby auf das Gesetzgebungsverfahren kompliziert gestaltete.[810] Um das „Gesamtprojekt Rom II“[811] nicht zu gefährden, entzog sich der Europäische Gesetzgeber mit der in Art. 1 Abs. 2 lit. g) Rom II-VO enthaltenen Sonderbereichsausnahme letztlich seiner „gesetzgeberischen Verantwortung“[812] und nahm Verletzungen der Privatsphäre und der Persönlichkeitsrechte kurzerhand vom Anwendungsbereich der Verordnung aus.

Die rechtspolitische Diskussion um eine europäische Kollisionsregel für Mediendelikte ist zwar nach Inkrafttreten der Rom II-VO am 20.08.2007 nie

---

809 Entwurf einer Entschließung des Europäischen Parlaments mit Empfehlungen an die Kommission zur Änderung der Verordnung (EG) Nr. 864/2007 über das auf außervertragliche Schuldverhältnisse anzuwendende Recht („Rom II“), 2009/2170(INI), abrufbar unter www.europarl.europa.eu/sides/getDoc.do?pubRef=-//EP//TEXT+REPORT+A7-2012-0152+0+DOC+XML+V0//DE#title1, abgerufen am 17.03.2019.

810 Insbesondere das Vereinigte Königreich wollte seine Zeitungsunternehmen keiner strengeren Haftung aussetzen, *Leible/Lehmann*, RIW 2007, 721, 723.

811 *G. Wagner*, IPRax 2006, 372, 384.

812 *G. Wagner*, IPRax 2006, 372, 384; *Junker*, NJW 2007, 3675, 3676.

wirklich zum Erliegen gekommen. Entsprechend vielfältig sind die vorgeschlagenen Lösungsansätze. Seit der Vorlage des Entschließungsentwurfs stagniert sie allerdings und verharrt trotz der forteilenden Rechtsentwicklung im Internationalen Verfahrensrecht von „Shevill" über „eDate Advertising" bis zu „Bolagsupplysningen" scheinbar in einer Art passiven Beobachtungsstarre.

Nachfolgend sollen zunächst die im Zuge des Gesetzgebungsverfahrens zur Rom II-VO für eine Kollisionsnorm für Mediendelikte unterbreiteten Vorschläge skizziert werden (unter Kapitel 1). Anschließend werden die Entwicklungen seit Inkrafttreten der Verordnung beleuchtet und bewertet (unter Kapitel 2). Das Ergebnis der Untersuchung soll in der Formulierung eines eigenen Vorschlages für einen neuen Art. 5a Rom II-VO münden (unter Kapitel 3). Dieser Formulierungsvorschlag soll als Anregung für eine Wiederaufnahme der Diskussion innerhalb des stagnierenden Gesetzgebungsverfahrens begriffen werden.

Kap: 1: Entwicklungen vor Inkrafttreten der Rom II-VO

I. GEDIP-Entwurf

Der erste veritable Vorschlag für eine einheitliche Kollisionsnorm für Pressedelikte erfolgte im September 1999 seitens der „Groupe Européen de Droit International Privé"[813] (der „GEDIP-Entwurf").[814] Nach der in Art. 3 Abs. 1 des GEDIP-Entwurfs enthaltenen Grundanknüpfung sollte auf außervertragliche Schuldverhältnisse aus unerlaubter Handlung das Recht des Staates Anwendung finden, mit dem der Sachverhalt die engste Verbindung aufweist.[815] Anknüpfungsmerkmal für die Vermutung der engsten Verbindung war der gemeinsame gewöhnliche Aufenthalt der Deliktsbeteiligten, Art. 3 Abs. 2 GEDIP-Entwurf. Fehlte es hieran, regelte Art. 4 lit. a) S. 1 GEDIP-Entwurf bereichsspezifisch, dass bei Persönlichkeitsverletzungen die engste Verbindung zu der Rechtsordnung besteht, in der der Schaden eintritt oder einzutreten droht.[816] Nach Art. 4 lit. a) S. 2 GEDIP-Entwurf wurde der Schadensort am gewöhnlichen

---

813 Die GEDIP ist ein informeller Kreis europäischer Kollisionsrechtswissenschaftler. Zur Entstehung und Zusammensetzung der Gruppe siehe *Jayme*, IPRax 1999, 298 ff.

814 *„Proposition pour une convention européenne sur la loi applicable aux obligations non contractuelles"*, abgedruckt in IPRax 1999, 286 ff.

815 *„L 'obligation non contractuelle dérivant d'un fait dommageable est régie par la loi du pays avec lequel elle présente les liens les plus étroits".*

816 *„[…] Il est présumé que l'obligation non contractuelle a les liens les plus étroits: en cas d'atteinte à la vie privée ou aux droits de la personnalité, ou de diffamation, avec le pays dans lequel le dommage est survenu ou menace de survenir."*

Aufenthalt des Geschädigten vermutet.[817] Der Vorschlag der GEDIP enthält damit für Persönlichkeitsverletzungen sozusagen eine „doppelte Vermutung".

II. Vorentwurf der Kommission vom 03.05.2002

In ihrem Vorentwurf zur Rom II-VO[818] vom 03.05.2002 sprach sich die Europäische Kommission für eine besondere Anknüpfungsregel von Persönlichkeitsverletzungen aus, allerdings mit fester – und nicht vermuteter – Anknüpfung an den gewöhnlichen Aufenthalt des Betroffenen.[819] Der Vorentwurf erfolgte im Einklang mit den Ergebnissen eines umfassenden Konsultationsverfahrens, an dem Wissenschaft, Verbände und Unternehmen beteiligt worden waren.[820] Im Rahmen dieses Verfahrens wurde erstmals Kritik der Medienvertreter an dem Modell einer Anknüpfung an den gewöhnlichen Aufenthalt des Verletzten laut.[821] Der Verband deutscher Zeitschriftenverleger etwa kritisierte, dass das vorgeschlagene Konzept wegen seiner mangelnden Vorhersehbarkeit eine internationale Berichterstattung zum „unkalkulierbaren Risiko" für die Medienunternehmen machen würde.[822] Die Medienunternehmen präferierten eine einheitliche Anknüpfung an das (vorhersehbare) Sitzortrecht.

III. Kommissionsentwurf vom 22.07.2003

Anders als noch im Vorentwurf entschied sich die Europäische Kommission in ihrem Entwurf vom 22.07.2003[823] („KE 2003") gegen eine spezielle Anknüpfung für Persönlichkeitsverletzungen. In Gleichlauf zum Modell der GEDIP

817 *„Le dommage est présumé survenir dans le pays où la personne lésée a sa résidence habituelle au moment du fait dommageable."*

818 *„Consultation on a Preliminary Draft Proposal for a Council Regulation on the Law Appilcable to Non-Contractual Obligations"*, abgedruckt und kommentiert von der Hamburg Group for Private International Law in RabelsZ 67 (2003), S. 1 ff.

819 *„The law applicable to a non-contractual obligation arising from a defamation or any other violation of private or personal rights shall be the law of the country where the victim is habitually resident at the time of the tort or delict."* Abgedruckt in RabelsZ 67 (2003), 1, 24.

820 *Vogel*, Das Medienpersönlichkeitsrecht im Internationalen Privatrecht, S. 271 f.

821 Einzelnachweise bei *Vogel*, Das Medienpersönlichkeitsrecht im Internationalen Privatrecht, S. 272 Fn. 75.

822 *Fuchs*, GPR 2004, 100, 103.

823 Vorschlag für eine Verordnung des Europäischen Parlaments und des Rates über das auf außervertragliche Schuldverhältnisse anzuwendende Recht („Rom II") vom 22.07.2003, KOM (200), S. 437, abgedruckt und kommentiert in MüKo-BGB/*Junker*, 4. Auflage 2006, Anh. Art. 42 EGBGB; abgedruckt auch in IPRax 2005, 174 ff.

sollte nach der allgemeinen Kollisionsnorm in Art. 3 Abs. 1 KE 2003 an den Ort des (drohenden) Schadenseintritts angeknüpft werden. Alternativ kam nach Art. 3 Abs. 2 KE 2003 eine Anknüpfung an den gemeinsamen gewöhnlichen Aufenthalt von Schädiger und Geschädigtem in Betracht. Art. 3 Abs. 3 KE 2003 sah vor, dass von der nach Abs. 1 oder Abs. 2 ermittelten Rechtsordnung abgewichen werden kann, wenn die unerlaubte Handlung offensichtlich enger mit einem anderen Staat verbunden ist.

Die Auslegung des Begriffs des „Schadensortes" i.S.d. Grundanknüpfung des Art. 3 Abs. 1 KE 2003 bereitete dem deutschen IPR Schwierigkeiten. Unklar war, ob hierunter der Ort der schwerpunktmäßigen Rechtsgutsverletzung oder derjenige des (wesentlichen) Schadenseintritts verstanden werden sollte. Überwiegend wurde angenommen, „Schadensort" sei weder der Handlungsort noch der Ort etwaiger Folgeschäden, sondern der Erfolgsort als der Ort der Rechtsgutsverletzung.[824] Der KE 2003 sah ein abgestuftes Anknüpfungskonzept vor, wonach neben der Grundanknüpfung des Art. 3 Abs. 1 KE 2003 mit Art. 6 Abs. 1 KE 2003 eine „spezielle Ordre-Public-Klausel"[825] zum Schutz der Meinungsfreiheit aufgenommen wurde.[826] Abweichend von der Generalklausel sollte danach die *lex fori* als Ersatzrecht zur Anwendung gelangen, wenn die Anwendung des Erfolgsortrechts „mit den wesentlichen Grundsätzen der *lex fori* in Bezug auf die Meinungs- und Informationsfreiheit unvereinbar" ist. Damit suchte die Europäische Kommission den Gleichlauf mit dem Zuständigkeitsrecht und der „Shevill"-Rechtsprechung des EuGH. Zudem sollte dadurch die Kritik der Medienunternehmen an unvorhersehbaren Erfolgsortrechten berücksichtigt werden.[827]

Im deutschen Schrifttum[828] wurde das Konzept negativ aufgenommen. Im Wesentlichen wurde kritisiert, dass das Ziel, die Pressefreiheit in besonderem Maße zu schützen, ohnehin bereits über den in Art. 22 KE 2003 vorgesehenen allgemeinen Ordre-Public-Vorbehalt realisiert werden könne. Ein weiterer Nachteil des KE 2003 wurde in dem Verzicht auf eine Sonderregel für Mediendelikte

---

824 MüKo-BGB/*Junker*, 4. Auflage 2006, Anh. Art. 42 EGBGB Rn. 35 m.w.N. in Fn. 116.

825 MüKo-BGB/*Junker*, 4. Auflage 2006, Anh. Art. 42 EGBGB Rn. 51.

826 *V. Hein*, ZVglRWiss 102 (2003), 528, 558; MüKo-BGB/*Junker*, 4. Auflage 2006, Anh. Art. 42 EGBGB Rn. 49.

827 *Leible/Engel*, EuZW 2004, 7, 12; *Vogel*, Das Medienpersönlichkeitsrecht im Internationalen Privatrecht, S. 274.

828 *Sonnentag*, ZVglRWiss 105 (2006), 256, 289 f.; *Leible/Engel*, EuZW 2004, 7, 12; *v. Hein*, ZVglRWiss 102 (2003), 528, 558; *G. Wagner*, IPRax 2006, 383; *Huber/Bach*, IPRax 2005, 73, 78; kritisch auch *Fuchs*, GPR 2004, 100, 101 f.

gesehen. Es wurde befürchtet, dass die uneingeschränkte Anknüpfung an den Erfolgsort bei Streudelikten zu einer parallelen Anwendung mehrerer (fremder) Deliktsrechte mit der Folge einer erschwerten Rechtsfindung, höherer Verfahrenskosten und eines gesteigerten Haftungsrisikos für den Schädiger führen könnte.[829]

IV. Änderungsvorschläge des Europäischen Parlaments vom 06.07.2005

Der KE 2003 konnte das Europäische Parlament nicht überzeugen. Der Rechtsausschuss kritisierte die aufgezeigten Rechtsunsicherheiten, denen Medienunternehmen bei uneingeschränkter Anknüpfung an eine Mehrzahl von Erfolgsorten ausgesetzt gewesen wären. Der Rechtsausschuss befürwortete eine Anknüpfung an einen einzigen Erfolgsort und zwar dem Ort des „wesentlichen Schadenseintritts".[830] Der Vorschlag des Rechtsausschusses wurde von dem Europäischen Parlament übernommen. Nach Art. 5 Abs. 1 S. 1 der am 06.07.2005 vorgeschlagenen Version („PE 2005")[831] sollte bei Verletzungen der Privatsphäre und der Persönlichkeitsrechte nur das Recht des (einen) Staates gelten, in dem der Schaden „im Wesentlichen eintritt oder einzutreten droht". Wie auch bereits im Zusammenhang mit dem KE 2003 war die Formulierung aus deutscher Sicht misslich. Die einhellige Meinung im deutschen Schrifttum[832] legte den Ort des wesentlichen Schadenseintritts als den Ort der intensivsten Rechtsgutsverletzung aus.[833]

---

829 *V. Hein*, ZVglRWiss 102 (2003), 528, 558; *Sonnentag*, ZVglRWiss 105 (2006), 256, 290; *Huber/Bach*, IPRax 2005, 73, 79. Die Europäische Kommission ging offensichtlich davon aus, dass sich das Problem über die Mosaikbeurteilung hätte lösen lassen können: *„Diese Auslegung impliziert, dass bei in mehreren Ländern feststellbaren Schadensfolgen die Rechte aller betroffenen Länder entsprechend der im deutschen Recht herangezogenen „Mosaikbetrachtung" anzuwenden sind".* Begründung zu KOM(2003), 427 endgültig, 2003/0168 (COD), abrufbar unter http://www.ipr.uni-heidelberg.de/md/jura/ipr/forschung/rom-ii-vo-e.pdf, abgerufen am 17.03.2019.

830 *Vogel*, Das Medienpersönlichkeitsrecht im Internationalen Privatrecht, S. 275.

831 Legislative Entschließung des Europäischen Parlaments zu dem Vorschlag für eine Verordnung des Europäischen Parlaments und des Rates über das auf außervertragliche Schuldverhältnisse anzuwendende Recht („Rom II"), Sitzung vom 06.07.2005, P6_TA(2005)0284, abgedruckt in IPRax 2006, 413 ff.

832 MüKo-BGB/*Junker*, 4. Auflage 2006, Anh. Art. 42 EGBGB Rn. 35; *G. Wagner*, IPRax 2006, 372, 376; *v. Hein*, VersR 2007, 440, 443.

833 Daneben sah Art. 5 Abs. 2 PE 2005 eine Sonderanknüpfung für Ansprüche auf Gegendarstellung oder gleichwertige Maßnahmen sowie Vorbeugungsmaßnahmen oder

Abweichend vom Vorentwurf der Europäischen Kommission vom 03.05.2002 fixierte das Europäische Parlament den Erfolgsort nicht am gewöhnlichen Aufenthalt des Verletzten. Der PE 2005 sah vielmehr ein neuartiges Konzept vor, das sich an den Schädigerinteressen orientierte. Gemäß Art. 5 Abs. 1 S. 2 PE 2005 sollten bei Pressedelikten nur solche „wesentliche Schadensorte" in Betracht kommen, auf die die Veröffentlichung auch „vorrangig ausgerichtet" ist oder war. Konzeptionell entspricht der PE 2005 damit der von *v. Hinden* für das deutsche Kollisionsrecht vorgeschlagenen, schädiger-orientierten Schwerpunktanknüpfung.[834] Die Zielrichtung der Meldung sollte anhand der verwendeten Sprache, der einzelnen Verkaufszahlen und der Leserquoten ermittelt werden. War ein Hauptverbreitungsgebiet nicht zu ermitteln, sollte der Ort der redaktionellen Kontrolle ausschlaggebend sein.

Daneben rückte der Problembereich Internet erstmals in den Fokus des Gesetzgebungsverfahrens. Art. 5 Abs. 1 S. 3 PE 2005 enthielt eine ausdrückliche Anordnung, wonach Art. 5 Abs. 1 S. 2 PE 2005 auch für „Veröffentlichungen über das Internet und andere elektronische Netzwerke" gelten sollte.

V. Revidierter Kommissionsentwurf vom 21.02.2006

Zwischen dem Europäischem Parlament und der Europäischen Kommission ließ sich auch nach dem PE 2005 weiterhin keine Einigung hinsichtlich der Anknüpfung von Mediendelikten erzielen. Von der Europäischen Kommission kam deshalb in dem überarbeiteten Entwurf vom 21.02.2006[835] („KE 2006") (erstmals) der Vorschlag, gänzlich auf eine Anknüpfung von Mediendelikten zu verzichten. Ausweislich Art. 1 Abs. 2 lit. h) KE 2006 sollten außervertragliche Schuldverhältnisse, „die aus einer Verletzung der Privatsphäre oder der Persönlichkeitsrechte durch die Medien entstanden sind", vom Anwendungsbereich der Verordnung ausgenommen werden. Im Übrigen entsprach der KE 2006 – bis auf vereinzelte Zugeständnisse an das Parlament – der mit dem KE 2003 bereits eingeschlagenen Linie.[836] Es liegt auf der Hand, dass der Vorschlag, Mediendelikte vom

---

Unterlassungsanordnungen vor, die sich nach dem Recht desjenigen Staates richten sollten, in dem sich der gewöhnliche Aufenthalt des Verlags oder des Sendeunternehmens befindet. Art. 5 Abs. 3 PE 2005 enthielt den klarstellenden Hinweis, dass die in Abs. 2 enthaltene Regelung auch für Verletzungen der Privatsphäre und der Persönlichkeitsrechte durch die Verarbeitung personenbezogener Daten gelten sollte.

834 Siehe oben unter Teil 1, Kap. 5, III., 6., d) (1).

835 Abgedruckt in IPRax 2006, 404 ff.

836 *V. Hein*, VersR 2007, 440.

Anwendungsbereich der Verordnung auszunehmen, von dem Europäischen Parlament missbilligt und im deutschen Schrifttum[837] heftig kritisiert wurde.

VI. Gemeinsamer Standpunkt und Vermittlungsverfahren

Trotz der verfahrenen Diskussion konnte der am Gesetzgebungsverfahren beteiligte Rat der Europäischen Union im April 2006 einen politischen Konsens zwischen der Europäischen Kommission und dem Europäischen Parlament erzielen.[838] Auf Grundlage dieser Einigung wurde am 25.09.2006 ein „Gemeinsamer Standpunkt"[839] veröffentlicht, in dem insbesondere dem Europäischen Parlament erhebliche Zugeständnisse abgerungen wurden. Denn der Gemeinsame Standpunkt sah nicht nur eine auf Mediendelikte bezogene partielle Bereichsausnahme vor. Vielmehr einigte man sich auf einen vollständigen Ausschluss von Persönlichkeitsverletzungen aus dem sachlichen Anwendungsbereich der Verordnung. Die Hoffnung auf eine Kollisionsregel für Mediendelikte rückte in weite Ferne. Um dem Europäischen Parlament entgegenzukommen, sollte eine Überprüfungsklausel in die Verordnung aufgenommen werden, wonach die Europäische Kommission dem Europäischen Parlament spätestens vier Jahre nach Inkrafttreten der Verordnung eine Untersuchung zum Bereich des auf außervertragliche Schuldverhältnisse aus der Verletzung der Privatsphäre oder der Persönlichkeitsrechte anzuwendenden Rechts vorlegt.

Neben aller grundsätzlichen Zustimmung sprach sich das Europäische Parlament in seiner Stellungnahme vom 18.01.2007[840] nach wie vor für das Konzept

837 *Koziol/Thiede*, ZVglRWiss 206 (2007), 235 ff.; *Sonnentag*, ZVglRWiss 105 (2006), 256, 288 ff.; *G. Wagner*, IPRax 2006, 372, 384. Mit klaren Worten auch *Junker*, RIW 2010, 257, 258: *„Die Kapitulation vor der Komplexität der Materie und vor dem Druck der Interessengruppen ist kein Ruhmesblatt der Europäischen Kollisionsrechtsvereinheitlichung."*

838 *V. Hein*, VersR 2007, 440.

839 Gemeinsamer Standpunkt (EG) Nr. 22/2006 vom Rat festgelegt am 25. September 2006 im Hinblick auf die Annahme der Verordnung (EG)Nr. .../2006 des Europäischen Parlaments und des Rates vom ... über das auf außervertragliche Schuldverhältnisse anzuwendende Recht („Rom II"), ABl. EU Nr. C 289E/04 vom 28.11.2006, S. 68 ff., abrufbar unter https://eur-lex.europa.eu/legal-content/DE/TXT/?uri=CELEX%3A52006AG0022, abgerufen am 17.03.2019; siehe auch detaillierte Ausführungen zum „Gemeinsamen Standpunkt" bei *v. Hein*, VersR 2007, 440 ff.

840 Standpunkt des Europäischen Parlaments festgelegt in zweiter Lesung am 18. Januar 2007 im Hinblick auf den Erlass der Verordnung (EG) Nr. .../2007 des Europäischen Parlaments und des Rates über das auf außervertragliche Schuldverhältnisse

einer Sonderanknüpfung für Persönlichkeitsverletzungen an einem (schädigerorientierten) Schwerpunkterfolgsort aus. Maßgeblich sollte weiterhin der Ort sein, in dem der Schaden „im Wesentlichen eintritt oder einzutreten droht", korrigiert durch das Kriterium der bestimmungsgemäßen Ausrichtung der Meldung. In dem sich anschließenden Vermittlungsverfahren nach Art. 294 AEUV wurden die einzelnen Änderungsvorschläge des Parlaments aufgearbeitet.[841] Als Ausgleich für den Ausschluss der Persönlichkeitsverletzungen aus dem Anwendungsbereich der Verordnung einigte man sich auf eine Verschärfung der bereits im Gemeinsamen Standpunkt vorgeschlagenen Überprüfungsklausel, die heute in Art. 30 Abs. 2 Rom II-VO vorgesehen ist.

Nach dem über das Vermittlungsverfahren erzielten Kompromiss trat die Rom II-VO am zwanzigsten Tag nach ihrer Veröffentlichung im Amtsblatt vom 31.07.2007 – also am 20.08.2007 – in Kraft. Gemäß Artt. 31, 32 Rom II-VO ist sie erst auf solche schadensbegründende Ereignisse anzuwenden, die ab dem 11.01.2009 eingetreten sind.

Kap. 2: Entwicklungen nach Inkrafttreten der Rom II-VO

I. Überblick

Aufgrund des unbefriedigenden Ergebnisses des Gesetzgebungsverfahrens ist die Diskussion um eine einheitliche Anknüpfung für Mediendelikte auch nach Inkrafttreten der Rom II-VO sowohl in der Rechtswissenschaft als auch innerhalb der Europäischen Institutionen nicht abgerissen, aber auch nicht wirklich vorangekommen. Ihre Berichtspflicht aus Art. 30 Abs. 2 Rom II-VO hat die Europäische Kommission bislang nicht erfüllt. Im Rahmen ihres Überprüfungsauftrags hat die Europäische Kommission eine Vergleichsstudie (sog. Mainstrat-Studie)[842] in Auftrag gegeben, deren Ergebnisse im Februar

anzuwendende Recht („ROM II"), abrufbar unter www.europarl.europa.eu/sides/getDoc.do?pubRef=-//EP//TEXT+TA+P6-TA-2007-0006+0+DOC+XML+V0//DE#top, abgerufen am 17.03.2019.

841 Eingehend zum Vermittlungsverfahren *R. Wagner*, FS Kropholler, S. 715 ff.

842 Comparative study on the situation in the 27 member states as regards the law applicable to non-contractual obligations arising out of violations of privacy and rights relating to personality, JLS/2007/C4/028, Final Report, February 2009 (im Folgenden „Comparative Study"), abrufbar unter: http://edz.bib.uni-mannheim.de/daten/edz-k/gdj/09/study_privacy_annexe_1_en.pdf, abgerufen am 17.03.2019. Die Namensgebung erfolgte in Anlehnung an die Firma des mit der Studie beauftragen Instituts, die „Mainstrat – Managing Innovation Strategies sll", NK-BGB/*Knöfel*, Art. 30 Rom II-VO Rn. 10.

2009 veröffentlicht wurden. Die h.M. im deutschen Schrifttum[843] weist der Medienlobby die Schuld für das Scheitern der Bemühungen um eine Kollisionsnorm für Mediendelikte zu. Der Ruf nach einer Harmonisierung des internationalen Mediendeliktsrechts ist im deutschen Schrifttum unverändert groß; vielfältig sind auch die vorgeschlagenen Lösungsmodelle.[844] Den ersten bedeutenden „europäischen" Beitrag zur Reform der Rom II-VO leistete der Rechtsausschuss des Europäischen Parlaments mit seinem Arbeitspapier vom 23.06.2010[845]. Kurz nach der Veröffentlichung des Arbeitspapiers fand am 19.07.2010 ein Online-Symposium der Internetseite „www.conflictoflaws.net" mit dem Arbeitstitel „Rome II and Defamation" statt, an dem auch die Berichterstatterin des Rechtsausschusses des Europäischen Parlaments, *Diane Wallis*, teilnahm.[846] An das Symposium schloss sich das zweite Arbeitspapier[847] des Rechtsausschusses vom 23.05.2011 an, mit dem *Wallis* erstmals einen konkreten Vorschlag für eine Einfügung eines neuen Art. 5a Rom II-VO präsentieren konnte. Rund ein Jahr nach diesem Entwurf einigte sich das Europäische

843 MüKo-BGB/*Junker*, Vor Art. 1 Rom II-VO Rn. 12; *Spickhoff*, IPRax 2011, 131, 133; *Leible/Lehmann*, RIW 2007, 721, 723 f; *G. Wagner*, IPRax 2008, 1, 3; *Junker*, RIW 2010, 257 f.; *v. Hinden*, FS Kropholler, S. 573, 576 f; *G. Wagner*, IPRax 2006, 372, 384; *ders.*, IPRax 2008, 1, 10; *Basedow*, ZEuP 2004, 446 f.; *Brand*, GPR 2008, 298, 299 f.

844 *Gebauer*, IPRax 2014, 513, 518; *Heiderhoff*, EuZW 2007, 428 ff.; *dies*, Privacy and Personality Rights in the Rome II Regime – Yes, Lex Fori Please!, abrufbar unter www.conflictoflaws.net/2010/heiderhoff-privacy-and-personality-rights-in-the-rome-ii-regime-yes-lex-fori-please, abgerufen am 17.03.2019; *Hess*, JZ 2012, 189, 192 f.; NK-BGB/*Knöfel*, Art. 30 Rom II-VO Rn. 14; *Junker*, RIW 2010, 257, 260; *v. Hein*, ZEuP 2009, 6, 13; *ders.*, VersR 2007, 440, 442; *G. Wagner*, IPRax 2006, 372, 385 f.; *v. Hinden*, FS Kropholler, S. 573, 590 ff.; *Kadner Graziano*, RabelsZ 73 (2009), 1, 62 f.; *Stoll*, FS Lüderitz, S. 733, 750.

845 Working Document on the amendment of Regulation (EC) No 864/2007 on the law applicable to non-contractual obligations (Rome II) vom 23.06.2010, Dok. Nr.: DT820547EN.doc, 2009/2170 INI, abrufbar unter www.conflictoflaws.net/2010/rome-ii-and-defamation-diana-wallis-and-the-working-paper, abgerufen am 17.03.2019.

846 Eine Zusammenfassung des Symposiums ist abrufbar unter www.conflictoflaws.net/2010/rome-ii-and-defamation-online-symposium, abgerufen am 17.03.2019.

847 Working Document on the amendment of Regulation (EC) No 864/2007 on the law applicable to non-contractual obligations (Rome II) vom 23.06.2010, Dok. Nr.: DT836983EN.doc, 2009/2170 INI, abrufbar unter www.europarl.europa.eu/meetdocs/2009_2014/documents/juri/dv/836/836983/836983_en.pdf, abgerufen am 17.03.2019; siehe hierzu auch *Hess*, JZ 2012, 189, 192 f.

Parlament am 10.05.2012 auf einen Entschließungsentwurf[848] an die Europäische Kommission. Ungeachtet des weiterhin ungebrochenen Bedürfnisses an einer einheitlichen Kollisionsnorm ist es seitdem auf der Ebene der europäischen Gesetzgebungsorgane aber wieder still geworden, so dass derzeit ein legislatives Vakuum vorherrscht.

II. Vorschläge aus dem Schrifttum

Im Schrifttum[849] lassen sich die Diskussionsbeiträge für eine europäische Kollisionsregel für Pressedelikte in zwei Hauptströmungen unterteilen. Teilweise[850] wird ein Gleichlauf zum Europäischen Zuständigkeitsrecht des Art. 7 Nr. 2 EuGVVO befürwortet. Im Fall von Streudelikten wird deshalb ein Rückgriff auf die Mosaikbeurteilung in verschiedenen Variationen vorgeschlagen. Die zweite Hauptströmung[851] erklärt das Erfolgsortrecht für anwendbar und hält bei Pressedelikten allein das Recht am Schwerpunkterfolgsort der Persönlichkeitsverletzung für maßgeblich. Beide Positionen sollen im Folgenden näher dargestellt werden:

848 Entwurf einer Entschließung des Europäischen Parlaments mit Empfehlungen an die Kommission zur Änderung der Verordnung (EG) Nr. 864/2007 über das auf außervertragliche Schuldverhältnisse anzuwendende Recht („Rom II"), 2009/2170(INI), abrufbar unter www.europarl.europa.eu/sides/getDoc.do?pubRef=-//EP//TEXT+REPORT+A7-2012-0152+0+DOC+XML+V0//DE#title1, abgerufen am 17.03.2019.

849 *Gebauer*, IPRax 2014, 513, 518; *Heiderhoff*, EuZW 2007, 428 ff.; *dies*, Privacy and Personality Rights in the Rome II Regime – Yes, Lex Fori Please!, abrufbar unter www.conflictoflaws.net/2010/heiderhoff-privacy-and-personality-rights-in-the-rome-ii-regime-yes-lex-fori-please, abgerufen am 17.03.2019; *Hess*, JZ 2012, 189, 192 f.; NK-BGB/*Knöfel*, Art. 30 Rom II-VO Rn. 14; *Junker*, RIW 2010, 257, 260; *v. Hein*, ZEuP 2009, 6, 13; *ders.*, VersR 2007, 440, 442; *G. Wagner*, IPRax 2006, 372, 385 f.; *v. Hinden*, FS Kropholler, S. 573, 590 ff.; *Kadner Graziano*, RabelsZ 73 (2009), 1, 62 f.; *Stoll*, FS Lüderitz, S. 733, 750.

850 *Heiderhoff*, EuZW 2007, 428 ff.; *G. Wagner*, IPRax 2006, 372, 385 f.; *der.s*, RabelsZ 62 (1998), 243, 282 ff.; *v. Hein*, ZEuP 2009, 6, 13; *ders.*, VersR 2007, 440, 442; *Stoll*, FS Lüderitz, S. 733, 750; *Gebauer*, IPRax 2014, 513, 518; *Kadner Graziano*, Europäisches Internationales Deliktsrecht, S. 90; *ders.*, RabelsZ 73 (2009), 1, 62 f.; *Hess*, JZ 2012, 189, 193.

851 *V. Hinden*, FS Kropholler, S. 573, 590 ff.; Hamburg Group for Private International Law, RabelsZ 67 (2003), 1, 24 f; *Bonn*, Die Europäisierung des Persönlichkeitsrechts, S. 382 f., 384; NK-BGB/*Knöfel*, Art. 30 Rom II-VO Rn. 14; *Junker*, RIW 2010, 257, 260.

1. *Mosaikbeurteilung*

Die stärkste Strömung in der Literatur schlägt eine Parallelisierung von Kollisionsrecht und Zuständigkeitsrecht vor und damit eine Anknüpfung an den Tatort nach der in Art. 7 Nr. 2 EuGVVO kodifizierten Lösung der Ubiquität. Für Pressedelikte, die in der Regel als Streudelikte auftreten,[852] wird eine Einschränkung der Anknüpfung an den Erfolgsort anhand der „Shevill"-Doktrin[853] des EuGH vorgeschlagen. Eine innerhalb dieser Hauptströmung herrschenden Meinungsgruppe[854] sucht den engen Anschluss an die Rechtsprechung des EuGH und spricht sich neben der mosaikartigen Anwendung der Erfolgsortrechte für eine alternative Anknüpfung an den Handlungsort zur Geltendmachung des Gesamtschadens nach dem dort geltenden Recht aus. Hiervon abweichend vertritt *Kadner Graziano*[855] eine „Mosaikbeurteilung i.e.S.", wonach eine alternative Anknüpfung an den Handlungsort nicht in Betracht kommt. Aufgrund eines Beitrags von *Heiderhoff*[856] hat zudem ein von *Wagner*[857] angestoßenes *lex fori*-Modell Vorschub erhalten.[858] Als Anknüpfungsoption für eine neue europäische Kollisionsregel für Pressedelikte hat *Heiderhoff* eine zuständigkeitsrechtliche Korrektur der Mosaikbeurteilung vorgeschlagen. Dem Betroffenen steht es danach frei, Klage vor einem Gericht innerhalb des Verbreitungsgebiets des Presseerzeugnisses zu erheben. Allerdings soll dann ausschließlich das Recht des Gerichtsortes, „der so sorgfältig bestimmt worden ist"[859], auch in der Sache angewendet werden. Dieses Konzept führt zu einer Koppelung von IPR und Verfahrensrecht, indem sowohl am Handlungs- als auch am Erfolgsort allein die dort geltende *lex fori* zum Deliktsstatut berufen werden kann[860]. Dadurch will *Heiderhoff* sicherstellen, dass es nicht zu den – bereits erwähnten[861] – ungünstigen Folgen der Mosaikbeurteilung kommt, wenn der Geschädigte Klage am Handlungsort als dem Sitzort des Medienunternehmens erhebt,

---

852 *Heiderhoff*, EuZW 2007, 428, 430.

853 EuGH v. 07.03.1995, Rs. C-68/93, Slg. 1995, I-415.

854 *V. Hein*, ZEuP 2009, 6, 13; *ders.*, VersR 2007, 440, 442; *Stoll*, FS Lüderitz, S. 733, 750; *Gebauer*, IPRax 2014, 513, 518.

855 *Kadner Graziano*, Europäisches Internationales Deliktsrecht, S. 90; *ders.*, RabelsZ 73 (2009), 1, 62 f.

856 *Heiderhoff*, EuZW 2007, 428 ff.

857 *G. Wagner*, IPRax 2006, 372, 385 f.; *ders.*, RabelsZ 62 (1998), 243, 282 ff.

858 Vgl. etwa *Hess*, JZ 2012, 189, 193.

859 *Heiderhoff*, EuZW 2007, 428, 432.

860 *G. Wagner*, RabelsZ 62 (1998), 243, 284.

861 Siehe oben unter Teil 1, Kap. 5, III., 3., c) (1).

auf kollisionsrechtlicher Ebene jedoch für die Anwendung des Erfolgsortrechts bzw. der Erfolgsortrechte optiert.[862] Zudem soll verhindert werden, dass der Geschädigte am Gericht eines Erfolgsortes die Liquidierung des Gesamtschadens nach dem am Handlungsort geltenden Rechts begehrt. *Heiderhoff* hält eine *lex fori*-Korrektur des Kollisionsrechts für sinnvoll, weil dadurch im Ergebnis bei einer Klage am Sitzort nur Sitzortrecht, bei einer Klage am Erfolgsort – für den am Erfolgsort eingetretenen Schaden – nur Erfolgsortrecht angewendet wird.

2. *Schwerpunktanknüpfung*

Die zweite Hauptströmung in der Literatur schlägt eine Schwerpunkanknüpfung vor. Zu den Befürwortern dieses Lösungsmodells zählt insbesondere *v. Hinden*[863], der sich für eine objektive (feste) Anknüpfung an den gewöhnlichen Aufenthalt ausspricht, ergänzt um einen Vorhersehbarkeitsvorbehalt (bestimmungsgemäße Ausrichtung), wie er auch von dem Europäischen Parlament im Rahmen des PE 2005 vorgesehen war.[864] Auch die „*Hamburg Group for Private Internationale Law*" stimmt der im PE 2005 enthaltenen Anknüpfungsregel für Persönlichkeitsverletzungen zu.[865] *Bonn*[866] hat sich dem Vorschlag einer schädiger-orientierten Schwerpunktlösung angeschlossen. *Knöfel*[867] befürwortet eine einheitliche Anknüpfung an den Ort des „wesentlichen Schadenseintritts" und sucht den Schulterschluss zur kompetenzrechtlichen „eDate Advertising"-Doktrin des EuGH. *Junker*[868] vertritt hiervon abweichend eine vermutete Anknüpfung an den gewöhnlichen Aufenthalt des Verletzten, allerdings in Verbindung mit der vom Deutschen Rat für IPR vorgeschlagenen Einschränkung durch eine „Verbürgung" für die Presse- und Meinungsfreiheit. Das vom Deutschen Rat für IPR am 11.08.2007[869] vorgelegte Konzept sieht vor, dass die Anwendung des nach der Grundanknüpfung berufenen Rechts durch die „Verbürgungen" der Kunst-, Wissenschaft-, Presse-, Medien- und Meinungsfreiheit dienenden Vorschriften

862 *Heiderhoff*, EuZW 2007, 428, 432.
863 *V. Hinden*, FS Kropholler, S. 573, 590 ff.
864 Siehe oben unter Teil, 2 Kap. 1, IV.
865 Hamburg Group for Private International Law, RabelsZ 67 (2003), 1, 24 f.
866 *Bonn*, Die Europäisierung des Persönlichkeitsrechts, S. 382 f., 384: „*Dagegen stellt die Anknüpfung an den bestimmungsgemäßen Verbreitungsort unter schwerpunktmäßiger Berücksichtigung des gewöhnlichen Aufenthalts des Geschädigten […] die die Interessen der Beteiligten am besten berücksichtigende Lösung dar.*"
867 NK-BGB/*Knöfel*, Art. 30 Rom II-VO Rn. 14.
868 *Junker*, RIW 2010, 257, 260.
869 Abgedruckt bei *Junker*, RIW 2010, 257, 259.

des Staates begrenzt werden sollte, in dem der Verletzer gehandelt hat. Dies sollte nicht gelten, wenn die Handlung wesentlich auf den Staat ausgerichtet war, in dem der Schaden eingetreten ist. In diesem Fall sollten die Freiheitsverbürgungen dieses Staates angewendet werden.

III. Vergleichsstudie der Europäischen Kommission

Auf europäischer Ebene sind die Entwicklungen im Zusammenhang mit der Reform der Rom II-VO von den Resultaten der Mainstrat-Studie[870] gekennzeichnet, die von der Europäischen Kommission zur Erfüllung ihrer Berichtspflicht aus Art. 30 Abs. 2 Rom II-VO in Auftrag gegeben worden ist und die sach- und kollisionsrechtliche Situation in den einzelnen Mitgliedstaaten hinsichtlich der Anknüpfung bei Persönlichkeitsverletzungen untersucht hat. Die Ergebnisse der Studie aus dem Februar 2009 sollten nach der Vorstellung der Europäischen Kommission die Grundlage bilden für die weiteren Arbeiten an einer Anknüpfungsregel für Persönlichkeitsverletzungen.[871]

1. Wesentliche Ergebnisse der Vergleichsstudie

Die Mainstrat-Studie kritisiert die zerfaserte Rechtslage bei Persönlichkeitsverletzungen im internationalen Deliktsrecht der europäischen Mitgliedstaaten.[872] Um die Probleme distributiver Rechtsanwendung im Fall von Streudelikten zu vermeiden, habe die Europäische Kommission bereits im Rahmen ihres Vorentwurfs vom 03.05.2002 vorgeschlagen, dass sich das auf Persönlichkeitsverletzungen anwendbare Recht exklusiv nach dem gewöhnlichen Aufenthalt der geschädigten Person richten sollte.[873] Das Lösungsmodell habe sich allerdings nicht durchsetzen können.[874] Die getroffene Entscheidung für eine Bereichsausnahme von Verletzungen der Privatsphäre und der Persönlichkeitsrechte sei misslich und habe zu einer problematischen Koexistenz 27 unterschiedlicher nationaler kollisionsrechtlicher Regelungen geführt. Um den bestehenden

870 Siehe oben unter Fn. 839.

871 Comparative Study, S. 11, abrufbar unter: http://edz.bib.uni-mannheim.de/daten/edz-k/gdj/09/study_privacy_annexe_1_en.pdf, abgerufen am 17.03.2019.

872 Comparative Study, S. 22, abrufbar unter: http://edz.bib.uni-mannheim.de/daten/edz-k/gdj/09/study_privacy_annexe_1_en.pdf, abgerufen am 17.03.2019.

873 Comparative Study, S. 23, abrufbar unter: http://edz.bib.uni-mannheim.de/daten/edz-k/gdj/09/study_privacy_annexe_1_en.pdf, abgerufen am 17.03.2019.

874 Comparative Study, S. 72, abrufbar unter: http://edz.bib.uni-mannheim.de/daten/edz-k/gdj/09/study_privacy_annexe_1_en.pdf, abgerufen am 17.03.2019.

Zustand der Stagnation zu beseitigen, sei eine zeitnahe Einigung auf eine Kollisionsnorm für Mediendelikte deshalb dringend geboten.[875]

Die Mainstrat-Studie besteht größtenteils aus einer Auswertung der Umfrageergebnisse einer quantitativen und qualitativen Analyse. Ziel der Umfrage war, die Erfolgsaussichten einer einheitlichen Kollisionsregel für Pressedelikte beurteilen zu können. Demnach hätten sich 85,3% der Befragten für ein vereinheitlichtes europäisches internationales Mediendeliktsrecht ausgesprochen. Bei den ablehnenden Stimmen habe es sich nahezu ausschließlich um diejenigen der Medienvertreter gehandelt.[876] Die überwiegende Mehrheit der Befragten habe für ein gleichberechtigtes Nebeneinander von Persönlichkeitsschutz und Pressefreiheit gestimmt. Es habe sich aber auch herausgestellt, dass die Befragten bei der Bewertung der kollidierenden Parteiinteressen den Geschädigten einheitlich als das schwächere Lager ansahen. Die Mehrzahl der Befragten habe sich deshalb für eine feste Anknüpfung am gewöhnlichen Aufenthalt des Verletzten ausgesprochen.[877] Demgegenüber hätte die Mehrzahl der Medienvertreter eine Anknüpfung an den Verlagssitz befürwortet.[878]

Bei der Behandlung des Spezialproblems „Internetdelikte" hätten rund Zweidrittel der Befragten eine Sonderanknüpfung bevorzugt.[879] Dieses Resultat versieht die Studie mit dem Kommentar, dass die Frage nach einer potenziellen Sonderanknüpfung von Internetdelikten immer auch im Lichte der ins Auge gefassten Grundkollisionsregel beantwortet werden müsse.[880]

875 Comparative Study, S. 140, abrufbar unter: http://edz.bib.uni-mannheim.de/daten/edz-k/gdj/09/study_privacy_annexe_1_en.pdf, abgerufen am 17.03.2019.

876 Comparative Study, S. 116, abrufbar unter: http://edz.bib.uni-mannheim.de/daten/edz-k/gdj/09/study_privacy_annexe_1_en.pdf, abgerufen am 17.03.2019.

877 Insgesamt 25,9%. Weitere 19,9% wählten den Verbreitungsort des Presseartikels, 19,3% die Möglichkeit einer Rechtswahl des Betroffenen zwischen dem gewöhnlichen Aufenthalt des Verletzers und dem Verbreitungsort, 18,7% den gewöhnlichen Aufenthalt des Verletzers, 12,0% den Ort, an welchem der Schaden im wesentlichen eingetreten ist („most significant elements of the injury"), 2,4% das Sachrecht des zuständigen Forums und schließlich 1,8% sonstige Regeln, Comparative Study, S. 118, abrufbar unter: http://edz.bib.uni-mannheim.de/daten/edz-k/gdj/09/study_privacy_annexe_1_en.pdf, abgerufen am 17.03.2019.

878 Comparative Study, S. 121, abrufbar unter: http://edz.bib.uni-mannheim.de/daten/edz-k/gdj/09/study_privacy_annexe_1_en.pdf, abgerufen am 17.03.2019.

879 Comparative Study, S. 128 f, abrufbar unter: http://edz.bib.uni-mannheim.de/daten/edz-k/gdj/09/study_privacy_annexe_1_en.pdf, abgerufen am 17.03.2019.

880 Comparative Study, S. 128 f, abrufbar unter: http://edz.bib.uni-mannheim.de/daten/edz-k/gdj/09/study_privacy_annexe_1_en.pdf, abgerufen am 17.03.2019.

2. Schlussfolgerungen der Vergleichsstudie

Die Mainstrat-Studie kommt zu dem Ergebnis, dass aufgrund der unterschiedlichen Ausprägung des Persönlichkeitsschutzes in den Mitgliedstaaten eine kollisionsrechtliche Harmonisierung zwangsläufig eine substanzielle Harmonisierung des nationalen Sachrechts voraussetze.[881] Die kollisionsrechtliche Harmonisierung habe zwar Priorität. Lässt sich eine Einigung nicht herbeiführen, gäbe es immer noch ein attraktives Gegenmodell zur Vereinheitlichung des Kollisionsrechts: die Einführung hinreichender (materiellrechtlicher) Mindeststandards für den Persönlichkeitsschutz in den einzelnen Mitgliedstaaten.[882] Aus den vorbereitenden Arbeiten zur Rom II-VO und den streitigen Auseinandersetzungen bei der Behandlung von Verletzungen der Privatsphäre und der Persönlichkeitsrechte habe man gelernt, dass die Mitgliedstaaten zunächst in sachrechtlicher Hinsicht aufeinander zugehen müssten, um gemeinsame Prinzipien des Persönlichkeitsschutzes zu entwickeln. Erst dann könne man auch den beabsichtigten Konsens auf kollisionsrechtlicher Ebene herbeiführen.[883] Entsprechend schließt die Mainstrat-Studie mit der folgenden (sachrechtlichen) Empfehlung:

> *"From all this it may be concluded that adopting a Directive on the subject we are dealing with could be a first step towards harmonising or unifying national law at Community level."*[884]

Der Hinweis sei aber nicht dahingehend zu verstehen, dass etwaige Initiativen für eine Kollisionsnorm für Pressedelikte aussichtslos erscheinen. Die Schaffung gewisser Mindeststandards für den sachrechtlichen Persönlichkeitsschutz in den Mitgliedstaaten aufgrund einer entsprechenden Verordnung sei aber geeignet, die Positionen zu versöhnen und so die in einem zweiten Schritt voranzutreibende kollisionsrechtliche Vereinheitlichung zu erleichtern. Vorzugswürdig sei dann eine Anknüpfung an die *lex loci damni*.[885] Ihr Vorteil sei darin zu sehen,

881 Comparative Study, S. 146, abrufbar unter: http://edz.bib.uni-mannheim.de/daten/edz-k/gdj/09/study_privacy_annexe_1_en.pdf, abgerufen am 17.03.2019.
882 Comparative Study, S. 146, abrufbar unter: http://edz.bib.uni-mannheim.de/daten/edz-k/gdj/09/study_privacy_annexe_1_en.pdf, abgerufen am 17.03.2019.
883 Comparative Study, S. 147, abrufbar unter: http://edz.bib.uni-mannheim.de/daten/edz-k/gdj/09/study_privacy_annexe_1_en.pdf, abgerufen am 17.03.2019.
884 Comparative Study, S. 150, abrufbar unter: http://edz.bib.uni-mannheim.de/daten/edz-k/gdj/09/study_privacy_annexe_1_en.pdf, abgerufen am 26.02.2019.
885 Comparative Study, S. 150, abrufbar unter: http://edz.bib.uni-mannheim.de/daten/edz-k/gdj/09/study_privacy_annexe_1_en.pdf, abgerufen am 26.02.2019.

dass der Schadenseintrittsort regelmäßig mit dem gewöhnlichen Aufenthalt des Betroffenen übereinstimmen würde.[886]

IV. Vorschläge des Rechtsausschusses des Europäischen Parlaments

Im Anschluss an die Mainstrat-Studie fand am 19.07.2010 ein Online-Symposium der Webseite „www.conflictoflaws.net" mit dem Titel „Rome II and Defamation"[887] statt. Das Symposium sollte eine Plattform zur Evaluierung der Ergebnisse der Mainstrat-Studie bieten und internationalen Rechtswissenschaftlern die Möglichkeit geben, Lösungsvorschläge für eine Reform der Rom II-VO vorzustellen. Als deutsche Vertreter waren *Heiderhoff*[888] und *v. Hein*[889] mit maßgeblichen Beiträgen beteiligt. Zudem konnte auch die Berichterstatterin des Rechtsausschusses des Europäischen Parlaments, *Diane Wallis*, das Symposium zur Vorstellung ihres ersten Arbeitspapiers[890] vom 23.06.2010 nutzen.

1. Arbeitspapier vom 23.06.2010

In ihrem ersten Arbeitspapier vom 23.06.2010[891] („Erstes Arbeitspapier") stellte *Wallis* heraus, dass eine uneingeschränkte Anwendung der Tatortregel aus Art. 4 Abs. 1 Rom II-VO auf grenzüberschreitende Persönlichkeitsverletzungen Schwierigkeiten bereite. Bei der Entwicklung einer Kollisionsnorm für Verletzungen der Privatsphäre und der Persönlichkeitsrechte sei es vordergründiges Ziel, den Erfolgsort auf die Rechtsordnung eines einzigen Staates zu reduzieren

---

886 Comparative Study, S. 145, abrufbar unter: http://edz.bib.uni-mannheim.de/daten/edz-k/gdj/09/study_privacy_annexe_1_en.pdf, abgerufen am 26.02.2019.

887 Www.conflictoflaws.net/2010/rome-ii-and-defamation-online-symposium, abgerufen am 26.02.2019.

888 *Heiderhoff*, Privacy and Personality Rights in the Rome II Regime – Yes, Lex Fori, Please!, abrufbar unter www.conflictoflaws.net/2010/heiderhoff-privacy-and-personality-rights-in-the-rome-ii-regime-yes-lex-fori-please, abgerufen am 26.02.2019.

889 *V. Hein*, Von Hein on Rome II and Defamation, abrufbar unter www.conflictoflaws.net/2010/von-hein-on-rome-ii-and-defamation, abgerufen am 22.04.2019.

890 Working Document on the amendment of Regulation (EC) No 864/2007 on the law applicable to non-contractual obligations (Rome II) vom 23.6.2010, Dok. Nr.: DT820547EN.doc, 2009/2170 INI, abrufbar unter www.conflictoflaws.net/2010/rome-ii-and-defamation-diana-wallis-and-the-working-paper, abgerufen am 26.02.2019 (im Folgenden das „Working Document").

891 Working Document, S. 8, abrufbar unter www.conflictoflaws.net/2010/rome-ii-and-defamation-diana-wallis-and-the-working-paper, abgerufen am 26.02.2019.

und hierbei an den gewöhnlichen Aufenthalt oder den Wohnsitz des Geschädigten anzuknüpfen (Ort des wesentlichen Schadenseintritts). Die Lösung würde sowohl für den Schädiger als auch für den Geschädigten ein hohes Maß an Vorhersehbarkeit garantieren. Zudem würden die Probleme ausufernder Erfolgsorte beseitigt.[892] *Wallis* gesteht ein, dass dieser Vorschlag keinen Zuspruch von Seiten der Medienlobby erfahren dürfte. Deren Hauptkritik, der gewöhnliche Aufenthalt prominenter Personen lasse sich nicht vorhersehen, lässt die Berichterstatterin des Rechtsausschusses des Europäischen Parlaments jedoch nicht gelten.[893] Die von den Medienunternehmen bevorzugte Anknüpfung an ihr Niederlassungsrecht lehnt *Wallis* mit dem bereits zur Sprache gekommenen Einwand der Gefahr einer Flucht in „Haftungsoasen“ ab.[894] *Wallis* schlägt eine (abgeschwächte) Vorbehaltsklausel zum Schutz der Pressefreiheit vor, wonach die Anwendung des Erfolgsortrechts ausscheiden soll, wenn die berufene Rechtsordnung mit den wesentlichen Grundsätzen der Pressefreiheit des Sitzortrechts des Medienunternehmens unvereinbar ist.[895] Ob bei Internetdelikten eine spezielle Anknüpfungsregel erforderlich ist, lässt *Wallis* offen. Dennoch lassen sich im Ersten Arbeitspapier Präferenzen für eine Sonderanknüpfung erkennen.[896]

2. *Arbeitspapier vom 23.05.2011*

In ihrem zweiten Arbeitspapier vom 23.05.2011[897] („Zweites Arbeitspapier“) gibt *Wallis* die im Ersten Arbeitspapier vorgeschlagene Anknüpfung an den Ort des wesentlichen Schadenseintritts am gewöhnlichen Aufenthalt des

892 Working Document, S. 8, abrufbar unter www.conflictoflaws.net/2010/rome-ii-and-defamation-diana-wallis-and-the-working-paper, abgerufen am 26.02.2019.

893 Working Document, S. 8, abrufbar unter www.conflictoflaws.net/2010/rome-ii-and-defamation-diana-wallis-and-the-working-paper, abgerufen am 26.02.2019.

894 Siehe oben unter Teil 1, Kap. 5, III., 5.

895 Working Document, S. 9, abrufbar unter www.conflictoflaws.net/2010/rome-ii-and-defamation-diana-wallis-and-the-working-paper, abgerufen am 26.02.2019.

896 Working Document, S. 8, 10 f., abrufbar unter www.conflictoflaws.net/2010/rome-ii-and-defamation-diana-wallis-and-the-working-paper, abgerufen am 26.02.2019.

897 Working Document on the amendment of Regulation (EC) No 864/2007 on the law applicable to non-contractual obligations (Rome II) – Work in progress vom 13.5.2011, Dok. Nr.: DT836983EN.doc, 2009/2170 INI, abrufbar unter www.europarl.europa.eu/meetdocs/2009_2014/documents/juri/dv/836/836983/836983_en.pdf, abgerufen am 26.02.2019 (im Folgenden „Working Document 2)“. Siehe hierzu auch *Hess*, JZ 2012, 189, 192 f.

Verletzten auf und präsentiert dem Europäischen Parlament einen ausformulierten Entwurf einer Kollisionsnorm zur Schließung der Bereichsausnahme in Art. 1 Abs. 2 lit. g) Rom II-VO durch Einfügung eines neuen Art. 5a Rom II-VO. *Wallis* übernimmt darin unverändert ein von *v. Hein*[898] im Rahmen des Online-Symposiums vom 19.07.2010 vorgeschlagenes Anknüpfungsmodell, das wie folgt lautet:

> „*(1) Without prejudice to Article 4(2) and (3), the law applicable to a non-contractual obligation arising out of violations of privacy and rights relating to personality, including defamation, shall be the law of the country where the rights of the person seeking compensation for damage are, or are likely to be, directly and substantially affected. However, the law applicable shall be the law of the country in which the person claimed to be liable is habitually resident if he or she could not reasonably foresee substantial consequences of his or her act occurring in the country designated by the first sentence.*
> *(2) When the rights of the person seeking compensation for damage are, or are likely to be, affected in more than one country, and this person sues in the court of the domicile of the defendant, the claimant may instead choose to base his or her claim on the law of the court seised.*
> *(3) The law applicable to the right of reply or equivalent measures shall be the law of the country in which the broadcaster or publisher has its habitual residence.*
> *(4) The law applicable under this Article may be derogated from by an agreement pursuant to Article 14.*"

Wallis betont, dass dieses von *v. Hein* entwickelte Anknüpfungsmodell zwar nicht als ihr endgültiger Vorschlag verstanden werden sollte,

> „*[…] but I find Professor v. Hein's approach balanced and reasonable*".[899]

3. *Stellungnahme*

a) *Abs. 1 S. 1: Grundanknüpfung*

(1) Grundsätzliche Maßgeblichkeit des Erfolgsortes

Es ist nicht zu beanstanden, dass das von *v. Hein* vorgeschlagene und von *Wallis* übernommene Modell durch seine Grundanknüpfung an die *lex loci damni* (Schadenseintrittsort) in seiner Konsequenz zu einer Absage an den in

---

898 *V. Hein*, Von Hein on Rome II and Defamation, abrufbar unter www.conflictoflaws.net/2010/von-hein-on-rome-ii-and-defamation, abgerufen am 22.04.2019.

899 Working Document 2, S. 5, abrufbar unter www.europarl.europa.eu/meetdocs/2009_2014/documents/juri/dv/836/836983/836983_en.pdf, abgerufen am 26.02.2019.

Deutschland (und in Österreich)[900] bislang vorherrschenden *lex loci delicti commissi* (Handlungsort) sowie an die in Deutschland (unter der Einschränkung von Art. 40 Abs. 1 S. 3 EGBGB) geltende Ubiquitätsregel führt. Das gilt zunächst deshalb, weil das deutsche Recht mit der Ubiquitätsregel im internationalen Vergleich weitgehend allein steht.[901] Zudem geht der Europäische Gesetzgeber im Bereich des Deliktskollisionsrechts von der alleinigen Maßgeblichkeit des Erfolgsortes aus, so dass jede andere denkbare Anknüpfung mit Blick auf die Anknüpfung in Art. 4 Abs. 1 Rom II-VO systemfremd wäre. Darüber hinaus dürfte sich der Geschädigte ohnehin in der Regel für das ihm vertraute Heimatrecht und damit für das Erfolgsortrecht entscheiden. Schließlich – und das ist entscheidend – geht durch eine reine Erfolgsortanknüpfung auch nicht das mit dem Ubiquitätsprinzip verfolgte Ziel der Verhaltenssteuerung und des Opferschutzes verloren. Wie bereits an anderer Stelle ausgeführt,[902] basiert die Ubiquitätsregel auf der These, dass allein die Berücksichtigung beider Rechtsordnungen am Handlungs- und Erfolgsort den Grundwerten des Haftungsrechts gerecht würde. Der potenzielle Schädiger soll etwaige Haftungsfolgen (seines Handlungsortrechts) kennen und dadurch zu sorgfältigem Verhalten angehalten werden. Andererseits soll das Opfer einen angemessenen Schadensausgleich nach seinem Heimatrecht am Erfolgsort der Rechtsgutsverletzung erhalten. Im Rahmen des Anwendungsbereichs der Rom II-VO gilt die Besonderheit, dass Art. 17 Rom II-VO ausdrücklich vorsieht, dass der Ersatzpflichtige sein Verhalten (auch) an den Sicherheits- und Verhaltensstandards des Handlungsortes auszurichten hat.[903] Zur Wahrung eines angemessenen Interessenausgleichs zwischen den Parteien sollen nach Erwägungsgrund 34 zu Art. 17 Rom II-VO die Sicherheits- und Verhaltensregeln des Staates, in dem die schädigende Handlung begangen wurde, selbst dann „berücksichtigt" werden, wenn auf das außervertragliche Schuldverhältnis das Recht eines anderen Staates anzuwenden ist. Zwar bleibt bei der „Berücksichtigung" der Verhaltensstandards am Handlungsort das Deliktsstatut als solches unangetastet.[904] Übertragen auf das von *Wallis* vorgeschlagene Modell führt die Regelung in Art. 17 Rom II-VO aber dazu, dass der potenzielle Schädiger sein Verhalten an den Haftungsregeln seines Heimatrechts

900 MüKo-BGB/*Junker*, Art. 4 Rom II-VO Rn. 3.
901 *G. Wagner*, RabelsZ 62 (1998), 244, 256 m.w.N. in Fn. 51–53.
902 Siehe oben unter Teil 1, Kap. 5, III., 6., e) (1).
903 MüKo-BGB/*Junker*, Art. 17 Rom II-VO Rn. 1.
904 MüKo-BGB/*Junker*, Art. 17 Rom II-VO Rn. 23.

auszurichten hat und so zu sorgfältigem Verhalten angehalten wird – ohne Anknüpfung an den Handlungsort.

Art. 17 Rom II-VO ist eine klarstellende Hilfsnorm auf der Rechtsfolgenseite sämtlicher Kollisionsnormen der Artt. 4 bis 12, 14 Rom II-VO.[905] Es spricht nichts dagegen, dass Art. 17 Rom II-VO auch Regelungswirkung gegenüber einem neuen Art. 5a Rom II-VO entfalten würde. Das von *Wallis* im Zweiten Arbeitspapier vorgeschlagene Modell ist deshalb auch im Zusammenhang mit der Regelung in Art. 17 Rom II-VO zu lesen. Die mit der Grundanknüpfung in Abs. 1 S. 1 des Zweiten Arbeitspapiers einhergehende Abkehr von dem in Deutschland vorherrschenden Handlungsort und der Ubiquitätsregel erscheint deshalb im Ergebnis vertretbar.

(2) Ort der „wesentlichen Rechtsgutsverletzung"

Die Grundanknüpfung in Abs. 1 S. 1 der im Zweiten Arbeitspapier vorgeschlagenen Regelung erfolgt dort, wo die Persönlichkeit des Betroffenen „unmittelbar und wesentlich" betroffen ist („directly and substantially affected"). Wo sich dieser Ort befindet, lässt sich dem Vorschlag *Wallis*' indes nicht entnehmen. Zwar spricht Abs. 1 S. 1 nur von einem Erfolgsortrecht. Dennoch sind nach dem von *Wallis* vorgeschlagenen Modell mehrere Erfolgsorte denkbar. Im Gegensatz zu der von dem Europäischen Parlament in Art. 5 Abs. 1 S. 1 PE 2005[906] vorgesehenen Anknüpfung an den wesentlichen Schadenseintrittsort („most significant element or elements of the loss or damage") lässt sich mit der Formulierung „directly and substantially affected" nicht ausschließen, dass der Betroffene geltend macht, seine Persönlichkeit sei in mehr als nur einer Rechtsordnung unmittelbarer und wesentlich betroffen. Davon geht auch *Wallis* aufgrund des insofern eindeutigen Wortlauts in Abs. 2 offensichtlich aus. Insbesondere für den Bereich der elektronischen Presse mit einer Vielzahl möglicher Erfolgsorte führt die vorgeschlagene Regelung deshalb zu keiner überzeugenden Anknüpfung. Aber auch bei Print-Presseprodukten dürfte regelmäßig das Problem von Streudelikten auftreten.

(3) Keine Sonderanknüpfung bei Internetdelikten

Zu begrüßen ist, dass sich *Wallis* – anders als sich noch im Ersten Arbeitspapier abzeichnete – gegen eine gesonderte Anknüpfungsregel bei Internetdelikten entschieden hat. Eine Sonderanknüpfung ist nicht nur überflüssig;

---

905 MüKo-BGB/*Junker*, Art. 17 Rom II-VO Rn. 6.

906 Siehe oben unter Teil 2, Kap. 1, IV.

ihre Ausführung würde in der Praxis regelmäßig etwas Paradoxes haben. Denn: mittlerweile hat der überwiegende Teil der Presseveröffentlichungen auch ein elektronisches Korrelat.[907] In Zeiten von Smartphones und Tablet-PCs nimmt die Zahl der Konsumenten von Onlinemedien stetig zu. Das Opfer einer Ehrverletzung wird deshalb in aller Regel daran interessiert sein, sich nicht nur gegen die gedruckte Meldung zur Wehr zu setzen, sondern auch gegen die entsprechende Online-Veröffentlichung vorzugehen. Würde man nun für Internetdelikte eine gesonderte Kollisionsregel entwerfen, besteht die Gefahr, dass auf die jeweiligen Vertriebswege unterschiedliche Sachrechte zur Anwendung kämen. Dies wäre prozessökonomisch unsinnig und würde dem Interesse der Beteiligten an einer klaren und vorhersehbaren Regelung zuwiderlaufen. Vor dem Hintergrund der technischen Besonderheiten ist dem potenziell Ersatzpflichtigen im Zeitpunkt der Veröffentlichung einer Meldung nicht immer klar, welchen „Verbreitungskanal" unter vielen die Erklärung nehmen wird.[908] Deshalb wird nur eine nicht nach Kommunikationsweg unterscheidende Kollisionsnorm der Diskrepanz zwischen intendierter und technisch möglicher Verbreitung gerecht.[909]

b) Abs. 1 S. 2: Vorhersehbarkeitsklausel

(1) Allgemeines

Neu ist der in Abs. 1 S. 2 des vorgeschlagenen Art. 5 a Rom II-VO geregelte Vorbehaltsvorbehalt, wonach es zur Anwendung des Heimatrechts des Beklagten kommt, wenn dieser die wesentlichen Folgen („substantial consequences") seiner Handlung in der nach der Grundanknüpfung in Abs. 1 S. 1 berufenen Rechtsordnung nicht vernünftigerweise hätte vorhersehen können. Die Regelung ist vergleichbar mit dem Vorhersehbarkeitskriterium in Art. 5 Abs. 1 S. 2 Rom II-VO für Produkthaftungsfälle. Danach haftet der Ersatzpflichtige nicht nach dem gemäß Art. 5 Abs. 1 S. 1 Rom II-VO maßgeblichen Recht, wenn er das Inverkehrbringen des schadensursächlichen Produkts in dem Staat nicht voraussehen konnte. Abgestellt wird auf das (willentlich und wissentliche) Inverkehrbringen des Produkts i.S.e. „Vermarktens" durch Übergabe an die bestimmungsgemäßen Adressaten.[910] Gemessen an den Grundsätzen zum Produkthaftungsrecht

907 So bereits im Jahr 1999 v. Hinden, FS Kropholler, S. 573, 581: *„[…] jede Lokalzeitung […] (ist) heute im Internet abrufbar."*

908 *Junker*, RIW 2010, 257, 260.

909 *Junker*, RIW 2010, 257, 260.

910 MüKo-BGB/*Junker*, Art. 5 Rom II-VO Rn. 29.

führt die in Abs. 1 S. 2 des Zweiten Arbeitspapiers vorgeschlagene Regelung bei Pressedelikten dazu, dass nur dann an den Ort des wesentlichen Schadenseintritts angeknüpft werden kann, wenn dieser auch im Hauptverbreitungsgebiet des Presseerzeugnisses liegt. In seiner Rechtsfolge entspricht dies dem von dem Europäischen Parlament bereits mit Art. 5 Abs. 1 S. 2 PE 2005[911] vorgeschlagenen Konzept.

(2) Geeignetheit für die elektronische Presse

Der Vergleich mit dem Produkthaftungsrecht verdeutlicht, dass sich eine Vorhersehbarkeitsklausel für Internetdelikte praktisch nicht umsetzen lässt und deshalb insgesamt abzulehnen ist. Die elektronische Presse hat keinen geographisch eingrenzbaren „Markt“, auf den der Schädiger sein Handeln ausrichtet. Es wurde festgestellt, dass ein „digitales Verbreitungsgebiet“ nicht existiert.[912] Zudem lässt sich eine etwaige vom Verletzer intendierte „Zielrichtung“ einer Internet-Veröffentlichung nicht rechtssicher anhand von Indizien (verwendete Sprache, Art und Inhalt der Veröffentlichung, TLD-Endung, Anzahl der registrierten Nutzer, Werbung auf der Webseite) ermitteln.[913] In der Praxis wird es deshalb in der Regel nicht gelingen, nachzuweisen, dass der Abruf einer Veröffentlichung in der nach der Grundanknüpfung in Abs. 1 S. 1 bestimmten Rechtsordnung „bestimmungsgemäß“ erfolgte. Dies führt im Fall von Delikten in der elektronischen Presse zu einer Wiederbelebung des Sitzortes (Handlungsort) als Anknüpfungspunkt.

Abgesehen von der Frage nach seiner Geeignetheit besteht an der Einführung eines Vorhersehbarkeitsvorbehalts für Veröffentlichungen in der elektronischen Presse aber auch kein praktisches Bedürfnis. Die Interessen der Medien an Kalkulierbarkeit ihrer Haftungsfolgen werden bei Online-Veröffentlichungen bereits dadurch hinreichend gewährleistet, dass das für maßgeblich erklärte Deliktsrecht nach dem in Art. 3 ECRL und § 3 TMG enthaltenen Herkunftslandprinzip ggf. im Wege eines Günstigkeitsvergleichs auf die weniger strengen Voraussetzungen des Herkunftslandrechts zu reduzieren ist.[914] Der Ersatzpflichtige einer Ehrverletzung in der elektronischen Presse kann deshalb innerhalb des Hoheitsgebiets der Europäischen Union keinen strengeren Haftungsfolgen

---

911 Siehe oben unter Teil 2, Kap. 1, IV.

912 Siehe oben unter Teil 1, Kap. 5, I., 2.

913 Siehe oben unter Teil 1, Kap. 5, III., 2., c).

914 Zu den Wirkungen des Herkunftslandprinzips für das Kollisionsrecht im Fall von Persönlichkeitsverletzungen siehe oben unter Teil 1 Kap. 7.

unterworfen werden, als denjenigen seines Herkunftslandes. Eine Vorhersehbarkeitsklausel ist dann überflüssig.

c) Abs. 2: Lex fori-Option bei Streudelikten

Abs. 2 des von *Wallis* vorgelegten Entwurfes regelt, dass der Verletzte im Fall eines Streudelikts bei einer Klage am Wohnsitz des Ersatzpflichtigen verlangen kann, dass der Gesamtschaden nach dem Heimatrecht des Schädigers liquidiert wird. *Wallis* entspricht damit dem Postulat *Wagners* und *Heiderhoffs*[915] nach einer strengen Parallelität von IPR und IZVR. Durch die Anwendung der *lex fori* auf den Gesamtschaden sollen Zeit und Kosten gespart werden.[916] Für prominente Personen sieht *v. Hein* hierin eine attraktive Lösung, um das gerichtliche Verfahren auf den Sitzort des Ersatzpflichtigen zu konzentrieren. Weniger bekannte Personen würden dadurch nicht unbillig benachteiligt, weil ihre Ehre ohnehin regelmäßig nur in ihrem Heimatland verletzt sein wird.

Die Möglichkeit zum Rückgriff auf die *lex fori* anstelle einer Mosaikbetrachtung mag zwar die Probleme zu beseitigen, die dadurch entstehen, wenn der Geschädigte bei grenzüberschreitenden Pressedelikten Klage am Handlungsort erhebt, auf kollisionsrechtlicher Ebene hingegen für die Anwendung des Erfolgsortrechts bzw. der Erfolgsortrechte optiert. Die von *Wallis* vorgeschlagene Regelung ist aber nicht zwingend, so dass die beabsichtigte Korrektur nur dann relevant wird, wenn der Geschädigte von seinem Wahlrecht auch Gebrauch macht. Insofern wird das von *Heiderhoff* verfolgte Ziel verfehlt, dass es bei einer Klage am Sitzort immer zur Anwendung des Sitzortrechts und bei einer Klage am Erfolgsort immer zur Anwendung des Erfolgsortrechts kommt.[917] Die Lösung von *Wallis* überzeugt auch deshalb nicht, weil der in seiner Persönlichkeit verletzte Kläger bei Multistate-Delikten geradezu dazu gezwungen wird, vor einem fremden Gericht nach einer für ihn fremden Rechtsordnung zu klagen, um die Nachteile einer distributiven Anwendung mehrerer Erfolgsortrechte zu vermeiden. Schließlich ist *v. Heins* These zur Differenzierung bekannter und weniger bekannter Personen auch an sich schwach. Verletzungen der bei Mediendelikten typischerweise gestörten „äußeren Ehre" treten am Ort der Kenntnisnahme des ehrverletzenden Inhalts durch Dritte ein.[918] Auf eine etwaige Bekanntheit des

915 Siehe oben unter Teil 1, Kap. 5, III., 3., c) (1).

916 *V. Hein*, Von Hein on Rome II and Defamation, abrufbar unter www.conflictoflaws.net/2010/von-hein-on-rome-ii-and-defamation, abgerufen am 22.04.2019.

917 *Heiderhoff*, EuZW 2007, 428, 432.

918 Siehe oben unter Teil 1, Kap. 5, II., 1.

Verletzten vor Ort kommt es gerade nicht an.[919] Auch bei weniger bekannten Personen existieren bei grenzüberschreitend verbreiteten Presseerzeugnissen deshalb regelmäßig mehrere Erfolgsorte. Das gilt insbesondere für den Bereich der elektronischen Presse, wo sich die Ehrverletzung unabhängig von einem etwaigen eingrenzbaren Gebiet an jedem Abrufort der Welt realisiert.[920] Die von *v. Hein* vorgenommene Differenzierung zwischen Prominenten und weniger bekannten Personen erscheint vor diesem Hintergrund wenig plausibel. Vielmehr würden auch weniger bekannte Personen regelmäßig zur Klage am Sitzort des Medienunternehmens gedrängt – und damit benachteiligt werden.

d) Abs. 3: Sonderanknüpfung bei Ansprüchen auf Gegendarstellung

Wallis übernimmt in Abs. 3 der vorgeschlagenen Neuregelung die von *v. Hein* empfohlene Sonderanknüpfung für Ansprüche auf Gegendarstellung. Die gewählte Sonderanknüpfung ist zu begrüßen und entspricht der hier vertretenen Ansicht, wonach auf den Gegendarstellungsanspruch als spezielles Institut des Presserechts allein das Sitzortrecht des handelnden Medienunternehmens anwendbar ist.[921]

e) Abs. 4: Nachträgliche Rechtswahl nach Art. 14 Rom II-VO

Abs. 4 des im Zweiten Arbeitspapier enthaltenen Entwurfs eines neuen Art. 5a Rom II-VO regelt, dass eine nachträgliche Rechtswahl der Parteien gemäß Art. 14 Rom II-VO den in Abs. 1 bis Abs. 3 geregelten Anknüpfungen vorgeht. Die Regelung hat nur klarstellenden Charakter und ist deshalb überflüssig. Diesem Ergebnis steht auch nicht entgegen, dass Art. 14 Rom II-VO keine Anwendung auf die Artt. 6, 8 und 13 Rom II-VO enthaltenen Regelungen für Wettbewerbsverletzungen und Verletzungen von Rechten des geistigen Eigentums findet.[922] Insofern wurde bereits zur Parallelvorschrift in Art. 42 EGBGB a.a.O.[923] dargelegt, dass das Allgemeine Persönlichkeitsrecht in seiner hier relevanten speziellen Ausprägung des Ehrschutzes bzw. des Schutzes der „sozialen Identität" kein Immaterialgüterrecht ist. Demgemäß würde eine nachträgliche

919 Siehe oben unter Teil 1, Kap. 5, II., 2.

920 Siehe oben unter Teil 1, Kap. 5, II., 3.

921 Siehe oben unter Teil 1, Kap. 3., I.

922 MüKo-BGB/*Junker*, Art. 14 Rom II-VO Rn. 12 m.w.N. in Fn. 36. Zur freien Rechtswahl im IPR der außervertraglichen Schuldverhältnisse eingehend *Vogeler*, Die Freie Rechtswahl im Kollisionsrecht der außervertraglichen Schuldverhältnisse, S. 1 ff.

923 Siehe oben unter Teil 1, Kap. 3, II.

Rechtswahl auch einer Anknüpfung nach einem neuen Art. 5a Rom II-VO für Verletzungen der Persönlichkeitsrechte und der Privatsphäre vorgehen. Die ausdrückliche Anordnung in Abs. 4 ist deshalb nicht erforderlich.

Hinzu kommt, dass eine entsprechende Regelung auch untypisch wäre. Denn die Anknüpfungen der außervertraglichen Schuldverhältnisse sehen einen Hinweis auf Art. 14 Rom II-VO nur dann vor, wenn eine nachträgliche Rechtswahl *nicht* möglich ist (siehe Artt. 6 Abs. 4 und 8 Abs. 3 Rom II-VO). Der Hinweis auf die Möglichkeit zur freien Rechtswahl ist deshalb systemfremd und würde für Rechtsunsicherheit sorgen.

f) Presserechtliches Beschränkungsverbot

Wallis hat zu recht auf eine Sonderbestimmung für den Schutz der Meinungs- und Informationsfreiheit verzichtet, wie sie etwa noch in Art. 6 Abs. 1 Nr. 1 KE 2003 als „spezielle Ordre-Public-Klausel" vorgesehen war[924] oder von dem Deutschen Rat für IPR[925] und *Junker*[926] in der Form eines Beschränkungsvorbehalts durch die nationalen „Verbürgungen der Meinungs- und Pressefreiheit" des Sitzortrechts des Verletzers vertreten wird. Insofern ist zu berücksichtigen, dass bereits der von Amts wegen[927] zu prüfende Ordre-Public-Vorbehalt in Art. 26 Rom II-VO sicherstellt, dass auf den konkreten Sachverhalt keine Vorschriften Anwendung finden, die mit den wesentlichen Grundsätzen des Rechts am Gerichtsstand im Bereich der Pressefreiheit unvereinbar sind. Sollte ein solcher Ausnahmetatbestand vorliegen, würde es zur Anwendung der *lex fori* als Ersatzrecht kommen.[928]

g) Ergebnis

Im Ergebnis überzeugt der im Zweiten Arbeitspapier präsentierte Vorschlag von *Wallis* nicht vollends. Die Absage an das in Deutschland vorherrschende Ubiquitätsprinzip ist hinnehmbar. Die entscheidende Schwachstelle der Grundanknüpfung in Abs. 1 S. 1 liegt aber darin, dass sich das vordergründige Ziel der Einschränkung der Tatortregel in Art. 4 Abs. 1 Rom II-VO im Fall von Pressedelikten – insbesondere solcher aufgrund von Online-Veröffentlichungen – nicht effektiv realisieren lässt. Die Korrektur der Grundanknüpfung anhand eines Vorhersehbarkeitsvorbehalts in Abs. 1 S. 2 ist nicht erforderlich und für

924 Siehe oben unter Teil 2, Kap. 1, III.

925 Siehe oben unter Teil 2, Kap. 2, II., 2.

926 *Junker*, RIW 2010, 257, 260; siehe auch oben unter Teil 2, Kap. 2, II., 2.

927 MüKo-BGB/*Junker*, Art. 26 Rom II-VO Rn. 13.

928 MüKo-BGB/*Junker*, Art. 26 Rom-II VO Rn. 26.

die elektronische Presse praktisch nicht umsetzbar. Die *lex fori*-Option führt zu einer unangemessenen Benachteiligung des Geschädigten. Der Sonderanknüpfung für Ansprüche auf Gegendarstellung in Abs. 3 gebührt Zustimmung. Auf den Hinweis auf den Vorrang einer nachträglichen Rechtswahl in Abs. 4 kann indessen verzichtet werden.

V. Entschließungsentwurf des Europäischen Parlaments

1. Inhalt

Rund ein Jahr nach Vorlage des Zweiten Arbeitspapiers hat sich das Europäische Parlament am 10.05.2012 in erster Lesung auf einen Entschließungsentwurf[929] an die Europäische Kommission für die Einfügung eines neuen Art. 5a Rom II-VO geeinigt. Der Entschließungsentwurf gliedert sich in vier Absätze und enthält als Grundregel eine Anknüpfung an die *lex loci damni*, allerdings mit dem bedeutenden Unterschied, dass die Formulierung zur „wesentlichen und unmittelbaren Betroffenheit" („directly and substantially affected") aus dem Zweiten Arbeitspapier zugunsten einer Anknüpfung an den *einen* Ort des wesentlichen Schadens („most significant element or elements of the loss or damage") aufgegeben wurde. Die Grundanknüpfung wird ergänzt um einen Vorhersehbarkeitsvorbehalt nach dem bereits von *v. Hein* und *Wallis* vorgesehenen Modell (Abs. 2). Neu ist die medienspezifische Kollisionsnorm für schriftliche Veröffentlichungen oder ausgestrahlte Sendungen (Abs. 3). Das Recht auf Gegendarstellung und „vorbeugende Maßnahmen" erhält eine Sonderanknüpfung (Abs. 4). Schließlich sieht der Entschließungsentwurf die Einfügung eines neuen Erwägungsgrund 32a zur besonderen Verbürgung für die Meinungs- und Pressefreiheit vor. Im Einzelnen soll Art. 5a Rom II-VO n.F. („Art. 5a Rom II-VO-E") den folgenden Wortlaut erhalten:

> *„(1) Auf außervertragliche Schuldverhältnisse aus einer Verletzung der Privatsphäre oder der Persönlichkeitsrechte, einschließlich Verleumdung, ist das Recht des Staates anzuwenden, in dem der Schaden im Wesentlichen eintritt oder einzutreten droht.*
> *(2) Dagegen ist das Recht des Staates anzuwenden, in dem der bzw. die Beklagte seinen bzw. ihren gewöhnlichen Aufenthalt hat, wenn er bzw. sie erhebliche Folgen seiner bzw.*

929 Entwurf einer Entschließung des Europäischen Parlaments mit Empfehlungen an die Kommission zur Änderung der Verordnung (EG) Nr. 864/2007 über das auf außervertragliche Schuldverhältnisse anzuwendende Recht („Rom II"), 2009/2170(INI), abrufbar unter www.europarl.europa.eu/sides/getDoc.do?pubRef=-//EP//TEXT+REPORT+A7-2012-0152+0+DOC+XML+V0//DE#title1, abgerufen am 26.02.2019.

ihrer Handlung in dem in Absatz 1 bestimmten Staat vernünftigerweise nicht voraussehen konnte.
(3) Sollten die Rechte aufgrund einer schriftlichen Veröffentlichung oder einer ausgestrahlten Sendung verletzt werden, ist entweder das Recht des Staats anzuwenden, in dem das wichtigste Element oder die wichtigsten Elemente des Schadens auftreten oder auftreten könnten, da es als das Land angesehen wird, auf das die Veröffentlichung oder Sendung hauptsächlich gerichtet ist, oder, sollte dies nicht eindeutig der Fall sein, in dem Land, in dem die redaktionelle Kontrolle erfolgt. Das Land, auf das die Veröffentlichung oder Sendung gerichtet ist, ist vor allem anhand der Sprache der Veröffentlichung oder Sendung, anhand der Verkaufszahlen oder Leser-/Zuhörerzahl im Verhältnis zu den gesamten Verkaufszahlen oder der gesamten Leser-/Zuhörerzahl in dem entsprechenden Land oder anhand einer Kombination dieser Faktoren zu bestimmen.
(4) Das Recht auf Gegendarstellung oder gleichwertige Maßnahmen und auf Vorbeugungsmaßnahmen oder Unterlassungsklagen gegen einen Verlag oder eine Sendeanstalt hinsichtlich des Inhalts einer Veröffentlichung oder Sendung und hinsichtlich der Verletzung der Privatsphäre oder der Persönlichkeitsrechte, die auf den Umgang mit persönlichen Daten zurückzuführen ist, richtet sich nach dem Recht des Staates, in dem sich der Ort des gewöhnlichen Aufenthalts des Verlags, der Sendeanstalt oder des Nutzers dieser Daten befindet."[930]

2. *Stellungnahme*

a) *Abs. 1: Grundanknüpfung*

(1) Ort des „wesentlichen Schadenseintritts"

Die Regelanknüpfung an den Ort, in dem der Schaden „im Wesentlichen eintritt oder einzutreten droht", wie sie von dem Europäischen Parlament bereits in Art. 5 Abs. 1 S. 1 PE 2005 vorgesehen wurde,[931] verdient Zuspruch. Das Europäische Parlament sucht mit seinem Entwurf den Schulterschluss zur allgemeinen Kollisionsnorm des Art. 4 Abs. 1 Rom II-VO und modifiziert die praxiserprobte Grundanknüpfung durch eine Konzentration auf den Haupterfolgsort der Rechtsgutsverletzung. Maßgeblich ist allein die Anknüpfung an den Schwerpunkt des Deliktserfolges und damit der Ort der „spürbarsten" oder „intensivsten" Persönlichkeitsverletzung, auf den es bei der Anknüpfung von Pressedelikten auch ankommt. Zugleich setzt das Europäische Parlament

---

930 Anlage zum Entschließungsantrag: Ausführliche Empfehlungen zum Inhalt des geforderten Vorschlags, abrufbar unter: http://www.europarl.europa.eu/sides/getDoc.do?pubRef=-//EP//TEXT+REPORT+A7-2012-0152+0+DOC+XML+V0//DE#title1, abgerufen am 26.02.2019.

931 Siehe oben unter Teil 2, Kap. 1, IV.

die Rechtsprechung des EuGH aus „eDate Advertising/Martinez“ um. Denn in der Praxis wird der (kollisionsrechtliche) Ort des wesentlichen Schadenseintritts mit dem Ort des „Mittelpunkts der Interessen“ am gewöhnlichen Aufenthalt des Betroffenen nach der verfahrensrechtlichen Judikatur des EuGH regelmäßig übereinstimmen.[932] Damit wird die für ein vereinheitlichtes Medienkollisionsrecht von *Heiderhoff*[933] ausdrücklich eingeforderte Parallelisierung von *forum* und *ius* zumindest teilweise realisiert. Allerdings lässt der Entschließungsentwurf ungeklärt, wo sich der Ort des wesentlichen Schadenseintritts befindet. Wünschenswert wäre ein klarstellender Hinweis zugunsten des Rechts am gewöhnlichen Aufenthalt des Betroffenen gewesen, wie er auch schon in den Vorschlägen der GEDIP[934] enthalten war. Positiv ist, dass sich das Europäische Parlament gegen eine spezielle Anknüpfung von Internetdelikten entscheidet.

(2) „Auflockerung“ nach Art. 4 Abs. 2, 3 Rom II-VO?

Das Zweite Arbeitspapier sah vor, dass die in Abs. 1 formulierte Grundanknüpfung vorbehaltlich der (bestehenden) Regelungen in Art. 4 Abs. 2, Abs. 3 Rom II-VO gelten sollte. Einen Hinweis auf die Ausweichtatbestände in Art. 4 Abs. 2 und Abs. 3 Rom II-VO enthält der Entschließungsentwurf nicht. Es stellt sich deshalb die Frage, ob eine „Auflockerung“ der Grundanknüpfung an den Ort des wesentlichen Schadenseintritts in Art. 5a Abs. 1 Rom II-VO-E sinnvoll ist.

Die in Art. 4 Abs. 2 Rom II-VO vorgesehene Anknüpfung an den gemeinsamen gewöhnlichen Aufenthalt der Deliktsbeteiligten (*lex domicilii communis*) dient dem Interesse der Verfahrensbeteiligten an der Anwendung der ihnen (vertrauten) Rechtsordnung des gewöhnlichen Aufenthalts. Sie verfolgt damit prozessökonomische Ziele, indem bei Prozessen im gemeinsamen Aufenthaltsstaat durch die Anwendung der *lex fori* die Abwicklung des Schadensfalls erleichtert wird.[935] Die Ausweichklausel des Art. 4 Abs. 3 Rom II-VO hat den Zweck, in atypischen Fällen, in denen die Regelanknüpfungen nicht zu befriedigenden Ergebnissen führen, diejenige Rechtsordnung zur Anwendung zu bringen, mit der der Sachverhalt am engsten verbunden ist.[936] Die eng auszulegende

932 So auch Spindler/Schuster/*Weller/Nordmeier*, Recht der elektronischen Medien, 4. Teil, Art. 30 Rom II-VO Rn. 3; siehe auch oben unter Teil 1, Kap. 5, III., 6., c), (2) (d) und Teil 1, Kap. 6, III., 8., b).

933 *Heiderhoff*, EuZW 2007, 428, 432.

934 Siehe oben unter Teil 2, Kap. 1, I.

935 MüKo-BGB/*Junker*, Art. 4 Rom II-VO Rn. 5; *ders.*, JZ 2008, 169, 174; *Leible/Engel*, EuZW 2004, 7, 10.

936 BeckOK-Bamberger/Roth/Hau/Poseck/*Spickhoff*, Art. 4 Rom II-VO Rn. 12.

Regel[937] zielt auf die Schaffung kollisionsrechtlicher Einzelfallgerechtigkeit[938] und ermöglicht mit S. 2 (wie das deutsche IPR in Art. 41 Abs. 2 Nr. 1 EGBGB) die akzessorische Anknüpfung an ein bestehendes Rechtsverhältnis zwischen den Parteien, das mit der betreffenden unerlaubten Handlung „in enger Verbindung steht" (insbes. Vertrag[939] oder familienrechtliche Verhältnisse[940]).

Eine vorrangige Anknüpfung an den gemeinsamen gewöhnlichen Aufenthalt der Deliktsbeteiligten erscheint auch im Rahmen von Art. 5a Abs. 1 Rom II-VO-E sinnvoll. Hatten Geschädigter und Haftender im Zeitpunkt des schädigenden Ereignisses ihren gewöhnlichen Aufenthalt im selben Staat, verdrängt mithin Art. 4 Abs. 2 Rom II-VO die in Abs. 1 S. 1 vorgesehene Anknüpfung an den Ort des wesentlichen Schadenseintritts.

Die Beantwortung der Frage, ob eine „offensichtlich engere Verbindung" i.S.v. Art. 4 Abs. 3 Rom II-VO zum Ort, in dem der Schaden „im Wesentlichen eintritt oder einzutreten droht", gegeben sein kann, bedarf einer differenzierenden Betrachtung. Denn die Anknüpfung an den wesentlichen Schadenseintrittsort als Schwerpunkterfolgsort basiert (bereits) auf dem Grundsatz der engsten Verbindung.[941] In diesem Zusammenhang lassen sich die zur autonomen Regelung des Art. 41 EGBGB angestellten Erwägungen heranziehen.[942] Im Rahmen der danach gebotenen Gesamtschau[943] und vor dem Hintergrund des Ausnahmecharakters[944] von Art. 4 Abs. 3 Rom II-VO dürfte wohl kein Ort zu finden sein, dem die Grundanknüpfungen des Entschließungsentwurfs verdrängendes Gewicht zukommen wird. Dennoch lassen sich Abweichungen nicht vollständig ausschließen. Deshalb sollte auch die Anknüpfung an den Ort des wesentlichen Schadenseintritts einer Auflockerung nach Art. 4 Abs. 3 Rom II-VO zugänglich sein.

b) Abs. 2: Vorhersehbarkeitsklausel

Der in Art. 5a Abs. 2 Rom II-VO-E enthaltenen Vorhersehbarkeitsvorbehalt ist inhaltsgleich mit der von *Wallis* im Zweiten Arbeitspapier vorgesehenen Regelung. Die vorstehend geäußerte Kritik lässt sich daher auf das in

937 BeckOK-Bamberger/Roth/Hau/Poseck/*Spickhoff*, Art. 4 Rom II-VO Rn. 12.
938 Palandt/*Thorn*, Art. 4 Rom II-VO Rn. 10.
939 MüKo-BGB/*Junker*, Art. 4 Rom II-VO Rn. 51.
940 HK-BGB/*Dörner*, Art. 41 EGBGB Rn. 8.
941 Siehe oben unter Teil 1, Kap. 5, III., 6., a).
942 Siehe oben unter Teil 1, Kap. 5, IV., 3.
943 MüKo-BGB/*Junker*, Art. 4 Rom II-VO Rn. 55.
944 *V. Hein*, ZVglRWiss 102 (2003), 528, 547; *Leible/Engel*, EuZW 2004, 7, 10.

dem Entschließungsentwurf des Europäischen Parlaments verfolgte Konzept unverändert übertragen.[945] Abgesehen von den insofern bereits aufgezeigten Schwierigkeiten bei der Anwendung eines Vorhersehbarkeitsvorbehalts auf Internetdelikte[946] ist speziell im Hinblick auf Art. 5a Abs. 2 Rom II-VO-E ein solcher Vorbehalt auch aus den folgenden Erwägungen nicht erforderlich: wie dargestellt, ist ein Vorhersehbarkeitsvorbehalt sinnvoll, wenn im Fall von Streudelikten die Anwendung mehrerer Rechtsordnungen droht und die Erfolgsorte auf diejenigen im bestimmungsgemäßen Verbreitungsgebiet des Presseerzeugnisses eingeschränkt werden.[947] Hiervon zu trennen sind aber diejenigen Fälle, in denen im Ausgangspunkt nur die Anwendung einer Rechtsordnung am wesentlichen Schadenseintrittsort droht. Das Haftungsrisiko an dem *einen* Schwerpunkterfolgsort ist für den Schädiger kalkulierbar, so dass an einem Korrektiv kein Bedürfnis besteht.[948]

c) *Abs. 3: Sonderanknüpfung bei schriftlichen Veröffentlichungen oder einer ausgestrahlten Sendungen*

Fragwürdig erscheint die in Art. 5a Abs. 3 Rom II-VO-E vorgeschlagene Anknüpfung für „schriftliche Veröffentlichungen" und „ausgestrahlte Sendungen". Abweichend von der Grundanknüpfung in Abs. 1 findet danach das Recht des Staates Anwendung, auf den die Veröffentlichung oder Sendung hauptsächlich ausgerichtet ist. Die Zielrichtung des Beitrags wird anhand der verwendeten Sprache und der Verkaufszahlen bzw. aus einer Kombination hieraus ermittelt. Lässt sich keine eindeutige Zuordnung treffen, ist das Sitzortrecht des Medienunternehmens Deliktsstatut.

(1) Kritik am Wortlaut

Aus der gewählten Formulierung wird nicht eindeutig klar, ob die Sonderanknüpfung auch für den Bereich der elektronischen Presse gilt oder ob Internetsachverhalte ausschließlich nach der Grundanknüpfung in Abs. 1 zu beurteilen sind. Ausgehend von dem deutschen Wortlaut der Vorschrift lässt sich nicht zweifelsfrei feststellen, ob unter „schriftlicher Veröffentlichung" auch solche Erklärungen fallen, die digital zum Abruf bereitgehalten und am Monitor visualisiert werden können oder ob die in Abs. 3 enthaltene Sonderanknüpfung nur

---

945 Siehe oben unter Teil 2, Kap. 2, IV., 3., b).
946 Siehe oben unter Teil 1, Kap. 5, III., 2., c).
947 Siehe oben unter Teil 1, Kap. 5, I., 1.
948 Siehe oben unter Teil 1, Kap. 5, III., 6., d) (2).

auf verkörperte Druckerzeugnisse (etwa i.S.d. LPressG) Anwendung finden soll. Nach der englischen Fassung ist Art. 5a Abs. 3 Rom II-VO-E anwendbar auf Rechtsgutsverletzungen *„[...] caused by the publication of printed matter or by a broadcast“*. Der italienische Wortlaut ist etwas eindeutiger und spricht von: *„[...] pubblicazione di materiale stampato o da una trasmissione“*. In der französischen Übersetzung heißt es ganz ähnlich: *„[...] publication écrite ou d'une émission“*.

Der Vergleich zeigt, dass die elektronische Presse von der Sonderanknüpfung wohl nicht erfasst sein dürfte. Onlinemedien sind zwar „schriftlich“ visualisierbar. Allerdings handelt es sich bei ihnen nach dem allgemeinen Sprachgebrauch nicht um „Drucksachen“ („printed matter“ / „publication écrite“) oder „bedrucktes“ oder „ausgedrucktes Material“ („materiale stampato“). Zudem sieht Art. 5a Abs. 3 Rom II-VO-E vor, dass die Zielrichtung der Veröffentlichung anhand der konkreten Verkaufszahlen im Verbreitungsgebiet ermittelt werden soll. Es ist davon auszugehen, dass dem Europäischen Parlament bei der Formulierung der Regelung bekannt war, dass sich für Onlineinhalte keine Verkaufszahlen ermitteln lassen. Zwar verfügt eine Vielzahl von Diensten der elektronischen Presse über eine registrierte Leserschaft. Die Anzahl der Registrierungen kann aber nicht mit den Verkaufszahlen eines Druckerzeugnisses gleichgesetzt werden, weil der Großteil der Inhalte in den Onlinemedien auch ohne vorherige Registrierung gelesen werden kann.[949] Der Wortlaut von Abs. 3 spricht mithin für eine nach Vertriebsform unterscheidende Anknüpfung.

(2) Gefahr widersprechender Entscheidungen

Die von dem Europäischen Parlament gewählte Unterscheidung nach Vertriebswegen ist misslich, weil die Maßgeblichkeit der vorrangigen Ausrichtung bei Print-Presseprodukten in der Praxis oft entgegen der Grundanknüpfung in Art. 5a Abs. 1 Rom II-VO-E zu einem von der *lex fori* abweichenden Sachrecht führen wird. Diese Konsequenzen hatte *Wagner*[950] bereits im Zusammenhang mit Art. 5 Abs. 2 PE 2005 kritisiert. Welche Folgen sich hieraus ergeben können, soll anhand des nachstehenden Beispiels dargestellt werden:

Beispiel 5

Der in Frankreich wohnhafte und sich dort auch die überwiegende Zeit des Jahres aufhaltende K wehrt sich gegen eine ehrverletzende Veröffentlichung in der „FAZ“ mit dem Unternehmenssitz in Deutschland. In dem Artikel wird über die Verstrickung des K in kriminelle Machenschaften berichtet wird. Der Artikel ist sowohl in

---

949 Siehe oben unter Teil 1, Kap. 5, II., 3., b).

950 *G. Wagner*, IPRax 2006, 372, 385.

der Samstagsausgabe der Zeitung veröffentlicht als auch Online unter „www.faz.net" abrufbar, und zwar auch noch mehrere Wochen nach Erscheinung der Printausgabe. K erhebt Klage vor einem französischen (Erfolgsort-)Gericht auf Schadensersatz, wobei sich das Schadensersatzbegehren sowohl auf die in der Print- als auch in der Onlineausgabe erfolgte Ehrverletzung bezieht.

Hinsichtlich der auf die Persönlichkeitsverletzung in der Printveröffentlichung gestützten Ansprüche müsste das Gericht nach Maßgabe von Art. 5a Abs. 3 Rom II-VO-E ermitteln, wo das „wichtigste Element" das Schadens aufgetreten ist oder auftreten könnte. Das ist das Land, auf das die Veröffentlichung hauptsächlich oder vorrangig ausgerichtet ist. Das Hauptverbreitungsgebiet der „FAZ" lässt sich anhand der Verkaufszahlen ermitteln und befindet sich in Deutschland. Demgemäß müsste das französische Gericht über den Gesamtschaden nach dem von der *lex fori* abweichenden, deutschen Deliktsrecht entscheiden.

Paradox wird es nun, wenn man das Interesse des K einbezieht, gegen die Online-Veröffentlichung vorzugehen. Veröffentlichungen in der elektronischen Presse unterfallen nach dem hiesigen Wortlautverständnis nicht der Sonderanknüpfung von Art. 5a Abs. 3 Rom II-VO-E, sondern richten sich nach der Grundanknüpfung in Art. 5a Abs. 1 Rom II-VO-E. Abzustellen ist dann (allein) auf das Recht des wesentlichen Schadenseintrittsortes. Im vorstehenden Beispiel 5 könnte sich K darauf berufen, dass der „wesentliche Schaden" in Frankreich eingetreten ist, weil die Ehrverletzung an seinem gewöhnlichen Aufenthalt am intensivsten ausgefallen ist. Haftungsgrund und Haftungsfolgen der durch die Veröffentlichung unter „www.faz.net" eingetretenen Ehrverletzung müssten nach französischem Deliktsrecht beurteilt werden. Der eigentlich zusammengehörende Sachverhalt würde dadurch auseinandergerissen, indem auf bestimmte Teilfragen Rechtssätze verschiedener Rechtsordnungen anzuwenden wären. Dadurch kann es zu Disharmonien im Sinne sich widersprechenden Rechtsordnungen kommen (sog. *dépaçage*[951]). Dies wäre etwa der Fall, wenn im vorstehenden Beispiel 5 der Anspruch auf Schadensersatz nach französischem Recht zu bejahen wäre, die Tatbestandsvoraussetzungen für eine Haftung nach deutschem Recht gemäß § 823 BGB hingegen nicht erfüllt wären. Ein solches Ergebnis liefe dem kollisionsrechtlichen Ordnungsinteresse an Entscheidungseinklang und Widerspruchsfreiheit[952] zuwider.

951 *Kegel/Schurig*, IPR, § 2 Teil II. 3.

952 Danach sind einheitliche Rechtsverhältnisse möglichst auch einheitlich, d. h. als Ganzes, einer bestimmten Rechtsordnung zuzuordnen (vgl. *Nixdorf*, GRUR 1996, 842, 844. Zu den Ordnungsinteressen im IPR eingehend *Kegel/Schurig*, IPR, § 2 Teil II. 3).

d) *Abs. 4: Sonderanknüpfung bei Gegendarstellung und vorbeugenden Maßnahmen*

Die gesonderte Anknüpfung von Ansprüchen auf Gegendarstellung in Art. 5a Abs. 4 Rom II-VO-E ist aufgrund des speziellen Charakters des Gegendarstellungsanspruchs geboten.[953] Demgegenüber ist die Ausweitung der Sonderanknüpfung auf „Vorbeugemaßnahmen oder Unterlassungsklagen", die sich ebenfalls nach dem Sitzortrecht des Medienunternehmens richten sollen, abzulehnen. *Knöfel*[954] erkennt hierin zutreffend ein „unverhülltes Medienprivileg erster Klasse", weil dadurch auch Unterlassungsbegehren bedingungslos dem Erfolgsortrecht entzogen werden und sich nach dem Sitzortrecht entscheiden. Auch *Junker*[955] hat sich deutlich gegen eine kollisionsrechtliche Abspaltung von Unterlassungsansprüchen ausgesprochen und betont ihre herausragende Bedeutung für Opfer von Persönlichkeitsverletzungen. Abgesehen von der Besserstellung der Medienunternehmen ist eine gesonderte Anknüpfung auch nicht sinnvoll, weil der Geschädigte in der Praxis eigentlich immer auf (vorbeugende) Unterlassung klagen wird, wie es etwa auch in den Entscheidungen des BGH in den Rechtssachen „New York Times"[956] und „7 Tage Moskau"[957] der Fall war. Soweit sich Unterlassungsbegehren fortan allein nach dem Niederlassungsrecht des Medienunternehmens beurteilen würden, droht der Grundanknüpfung des Art. 5a Abs. 1 Rom II-VO-E bzw. der Sonderanknüpfung des Art. 5a Abs. 3 Rom II-VO-E ein stiefmütterliches Dasein. Hinzu kommt, dass sich bei einer Klage auf Schadensersatz *und* Unterlassung erneut das Problem von Normwidersprüchen stellt, wenn der gewöhnliche Aufenthalt des Medienunternehmens (Unterlassungsanspruch) und der Ort des „wesentlichen Schadenseintritts" bzw. die Rechtsordnung, auf die die Veröffentlichung vorrangig ausgerichtet ist (Schadensersatz/Geldentschädigung), auseinanderfallen. Die Herauslösung von Unterlassungsansprüchen aus den (Grund-)Anknüpfungen in Abs. 1 und Abs. 3 ist im Ergebnis abzulehnen.

953 Zur kollisionsrechtlichen Einordnung des Gegendarstellungsanspruchs siehe oben unter Teil 1, Kap. 3, I.

954 MüKo-BGB/*Knöfel*, Art. 30 Rom II-VO Rn. 17.

955 *Junker*, RIW 2010, 257, 260.

956 BGH, GRUR 2010, 461 ff.

957 BGH, NJW 2011, 2059 ff.

e) Erwägungsgrund 32a

Das Europäische Parlament überzeugt des Weiteren nicht mit seinem Vorstoß zur Einfügung eines neuen Erwägungsgrundes 32a.[958] Der hierfür vorgeschlagene Wortlaut[959] sieht vor, dass die Mitgliedstaaten durch die Rom II-VO nicht an der Anwendung ihrer Verfassungsvorschriften über die Pressefreiheit und die Meinungsfreiheit in den Medien gehindert werden sollen. Hat die Anwendung eines nach der Rom II-VO bezeichneten Rechts eine unangemessene Einschränkung der Verfassungsvorschriften zur Folge, kann sie als mit der öffentlichen Ordnung dieses Staates unvereinbar erklärt werden. Eine vergleichbare Regelung war bereits in Art. 6 Abs. 2 KE 2003[960] vorgesehenen.

Das vorgeschlagene Bekenntnis zur Presse- und Meinungsfreiheit ist mit Blick auf Art. 26 Rom II-VO überflüssig.[961] Ein Erwägungsgrund 32a hätte lediglich deklaratorischen Charakter. Es spricht einiges dafür, dass sich das Europäische Parlament für die Regelung aus politischen Gründen entschieden hat, um eine Art „appeasement" gegenüber dem Einfluss der Medienvertreter zu bewirken[962]. Die Aufnahme eines speziellen Ordre-Public-Vorbehalts entspricht überdies nicht dem Konzept des modernen IPR und IZVR. Ein „Rückzug auf die Bollwerke nationaler Verfassungen"[963] ist aufgrund der voranschreitenden nationalen Umsetzung der Rechtsprechung des EGMR zur Presse- und Meinungsfreiheit nicht erforderlich. Richtigerweise hatte sich auch *v. Hein* in seinem

958 Anlage zum Entschließungsantrag: Ausführliche Empfehlungen zum Inhalt des geforderten Vorschlags, abrufbar unter www.europarl.europa.eu/sides/getDoc.do?pubRef=-//EP//TEXT+REPORT+A7-2012-0152+0+DOC+XML+V0//DE#title1, abgerufen am 26.02.2019.

959 *„Die Mitgliedstaaten werden durch diese Verordnung nicht an der Anwendung ihrer Verfassungsvorschriften über die Pressefreiheit und die Meinungsfreiheit in den Medien gehindert. Insbesondere kann die Anwendung einer Norm des nach dieser Verordnung bezeichneten Rechts, die zur Folge haben würde, dass es zu einer unangemessenen Einschränkung dieser Verfassungsvorschriften kommt, je nach der Rechtsordnung des Mitgliedstaats des angerufenen Gerichts als mit der öffentlichen Ordnung („ordre public") dieses Staates unvereinbar angesehen werden."*

960 Siehe oben unter Teil 2, Kap. 1, III.

961 Siehe oben unter Teil 2, Kap. 2, IV., 3., f).

962 NK-BGB/*Knöfel*, Art. 30 Rom II-VO Rn. 13. Das Europäische Parlament hatte überdies bereits einen entsprechenden Vorschlag mit Erwägungsgrund 12 des PE 2005 gemacht.

963 NK-BGB/*Knöfel*, Art. 30 Rom II-VO Rn. 13.

von *Wallis* im Zweiten Arbeitspapier übernommenen Vorschlag[964] ausdrücklich gegen eine spezielle „Verbürgung“ für die Presse- und Meinungsfreiheit ausgesprochen und betont, dass eine Verbürgung – wenn überhaupt – nur für den Persönlichkeitsschutz zugunsten des Opferschutzes notwendig wäre. In diesem Zusammenhang verweist *v. Hein* auf die Rechtsprechung des EGMR, der in seiner „Caroline“-Entscheidung vom 24.07.2004[965] den BGH nicht deshalb gerügt hatte, weil dieser die Pressefreiheit nicht hinreichend gewürdigt hatte, sondern die Privatsphäre von *Caroline von Monaco.*

f) Zwischenergebnis zu Art. 5a Rom II-VO-E

Eine Vereinheitlichung des Deliktskollisionsrechts darf nicht um jeden Preis erfolgen, sondern nur dann, wenn dies auch zu sachgerechten Ergebnissen führt.[966] Diese Voraussetzungen erfüllt die vorliegende Fassung des Art. 5a Rom II-VO-E nicht. Die von dem Europäischen Parlament vorgeschlagene Anknüpfung an den Ort des wesentlichen Schadenseintritts in Abs. 1 stellt eine tragfähige Diskussionsgrundlage dar. Sie entspricht dem hier vertretenen Verständnis einer Schwerpunktanknüpfung an den Haupterfolgsort der Persönlichkeitsverletzung und liegt auf einer Linie mit der *ratio dicendi* des EuGH aus „eDate Advertising/Martinez“. Ergänzend sollte die vorrangige Anwendbarkeit von Art. 4 Abs. 2 Rom II-VO und die Berichtigungsmöglichkeit nach Art. 4 Abs. 3 Rom II-VO durch einen entsprechenden Hinweis in Abs. 1 klargestellt werden. Die Aufnahme eines speziellen Vorhersehbarkeitsvorbehalts in Abs. 2 ist nicht erforderlich, insbesondere deshalb, weil der Schädiger die Haftungsfolgen seines Tätigwerdens am „wesentlichen Schadensort“ vorhersehen kann. Die Sonderanknüpfung für Presse- und Rundfunkdelikte in Abs. 3 ist verfehlt. Der Wortlaut ist nicht eindeutig. Zudem würde die vorgeschlagene Sonderanknüpfung für Print-Pressedelikte regelmäßig – entgegen der Grundanknüpfung des Abs. 1 – zu einem von der *lex fori* abweichenden Sachrecht führen. Darüber hinaus sind die Konsequenzen einer kollisionsrechtlichen Unterscheidung nach Vertriebswegen nicht hinnehmbar, weil sich der Verletzte in der Regel sowohl gegen die Print- als auch gegen die Online-Veröffentlichung zur Wehr setzt und die Gefahr widersprechender Entscheidungen droht. Die gesonderte Anknüpfung für Ansprüche auf Gegendarstellung in Abs. 4 verdient

964 *V. Hein*, Von Hein on Rome II and Defamation, abrufbar unter www.conflictoflaws.net/2010/von-hein-on-rome-ii-and-defamation, abgerufen am 22.04.2019.

965 EGMR, NJW 2004, 2647 ff.

966 *Sonnentag*, ZVglRWiss 105 (2006), 256, 312.

Zustimmung. Anders verhält es sich hingegen für die Ausweitung der Sonderanknüpfung auf „Vorbeugemaßnahmen oder Unterlassungsklagen", die sich zwingend (auch) nach dem Erfolgsortrecht richten müssen.

Kap. 3: Thesen und eigener Vorschlag *de lege ferenda*

Ob der mittlerweile über sechs Jahre zurückliegende Entschließungsentwurf des Europäischen Parlaments bei der Europäischen Kommission jemals auf Zustimmung treffen wird, ist fraglich. Das gilt umso mehr, als das vorgelegte Konzept weitestgehend dem veralteten PE 2005 nachgebildet ist, der die Europäische Kommission bekanntlich schon einmal nicht überzeugen konnte. Eine Vereinheitlichung des europäischen Mediendeliktsrechts könnte gelingen, wenn die kompetenzrechtliche Judikatur des EuGH genutzt würde, den Normgebungsprozess unter Berücksichtigung der überragenden Bedeutung der Internetdelikte wieder in Gang zu setzen. Diese Arbeit möchte dazu ihren Beitrag leisten, indem sie auf der Grundlage der im Rahmen der Untersuchung *de lege lata* und *de lege ferenda* gewonnen Erkenntnisse die folgenden 10 Thesen für eine europäische Kollisionsregel für Mediendelikte aufstellt:

1. Grundanknüpfung von Verletzungen der Privatsphäre und der Persönlichkeitsrechte ist der Ort des wesentlichen Schadenseintritts.
2. Der Ort des wesentlichen Schadenseintritts befindet sich am Schwerpunkt des Deliktserfolgs und ist der Ort der intensivsten Rechtsgutsverletzung.
3. Am intensivsten fällt die Rechtsgutsverletzung regelmäßig am gewöhnlichen Aufenthalt des Geschädigten aus. Der Schwerpunkt des Deliktserfolges kann sich aber auch an einem anderen Ort befinden, etwa aufgrund einer dort ausgeübten beruflichen Tätigkeit.
4. Haben Schädiger und Geschädigter zum Zeitpunkt des Schadenseintritts ihren gewöhnlichen Aufenthalt in demselben Staat, so unterliegt die unerlaubte Handlung dem Recht dieses Staates, Art. 4 Abs. 2 Rom II-VO. Die Anknüpfung an den Ort des wesentlichen Schadenseintritts ist auch einer „Auflockerung" i.S.v. Art. 4 Abs. 3 Rom II-VO zugänglich. Eine „offensichtlich engere Verbindung" mit der unerlaubten Handlung als am Schwerpunkt der Rechtsgutsverletzung wird in den wenigsten Fällen gegeben sein. Lässt sich eine solche Verbindung feststellen, wird ihr in aller Regel wohl nicht das erforderliche, die Grundanknüpfung verdrängende Gewicht zukommen.

5. Ein Vorhersehbarkeitsvorbehalt zugunsten des Verletzers ist entbehrlich. Zum einen lässt sich die Eingrenzung auf „vorhersehbare" Rechtsordnungen für den Bereich der elektronischen Presse nicht (praktisch) umsetzen. Zum anderen besteht hierfür nach Klärung der Rechtsnatur des Herkunftslandprinzips aus Art. 3 ECRL für den Bereich der elektronischen Presse auch kein Bedürfnis. Im Lichte der Wirkungen des Herkunftslandprinzips muss das betreffende Medienunternehmen nicht die Anwendung eines strengeren Rechts als an seinem Herkunftsstaat befürchten („sachrechtliches Beschränkungsverbot").
6. Ein spezieller Ordre-Public-Vorbehalt bzw. jede Art von „Verbürgung" zugunsten der Presse- und Meinungsfreiheit ist entbehrlich.
7. Die Anknüpfung von Gegendarstellungsansprüchen und vergleichbaren Maßnahmen erfolgt gesondert am Niederlassungsort des Medienunternehmens.
8. Vorbeugemaßnahmen und Unterlassungsansprüche richten sich – der Grundanknüpfung folgend – nach dem Erfolgsortrecht.
9. Eine gesonderte Anknüpfung für Print-Pressedelikte ist nicht erforderlich.
10. Einer Sonderanknüpfung für Internetdelikte bedarf es ebenfalls nicht. Die Anknüpfung an den Ort des wesentlichen Schadenseintritts am gewöhnlichen Aufenthalt des Verletzten ist technisch neutral und führt – unabhängig von dem jeweiligen Vertriebsweg – immer zur selben Rechtsordnung. Aus Gründen der Rechtsklarheit ist ein Hinweis erforderlich, wonach die Anknüpfungen auch für Internetdelikte gelten.

Ausgehend von den vorstehenden Thesen könnte eine künftige europäische Anknüpfungsregel für Verletzungen der Privatsphäre und der Persönlichkeitsrechte wie folgt lauten:

> **Art. 5a** – Verletzung der Privatsphäre und der Persönlichkeitsrechte
> (1.) Unbeschadet der Regelungen in Artikel 4 Absatz 2 und 3 findet auf außervertragliche Schuldverhältnisse, die aus einer Verletzung der Privatsphäre oder der Persönlichkeitsrechte entstanden sind, das Recht des Staates Anwendung, in dem der Schaden im Wesentlichen eintritt oder einzutreten droht. Es wird widerlegbar vermutet, dass dieser Ort mit dem gewöhnlichen Aufenthalt der Person, die geschädigt wurde, übereinstimmt. Jedoch kann die Person, die geschädigt wurde, verlangen, dass anstatt des Rechts an diesem Ort das Recht eines anderen Staates Anwendung findet, sofern bestimmte Indizien einen engeren Bezug zu diesem Staat herstellen können.
> (2.) Das Recht auf Gegendarstellung oder gleichwertige Maßnahmen gegen einen Verlag oder ein Sendeunternehmen richtet sich nach dem Recht des Staates, in dem sich der gewöhnliche Aufenthalt des Verlags oder des Sendeunternehmens befindet.
> (3.) Absatz 1 und 2 gelten auch für Verletzungshandlungen über das Internet oder andere vergleichbare elektronische Netzwerke.

Eine englische Fassung könnte lauten:

Art. 5a – Violations of privacy and rights relating to personality
(1.) Without prejudice to Article 4 section 2 and 3 the law applicable to a non-contractual obligation arising out of violations of privacy or rights relating to personality shall be the law of the country in which the most significant element or elements of the damage occur or are likely to occur. It shall be presumed, that this country corresponds to the habitual residence of the person sustaining damage. However, the person sustaining damage may claim that instead the law of another country shall apply, if and to the extent that other factors may establish the existence of a closer link with that country.
(2.) The law applicable to the right of reply or equivalent measures against a publisher or a broadcaster shall be the law of the country in which the publisher or the broadcaster has its habitual residence.
(3.) Section 1 and 2 shall also apply to violations committed over the Internet or other comparable electronic networks.

Wesentliche Ergebnisse

I. Begriff der elektronischen Presse

1. Zur elektronischen Presse zählen sämtliche online verfügbaren, „journalistisch-redaktionell" ausgestalteten Angebote i.S.v. §§ 54 Abs. 2, 55 Abs. 2 RStV. Ein Angebot ist journalistisch, wenn es eine erkennbare publizistische Zielsetzung hat und auf Teilhabe am Prozess der öffentlichen Meinungsbildung ausgerichtet ist. Maßgebliche Bedeutung kommen bei der Auslegung des „Journalismus"-Begriffs den für Presseprodukte geltenden Publizitätskriterien der (i) Universalität, (ii) Aktualität, (iii) Periodizität und (iv) Publizität zu. „Redaktionelle" Inhalte setzen demgegenüber einen gewissen Grad an professioneller Organisation voraus und müssen den Eindruck vermitteln, dass Tatsachen umfassend aufbereitet worden sind.
2. Onlinekorrelate existierender Zeitungen und Zeitschriften sind typische Produkte der elektronischen Presse. Daneben treten originäre Onlinezeitschriften („E-Zines"). Veröffentlichungen von nicht professionell handelnden Personen können der elektronischen Presse im weiteren Sinne zugeordnet werden, wenn sie journalistisch *und* redaktionell bearbeitet sind. Erforderlich ist eine am Einzelfall orientierte Sichtweise, bei der auf die zum traditionellen Presserecht entwickelten Falltypen zurückgegriffen werden kann.

II. Sachrechtlicher Persönlichkeitsschutz im Internet

3. Bei der Bestimmung des auf Ehrverletzungen in der elektronischen Presse anwendbaren Rechts hat das Deliktskollisionsrecht die Maßgaben des materiell-rechtlichen Persönlichkeitsschutzes zu berücksichtigen. Diese strahlen in das internationalprivatrechtliche Normgefüge hinein.
4. Der Persönlichkeitsschutz im Internet steht vor großen Herausforderungen, die sich im Wesentlichen aus der Aufhebung des Raumes („Ubiquität") und der Unvergänglichkeit („Zeitfaktor") des Mediums ergeben. Aufgrund der weltweiten Abrufbarkeit von Informationen besteht bei Online-Veröffentlichungen ein erhöhtes Risiko, dass Rechtsgutsverletzungen in einer ausufernden Zahl von Rechtsordnungen eintreten. Im Vergleich mit Print-Presseprodukten ist die elektronischen Presse deshalb anfälliger für sog. Multi-State-Verletzungsfälle. Hinzu tritt die Gefahr eines „digitalen Prangers" im

Sinne eines übermäßigen Verbreitens, aus dem sich ein besonders schwerwiegender Eingriff in die Persönlichkeitsinteressen ergeben kann.

5. Trotz der bereichsspezifischen Risiken haben Ehrverletzungen im Internet nicht *per se* ein höheres Verletzungsgewicht als solche in einem Print-Presseprodukt. Im Rahmen der gebotenen Güter- und Interessenabwägung sind die spezifischen schädlichen Neben- und Fernwirkungen des Internets zu berücksichtigen und können zu einem erhöhten Schutzbedürfnis des Betroffenen führen.
6. Neben dem Interesse des Betroffenen an einem angemessenen Schutz seiner Persönlichkeit besteht ein erhöhtes Bedürfnis des Verletzers an der Kalkulierbarkeit der Haftungsfolgen. Dieses aus den Eigenheiten des Internets resultierende, auf seine Art besondere (sachrechtliche) Spannungsverhältnis ist bei der kollisionsrechtlichen Regelbildung zu beachten. Erforderlich ist eine Lösung, mit der die in Rede stehenden Rechte und Interessen sowohl des Geschädigten als auch des Schädigers angemessen berücksichtigt werden.

III. Lokalisierung des Tatortes bei Internetdelikten

7. Die Frage des anwendbaren Rechts bei Internetdelikten ist stärker durch Rechtsprechungslinien und durch seine facettenreiche Dogmatik gesteuert, als durch ein konsistentes gesetzliches Regelwerk. Das Grundproblem ist, dass sich das verletzte Rechtsgut „Persönlichkeit" schwer lokalisieren lässt, Art. 40 Abs. 1 EGBGB aber an das Recht des Tatorts anknüpft, dessen Konkretisierung der Rechtsprechung und Lehre überlassen bleibt. Die Herausforderung bei der Entwicklung einer Kollisionsnorm für Internetsachverhalte liegt deshalb in der Überwindung der internettypischen Delokalisierungsprobleme durch das nur territorial ausgerichtete IPR.
8. Für das geltenden Kollisionsrecht ist sowohl bei der Bestimmung des Handlungs- als auch des Erfolgsortes eine von dem traditionellen Presserecht abweichende, typisierende Sichtweise angezeigt.
9. Handlungsort i.S.v. Art. 40 Abs. 1 S. 1 EGBGB ist bei Ehrverletzungen in der elektronischen Presse der Einspeiseort der Information in das Internet. Bei Privatpersonen wird der Handlungsort widerlegbar am gewöhnlichen Aufenthalt vermutet. Bei professionellen Angeboten der elektronischen Presse („i.e.S.") ist der Handlungsort – unabhängig von dem tatsächlichen Einspeiseort – am Verlagssitz bzw. am Sitz der für die Veröffentlichung des ehrverletzenden Inhalts verantwortlichen Zweigniederlassung zu fixieren.

10. Bei der Lokalisierung des Erfolgsortes stellen sich verschiedene miteinander verzahnte Probleme. Um diese lösen zu können, ist zunächst zu klären, ob das Rechtsgut Persönlichkeit überhaupt lokal begrenzt „verletzbar" ist, und, wenn ja, ob es bei der Bestimmung des Verletzungsortes auf den konkreten Abruf des inkriminierten Inhalts ankommt oder die bloße Zugriffsmöglichkeit ausreicht. In einem zweiten Schritt sind die Folgeprobleme zu überwinden, die sich aus dem Vorliegen einer Vielzahl von Erfolgsorten ergeben:

    a) Persönlichkeitsverletzungen sind Delikte mit einem Erfolgsort. Bei Mediendelikten tritt die Verletzung des Allgemeinen Persönlichkeitsrechts primär durch die Störung des sozialen Achtungsanspruchs des Betroffenen zu seiner Umwelt in Erscheinung („äußere Ehre"). Verletzungsort und damit Erfolgsort i.S.v. Art. 40 Abs. 1 S. 2 EGBGB ist jeder Ort, an dem Dritte den ehrrührigen Inhalt zur Kenntnis genommen haben (Abrufort). Auf eine etwaige Bekanntheit des Verletzten am Ort der Kenntniserlangung kommt es nicht an.
    b) Das bloße Einstellen ehrverletzender Inhalte ins Internet erfüllt nicht die Voraussetzungen des Erfolgsortbegriffs in Art. 40 Abs. 1 S. 2 EGBGB. Für die Begründung eines Verletzungsortes kommt es auch bei Persönlichkeitsverletzungen im WWW auf die tatsächliche Kenntnisnahme am Abrufort an.
    c) Eine Anknüpfung an den Ort des tatsächlichen Abrufs lässt sich allerdings weder aus tatsächlichen noch aus rechtlichen Gründen umsetzen. Sie ist zudem nicht geeignet, das Problem zersplitterter Erfolgsorte und die Koexistenz mehrerer Rechtsordnungen zu bewältigen, da Inhalte der elektronischen Presse regelmäßig weltweit abgerufen werden (können). Für die Überwindung dieses Dilemmas existieren zur *lex lata* des Art. 40 EGBGB diverse Lösungsansätze, die überwiegend aus den für Print-Pressedelikte entwickelten Modellen abgeleitet werden. Im Ergebnis sind sie aber nicht geeignet, die ausufernde Zahl von Erfolgsorten auf ein angemessenes Maß zu reduzieren:
        (i) Die (klassische) Mosaikbeurteilung im Sinne der „Shevill"-Rechtsprechung des EuGH zur „Verwirklichung des Schadenserfolges" führt bei Internetdelikten in Ermangelung eines digitalen Verbreitungsgebiets zwangsläufig dazu, dass so viele Verletzungsorte vorliegen, wie es Mitgliedstaaten in der Europäischen Union gibt. Dadurch kommt es zu einer kaum handhabbaren Multiplikation der Erfolgsorte und einer ungerechtfertigten Privilegierung des Verletzten.

(ii) Ein Abstellen auf das aus dem Wettbewerbs- und Kennzeichenrecht stammende Kriterium der „bestimmungsgemäßen Ausrichtung“ bzw. „bestimmungsgemäßen Abrufbarkeit“ lässt keine eindeutige Rechtszuweisung zu, da sich eine Zielrichtung von Veröffentlichungen in der elektronischen Presse nicht mit der erforderlichen Sicherheit feststellen lässt. Eine Einschränkung der Erfolgsorte durch Auslegung des Angebotsinhalts ist deshalb generell abzulehnen.

(iii) Eine alternative Anknüpfung nach Wahl des Geschädigten im Sinne eines Günstigkeitsvergleichs zwischen sämtlichen zur Verfügung stehenden Rechtsordnungen kommt ebenso wenig in Betracht wie die alleinige Maßgeblichkeit des Handlungsortes.

d) Die beste Antwort auf die Herausforderungen des Internets liefert die Suche nach der „engsten Verbindung“ des Rechtsverhältnisses mit den zur Verfügung stehenden Erfolgsorten. Diese führt zu demjenigen Ort, an dem sich die Rechtsgutsverletzung am intensivsten manifestiert (sog. Schwerpunkterfolgsort):

(i) Die besonderen Vorteile einer Schwerpunktanknüpfung liegen darin, dass sie technologieneutral und zuverlässig ist. Insbesondere die auf die Zielrichtung einer Äußerung anhand von Kriterien wie der sprachlichen Fassung oder der verwendeten Top-Level-Domain abstellenden Lösungsansätze werden dem raschen technischen Wandel im Internet, der eine ständige Anpassung des Rechts erforderlich macht, nicht gerecht. Dieser Prozess ist durch technisch neutrale und funktionale Regelungen zu antizipieren.

(ii) Mit der Anknüpfung an den Schwerpunkt des Deliktserfolges werden die Presse- und Meinungsfreiheit einerseits und der Persönlichkeitsschutz andererseits berücksichtigt und in ein ausgewogenes Verhältnis gebracht. Die Schwerpunktlösung erfüllt mithin (auch) das erwähnte Primat sachrechtlicher Gerechtigkeit im IPR.

IV. Bestimmung des Schwerpunkterfolgsortes

11. Der Schwerpunkt des Deliktserfolges befindet sich bei Mediendelikten regelmäßig am gewöhnlichen Aufenthalt des Geschädigten. Bei Unternehmen steht der gewöhnliche Aufenthalt dem Ort gleich, an dem sich die Hauptverwaltung oder die betroffene Niederlassung befindet.

12. Der Schwerpunkt des Deliktserfolges kann sich auch in einer anderen Rechtsordnung verwirklichen. Denn die Persönlichkeit kann – je nach Inhalt der Veröffentlichung – an einem anderen Ort „intensiver" verletzt sein, etwa aufgrund beruflicher oder sonstiger privater Bindungen. Der gewöhnliche Aufenthalt ist deshalb nur Indiz im Sinne einer widerlegbaren Regelvermutung.
13. Innerhalb der Schwerpunktanknüpfung sind verschiedene Lösungsmodelle denkbar. Nur ein geschädigten-orientierter Ansatz führt aber zu einer kollisionsrechtlich überzeugenden Lösung. Im Gegensatz zu einem an den Interessen des Schädigers ausgerichteten Modell (schädiger-orientierte Schwerpunktanknüpfung), bei dem (auch) die Intention des Verletzers unter Berücksichtigung der „Zielrichtung" der Veröffentlichung in die Beurteilung einfließt, spielt es keine Rolle, ob der Schädiger auch mit einem Abruf am Schwerpunkterfolgsort rechnen musste. Denn bei einer Anknüpfung an den *einen* Haupterfolgsort am gewöhnlichen Aufenthalt des Geschädigten ist das Haftungsrisiko für den potenziellen Schädiger hinreichend kalkulierbar. Zudem lässt sich bei international ausgerichteten Diensten ein „bestimmungsgemäßes Abrufgebiet" der Veröffentlichung nicht mit der erforderlichen Sicherheit ermitteln und zwar auch dann nicht, wenn nur ein (Schwerpunkt-)Erfolgsort in Bezug genommen wird. Der Täter wird durch eine Anknüpfung an den gewöhnlichen Aufenthalt auch nicht schutzlos gestellt. Ihm verbleibt in atypischen Fällen die Möglichkeit, sich auf den Ordre-Public-Vorbehalt des Art. 6 bzw. Art. 40 Abs. 3 EGBGB zu berufen.
14. Der Geschädigte kann nach der Rechtsordnung des Haupterfolgsortes Ersatz seines Gesamtschadens verlangen, wenn der ehrverletzende Inhalt dort abrufbar ist oder war.
15. Macht der Geschädigte von seinem Bestimmungsrecht in Bezug auf das Erfolgsortrecht keinen Gebrauch, steht die Schwerpunktlösung einer alternativen Anknüpfung an den Handlungsort nicht entgegen.
16. Die Konkretisierung des Erfolgsortes auf einen Schwerpunkterfolgsort ist nicht nur für die elektronische Presse relevant. Das Lösungsmodell ist auf sämtliche Dienste der elektronischen Massenkommunikation übertragbar, bei denen ehrverletzende Inhalte Dritten zum Abruf bereitgestellt werden, also insbesondere auch auf solche der sozialen Medien.
17. Nicht übertragbar sind die Anknüpfungsgrundsätze demgegenüber auf Vorgänge der Individualkommunikation, bei denen der ehrverletzende Inhalt ausschließlich dem Adressaten zur Kenntnis gebracht wird. Hier befindet sich der Erfolgsort der Persönlichkeitsverletzung ausschließlich

am gewöhnlichen Aufenthalt des Erklärungsempfängers bzw. am Sitz der betroffenen Gesellschaft.

18. Zur Anwendung des nach den dargestellten Grundsätzen bestimmten Tatortrechts kommt es nicht, wenn der Ersatzpflichtige und der Verletzte im Zeitpunkt der unerlaubten Handlung ihren gewöhnlichen Aufenthalt in demselben Staat hatten. Die Tatortregel des Art. 40 Abs. 1 EGBGB wird dann nach Art. 40 Abs. 2 EGBGB von dem Aufenthaltsrecht der Deliktsbeteiligten verdrängt. Zudem ist bei Ehrverletzungen in der elektronischen Presse die vorrangig anwendbare Regelung des Art. 42 EGBGB von Bedeutung, wonach die Parteien das maßgebende Deliktsstatut durch eine nachträgliche Rechtswahl verändern können. Das Gegenteil gilt für die Ausweichklausel des Art. 41 Abs. 1 EGBGB, da die Anknüpfung an den Schwerpunkt des Deliktserfolges bereits auf dem Grundsatz der engsten Verbindung beruht. Eine akzessorische Anknüpfung nach Art. 41 Abs. 2 Nr. 1 EGBGB ist nicht ausgeschlossen.
19. Die Konkretisierung des Erfolgsortes zugunsten eines Schwerpunkterfolgsortes am gewöhnlichen Aufenthalt des Geschädigten ist aus rechtsvergleichender Sicht belastbar und steht in Einklang mit den Wertungen des internationalen sachrechtlichen Persönlichkeitsschutzes. Zum einen entspricht das Konzept der (auch) in den ausländischen Rechtsordnungen vorherrschenden (sachrechtlichen) Abwägungsdogmatik zwischen dem Persönlichkeitsschutz einerseits und dem Interesse an der freien Meinungsäußerung andererseits. Es führt immer zu der Rechtsordnung, die mit dem deliktischen Geschehen in einem besonders engen Zusammenhang steht und aufgrund ihrer „Nähe“ zum streitigen Rechtsverhältnis geeignet ist, die kollidierenden Interessen optimal zum Ausgleich zu bringen. Zum anderen wird die Schwerpunktlösung dem aus der erhöhten Bedeutung der kollisionsrechtlichen Frage für den Ausgang des Rechtsstreits resultierenden gesteigerten Bedürfnis sowohl des (potenziellen) Opfers als auch des (potenziellen) Verletzers an Unmissverständlichkeit, Vorhersehbarkeit und praktikabler Rechtszuweisung gerecht.

V. Rückschlüsse aus der Verfahrensrechtlichen Judikatur

20. Der Untersuchungsgegenstand wird von der parallel im Internationalen Zuständigkeitsrecht geführten und höchstrichterlich durch den EuGH und BGH entschiedenen Diskussion um die Bestimmung des (Erfolgsort-) Gerichtsstandes bei Klagen gegen Internet-Veröffentlichungen überlagert.

Die Tatortbestimmung im Rahmen von Art. 40 Abs. 1 EGBGB muss sich deshalb ihre Antworten auch im Internationalen Verfahrensrecht suchen. Von Interesse für die praktische Rechtsanwendung ist nicht nur die Übertragbarkeit der Lösungsmodelle, also die Frage, ob es Aspekte gibt, die im Kollisionsrecht bislang übersehen worden sind und auf die das Zuständigkeitsrecht eine Antwort hat. Es geht auch darum, zu untersuchen, ob die für die Tatortbestimmung im Rahmen von Art. 40 Abs. 1 EGBGB gewonnenen Erkenntnisse der davoneilenden Rechtsfortbildung im IZVR gerecht werden.

a) Die Rechtsprechungslinien von EuGH (aus „eDate Advertising" und „Bolagsupplysningen") und des BGH (aus „New York Times" und „7 Tage Moskau") stimmen im Ansatz überein, als sie von einem geringen Nutzen des aus dem Print-Presserecht stammenden Kriteriums der (bestimmungsgemäßen) Verbreitung für die Einschränkung der Erfolgsorte ausgehen. Die Reichweite der Verbreitung im Internet ist weltumspannend und Internetinhalte werden auch nicht „verbreitet", sondern lediglich zum Abruf bereitgehalten. Ob und in welchem Umfang ein Inhalt tatsächlich zur Kenntnis genommen wird, lässt sich deshalb nicht von vornherein festlegen. Ab hier gehen der BGH und der EuGH aber zwei grundverschiedene Wege. Diese unterscheiden sich im Wesentlichen in der Perspektive, aus der heraus der Erfolgsort bestimmt wird:
b) Der BGH geht bei der Auslegung von § 32 ZPO (zumindest vordergründig) fallbezogen vor und verlangt einen über die bloße Abrufbarkeit der ehrverletzenden Internet-Veröffentlichung hinausgehenden „hinreichenden" bzw. „besonderen" Inlandsbezug zum Forumstaat. Dieser sei dann gegeben, wenn eine Kollision der widerstreitenden Interessen – also dem Interesse des Klägers an der Achtung seines Persönlichkeitsrechts und dem Interesse des Beklagten an der Gestaltung seines Internetauftritts – nach den Umständen des konkreten Falls, insbesondere aufgrund des Inhalts der beanstandeten Meldung, im Inland „tatsächlich eingetreten sein kann oder eintreten kann" (Ort der Interessenkollision). Demgegenüber beschränkt der EuGH in Anlehnung an seine „Shevill"-Doktrin die Kognitionsbefugnis der jeweiligen Gerichte in den einzelnen Abrufstaaten der Internet-Veröffentlichungen. Vollständig kognitionsbefugt ist das Gericht am Mittelpunkt der Interessen des Betroffenen, regelmäßig dasjenige des gewöhnlichen Aufenthalts. Der EuGH geht damit im Gegensatz zum BGH generalisierender vor

und fokussiert weniger auf die streitgegenständliche Äußerung und ihre potentielle Zielrichtung, sondern auf die Person des Geschädigten.

c) Das vom BGH für das Kompetenzrecht entwickelte Abstellen auf einen „hinreichenden" oder „besonderen" Bezug der als rechtsverletzend beanstandeten Inhalte zum Inland ist für die Lokalisierung des kollisionsrechtlichen Erfolgsortes weder dogmatisch, noch mit Blick auf seine praktischen Konsequenzen überzeugend:

(i) Denn eine sachgerechte kollisionsrechtliche Anknüpfung muss sich auch für die allseitige Anwendung eignen. Diese Voraussetzung kann die Bezugnahme auf einen hinreichenden Inlandsbezug am Ort der „Interessenkollision" nicht erfüllen. Der BGH fragt nicht, „wo" sich der Ort der Kollision der widerstreitenden Interessen befindet, sondern lediglich „ob" dieser Ort im Inland belegen ist („ja" oder „nein"). Welches *eine* Deliktsrecht zur Anwendung zu berufen ist, wenn die *lex fori* nicht in Betracht kommt, lässt sich mit dem Lösungsansatz nicht beantworten. Die Anknüpfung führt dann entweder ins Leere oder zu mehreren Rechtsordnungen.

(ii) Dem Kläger steht es nach der Rechtsprechung des BGH frei, vorzutragen, dass die streitgegenständliche Äußerung nicht nur Bezüge zum Inland, sondern auch zu anderen Rechtsordnungen aufweist – sie mithin nicht nur einen besonderen Inlands-, sondern möglicherweise auch einen besonderen Auslandsbezug hat. Vor allem international bekannten Personen wird es ohne Not gelingen, plausibel nachzuweisen, dass eine Kollision der widerstreitenden Interessen auch in anderen Staaten eingetreten ist. In diesen Fällen ist dann jede der in Betracht kommenden Rechtsordnungen anwendbar. Das Risiko einer Kumulierung der Erfolgsorte, das der BGH eigentlich durch seinen Ansatz beseitigt wissen wollte, stellt sich damit auf der Ebene des IPR auf ganz neue Weise.

(iii) Die Heranziehung des kompetenzrechtlichen Ansatzes des BGH ist bei der Auslegung von Art. 40 Abs. 1 S. 2 EGBGB auch deshalb abzulehnen, weil dadurch nicht der beabsichtigte Gleichlauf zum Europäischen Zuständigkeitsrecht gewährleistet wird.

(iv) Ungeachtet seiner fehlenden kollisionsrechtlichen Tauglichkeit ist die von dem BGH für die Bestimmung des Erfolgsortes vorgegebene zweistufige Prüfungsfolge kompliziert. Die für die Ermittlung des „besonderen" oder „erheblichen" Interesses der inländischen Adressaten an der streitigen Meldung vorgegebenen Kriterien (Charakter der Webseite, verwendete Sprache und Bekanntheit des Verletzten) sind letztlich nur Indizien und gewährleisten im Einzelfall nicht die erforderliche Anwendungssicherheit.

d) Die vom EuGH in „eDate Advertising“ entwickelte und in „Bolagsupplysningen“ konkretisierte Anknüpfung an den Mittelpunkt der Interessen des Betroffenen kann überzeugen:
   (i) Der Erfolgsort am Interessenmittelpunkt ist gleichbedeutend mit dem Schwerpunkterfolgsort im Sinne einer geschädigtenorientierten Betrachtung. Der EuGH bestätigt, dass es bei der Schwerpunktbildung nicht auf den Mittelpunkt der Interessen im Allgemeinen, sondern auf den Mittelpunkt der im Einzelfall verletzten Interessen ankommt. Weil die Anknüpfung damit nicht fix am gewöhnlichen Aufenthalt des Verletzten erfolgt, sondern der Ort der intensivsten Rechtsgrundverletzung den Ausschlag geben soll, ist ein Auseinanderfallen von Interessenmittel- und Schadensschwerpunkt nicht denkbar. Mit der für die Auslegung von Art. 40 Abs. 1 S. 2 EGBGB in dieser Arbeit vorgeschlagenen Lösung lässt sich deshalb auch der gewünschte Gleichlauf zum (Europäischen) Zuständigkeitsrecht realisieren.
   (ii) Eine pauschale Übertragung der vom EuGH vertretenen, modifizierten Mosaikbeurteilung, also ein nicht auf den Handlungs- und Schwerpunkterfolgsort beschränktes Konzept, ist allerdings abzulehnen.

21. Gemessen an den vorgenannten Umständen sollte sich das Deliktskollisionsrecht vor dem Hintergrund der bis *dato* fast präjudiziellen Wirkung des Internationalen Verfahrensrechts für die Auslegung der Tatortregel des Art. 40 Abs. 1 EGBGB bei Internetdelikten auf seine normativen Prämissen besinnen und auf dieser Grundlage die Legitimität der im Vordringen befindlichen Lösungsmodelle aus dem Kompetenzrecht hinterfragen.

VI. Überlagerung durch das Herkunftslandprinzip

22. Bei Internetdelikten steht dem Rückgriff auf das Tatortprinzip des Art. 40 Abs. 1 EGBGB nicht das in Art. 3 ECRL geregelte und in § 3 TMG umgesetzte Herkunftslandprinzip entgegen, dessen Auswirkungen für das anwendbare Recht geklärt sind. Allerdings ist bei Klagen gegen Diensteanbieter mit Sitz innerhalb des Hoheitsgebietes der Europäischen Union das für anwendbar erklärte Sachrecht ggf. auf die weniger strengen Voraussetzungen

des Herkunftslandrechts des handelnden Medienunternehmens zu reduzieren („sachrechtliches Beschränkungsverbot").

23. Die Wirkungen des Herkunftslandprinzips sind für die dogmatische Konzeption des Deliktskollisionsrechts und die praktische Regelung von Ehrverletzungen in der elektronischen Presse von herausragender Bedeutung. Weil Diensteanbieter mit Sitz in der Europäischen Union keine Haftung nach strengeren Maßstäben als denjenigen an ihrem Heimatstaat befürchten müssen, verlieren Lösungsmodelle, die bei der Erfolgsortbestimmung maßgeblich auf die Wahrung des Schädigerinteresses an Vorhersehbarkeit und Kalkulierbarkeit abstellen, ihre Legitimationsbasis. Dieser Einwand spielt insbesondere eine Rolle für diejenigen Strömungen, die zur Erfolgsortbestimmung die „Ausrichtung" oder die „Zielrichtung" des streitgegenständlichen Inhalts für entscheidend halten und danach fragen, ob der Schädiger auch mit einem Abruf in der jeweiligen Rechtsordnung rechnen musste. Innerhalb des Hoheitsgebiets der Europäischen Union fehlt es angesichts der Wirkungen des Herkunftslandprinzips als sachrechtliches Beschränkungsverbot an einem praktischen Bedürfnis für ein derartiges Korrektiv.

VII. Reformperspektiven

24. Die rechtspolitische Diskussion um die richtige Ausgestaltung einer einheitlichen kollisionsrechtlichen Anknüpfungsregel für Mediendelikte stagniert und hat den Anschluss an die Entwicklung im Zuständigkeitsrecht verloren. Für die Zukunft des Individualrechtsschutzes bei transnationalen Mediendelikten ist eine grundlegende (Neu-)Bewertung der Rechtslage bei Internetdelikten erforderlich, innerhalb derer die im Zuständigkeitsrecht vorangeschrittene Rechtsprechung des EuGH aus „eDate Advertising" und „Bolagsupplysningen" berücksichtigt werden muss.
25. In der Praxis werden bei ehrverletzenden Mediendelikten Online-Veröffentlichungen und damit Rechtsbehelfe gegen die elektronische Presse eine immer entscheidendere Rolle spielen. Der Rückzug auf zum Teil zwanzig oder dreißig Jahre zurückreichende Ideenmodelle aus der Zeit von „Shevill" wird den Herausforderungen des Internets an den Persönlichkeitsschutz sowie der weit vorangeschrittenen richterlichen Rechtsfortbildung und den sich hieraus abzeichnenden rechtspolitischen Vorstellungen bei der Auslegung der Parallelvorschrift in Art. 7 Nr. 2 EuGVVO nicht gerecht.
26. Seit nunmehr rund sechs Jahren steht eine Entscheidung der Europäischen Kommission zum Entschließungsentwurf des Europäischen Parlaments für

einen neuen Art. 5a Rom II-VO aus. Die legislativen Organe der Europäischen Union sind gut beraten, die Diskussion anlässlich der verfahrensrechtlichen Judikatur des EuGH wiederzubeleben und das Gesetzgebungsverfahren voranzutreiben. Die Erfolgsaussichten für die vorgeschlagene Grundanknüpfung des Art. 5a Abs. 1 Rom II-VO-E an den *einen* wesentlichen Schadenseintrittsort sind an sich gut. Dennoch gibt der Entschließungsentwurf Anlass zu Korrekturen, die sich an den unter vorstehend Teil 2 Kap. 3 aufgestellten Thesen und dem abschließend formulierten Reformvorschlag orientieren sollten.

Literaturverzeichnis

Ahrens, Hans-Jürgen: Das Herkunftslandprinzip in der E-Commerce-Richtlinie. CR 2000, 835–841.

Bach, Ivo: Anm. zu EuGH, Urteil vom 17.10.2017 – C-194/16, NJW 2017, 3433–3436.

Bach, Ivo: Fake News und Cyber Mobbing – Zur internationalen Zuständigkeit bei Persönlichkeitsrechtsverletzungen. EuZW 2018, 68–73.

Bachmann, Birgit: Der Gerichtsstand der unerlaubten Handlung im Internet. IPRax 1998, 179–187.

Baetge, Dietmar: Der gewöhnliche Aufenthalt im internationalen Privatrecht. Tübingen 1994. (zit.: *Beatge*, Der gewöhnliche Aufenthalt).

Bamberger, Heinz Georg/Roth, Herbert/Hau, Wolfgang/Poseck, Roman: Beck'scher Online-Kommentar BGB. 51. Edition, Stand 01.08.2019. (zit.: BeckOK-Bamberger/Roth/*Bearbeiter*).

Bar, Christian v.: Grundfragen des Internationalen Deliktsrechts. JZ 1985, 961–1012.

Bar, Christian v.: Internationales Privatrecht. Band II. Besonderer Teil. München 1991. (zit.: *V. Bar*, IPR II).

Bar, Christian v.: Persönlichkeitsschutz im gegenwärtigen und zukünftigen deutschen internationalen Privatrecht, in: Institute of Comparative Law University Tokyo (Hrsg.): Law in East and West/Recht in Ost und West. Festschrift zum 30 jährigen Jubiläum des Instituts für Rechtsvergleichung der Waseda Universität. Tokyo 1988, 575–595. (zit.: *V. Bar*, FS Waseda).

Bar, Christian v./Mankowski, Peter: Internationales Privatrecht. Band I: Allgemeine Lehren. 2. Auflage, München 2003. (zit.: *V. Bar*, IPR I).

Basedow, Jürgen: Pressefreiheit = Verlegerfreiheit? ZEuP 2004, 446–447.

Beater, Axel: Medienrecht. Tübingen 2007.

Behr, Volker: Strafschadensersatz im deutschen Recht – Wiederauferstehung eines verdrängten Phänomens. ZJS 2010, 292–296.

Beitzke, Günther: Les obligations délictuelles en droit international privé. Rec. de Cours 115 (1965-II), 63–141.

Beitzke, Günther: Auslandswettbewerb unter Inländern. Anm. zu BGHZ 40, 391. JuS 1966, 139–147.

Berger, Christian: Die internationale Zuständigkeit bei Urheberrechtsverletzungen in Internetwebsites aufgrund des Gerichtsstands der unerlaubten Handlung nach Art. 5 Nr. 3 EuGVO. GRUR-Int. 2005, 465–469.

Binder, Heinz: Zur Auflockerung des Deliktsstatuts. RabelsZ 20 (1955), 401–499.

Binder, Reinhart/Vesting, Thomas: Beck'scher Kommentar zum Rundfunkrecht. 4. Auflage 2018. (zit.: Binder/Vesting/*Bearbeiter*, Rundfunkrecht).

Bitter, Anna-Kristina: Auslegungszusammenhang zwischen der Brüssel I-Verordnung und der künftigen Rom I-Verordnung. IPRax 2008, 96–101.

Bonn, Janine Alexandra: Die Europäisierung des Persönlichkeitsrechts – Harmonisierungswirkungen des „Caroline"-Urteils des EGMR in Deutschland und England unter Berücksichtigung prozessualer und kollisionsrechtlicher Aspekte. Frankfurt am Main 2013. (zit.: *Bonn*, Die Europäisierung des Persönlichkeitsrechts).

Brand, Andreas: Anmerkung zu BGH, Urteil vom 29.3.2011, VI ZR 111/10. NJW 2011, 2061–2062.

Brand, Oliver: Grundstock für ein europäisiertes Kollisionsrecht. Das Gesetz zur Anpassung der Vorschriften des Internationalen Privatrechts an die Rom-II-VO. GPR 2008, 298–302.

Brüggemeier, Jens/Colombi Ciacchi, Aurelia/O'Callaghan, Patrick: Personality Rights in European Tort Law. Cambridge 2010.

Brunst, Phillip W.: Umsetzungsprobleme der Impressumspflicht bei Webangeboten. MMR 2004, 8–13.

Buchner, Benedikt: Rom II und das Internationale Immaterialgüter- und Wettbewerbsrecht. GRUR-Int. 2005, 1004–1012.

Budzikiewicz, Christine/Harke, Jan Dirk/Weller, Marc-Philippe/Wurmnest, Wolfgang: beck-online.GROSSKOMMENTAR. EGBGB. Gesamthrsg.: Gsell/Krüger/Lorenz/Reymann. Stand: 01.03.2018. (zit.: BeckOGK/*Bearbeiter*).

Bünnigmann, Kathrin: Die „Esra"-Entscheidung als Ausgleich zwischen Persönlichkeitsschutz und Kunstfreiheit: Rechtsprechung im Labyrinth der Literatur. Tübingen 2013. (zit.: *Bünnigmann*, Die „Esra"-Entscheidung).

Calliess, Christian/Ruffert, Matthias: EUV/AEUV. Das Verfassungsrecht der Europäischen Union mit Europäischer Grundrechtecharta. Kommentar. 5. Auflage 2016. (zit.: Callies/Ruffert/*Bearbeiter*).

Clausnitzer, Martin/Schotten, Günther: Zur Anwendbarkeit des § 1371 Abs. 1 BGB bei ausländischem Erb- und deutschem Güterrechtsstatut. MittRhNotK 1987, 15–21.

Clerk, John Frederick/Lindsell, Willliam Harry Barber: Clerk & Lindsell on torts. 21. ed., London 2014. (zit.: *Clerk* & *Lindsell* on torts, 21st Ed.).

Czempiel, Benedict: Das bestimmbare Deliktsstatut: Zur Zurechnung im internationalen Deliktsrecht. Berlin 1991. (zit.: *Czempiel*, Das bestimmbare Deliktsstatut).

Damm, Ole: Sind deutsche Gerichte zur weltweiten Internetregulierung befugt? Anmerkung zur BGH-Entscheidung „New York Times". GRUR 2010, 891-893.

Damm, Renate/Rehbock, Klaus: Widerruf, Unterlassung und Schadensersatz in den Medien. 3. Auflage, München 2008. (zit.: *Damm/Rehbock*, Widerruf).

Dauner-Lieb, Barbara/Heidel, Thomas/Ring, Gerhard (Hrsg.): Bürgerliches Gesetzbuch. Band 1, 3. Auflage, Baden-Baden 2016. Band 2/1, 2. Auflage, Baden-Baden 2012. Band 2/2, 2. Auflage, Baden-Baden 2012. Band 6, 2. Auflage, Baden-Baden 2015. (zit.: NK-BGB/*Bearbeiter*).

Degmair, Stephan: Anmerkung zu BGH, Urteil vom 2.3.2010 - VI ZR 23/09. K&R 2010, 341–343.

Deister, Jochen/Degen, Thomas: Darf der Gerichtsstand noch fliegen? – § 32 ZPO und das Internet. NJOZ 2010, 1-ss6.

Dethloff, Nina: Marketing im Internet und internationales Wettbewerbsrecht. NJW 1998, 1596–1603.

Dix, Alexander: Testberichte über Hochschullehrer. DuD 2006, 330–331.

Dreier, Thomas/Schulze, Gernot: Urheberrechtsgesetz. 6. Auflage, München 2018.

Eble, Michael: Medienmarken im Social Web. Wettbewerbsstrategien und Leistungsindikatoren von Online-Medien aus medienökonomischer Perspektive. Münster 2013. (zit.: *Eble*, Medienmarken im Social Web).

Ehmann, Horst/Thorn, Karsten: Erfolgsort bei grenzüberschreitenden Persönlichkeitsverletzungen. AfP 1996, 20–25.

Emmerich, Julian: Der gewöhnliche Aufenthalt als erbrechtliches und subjektives Merkmal – eine Untersuchung der Regelanknüpfung der EU-ErbVO. ErbR 2016, 122–129.

Engel, Christoph: Inhaltskontrolle im Internet. AfP 1996, 220–227.

Engel-Flechsig, Stefan: Das Informations- und Kommunikationsdienstegesetz des Bundes und der Mediendienstaatsvertrag der Bundesländer. ZUM 1997, 231–239.

Ehricke, Ulrich: Die Bindungswirkung von Urteilen des EuGH im Vorabentscheidungsverfahren. Saarbrücken 1996. (zit.: *Ehricke*, Bindungswirkungen von Urteilen des EuGH).

Erman, Walter: Bürgerliches Gesetzbuch. Band II, Köln, 15. Auflage 2017. (zit.: Erman/*Bearbeiter*).

Ernst, Stefan: Gegendarstellungsrechte auf Beraterwebsites. MDR 2011, 1332–1334.

Ernst, Stefan: Wirtschaftsrecht im Internet. BB 1997, 1057–1062.

Fechner, Frank: Medienrecht. 19. Auflage, Tübingen 2016.

Fezer, Karl-Heinz/Koos, Stefan: Das gemeinschaftsrechtliche Herkunftslandprinzip und die e-commerce-Richtlinie. Zur dringenden Notwendigkeit einer Harmonisierung des Wettbewerbsrechts in den Mitgliedstaaten der Europäischen Union als einer gemeinschaftsrechtlichen Aufgabe. IPRax 2000, 349–354.

Fischer, Mark A./Perle, Gabriel E./Williams, John Taylor: Perle, Williams & Fisher on Publishing Law. Vol I. 4. Ed. Alphen aan den Rijn, 2013.

Flessner, Axel: Interessenjurisprudenz im internationalen Privatrecht. Tübingen 1990.

Frey, Anna-Mirjam: Anmerkung zu BGH, Urteil vom 2. März 2010 – VI ZR 23/09. ZUM 2010, 527–529.

Fricke, Verena: Der Unterlassungsanspruch gegen Presseunternehmen zum Schutze des Persönlichkeitsrechts im IPR. Tübingen 2003. (zit.: *V. Fricke*, Der Unterlassungsanspruch im IPR).

Fuchs, Angelika: Zum Kommissionsvorschlag einer „Rom II"-Verordnung. GPR 2004, 100–105.

Fuchs, Angelika/Hau, Wolfgang/Thorn, Karsten: Fälle zum Internationalen Privatrecht. München, 4. Auflage 2009. (zit.: *Fuchs/Hau/Thorn*, Fälle zum IPR).

Gebauer, Martin: Persönlichkeitsrechtsverletzung durch Suchergänzungsfunktion bei Google (BGH, S. 538). IPRax 2014, 513–520.

Geimer, Reinhold: Internationales Zivilprozessrecht. 7. Auflage, Köln 2015. (zit.: *Geimer*, IZPR).

Geimer, Reinhold/Schütze, Rolf A.: Europäisches Zivilverfahrensrecht. 3. Auflage, München 2010. (zit.: *Geimer/Schütze*, EuZVR).

Gerhardt, Nina: Presseähnliche Angebote nach dem 12. Rundfunkänderungsstaatsvertrag. AfP 2010, 16–20.

Gersdorf, Hubertus/Paal, Boris P.: Beck'scher Online-Kommentar Informations- und Medienrecht. 25. Edition, Stand 01.08.2019. (zit.: BeckOK-Gersdorf/Paal/*Bearbeiter*, Informations- und Medienrecht).

Gierke, Otto von: Deutsches Privatrecht. Band I: Allgemeiner Teil. Leipzig (u.a.) 1895. (zitiert: *V. Gierke*, Deutsches Privatrecht I).

Götting, Horst-Peter: Der Begriff des Geistigen Eigentums. GRUR 2006, 353–358.

Götting, Horst-Peter/Schertz, Christian/Seitz, Walter (Hrsg.): Handbuch des Persönlichkeitsrechts. München 2008.

Gomille, Christian: Prangerwirkung und Manipulationsgefahr bei Bewertungsforen im Internet. ZUM 2009, 815–824.

Goodhart, Arthur: Restatement of the Law of Torts, Volume III: A Comparison Between American and English Law. Penn. L Rev. 1941, 265–305.

Gounalakis, Georgios: Der Mediendienste-Staatsvertrag der Länder. NJW 1997, 2993–3000.

Gounalakis, Georgios: Rechtliche Grenzen der Autocomplete-Funktion von Google. NJW 2013, 2321–2324.

Gounalakis, Georgios: Rechtshandbuch Electronic Business. München, 2003.

Gounalakis, Georgios: Regulierung von Presse, Rundfunk und elektronischen Diensten in der künftigen Medienordnung. ZUM 2003, 180–192.

Gounalakis, Georgios: Anm. zu BGH, Urt. v. 15.12.2009, LMK 2010, 300818.

Gounalakis, Georgios: Medienpersönlichkeitsrechte in rechtsvergleichender Sicht. AfP 2001, 271–275.

Gounalakis, Georgios: Gegendarstellung bei gemischten Äußerungen? in: Stathopoulus/Beys/Doris/Karakostas (Hrsg.): Festschrift für Apostolos Georgiades zum 70. Geburtstag. Berlin 2006,187–204. (zit.: *Gounalakis*, FS Georgiades).

Gounalakis, Georgios: Geldentschädigung bei zu eigen gemachten ehrverletzenden Äußerungen Dritter im Internet. NJW 2014, 2000–2003.

Gounalakis, Georgios/Glowalla, Rainer: Reformbestrebungen zum Persönlichkeitsschutz in England - Teil 1: Gegenwärtige Rechtslage und die Vorschläge des Reports of the Committee on privacy and Related Matters (Calcutt-Report). AfP 1997, 771–777.

Gounalakis, Georgios/Glowalla, Rainer: Reformbestrebungen zum Persönlichkeitsschutz in England - Teil 2: Evaluation durch den Review of Press Self-Regulation (Calcutt-Review). AfP 1997, 870–875.

Gounalakis, Georgios/Klein, Chaterine: Zulässigkeit von personenbezogenen Bewertungsplattformen. Die „Spickmich"-Entscheidung des BGH vom 23.6 2009. NJW 2010, 566–571.

Gounalakis, Georgios/Rhode, Lars: Persönlichkeitsschutz im Internet: Grundlagen und Online-Spezifika. München 2002. (zit.: *Gounalakis/Rhode*, Persönlichkeitsschutz im Internet).

Gounalakis, Georgios/Rhode, Lars: Elektronische Kommunikationsangebote zwischen Telediensten, Mediendiensten und Rundfunk. CR 1998, 487–492.

Gounalakis, Georgios/Rhode, Lars: Der virtuelle Rosenkrieg. FF 6/2002, 202–206.

Härting, Niko: „Prangerwirkung" und „Zeitfaktor". CR 2009, 21–28.

Hager, Johannes: Persönlichkeitsrecht und „Autocomplete"-Funktion. JA 2013, 630–632.

Halfmeier, Axel: Vom Cassislikör zur E-Commerce-Richtlinie: Auf dem Weg zu einem europäischen Mediendeliktsrecht. ZEuP 2001, 837–868.

Hamburg Group for Private International Law: Comments on the European Commission's Draft Proposal for a Council Regulation on the Law Applicable to Non-Contractual Obligations. RabelsZ (67) 2003, 1–56.

Harte-Bavendamm, Henning/Henning-Bodewig, Frauke: Gesetz gegen den unlauteren Wettbewerb (UWG). Kommentar. 2. Auflage, München 2009. (zit.: Harte-Bavendamm/Henning-Bodewig/*Bearbeiter*, UWG).

Hay, Peter/Rösler, Hannes: Internationales Privat- und Zivilverfahrensrecht. 5. Auflage, München 2016. (zit.: *Hay/Rösler*, IPR/IZVR).

Heiderhoff, Bettina: Eine europäische Kollisionsregel für Pressedelikte. EuZW 2007, 428–432.

Heiderhoff, Bettina: Der gewöhnliche Aufenthalt von Säuglingen. IPRax 2012, 523–525.

Hein, Jan von: Das Günstigkeitsprinzip im Internationalen Deliktsrecht. Tübingen 1999.

Heini, Anton: Buchbesprechung: Verena Trutmann, Das internationale Privatrecht der Deliktsobligationen. RabelsZ 40 (1976), 350–354.

Heisig, Carsten: Persönlichkeitsschutz in Deutschland und Frankreich. Hamburg 1999.

Heldrich, Andreas: Internationale Zuständigkeit und anwendbares Recht. Berlin (u.a.) 1969.

Heldrich, Andreas: Persönlichkeitsverletzungen im IPR, in: v. Caemmerer (Hrsg.): Vorschläge und Gutachten zur Reform des deutschen internationalen Sachen- und Immaterialgüterrechts. Tübingen 1983, 361–379. (zit.: *Heldrich*, Persönlichkeitsverletzungen im IPR).

Heldrich, Andreas: Persönlichkeitsverletzungen im Internationalen Privatrecht, in: Graveson/Kreuzer/Tunc/Zweigert (Hrsg.): Festschrift für Imre Zajtay. Tübingen 1982, 215–232. (zit.: *Heldrich*, FS Zajtay).

Helle, Jürgen: Begrenzung der Gegendarstellung im MDStV. CR 1998, 672–676.

Herberger, Maximilian/Martinek, Michael/Rüßmann, Helmut/Weth, Stephan (Hrsg.): Juris Praxiskommentar BGB, Band 6: Internationales Privatrecht. 8. Auflage, Saarbrücken 2017. (zit.: JurisPK-BGB/*Bearbeiter*).

Heidel, Thomas/Pauly, Stephan/Wimmer-Amend, Angelika: Anwaltformulare. 8. Auflage, Bonn 2015.

Heinze, Christian: Surf global, sue local! Der europäische Klägergerichtsstand bei Persönlichkeitsrechtsverletzungen im Internet. EuZW 2011, 947–950.

Hess, Burkhard: Der Schutz der Privatsphäre im Europäischen Zivilverfahrensrecht. JZ 2012, 189–193.

Heyl, Cornelius v.: Teledienste und Mediendienste nach Teledienstegesetz und Mediendienste-Staatsvertrag. ZUM 1998, 115–120.

Hinden, Michael v.: Anm. zu Europäischer Gerichtshof: Internationale Zuständigkeit und anwendbares Recht bei Persönlichkeitsverletzungen im Internet. ZEuP 2012, 940–954.

Hinden, Michael v.: Persönlichkeitsverletzungen im Internet. Tübingen 1999.

Hinden, Michael v.: Ein europäisches Kollisionsrecht für Medien. Gedanken zur Fortentwicklung der Rom II-Verordnung, in: Baetge/v. Hein/v. Hinden (Hrsg.): Die richtige Ordnung. Festschrift für Jan Kropholler zum 70. Geburtstag. Tübingen 2008, 573–594. (zit.: *V. Hinden*, FS Kropholler).

Hoeren, Thomas: Das Telemediengesetz. NJW 2007, 801–806.

Hoeren, Thomas: Vorschlag für eine EU-Richtlinie über E-Commerce. Eine erste kritische Analyse. MMR 1999, 192–199.

Hoeren, Thomas/Queck, Robert: Rechtsfragen der Informationsgesellschaft. Berlin 1999. (zit.: Hoeren/Queck/*Bearbeiter*, Rechtsfragen der Informationsgesellschaft).

Hoeren, Thomas/Sieber, Ulrich/Holznagel, Bernd: Handbuch Multimedia-Recht. Rechtsfragen des elektronischen Geschäftsverkehrs. Loseblatt. Stand Februar 2019 (48. Ergänzungslieferung). (zit.: Hoeren/Sieber/Holznagel/*Bearbeiter*, Handbuch Multimedia-Recht). Loseblatt. Stand Juni 2006 (15. Ergänzungslieferung). (zit.: Hoeren/Sieber/Holznagel/*Bearbeiter*, Handbuch Multimedia-Recht. 15. EL).

Hohloch, Gerhard: Das Deliktsstatut. Grundlagen und Grundlinien des internationalen Deliktsrechts. Frankfurt am Main 1984. (zit.: *Hohloch*, Das Deliktsstatut).

Hohloch, Gerhard: Neue Medien und Individualrechtsschutz. Kollisionsrechtliche Aspekte grenzüberschreitender Rundfunksendungen. ZUM 1986, 165–179.

Holznagel, Bernd/Dörr, Dieter/Hildebrand, Doris: Elektronische Medien. Entwicklung und Regulierungsbedarf. München 2008. (zit.: Holznagel/Dörr/Hildebrand/*Bearbeiter*, Elektronische Medien).

Hoffmann, Bernd v./Thorn, Karsten: Internationales Privatrecht. 9. Auflage, München 2007. (zit.: *v.Hoffmann/Thorn*, IPR).

Hoppmann, Carsten/Moos, Flemming: Der allgemeine Rechtsrahmen des Online-Auftritts von Versicherungsunternehmen. ZfV 1999, 194–200.

Huber, Peter/Bach, Ivo: Die Rom-II-VO – Kommissionsentwurf und aktuelle Entwicklungen. IPRax 2005, 73–84.

Jayme, Erik: Entwurf eines EU-Übereinkommens über das auf außervertragliche Schuldverhältnisse anzuwendende Recht – Tagung der Europäischen Gruppe für Internationales Privatrecht in Luxemburg. IPRax 1999, 298.

Jayme, Erik: Entwurf eines EU-Übereinkommens über das auf außervertragliche Schuldverhältnisse anzuwendende Recht. IPRax 198, 140–141.

Junker, Abbo: Neuere Entwicklungen im Internationalen Privatrecht. RIW 1998, 741–750.

Junker, Abbo: Das Internationale Unfallrecht nach der IPR-Reform von 1999. JZ 2000, 477–486.

Junker, Abbo: Der Reformbedarf im Internationalen Deliktsrecht der Rom II-Verordnung drei Jahre nach ihrer Verabschiedung. RIW 2010, 257–269.

Junker, Abbo: Die Rom II-Verordnung: Neues Internationales Deliktsrecht auf europäischer Grundlage. NJW 2007, 3675–3682.

Kadner Graziano, Thomas: Das auf außervertragliche Schuldverhältnisse anzuwendende Recht nach Inkrafttreten der Rom II-Verordnung. RabelsZ 73 (2009), 1–76.

Kadner Graziano, Thomas: Europäisches Internationales Deliktsrecht. Tübingen 2003.

Kaiser, Anna-Bettina: Bewertungsportale im Internet – Die spickmich-Entscheidung des BGH. NvWZ 2009, 1474–1477.

Kartheuser, Ingemar: BGH: Internationale Zuständigkeit nur bei deutlichem Inlandsbezug. GRUR-Prax 2011, 253–254.

Kegel, Gerhard: Was ist gewöhnlicher Aufenthalt?, in: Becker (Hrsg.): Festschrift für Manfred Rehbinder: Recht im Wandel eines sozialen und technologischen Umfelds. München 2002. (zit.: *Kegel*, FS Rehbinder).

Kegel, Gerhard/Schurig, Klaus: Internationales Privatrecht. 9. Auflage, München 2004. (zit.: *Kegel/Schurig*, IPR).

Kindler, Peter: Der europäische Deliktsgerichtsstand und die gewerblichen Schutzrechte. GRUR 2018, 1107–1115.

Klöpfer, Matthias: Persönlichkeitsverletzungen über das Internet: Internationale Zuständigkeit nach EuGVVO und anwendbares Recht. JA 2013, 165–171.

Koch, Frank A.: Internationale Gerichtszuständigkeit und Internet. CR 1999, 121–129.

Koch, Frank A.: Internet-Recht: Praxishandbuch mit dem neuen Medien- und Telediensterecht, Checklisten und Musterverträgen. München (u.a.) 1998. (zit.: *Koch*, Internet-Recht).

Koreng, Ansgar: Entwurf eines Netzwerkdurchsetzungsgesetzes: Neue Wege im Kampf gegen „Hate Speech“? GRUR-Prax 2017, 203–205.

Kotthoff, Jost: Die Anwendbarkeit des deutschen Wettbewerbsrechts auf Werbemaßnahmen im Internet. CR 1997, 676–683.

Koziol, Helmut/Thiede, Thomas: Kritische Bemerkungen zum derzeitigen Stand des Entwurfs einer Rom-II Verordnung. ZVglRWiss (106) 2007, 235–247.

Krätschmer, Stefan: Die Integration von Staatsverträgen in nationales IPR und IZPR am Beispiel der italienischen IPR-Kodifikation von 1995. Berlin 2004. (zit.: *Krätschmer*, Die Integration von Staatsverträgen).

Kreuzer, Karl: Die Vollendung der Kodifikation des deutschen Internationalen Privatrechts durch das Gesetz zum Internationalen Privatrecht der außervertraglichen Schuldverhältnisse und Sachen vom 21.5.1999. RabelsZ 65 (2001), 383–462.

Kristin, Tanja: Das Deliktsstatut bei Persönlichkeitsrechtsverletzungen über das Internet. München 2001. (zit.: *Kristin*, Das Deliktsstatut).

Kropholler, Jan: Internationales Privatrecht. 6. Auflage, Tübingen 2006. (zit.: *Kropholler*, IPR).

Kropholler, Jan/Hein, Jan v.: Europäisches Zivilprozessrecht. 9. Auflage, Frankfurt am Main 2011. (zit.: *Kropholler/v. Hein*, EuZPR).

Hau, Wolfgang: Klagemöglichkeiten juristischer Personen nach Persönlichkeitsrechtsverletzungen im Internet. Zugleich Besprechung von EuGH „Bolagsupplysningen". GRUR 2018, 163–165.

Hein, Jan v.: Die Kodifikation des europäischen Internationalen Deliktsrechts – Zur geplanten EU-Verordnung über das auf außervertragliche Schuldverhältnisse anzuwendende Recht. ZVglRWiss 102 (2003), 528–562.

Hein, Jan v.: Die Kodifikation des europäischen IPR der außervertraglichen Schuldverhältnisse vor dem Abschluss? VersR 2007, 440–452.

Hein, Jan v.: Europäisches Internationales Deliktsrecht nach der Rom II-Verordnung, ZEuP 2009, 6–33.

Krüger, Christian/Pförtner, Friederike: Die Mosaiktheorie – (k)ein Ende in Sicht? JA 2018, 409–413.

Kubis, Sebastian: Internationale Zuständigkeit bei Persönlichkeits- und Immaterialgüterrechtsverletzungen. Bielefeld 1999. (zit.: *Kubis,* Internationale Zuständigkeit).

Lauber-Rönsberg, Anne: Rechtsdurchsetzung bei Persönlichkeitsrechtsverletzungen im Internet. Verantwortlichkeit von Intermediären und Nutzern in Meinungsforen und Personenbewertungsportalen. MMR 2014, 10–14.

Laucken, Fabian/Oehler, Klaas: Fliegender Gerichtsstand mit gestutzten Flügeln? Ein Beitrag zur Auslegung von § 32 ZPO und der Beschränkbarkeit des deliktischen Gerichtsstands bei Urheberrechtsverletzungen im Internet. ZUM 2009, 824–835.

Legler, Thomas: Das Recht am eigenen Bild auf der Datenautobahn. CR 1998, 439–443.

Lehr, Matthias: Internationale medienrechtliche Konflikte und Verfahren. NJW 2012, 705–710.

Leible, Stefan (Hrsg.): Die Bedeutung des internationalen Privatrechts im Zeitalter der neuen Medien. Stuttgart (u.a.) 2003. (zit.: Leible/*Bearbeiter*, Die Bedeutung des IPR).

Leible, Stefan: EuGH: Internationale Zuständigkeit und anwendbares Recht bei Persönlichkeitsverletzungen im Internet. Anmerkung zu EuGH, v. 25.10.2011 - C-509/09 und C-161/10. LMK 2012, 329468.

Leible, Stefan/Engel, Andreas: Der Vorschlag der EG-Kommission für eine Rom II-Verordnung. Auf dem Weg zu einheitlichen Anknüpfungsregeln für außervertragliche Schuldverhältnisse in Europa. EuZW 2004, 7–17.

Leible, Stefan/Lehmann, Matthias: Die neue EG-Verordnung über das auf außervertragliche Schuldverhältnisse anzuwendende Recht („Rom II"). RIW 2007, 721–735.

Lent, Wolfgang: Elektronische Presse zwischen E-Zines, Blogs und Wikis. Was sind Telemedien mit journalistisch-redaktionell gestalteten Angeboten? ZUM 2013, 914–920.

Lewis, Anthony: Make No Law: The Sullivan Case and the First Amendment. New York 1991. (zit.: *Lewis*, Make No Law).

Löffler, Martin: Presserecht. 4. Auflage, München 1997.

Loewenheim, Ulrich: Urheberrecht. 4. Auflage, München 2010.

Loewenheim, Ulrich/Koch, Frank A.: Praxis des Online-Rechts. Weinheim (u.a.) 1998. (zit.: Loewenheim/Koch/*Bearbeiter*, Praxis des Online-Rechts).

Looschelders, Dirk: Persönlichkeitsschutz in Fällen mit Auslandsberührung. ZVglRWiss 95 (1996), 48–91.

Looschelders, Dirk: Internationales Privatrecht. Art. 3–46 EGBGB. Berlin (u.a.), 2013. (zit.: *Looschelders*, IPR).

Lorenz, Werner: Einige Überlegungen zur Reform des deutschen internationalen Deliktsrechts, in: Horn (Hrsg.): Europäisches Rechtsdenken in Geschichte und Gegenwart. Festschrift für Helmut Coing zum 70. Geburtstag. Band 2. München 1982, 257–286. (zit.: *W. Lorenz*, FS Coing II).

Lüderitz, Alexander: Internationales Privatrecht. 2. Auflage, Neuwied (u.a.) 1992. (zit.: *Lüderitz*, IPR).

Lütcke, Jens: Persönlichkeitsrechtsverletzungen im Internet. München 2000.

Lurger, Brigitta/Vallant, Sonja Maria: Grenzüberschreitender Wettbewerb im Internet. Umsetzung des Herkunftslandprinzips der E-Commerce-Richtlinie in Deutschland und Österreich. RIW 2002, 188–202.

Mäsch, Gerald: Deliktsrecht: Persönlichkeitsschutz bei Suchergänzungsvorschlägen einer Internet-Suchmaschine. Zur Frage, inwiefern der Betreiber einer Internet-Suchmaschine mit Suchergänzungsfunktion für sog. predictions haftet, die in das Persönlichkeitsrecht des Betroffenen eingreifen. JuS 2013, 841–844.

Magnus, Ulrich/Mankowski, Peter (Hrsg.): European Commentaries on Private International Law ECPIL. Volume I: Brussels Ibis Regulation. Köln 2016. (zit.: Magnus/Mankowski/*Bearbeiter*, ECPIL, Vol. I).

Mankowski, Peter: Das Internet im Internationalen Vertrags- und Deliktsrecht. RabelsZ 63 (1999), 203–294.

Mankowski, Peter: Anmerkung zu OLG Karlsruhe, Urteil v. 10.7.2002 – 6 U 9/02. MMR 2002, 817–820.

Mankowski, Peter: Anmerkung zu OLG München, Urteil vom 15.11.2001 – 29 U 3769/01. CR 2002, 450–452.

Mankowski, Peter: Internet und Internationales Wettbewerbsrecht. GRUR-Int. 1999, 909–921.

Mankowski, Peter: Internationale Zuständigkeit und anwendbares Recht – Parallelen und Divergenzen, in: Lorenz (Hrsg.): Festschrift für Andreas Heldrich zum 70. Geburtstag. München 2005, 867–898. (zit.: *Mankowski*, FS Heldrich).

Mankowski, Peter: Anmerkung zu EuGH, Urteil v. 25.10.2011, verb. Rs. C-509/09, C-161/10. EWiR 2011, 743–744.

Mankowski, Peter: Herkunftslandprinzip und deutsches Umsetzungsgesetz zur e-commerce-Richtlinie. IPRax 2002, 257–266.

Mankowski, Peter: Herkunftslandprinzip und Günstigkeitsvergleich in § 4 TDG-E. CR 2001, 630–641.

Mankowski, Peter: Das Herkunftslandprinzip als Internationales Privatrecht der e-commerce-Richtlinie. ZVglRWiss 100 (2001), 137–181.

Maunz, Theodor/Dürig, Günter: Grundgesetz. Loseblatt-Kommentar. Band I. 87. EL, März 2019. (zit.: Maunz/Dürig/*Bearbeiter*).

Mayr, Peter G.: Europäisches Zivilprozessrecht. Wien 2011. (zit.: *Mayr*, EuZPR).

Mecklenburg, Wilhelm: Internetfreiheit. ZUM 1997, 525–543.

Moritz, Hans-Werner/Dreier, Thomas: Rechts-Handbuch zum E-Commerce. 2. Auflage, Köln 2005. (zit.: Moritz/Dreier/*Bearbeiter*, Handbuch E-Commerce).

Münchener Kommentar zum Bürgerlichen Gesetzbuch: Band 1. 8. Auflage, München 2018. Band 2. 8. Auflage, München 2019. Band 5. 7. Auflage, München 2018. Band 10. 7. Auflage, München 2017. Band 11. 7. Auflage, München 2018. Band 12: 7. Auflage, München 2018. (zit.: MüKo-BGB/*Bearbeiter*). Band 10. 5. Auflage, München 2010. (zit.: MüKo-BGB/*Bearbeiter*,

5. Auflage 2010). Band 11. 4. Auflage, München 2006. (zit.: MüKo-BGB/*Bearbeiter*, 4. Auflage 2006).

Münchener Kommentar zur Zivilprozessordnung: Band 1. 5. Auflage, München 2016. (zit.: MüKo-ZPO/*Bearbeiter*).

Musielak, Hans-Joachim/Voit, Wolfgang: Zivilprozessordnung, Kommentar. 16. Auflage, München 2019. (zit.: Musielak/Voit/*Bearbeiter*, ZPO).

Naskret, Stefanie: Das Verhältnis zwischen Herkunftslandprinzip und Internationalem Privatrecht in der Richtlinie zum elektronischen Geschäftsverkehr. Berlin (u.a.) 2003. (zit.: *Naskret*, Das Verhältnis zwischen Herkunftslandprinzip und IPR).

Neu, Michael: Die kollisionsrechtliche Behandlung von Persönlichkeitsrechtsverletzungen im Internet. Bielefeld 2002. (zit.: *Neu*, Die kollisionsrechtliche Behandlung).

Neuhaus, Paul Heinrich: Die Grundbegriffe des internationalen Privatrechts. 2. Auflage, Tübingen 1976.

Nixdorf, Wolfgang: Presse ohne Grenzen: Probleme grenzüberschreitender Presseveröffentlichungen im europäischen Raum – Zugleich Anmerkung zum Urteil des BGH vom 19.12.1995 – VI ZR 15/95 –. GRUR 1996, 842–846.

Nolte, Georg: Hate-Speech, Fake-News, das »Netzwerkdurchsetzungsgesetz« und Vielfaltsicherung durch Suchmaschinen. ZUM 2017, 552–565.

Nussbaum, Arthur: Deutsches internationales Privatrecht: unter besonderer Berücksichtigung des österreichischen und schweizerischen Rechts. Tübingen 1932.

Ohly, Ansgar: Herkunftslandprinzip und Kollisionsrecht. GRUR-Int. 2001, 899–908.

Ohly, Ansgar/Sosnitza, Olaf: Gesetz gegen den unlauteren Wettbewerb. 7. Auflage, München 2016. (zit.: Ohly/Sosnitza/*Bearbeiter*, UWG).

Ory, Stephan: Impressum und Gegendarstellung bei Mediendiensten. AfP 1998, 465–469.

Paal, Boris P.: BGH: Zurechnung einer Weiterverbreitung durch Dritte und Bemessung der Geldentschädigung bei Persönlichkeitsrechtsverletzungen im Internet. LMK 2014, 356424.

Palandt, Otto: Bürgerliches Gesetzbuch Kommentar. 79. Auflage, München 2020. (zit.: Palandt/*Bearbeiter*). 67. Auflage, München 2008. (zit.: Palandt/*Bearbeiter*, 67. Auflage 2008).

Papenfuß, Hans Reiner: Der gewöhnliche Aufenthalt im internationalen und interlokalen Privatrecht. Düsseldorf 1963. (zit.: *Papenfuß*, Der gewöhnliche Aufenthalt).

Picht, Peter/Kopp, Caroline: Die internationale Zuständigkeit für Immaterialgüterrechtsverletzungen im Internet nach den EuGH-Entscheidungen Hejduk und Pinckney. GRUR-Int. 2016, 232–236.

Prosser, William L.: Interstate Publication. Mich. L. Rev. 51 (1953), 959–1000.

Pfeiffer, Thomas: Die Entwicklung des Internationalen Vertrags-, Schuld- und Sachenrechts in den Jahren 1995/96. NJW 1997, 1207–1216.

Pfeiffer, Thomas: Materialisierung und Internationalisierung im Recht der Internationalen Zuständigkeit, in: Canaris/Heldrich/Hopt/Roxin/Schmidt/Widmaier (Hrsg.): 50 Jahre Bundesgerichtshof. Festgabe aus der Wissenschaft, Band III. München 2000, 617–643. (zit.: *Pfeiffer*, FS 50 Jahre BGH, Band III).

Pfeiffer, Thomas: Internationale Zuständigkeit und prozessuale Gerechtigkeit: die internationale Zuständigkeit im Zivilprozess zwischen effektivem Rechtsschutz und nationaler Zuständigkeitspolitik. Frankfurt am Main 1995. (zit.: *Pfeiffer*, Internationale Zuständigkeit und prozessuale Gerechtigkeit).

Pichler, Rufus: Haftung des Host-Providers für Persönlichkeitsrechtsverletzungen vor und nach dem TDG. MMR 1998, 79–88.

Pichler, Rufus: Internationale Gerichtszuständigkeit im Online-Bereich, in: Immenhauser/Wichtermann (Hrsg.): Jahrbuch Junger Zivilrechtswissenschaftler 1998. Vernetzte Welt – globales Recht. Stuttgart (u.a.) 1998, 229–253. (zit.: *Pichler*, Internationale Gerichtszuständigkeit im Online-Bereich).

Posch, Willibald: Bürgerliches Recht. Band VII: Internationales Privatrecht. Wien, 5. Auflage 2010. (zit.: *Posch*, Internationales Privatrecht).

Prinz, Matthias/Peters, Butz: Medienrecht. München 1999.

Rabel, Ernst: The conflict of laws: A comparative Study. Volume Two. Foreign corporations: Torts: Contracts in General. Ann Arbor, Mich. (u.a.) 1960. (zit.: *Rabel*, The Conflict of Laws, Vol. 2).

Rauscher, Thomas: Europäisches Zivilprozess- und Kollisionsrecht EuZPR/EuIPR. Kommentar. Brüssel I-VO, LugÜbk 2007. München 2011. (zit.: Rauscher/*Bearbeiter*, EuZPR/EuIPR).

Rauscher, Thomas: Internationales Privatrecht: mit internationalem und europäischem Verfahrensrecht. 4. Auflage, Heidelberg 2012. (zit.: *Rauscher*, IPR).

Richter, Philipp: Das NetzDG – Wunderwaffe gegen „Hate Speech“ und „Fake News“ oder ein neues Zensurmittel? ZD-Aktuell 2017, 05623.

Ricker, Reinhart/Weberling, Johannes: Handbuch des Presserechts. 6. Auflage, München 2012.

Rheinstein, Max: The Place of Wrong: A Study in the Method of Case Law. Tulane L. Rev. 19 (1944/45), 4–31, 165–199.

Rosenthal, David: Das auf unerlaubte Handlungen im Internet anwendbare Recht am Beispiel des Schweizer IPR. AJP/PJA 11/1997, 1340–1350.

Roth, Isabel: Die internationale Zuständigkeit deutscher Gerichte bei Persönlichkeitsrechtsverletzungen im Internet. Frankfurt am Main (u.a.) 2007. (zit.: *Roth*, Die internationale Zuständigkeit).

Roth, Wulf-Henning: Persönlichkeitsschutz im Internet: Internationale Zuständigkeit und anwendbares Recht. IPrax 2013, 215–230.

Rüßmann, Helmut: Wettbewerbshandlungen im Internet – Internationale Zuständigkeit und anwendbares Recht. K&R 1998, 422–427.

Sack, Rolf: Internationales Lauterkeitsrecht nach der Rom II-VO. WRP 2008, 845–865.

Saenger, Ingo: Zivilprozessordnung. Handkommentar. 8. Auflage, Baden-Baden 2019. (zit.: Saenger/*Bearbeiter*, HK-ZPO).

Savigny, Friedrich Karl von: System des heutigen römischen Rechts. Band 1 (Berlin 1840). Neudruck, Aalen 1973. Band 8 (Berlin 1849). Neudruck, Aalen 1974.

Schaar, Peter: Datenschutzfreier Raum Internet? CR 1996, 170–177.

Schack, Haimo: Internationales Zivilverfahrensrecht. 6. Auflage, München 2014. (zit.: *Schack*, IZVR).

Schack, Haimo: Die grenzüberschreitende Verletzung allgemeiner und Urheberpersönlichkeitsrechte. UFITA 108 (1988), 51–72.

Schack, Haimo: Rechtsschutz gegen grenzüberschreitende Persönlichkeitsrechtsverletzungen durch Rundfunksendungen, in: Hübner (Hrsg.): Das Persönlichkeitsrecht im Spannungsfeld zwischen Informationsauftrag und Menschenwürde. München 1989, 113–131. (zit.: *Schack*, Rechtsschutz gegen grenzüberschreitende Persönlichkeitsrechtsverletzungen).

Schack, Haimo: Kohärenz im europäischen Internationalen Deliktsrecht, in: V. Hein/Rühl (Hrsg.): Kohärenz im Internationalen Privat- und Verfahrensrecht der Europäischen Union. Tübingen 2016, 279–298. (zit.: *Schack*, Kohärenz im europäischen Internationalen Deliktsrecht).

Schilling, Katrin: Binnenmarktkollisionsrecht. Berlin 2006.

Schlosser, Peter: Europäisches Zivilprozessrecht. 3. Auflage, München 2009. (zit.: Schlosser/*Bearbeiter*, EuZPR, 3. Auflage 2009).

Schlosser, Peter/Hess, Burkhard: Europäisches Zivilprozessrecht. 4. Auflage, München 2015. (zit.: Schlosser/Hess/*Bearbeiter*, EuZPR).

Schlüter, Oliver: Zum „fliegenden Gerichtsstand“ bei Persönlichkeitsrechtsverletzungen durch Medienveröffentlichungen. AfP 2010, 340–349.

Schmidt, Rudolf: Der Ort der unerlaubten Handlung im Internationalen Privatrecht, in: Kölner Rechtswissenschaftliche Fakultät (Hrsg.): Festschrift für Heinrich Lehmann zum sechzigsten Geburtstag 20. Juli 1936. Berlin 1937, 175–194. (zit.: *Schmidt*, FS Lehmann).

Schmitz, Peter: Übersicht über die Neuregelung des TMG und des RStV, K&R 2007, 135–138.

Schönke, Adolf/Schröder, Horst: Strafgesetzbuch. München, 30. Auflage 2019.

Schulze, Götz: Die Naturalobligation. Rechtsfigur und Instrument des Rechtsverkehrs einst und heute – zugleich Grundlegung einer zivilrechtlichen Forderungslehre. Tübingen 2008. (zit.: *G. Schulze*, Die Naturalobligation).

Schulze, Götz: Der engere gewöhnliche Aufenthalt? IPRax 2012, 526–528.

Schulze, Reiner u.a.: Bürgerliches Gesetzbuch. Handkommentar. 10. Auflage, Baden-Baden 2019. (zit.: HK-BGB/*Bearbeiter*).

Siebrecht, Ingrid: Der Schutz der Ehre im Zivilrecht. JuS 2001, 337–341.

Siehr, Kurt: Kollisionsrecht und Sachrecht. RabelsZ 37 (1973), 466–484.

Sonnenberger, Hans Jürgen: Der Persönlichkeitsrechtsschutz nach den Art. 40–42 EGBGB, in: Gottwald/Jayme/Schwab (Hrsg.): Festschrift für Dieter Henrich zum 70. Geburtstag. Bielefeld 2000, 575–591. (zit.: *Sonnenberger*, FS Henrich).

Sonnentag, Michael: Zur Europäisierung des Internationalen außervertraglichen Schuldrechts durch die geplante Rom II-Verordnung. ZVglRWiss 105 (2006), 256–312.

Spickhoff, Andreas: Die Tatortregel im neuen Deliktskollisionsrecht. IPRax 2000, 1–8.

Spickhoff, Andreas: Das Internationale Privatrecht der sog. Internet-Delikte – Art. 40–42 EGBGB, „Rom II" und Herkunftslandprinzip –, in: Leible (Hrsg.): Die Bedeutung des Internationalen Privatrechts im Zeitalter der neuen Medien. Stuttgart (u.a.) 2003, 89–93. (zit.: *Spickhoff*, Das IPR der Internetdelikte).

Spickhoff, Andreas: Persönlichkeitsverletzungen im Internet: Internationale Zuständigkeit und Kollisionsrecht. IPRax 2011, 131–134.

Spickhoff, Andreas: Grenzpendler als Grenzfälle: Zum „gewöhnlichen Aufenthalt" im IPR. IPRax 1995, 185–189.

Spickhoff, Andreas: Produkthaftung im Europäischen Kollisions- und Zivilverfahrensrecht, in: Baetge/v. Hinden/v. Hein (Hrsg.), Die richtige Ordnung. Festschrift für Jan Kropholler zum 70. Geburtstag. Tübingen 2008, 671–689. (zit.: *Spickhoff*, FS Kropholler).

Spindler, Gerald: Deliktsrechtliche Haftung im Internet – nationale und internationale Rechtsprobleme. ZUM 1996, 533–563.

Spindler, Gerald: Spindler: Das neue Telemediengesetz – Konvergenz in sachten Schritten. CR 2007, 239–245.

Spindler, Gerald: Persönlichkeitsschutz im Internet – Anforderungen und Grenzen einer Regulierung, in: Ständige Deputation des Deutschen Juristentages (Hrsg.): Verhandlungen des 69. Deutschen Juristentages München 2012. Band I. München 2012. F 1 bis 136. (zit.: *Spindler*, Persönlichkeitsschutz im Internet).

Spindler, Gerald: Kollisionsrecht und internationale Zuständigkeit bei Persönlichkeitsrechtsverletzungen im Internet – die eDate-Entscheidung des EuGH. AfP 2012, 114–121.

Spindler, Gerald: Der neue Vorschlag einer E-Commerce-Richtlinie. ZUM 1999, 775–795.

Spindler, Gerald: Internet, Kapitalmarkt und Kollisionsrecht unter besonderer Berücksichtigung der E-Commerce-Richtlinie. ZHR 165 (2001), 324–361.

Spindler, Gerald: Das Herkunftslandprinzip im neuen Teledienstegesetz. RIW 2002, 183–188.

Spindler, Gerald: Kapitalmarktgeschäfte im Binnenmarkt. Der Einfluß der E-Commerce-Richtlinie auf das Internationale Vertragsrecht. IPRax 2001, 400–411.

Spindler, Gerald: Herkunftslandprinzip und Kollisionsrecht – Binnenmarktintegration ohne Harmonisierung? Die Folgen der Richtlinie im elektronischen Geschäftsverkehr für das Kollisionsrecht. RabelsZ 66 (2002), 633–709.

Spindler, Gerald/Schuster, Fabian: Recht der elektronischen Medien. Kommentar. 3. Auflage, München 2015. (zit.: Spindler/Schuster/*Bearbeiter*, Recht der elektronischen Medien).

Stadler, Astrid: Die internationale Durchsetzung von Gegendarstellungsansprüchen. JZ 1994, 642–654.

Staudinger, Ansgar: Das Gesetz zum Internationalen Privatrecht für außervertragliche Schuldverhältnisse und für Sachen vom 21.5.1999. DB 1999, 1589–1594.

Staudinger, Ansgar: Die internationale Zuständigkeit deutscher Gerichte bei Persönlichkeitsrechtsverletzungen im Internet. Anm. zu BGH VI ZR 23/09. NJW 2010, 1754–1755.

Staudinger, Julius v.: Kommentar zum Bürgerlichen Gesetzbuch mit Einführungsgesetz und Nebengesetzen. Buch 1. Allgemeiner Teil 1, §§ 1–14. Berlin, Neubearbeitung 2013. Buch 2. Recht der Schuldverhältnisse, §§ 249–254. Berlin, Neubearbeitung 2005. Buch 2. Recht der Schuldverhältnisse, §§ 823–825. Berlin, 1999. EGBGB/IPR. Einl. Zum IPR. Berlin, Neubearbeitung

2012. EGBGB/IPR. Art. 3–6 EGBGB. Berlin, Neubearbeitung 2013. EGBGB/IPR. Art. 38–42 EGBGB. Berlin, Neubearbeitung 2001. (zit.: Staudinger/*Bearbeiter*).

Steffen, Erich: Schmerzensgeld bei Persönlichkeitsverletzung durch Medien – Ein Plädoyer gegen formelhafte Berechnungsmethoden bei der Geldentschädigung. NJW 1997, 10–14.

Stein, Friedrich/Jonas, Martin: Kommentar zur Zivilprozessordnung. Band 1. 23. Auflage, Tübingen 2013. Band 10. 22. Auflage, Tübingen 2011.

Stender-Vorwachs, Jutta: Geldentschädigung wegen Persönlichkeitsrechtsverletzung im Internet. GRUR-Prax 2014, 134.

Stoll, Hans: Sturz vom Balkon auf Gran Canaria – Akzessorische Anknüpfung, deutsches Deliktsrecht und örtlicher Sicherheitsstandard. (Zu BGH, 25.2.1988 - VII ZR 348/86). IPRax 1989, 89–93.

Stoll, Hans: Handlungsort und Erfolgsort im internationalen Deliktsrecht. Überlegungen zu Art. 40 Abs. 1 EGBGB, in: Schack (Hrsg.): Gedächtnisschrift für Alexander Lüderitz. München 2000, 733–750. (zit.: *Stoll*, FS Lüderitz).

Stolz, Ekkehard: Anm. zu EuGH, Urteil vom 17.10.2017 - C-194/16. GRUR-Prax 2017, 566.

Streinz, Rudolf: Kommentar EUV/AEUV. 3. Auflage. München 2018.

Tettenborn, Alexander: E-Commerce-Richtlinie: Politische Einigung in Brüssel erzielt. K&R 2000, 59–63.

Thorn, Karsten: Internationale Zuständigkeit bei Persönlichkeitsrechtsverletzungen durch Massenmedien, in: Kronke/Thorn (Hrsg.): Grenzen überwinden – Prinzipien bewahren. Festschrift für Bernd v. Hoffmann zum 70. Geburtstag. Bielefeld 2011, 746–762. (zit.: *Thorn*, FS v. Hoffmann).

Thünken, Alexander: Das kollisionsrechtliche Herkunftslandprinzip. Frankfurt am Main (u.a.) 2003.

Thünken, Alexander: Die EG-Richtlinie über den elektronischen Geschäftsverkehr und das internationale Privatrecht des unlauteren Wettbewerbs. IPRax 2001, 15–22.

Trautmann, Clemens: Europäisches Kollisionsrecht und ausländisches Recht im nationalen Zivilverfahren. Tübingen 2011. (zit.: *Trautmann*, Europäisches Kollisionsrecht).

Trebes, Anja: Der zivilrechtliche Schutz der Persönlichkeit vor Presseveröffentlichungen im französischen Recht. GRUR-Int. 2006, 91–99.

Trutmann, Verena: Das internationale Privatrecht der Deliktsobligationen: ein Beitrag zur Auseinandersetzung mit den neueren amerikanischen kollisionsrechtlichen Theorien. Basel (u.a.) 1973. (zit.: *Trutmann*, Das internationale Privatrecht der Deliktsobligationen).

Ubber, Thomas: Rechtsschutz bei Mißbrauch von Internet-Domains. WRP 1997, 497–513.

Ulmer, Detlef: Fliegender Gerichtsstand für Rechtsverletzungen im Internet. Der Besondere Gerichtsstand der unerlaubten Handlung. ITRB 2009, 252–255.

Ulmer-Eilfort, Constanze/Obergfell, Eva Inés: Verlagsrecht. München 2013.

Uschner, Regina: Der Rechtsrahmen der elektronischen Presse. Frankfurt am Main (u.a.) 2011.

Vogel, J. Benedikt: Das Medienpersönlichkeitsrecht im Internationalen Privatrecht. Freiburg 2014.

Vogeler, Andreas: Die freie Rechtswahl im Kollisionsrecht der außervertraglichen Schuldverhältnisse. Tübingen 2013.

Wagner, Claudia: Einflüsse der Dienstleistungsfreiheit auf das internationale Arzthaftungsrecht. Berlin 2008. (zit.: *C. Wagner*, Einflüsse der Dienstleistungsfreiheit).

Wagner, Gerhard: Ehrenschutz und Pressefreiheit im europäischen Zivilverfahrens- und Internationalen Privatrecht. RabelsZ 62 (1998), 243–285.

Wagner, Gerhard: Internationales Deliktsrecht, die Arbeiten an der Rom II-Verordnung und der Europäisches Deliktsgerichtsstand. IPRax 2006, 372–390.

Wagner, Gerhard: Die neue Rom II-Verordnung. IPRax 2008, 1–17.

Wagner, Rolf: Das Vermittlungsverfahren zur Rom II-VO, in: Baetge/v. Hinden/v. Hein (Hrsg.): Die richtige Ordnung: Festschrift für Jan Kropholler zum 70. Geburtstag. Tübingen 2008, 715–734. (zit.: *R. Wagner*, FS Kropholler).

Wagner, Rolf: Das deutsche internationale Privatrecht bei Persönlichkeitsverletzungen unter besonderer Berücksichtigung der Eingriffe durch die Massenmedien. Frankfurt am Main, 1986. (zit.: *R. Wagner*, Das deutsche internationale Privatrecht bei Persönlichkeitsverletzungen).

Waldenberger, Arthur: Teledienste, Mediendienste und die „Verantwortlichkeit" ihrer Anbieter. MMR 1998, 124–129.

Waldenberger, Arthur/Hoß, Dirk: Das Recht der „elektronischen Presse". AfP 2000, 237–248.

Wandt, Manfred: Internationale Produkthaftung. Heidelberg 1995.

Wegner, Ralf: Rechtlicher Schutz von Internetdomains. Kollisionsrecht. CR 1998, 676–684.

Witzleb, Normann: Geldansprüche bei Persönlichkeitsverletzungen durch Medien. Tübingen 2002.

Wüllrich, Philipp: Das Persönlichkeitsrecht des Einzelnen im Internet. Jena 2006. (zit.: *Wüllrich*, Das Persönlichkeitsrecht).

Würdinger, Markus: Das Prinzip der Einheit der Schuldrechtsverordnungen im Europäischen Internationalen Privat- und Verfahrensrecht – Eine methodologische Untersuchung über die praktische Konkordanz zwischen Brüssel I-VO, Rom I-VO und Rom II-VO. RabelsZ 75 (2011), 102–126.

Zoebisch, Michael: Der Gegendarstellungsanspruch im Internet. ZUM 2011, 390–395.

Schriften zum Medien-, Urheber- und Wirtschaftsrecht

Herausgegeben von Prof. Dr. Georgios Gounalakis

Band 1 Thomas Lang: Immaterialgüterrechtliche Lizenzierung und kartellrechtliche Verhaltenskontrolle. Eine Untersuchung der Reichweite gemeinschaftskartellrechtlicher Eingriffsbefugnisse in Immaterialgüterrechtspositionen vor dem Hintergrund der schutzrechtsspezifischen wettbewerblichen Ausschließlichkeit. 2009.

Band 2 Anna-Karina Bonacker: Der Widerruf von Fernabsatzverträgen am Beispiel der Internetauktion eBay. 2009.

Band 3 Rainer Jürgen Scharf: Der unbefristete Widerruf internetbasierter Verträge. Zugleich ein Beitrag zur Dogmatik des § 355 BGB. 2009.

Band 4 Sebastian Gorski: Effizienz, Wahlfreiheit und Gleichbehandlung? Eine Untersuchung der Einführung von Wettbewerb zwischen musikalischen Verwertungsgesellschaften durch die Europäische Kommission. 2009.

Band 5 Daniel Walter: Die rechtliche Behandlung der Erbringung unbestellter Leistungen nach § 241a BGB. 2009.

Band 6 Richard Helwig: Die Kompetenz der Europäischen Gemeinschaft zur Schaffung eines europäischen Medienkonzentrationsrechts. Notwendigkeit, Voraussetzungen und Reichweite einer möglichen Regulierung zur Sicherung von Medien- und Meinungsvielfalt in Europa. 2009.

Band 7 Bettina Yunis: Alternative Streitbeilegung über elektronische Datennetze. 2011.

Band 8 Andreas Walter: Störerhaftung bei Handeln Dritter. 2011.

Band 9 Andreas Zenner: Die zivilrechtliche Verantwortlichkeit des Abschlussprüfers für den Bestätigungsvermerk. 2011.

Band 10 Kristine Wagner: Die Privatkopie als urheberrechtliche Schrankenregelung. 2011.

Band 11 Ina Lutz: Testierfreiheit und Pflichtteilsrecht im spanischen Código Civil im Vergleich mit dem deutschen Bürgerlichen Gesetzbuch. Unter besonderer Berücksichtigung von Immobilienerbschaften. 2011.

Band 12 Heiko Drebes: „Datenschutz" für Unternehmen im B2B? Schutz der Daten des geschäftlichen E-Business im Spannungsfeld zwischen technisch-organisatorischer und rechtlicher Regulierung. 2012.

Band 13 Heiko Zimmer: Zugriff auf Internetzugangsdaten. Unter besonderer Berücksichtigung der Verhältnismäßigkeit einer verdachtsunabhängigen Vorratsdatenspeicherung. Eine Interessenabwägung zwischen Datenschutz, Strafverfolgung und Urheberrecht im Internet. 2012.

Band 14 Ricarda Leffler: Der strafrechtliche Schutz des Rechts am eigenen Bild vor dem neuen Phänomen des Cyber-Bullying. Eine Untersuchung der Normanwendungs- und Auslegungsprobleme der strafrechtlichen Bildnisschutzvorschriften bei deren Verletzung im Rahmen von Internetdelikten. 2012.

Band 15 Nadine Kristin Keil: Verdachtsberichterstattung. Medienberichterstattung über Straftatverdächtige. 2013.

Band 16 Alexandra Sommerhoff: Meinungsvielfalt und Medienkonvergenz. Die Sicherung der Meinungsvielfalt in Deutschland und Großbritannien. 2013.

Band 17 Christoph Wege: Roman und Persönlichkeitsrecht. Ein partikulardogmatischer Entwurf. 2013.

Band 18 Florian Jäkel: Netzneutralität im Internet. Verfassungsrechtliche Aspekte und Sicherungsmechanismen. Zugleich ein Beitrag zu Kommunikations- und Medienfreiheiten im Internet. 2013.

Band 19 Lars Querndt: Selektivvertrieb und eBay-Versteigerungen. Die kartellrechtliche Zulässigkeit des eBay-Ausschlusses aus dem Selektivvertrieb in Vertragshändlerverträgen und Markenlizenzen unter besonderer Berücksichtigung des Markenrechts. 2014.

Band 20 Catherine M. Manley: The Trademark Paradox. Trademarks and Their Conflicting Legal and Commercial Boundaries. 2015.

Band 21 Arne Neubauer: Internetvertrieb im Kartellrecht. Eine kritische Auseinandersetzung mit herstellerseitigen Vertriebsbeschränkungen. 2015.

Band 22 Kristin Grimm: Lizenzketten im Urheberrecht. Zum Schicksal der Unterlizenz nach Beendigung des Hauptlizenzvertrages. 2016.

Band 23 Georgios Gounalakis / Greg Taylor (eds.): Media Diversity Law. Australia and Germany Compared. 2016.

Band 24 Marten Hinrichsen: Marktabgrenzung in Zeiten der Medienkonvergenz. Zur Bestimmung des sachlich relevanten Werbemarktes in der deutschen und europäischen Medienfusionskontrolle. 2016.

Band 25 Kristin Eglinski: Bildberichterstattung im 21. Jahrhundert. Das Recht am eigenen Bild bei Kriminalberichterstattungen. Ein Rechtsvergleich zum US-amerikanischen Recht. 2017.

Band 26 Fabian Ibel: Schranke hinter den Schranken. Interessenabwägung jenseits der urheberrechtlichen Schranken der §§ 44a ff. UrhG. 2019.

Band 27 Cornelia Bettina Gersch: Die Neuabgrenzung von Urheber- und Designrecht. 2019.

Band 28 Gianandrea Schmidt: Ehrverletzungen in der elektronischen Presse. 2020.

www.peterlang.com